멍텅구리

한국 최초의 신문 연재 네컷만화로
100년 전 날것의 식민지 조선을 보다

멍텅구리

1판 1쇄 인쇄 | 2024년 12월 24일
1판 1쇄 발행 | 2024년 12월 31일

편저자 | 전봉관, 장우리, 이서준, 김병준

발행인 | 김기중
주간 | 신선영
편집 | 백수연, 정진숙
마케팅 | 김보미
경영지원 | 홍운선

펴낸곳 | 도서출판 더숲
주소 | 서울시 마포구 동교로 43-1 (04018)
전화 | 02-3141-8301
팩스 | 02-3141-8303
이메일 | info@theforestbook.co.kr
페이스북 | @forestbookwithu
인스타그램 | @theforest_book
출판신고 | 2009년 3월 30일 제2009-000062호

ISBN | 979-11-94273-08-0 (03910)

* 이 책은《멍텅구리》연재만화의 저작권자 '(주)조선일보사'로부터 저작물 이용 승인을 얻었습니다.
* 이 책의 출간을 위한 기초 연구는 '(재)조선일보 미디어연구소'의 지원을 받아 수행되었습니다.

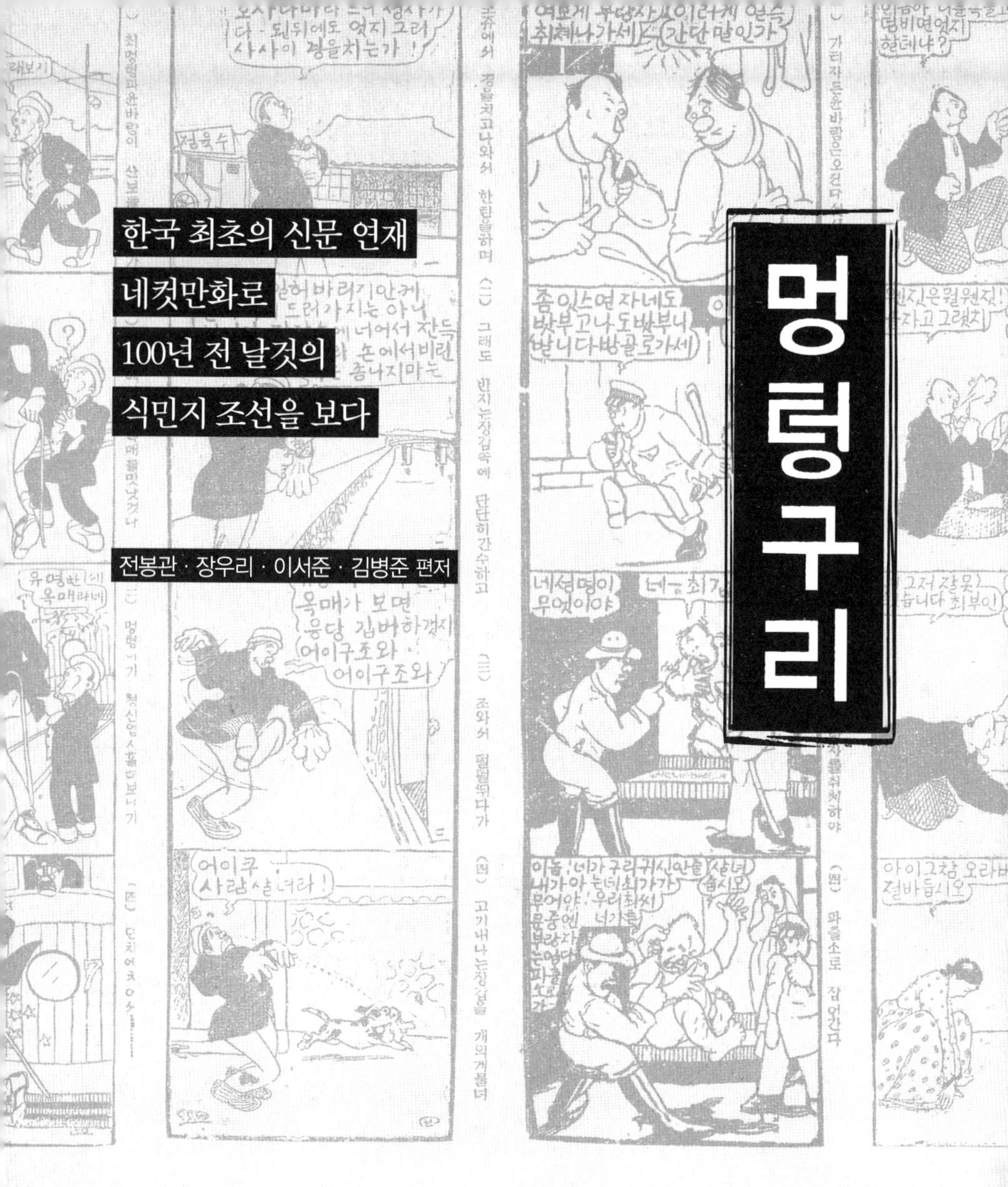

한국 최초의 신문 연재
네컷만화로
100년 전 날것의
식민지 조선을 보다

멍텅구리

전봉관 · 장우리 · 이서준 · 김병준 편저

더숲

차례

머리말

우리는 왜 100년 전 《멍텅구리》를 되살렸는가?

《멍텅구리》는 100년 전인 1924년 10월 13일부터 《조선일보》에 연재된 한국 최초의 신문 연재 만화이다. 1927년 8월 20일까지 3년 가까이 거의 매일 연재되었고 잠시 중단되었다가 1933년 2월 26일 6년 만에 재개돼 그해 8월 2일까지 연재되었다. 이 책에는《조선일보》데이터베이스에서 유실된 20~30편을 제외하고 현재 확인할 수 있는 총 744편의 연재물을 현대어 풀이, 주석과 함께 수록했다. 이를 통해 나라 잃은 설움을 삼키고 가난에 허덕이던 100년 전 한국인들을 경쾌한 웃음으로 위로했던 '멍텅구리 최멍텅'을 현대 독자들 앞에 선보일 수 있게 되었다.

《멍텅구리》를 시작으로 네컷만화는 다양한 신문·잡지에 연재되며 전성기를 구가했고, 만화라는 당시로서는 생소한 대중문화도 자연스럽게 한국에 뿌리내릴 수 있게 되었다. 그러한 의미에서 《멍텅구리》는 오늘날 세계적인 문화 콘텐츠로 각광받고 있는 'K-만화' 'K-웹툰'을 있게 한 한국 만화사의 '단군 할아버지'와도 같은 작품이다. 이 책은 현재 독자들이 도서관 자료실이나 고서점을 발품 팔아 찾아 헤매지 않고도 서점에서 손쉽게 구해 부담 없이, 그리고 재미있게 읽을 수 있는 가장 오래된 만화책이다.

《멍텅구리》는 연재 첫 회부터 종료 때까지 최멍텅, 신옥매, 윤바람 세 명의 주인공들을 중심으로 전개되는 일관된 이야기이다. 충청도 만석꾼 집 외아들 최멍텅이 경성 거리에서 우연히 만난 '똑딴'(어여쁜) 기생 신옥매에게 한눈에 반해 그녀의 뒤꽁무니를 쫓아다니며 구애하다가(〈헛물켜기〉) 서로 '밀당'하며 사랑을 키워가고(〈연애생활〉) '경제적 자립'을 위해 일자리를 찾아서 돈을 벌며(〈자작자급〉) 함께 '스위트홈'을 꾸리고 아들 똘똘이를 낳아 키우면서(〈가정생활〉) 벌어지는 최멍텅의 '멍텅구리 짓', 기상천외한 해프닝, 인생의 희로애락, 일본의 식민 통치에 대한 풍자와 조롱이 시트콤처럼 경쾌하게 펼쳐진다.

알콩달콩 깨가 쏟아지는 신혼 생활을 보내다가 일상이 무료해지면 최멍텅은 절친이자 영악한 '꼬붕'인 윤바람과 함께 프로펠러 비행기를 타고 세계일주 여행을 떠나기도 하고(〈세계일주〉) 기나긴 여행에서 돌아와서는 단번에 선각자라도 된 듯이 각종 모임, 연회에 초청돼 '세계일수 다녀온 썰'을 풀고 주워들은 외국어 몇 마디를 맥락 없이 뽐내며 꺼떡댄다(〈꺼떡대기〉).

어쩌다 가세가 기울면 가난 때문에 굴욕을 당하기도 하고, 빈궁에서 벗어나기 위해 발버둥 친다(〈가난살이〉). 그럭저럭 형편이 나아지면 이런저런 단체들에 얼굴을 내밀며 '감투' 욕심도 부려 본다(〈사회사업〉). 새사람이 되겠다는 각오로 학교 문을 두드려 때늦은 학생 노릇도 경험해 보고(〈학창생활〉), 소소한 일상에 재미도 붙여 본다(〈또나왔소〉). 한동안 소식이 끊겼다가 6년 만에 '인텔리'가 되어 나타나서는 아버지 유산으로 경성 유흥가를 누비며 환락에 빠져도 보고(〈모던생활〉) 사회부 민완(敏腕) 기자로 변신해서는 '도꾸다네'(특종)를 찾아 경성 거리를 헤맨다(〈제1편 기자생활〉).

이렇듯 100년 전 멍텅구리 최멍텅의 인생 역정은 오늘날 한국 사회 어디에서나 만날 수 있는 평범한 소시민의 삶과 묘하게 다른 듯 닮았다. "에… 세상 사람이 나를 멍텅구리라고 놀리지만… 내가 보기에는 세상 사람이 모두 멍텅구리로 보입니다"(〈가정생활〉 44화)라는 멍텅구리의 연설이 자칫 심오한 철학을 담은 듯 착각이 드는 것처럼.

《멍텅구리》는 당대 최고의 지식인·예술가들이 함께 만든 공동 창작품이다. 1920년 창간 초기《조선일보》는 여러 차례 정간을 당해 경영난에 시달렸다. 1924년《조선일보》는 도약의 계기를 마련하기 위해 시대일보 논설위원을 지낸 안재홍을 '주필',《동아일보》편집국장이었던 이상협을 '편집고문', 미국 오하이오대학교 신문학과를 졸업하고《동아일보》창간 기자로 입사해 조사부장을 지낸 김동성을 '발행인 겸 편집인'으로 영입한다. 새로 영입된 이들 편집진은 대대적인 경영 및 지면 혁신을 단행하는데, 《멍텅구리》는 그 일환으로 야심 차게 선보인 작품이다.

《멍텅구리》는 미국 유학 중 만화를 공부해 한국에 소개했던 김동성이 기획하고 안재홍과 이상협이 스토리를 썼다. 미국에서 언론학을 전공한 최초의 한국인이었던 김동성은 정부 수립 후 초대 공보처장과 국회 부의장을 지냈다. 안재홍은 해방 이후 중도 우익을 대표하는 정치 지도자로 현대사에 이름을 남겼고 미군정 민정장관(현 국무총리)을 지냈다. 이상협은 《매일신보》 기자로 재직 중이던 1926년 《몽테크리스토 백작》의 일본 번안 작품 《암굴왕》을 다시 번안한 작품 《해왕성》을 《매일신보》에 연재해 선풍적인 인기를 끈 소설가였다. 이상협과 김동성이 《조선일보》를 떠난 이후에는 편집국 기자들이 머리를 맞대고 아이디어를 내 스토리를 이어갔다.

그림은 동양화의 대가 심전(心田) 안중식의 수제자이면서 학예부 기자로 활동하던 노수현이 그렸다. 노수현이 《조선일보》를 떠난 이후에는 안중식의 또 한 명의 수제자 이상범이 이어받아 그렸다. 안중식은 자신의 호에서 한 글자씩을 따 노수현에게는 '심산(心汕)', 이상범에게는 '청전(靑田)'이라는 호를 지어주었다. 해방 이후 노수현은 서울대학교 미대 교수, 이상범은 홍익대학교 미대 교수로 당대 한국화를 대표하는 작가로 떠올랐다. 《멍텅구리》를 '본다'는 것은 서울대학교 미대와 홍익대학교 미대에서 각각 한국화를 개척한 양대 거장의 초기작을 감상할 기회를 얻는 것이다.

이렇듯 당대 최고의 지식인·예술가들이 함께 만들어간《멍텅구리》는 만화사를 넘어 문화사·언론사·근대사 분야에서도 기념비적인 작품이지만, 우리가 100년 전《멍텅구리》를 되살린 본질적인 이유는 이 작품이 현대 독자들에게도 재미와 감동을 줄 수 있을 것이라는 확신 때문이었다. '매사에 직진, 딱 하루만 사는 사내' 최멍텅은 오늘날 독자에게도 충분히 매력 넘치는 인물이다. 자신의 행동이 초래할 파장이라곤 도무지 생각할 줄 모르는 이 사내는 옥매의 사랑을 얻기 위해서라면 전차에 치이고 개에게 쫓기고 개천에 빠지고 순사에게 뺨을 맞을지언정 앞뒤 가리지 않고 오로지 '직진'한다. 옥매의 소원이라면 냇물에 뛰어들어 게잡이에 나서는 것도 마다하지 않고, 압록강 건너 안둥에 가서 양담배를 밀수하는 '실정법 위반'쯤은 대수롭지 않게 여긴다.

그런가 하면 옥매가 마시고 싶다는 포도주를 사러 가 한 잔, 두 잔 맛을 보다가 만취해서 인사불성이 되기도 하고 옥매와 함께 거리를 걷다가도 예쁜 여자가 지나가면 저절로 고개가 돌아간다. 옥매에게 사랑을 애걸하다가도 옥매 행동이나 말에 마음이 상하면 옥매 머리에 오줌을 뿌리고 주먹질, 발길질도 서슴지 않는 대책 없는 사내다.

최멍텅은 어쩌다 하고 싶은 일이 생기면 돈을 넘치도록 쏟아붓는다. 남들에게 뽐내기 위해서가 아니라 오로지 자기가 하고 싶기 때문에 있는 돈, 없는 돈 끌어모아 허투루 탕진해 버린다. 이렇게 막살다 보니 시골에서 아버지가 보내준 용돈이 서민 월급의 몇 배나 되건만 늘 빚에 쪼들리고 빚쟁이들 등쌀에 시달린다. 그래도 멍텅의 입가에 웃음이 사라지지 않는다.

그렇다고 최멍텅이 하릴없이 돈만 써대고 만석꾼 부모 돈을 타내 쓸 궁리만 하는 밉살스러운 부잣집 한량만은 아니다. 돈이 궁하면 구인 광고를 뒤적여 '활동배우', '교통순사'에 지원해 일자리를 얻고, 푼돈이라도 만들 수 있다면 요릿집 '뽀이', 설렁탕 배달부, 심지어 거지꼴로 동냥질하는 것도 마다하지 않는다. 하지만 그렇게 고생해서 얼마간 현금이라도 손에 쥐면 빚 갚을 생각보다 기생집 달려갈 생각이 앞서는 어쩔 수 없는 멍텅구리라는 사실에는 변함이 없다.

이처럼 100년 전 멍텅구리 최멍텅은 무엇이건 하고 싶은 일이 생기면 묻지도 따지지도 않고 곧장 행동에 들어가는, 욕망이 곧 행동이며 욕망과 행동 사이에 간극이 없는 철딱서니 없는 사내이다. 나쁘게 보면 '천하제일 멍텅구리'일 뿐이지만 좋게 보면 이것저것 재지 않고 하고 싶은 일은 다 하고 사는 '자유로운 영혼'인 것이다. 이것이야말로 억압적 권력에 짓눌리고 가난에 치여 기를 펴고 살기 어려웠던 100년 전 식민지 조선인들이 멍텅구리 최멍텅의 '직진'에 열광했던 가장 본질적인 이유였다. 누구든《멍텅구리》를 읽다 보면, 다음 생에는 최멍텅으로 살아보고 싶다는 생각이 한 번쯤 들 것이다.

《멍텅구리》를 통해 '민물 게장 판매 금지' '양담배 수입 금지' '을축년 대홍수' '조선기자대회' '죽첨정 딘두(斷頭) 유아 사건' '3·1 비상경계대’ ‘양력과세’ ‘좌측통행’ ‘낭만 자살’ 등 1920~1930년대 한국 사회의 변화와 갈등 양상, 그리고 역사 저술가들의 이념이나 선입견에 의해 편집되지 않은 날것 그대로의 식민지 현실을 만날 수 있다. ‘똑땃다’ ‘양떡’ ‘될뻔댁’ ‘군던지스럽다’ ‘판관’ 등 지금은 잘 쓰지 않는 생소한 옛날 어휘나 그 시대 유행어를 살펴보는 것도 재미있다. 이 책이 식민지 시대 한국인의 삶과 문화를 연구하는 데 소중한 자료로 활용될 수 있을 것이라 기대한다.

이 책은 데이터 과학과 인문학의 융합을 추구하는 KAIST 디지털인문학 연구진들이 공동으로 집필했다. 10여 년에 걸쳐 연재된 《멍텅구리》 연재물은 검색창에 ‘멍텅구리’라는 검색어를 넣어서는 전편을 빠짐없이 확인하기 어렵다. 이러한 문제를 해결하기 위해 KAIST 문화기술대학원 이서준 석사와 한국학중앙연구원 김병준 교수는 네컷만화 이미지를 탐색할 수 있는 ‘YOLOv5_FPC’ 알고리즘을 개발했다. 이 기술을 활용해 1920년부터 1940년까지의 《조선일보》 디지털 아카이브에서 총 4만 7777건의 이미지 파일을 분석했고 726건의 《멍텅구리》 연재물을 확인했다. KAIST 디지털인문사회과학부 전봉관 교수와 석사과정 장우리 학생은 연재물을 하나씩 확인하며 알고리즘이 찾지 못한 18건의 연재물을 추가로 확인했고 현대어 풀이와 주석을 달았다. 데이터 과학과 인문학의 융합이 없었다면, 이 방대한 작업을 시도하려는 엄두를 내지 못했을 것이다.

이 책이 나오기까지 많은 분의 도움을 받았다. (재)조선일보 미디어 연구소 김창기 이사장님께서는 '딥러닝 기반 신문 연재 네컷만화 탐지 기술 및 데이터베이스 구축' 연구를 수행할 수 있도록 연구비를 지원하고 고화질 신문 원본 데이터를 제공해 주셨다. 조선일보 사료연구실장 김기철 학술전문기자님께서는 연구와 집필 과정에, 성균관대학교 국어국문학과 박사과정 최주찬 학생은 만화의 대사와 지문을 컴퓨터로 입력하는 과정에 큰 도움을 주셨다.

어려운 출판 환경에도 '도서출판 더숲' 김기중 대표님께서는 흔쾌히 이 책의 출간을 수락해 주셨고, 신선영, 백수연, 정진숙 선생님께서는 손이 많이 드는 편집 과정을 꼼꼼히 살펴주셨다. 100년 전《멍텅구리》가 이처럼 멋진 책으로 다시 태어나기까지 도움을 주신 모든 분들께 이 자리를 빌려 감사드린다.

2024년 12월

데이터 과학과 인문학의 융합으로 '21세기 인문학 르네상스'를 꿈꾸는

KAIST 디지털 인문학 연구실에서

전봉관·장우리·이서준·김병준

《멍텅구리》 주요 등장인물

최멍텅

충청도 부잣집 만석꾼의 외아들이지만 이름처럼 멍청해서 어여쁜 여인에게 곧잘 홀린다. 당시 모던보이의 필수 아이템인 '맥고자'에 검정 '세루 양복', 구두까지 갖춰입고 멋내기를 좋아한다. 돈 벌 줄은 모르면서 씀씀이는 아주 통이 커서 늘 빚에 쪼들린다. 멀대같이 큰 키에 겉모습만 어른이지 생각이 깊지 못한, 철딱서니 없는 '자유로운 영혼'이다.

윤바람

부잣집 아들 최멍텅의 친구이자 '꼬붕'이다. 최멍텅과 대조를 이루는 캐릭터로, 키가 작고 영민한 데다 바람둥이에 바람잡이다. 신문물과 연애에 능한 '척'하며 부자 친구를 골탕 먹이는 것을 즐긴다. 그러면서도 최멍텅과 일거수일투족을 함께하는 둘도 없는 단짝이다.

신옥매

조선의 전통적 아름다움을 지니고 있는 평양 기생이다. 최멍텅의 관심과 사랑을 한몸에 받고 있지만 모른 척 내숭을 떤다. 옥매가 모른 척하면 할수록 멍텅의 '헛물켜기' 수위는 높아지지만, 결국 최멍텅에게 은근히 연민의 정을 느껴 살림을 차리고 아들 '똘똘이'까지 낳는다.

멍텅구리, 그 전설의 시작: 〈헛물켜기〉 편

(1924.10.13~1924.12.8: 총 55회 연재)*

* 연재 번호 56회로 종료되지만, 26회 연재 번호가 누락돼 실제 연재 횟수는 55회임.

충청도 시골 만석꾼 집 아들로 돈은 많지만 할 줄 아는 일이라고는 도통 없는 한량 최멍텅은 길에서 우연히 만난 '똑딴 기생' 신옥매에게 한눈에 반한다. 멍텅은 자기 밑에서 자잘한 개인적 용무를 처리해 주고 월급 조로 신문기자 월급의 3배가 넘는 '150원'을 타가는 친구 겸 '꼬붕' 윤바람에게 옥매와의 만남을 주선해 달라고 사정하는데…. 전차에 치이고 개에게 쫓겨 개천에 빠지고 거리를 지나가는 옥매가 비친 거울 속으로 이발하다 말고 뛰어들다가 거울 하나를 깨 먹고 순사에게 뺨을 맞고… 번번이 경을 치면서도 옥매를 향한 그의 '직진'은 좀처럼 멈출 줄을 모른다.

멍텅의 거듭된 구애에 옥매는 '열한 가지 조건'을 제시한다. 첫째 조건, "게장이 먹고 싶다." 둘째 조건, "영국산 칼표 담배가 피우고 싶다." 하나하나 피식 헛웃음이 나는 어이없는 '미션'이지만, 여기에는 총독부의 '민물 게장 판매 금지 조치', '양담배 수입 및 판매 금지 조치'라는 식민지 조선이기에 '미션 임파서블'이 될 수밖에 없는 당대의 문화 코드가 숨어 있다.

'노름'(기생의 출장 영업)을 나갔다가 인력거를 타고 숙소로 돌아오던 옥매는 포도주에 만취해 한겨울 눈구덩이 얼음판을 구르던 멍텅과 바람을 만난다. 살려달라 호소하는 멍텅의 구애를 옥매가 얼떨결에 받아주자, 세 사람은 한밤중 눈 쌓인 거리에서 함께 "만세"를 부른다. 칠흑 같은 어둠 속에서 울려퍼지는 "만세" 소리에 '기미년 만세 운동'의 불씨가 되살아난 것이 아닌지 화들짝 놀란 경찰은 '만세 사건 현장'으로 비상 출동하는데….

▶ 욕망을 향해 묻지도 따지지도 않고 앞만 보고 달려가는 자유로운 영혼 최멍텅의 1920년대 판 '슬랩스틱 코미디', 마음에 안 들면 몽둥이질, 주먹질, 발길질로 '경(黥)'부터 치고 보는 강한 자만이 살아남을 것 같던 날것 그대로의 일제강점기 '사회상', 어리석은 멍텅과 바람이 서로를 속이고 속는 어수룩한 '바보들의 사기 경연', 과장된 몸 개그 뒤에 숨어 있는 소위 총독부 문화정치에 대한 '풍자와 조롱'을 살펴보는 재미가 쏠쏠하다.

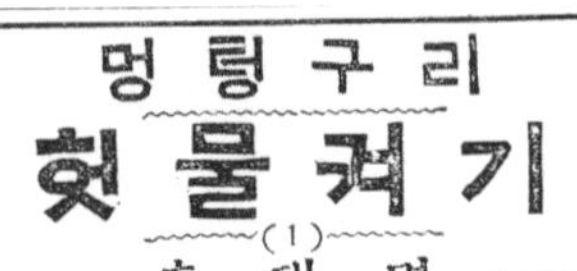

1924.10.13

멍텅구리 헛물켜기 1

초대면

최멍텅과 윤바람이 산보를 나가다가

- 오늘 일기가 좋으니 산보나 갈까
- 그래보지

노상에서 신옥매를 만났것다

- 저. 저. 저게 누구냐? 참 똑땃고나*

* 똑따다: 꼭 맞아떨어지게 알맞다. 일제강점기에는 '예쁘다'를 구어체로 '똑땃다'로 표현. "고거 참 똑땃다."(《별건곤》 1934년 3월호)

멍텅이가 정신 없이 홀려 보다가

- 똑땃지
- 유명한 옥매라네

전차에 치어서…

- 어이쿠

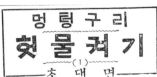

경성의 기생

《매일신보》 1923년 1월 7일자에 실린 전주 기생 광고(전주권번 소속으로 추정). 기생의 얼굴 실물과 이름, 그 아래는 직접 그린 그림이 실려 있다.

작품 속에서 옥매가 살아가던 1920년대는 기생의 입지가 역동적으로 변화하던 시기였다. 신분제도가 사라지면서 돈만 있으면 '상놈'이라도 기생을 불러 놀 수 있게 되었고, 기생업은 일종의 대중 서비스업으로 변모했다.* 구한말 관기 제도 폐지 후 기생은 천민의 신분에서 벗어났지만 권번(券番)이라는 조합으로 다시 묶여 관리를 받았다. 권번은 어린 기생들을 교육하는 교육기관이자, 요릿집과 공생관계를 이뤄 출입을 지휘하고 화대를 받는 매니저 역할을 하는 곳이었다. 멍텅이가 〈헛물켜기〉 시리즈에서 헛절수(묵은 당좌수표)로 "옥매를 한번 사볼까"(13회) 하며 고민하는 모습, 뒤이어 나오는 시리즈인 〈연애생활〉에서는 "혼인식을 권번에서 할까" 하며 제안하는 모습 등을 통해 기생들이 권번에 강하게 예속된 존재임을 알 수 있다.

당시 기생들은 옥매처럼 한복에 버선을 신고, 쪽진 머리를 한 모습으로 요릿집에서 노름을 받아 술접대를 하며 생계를 이어갔다. 조선시대에 비해 위상이 약해지긴 했지만 이

* 김태수, 《꽃가치 피어 매혹케 하라: 신문광고로 본 근대의 풍경》, 황소자리, 2005, 13–14쪽

들은 단순 접대부 이상의 존재였다. 옥매가 춤을 추는 공연장이 만석이 되어 멍텅이는 입장조차 하지 못하는 에피소드(4회)나, 사진관에서 공공연하게 옥매의 얼굴 사진을 돈을 받고 판매하는 에피소드(6회) 등을 통해 예인(藝人)이자 배우, 대중 무대의 스타로서 살아가던 당시 기생의 모습을 엿볼 수 있다. 1930년대까지 라디오, 음반, 광고모델로 활발히 활동하던 '만능 엔터테이너' 기생은 이후 '신여성'과 '여학생'이라는 새로운 여성상의 등장으로 위협을 겪고 결국 쇠락하게 된다.

요릿집을 오가는 옥매는 늘 인력거를 타고 다닌다. 인력거를 탄 많은 이들이 휘장을 내려 모습을 가렸던 반면, 기생들은 자신을 선전하고 과시하는 목적으로 휘장을 치지 않고 다녔다. 기생을 요릿집으로 나르던 인력거꾼들이 자신의 딸을 키워 동기(童妓: 어린 기생)로 입적을 시키는 일도 흔했다.

1924.10.14

멍텅구리 헛물켜기 2

방문

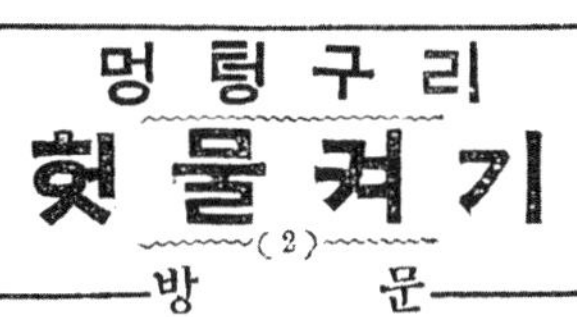

한 번 보고 대번에 바싹 홀려서

- 여보게, 내가 꼭 죽겠네. 옥매 한 번만 보게 해주게
- 좀 어려운걸

멍텅이는 바람에게 애걸을 하여

- 여보, 할아버지 할게.* 제발 사람 좀 살려주오
- 정 그러면 생각해 볼까

* 할아버지 할게: 할아버지라 부를게. 할아버지로 받들게

옥매의 집으로 뛰어가기는 하였으나

- 생각이 다 무엇이야. 생각하는 동안에 사람 다 죽겠는데
- 어디 그러면 그 집으로 찾아가 보세

개가 뛰어나오는 바람에 개천 속으로 풍덩

- 어이쿠
- 멍멍
- 이로나라*

* 이로나라: 이리 오너라. 문 열어라

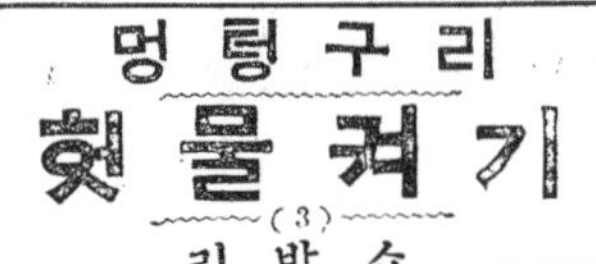

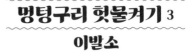

1924.10.15

멍텅구리 헛물켜기 3

이발소

멍텅이는 모양을 바싹 내려고

- 윤바람이 주선으로 오늘은 옥매를 보게 된다니 하이카라*나 좀 해야지

* 하이카라: 머리털을 밑의 가장자리만 깎고 윗부분은 남겨서 기르는 남자의 서양식 머리 모양. 또는 서양식 유행을 따르던 멋쟁이를 이르던 말. 바른 표기는 하이칼라

이발소에 가서 단장을 하노라니

- 이발 요금은 얼마든지. 최신 유행. 썩 하이카라로. 응…

길에 지나가는 옥매의 자태가 거울 속에

- 저. 저. 저. 거울 속으로 옥매가 지나간다 저. 저. 저.

거울 속으로 뛰어들다가…

- 어이쿠

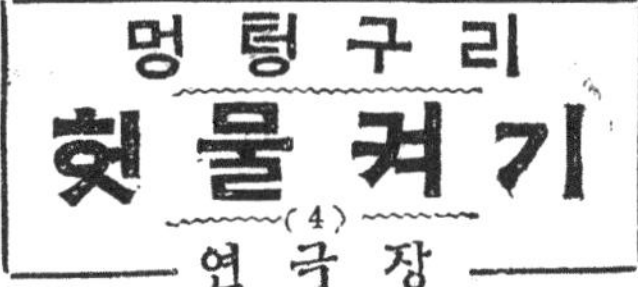

1924.10.16

멍텅구리 헛물켜기 4

연극장

멍텅이가 병이 된다고, 애를 쓰다가

- 옥매를 못 보아 내가 꼭 죽겠네

두 사람은 옥매의 춤추는 연주회로

- 오늘 연주회에서 춤추는 것이나 가볼까?
- 옳다 좋다. 가고말고

만원 된 연극장에 억지로 들이밀다가

- (만원)
- 만원
- 만원이 다 무엇이냐? 나는 좀 들어가야 하겠다

취체* 순사에게 뺨을 맞고…

- 이놈아
- 어이쿠

* 취체(取締): '단속'의 옛말

1924.10.17

멍텅구리 헛물켜기 5

요리집

요리점에 가서 옥매를 불렀으나 또 실패

- 네- 이놈. 신옥매를 꼭 불러오너라
- 벌써 이 옆에 방에 왔습니다

눈요기나 하려고 옥매의 방을 엿보는 중

- 이런 제-기 문틈으로나 좀 들여다 볼까

바람이가 지혜를 내어서, 옥매의 방으로

- 그렇게 보고 싶거든 아주 들어가 보게

멍텅이를 불쑥 들이밀어

- 어이쿠
- ?
- 에구머니

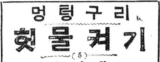

1924.10.18

멍텅구리 헛물켜기 6

사진관

멍텅이가 옥매의 사진을 발견하고

- 야- 여기 옥매 사진이 있다. 사진이라도 한 장 사자

흥정하기 전에 '키스'만 하다가

- 어고- 이뻐. 어고- 이뻐

수중에 가진 돈이 없어서

- 값은 2원이올시다
- 어이구- 가진 돈이 한푼도 없는걸

사진관 주인에게 또 곤욕

- 이놈아, 돈도 없이 남의 사진에 침칠은 왜 하였어
- 어이쿠

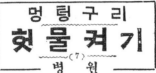

1924.10.19

멍텅구리 헛물켜기 7

병원

멍텅이가 한창 지혜를 내어서 병원으로

- (서울병원)
- 옥매 까닭에 암만 해도 병이 되어 죽겠으니 약이나 좀 먹을까

약을 달라고 의사에게 애걸

- 원장선생님, 옥매를 못보아 들린 병에 선약*을 주십시오
- 허허 응- 주지

* 선약(善藥): 좋은 약

의사의 약방문*이 몽둥이 치료

- 이 병자 몽둥이찜 3일분만 주어라

* 약방문(藥方文): 처방전

멍텅의 병은 당장에 전쾌*?

- 어이쿠 벌써 전쾌하였소

* 전쾌(全快): 완치

1924.10.20

멍텅구리 헛물켜기 8

자살

멍텅이가 한강철교로 죽으러 갔다

- 세상이 비관이다. 살아서는 무엇이랴

자동차로 지나가는 옥매를 보고

- 이키, 옥매가 지나간다

정신없이 쫓아가다가

- 옥매야 마지막 한번 보자

썩어 뚫어진 다리 바닥에 빠졌다

- 어이쿠

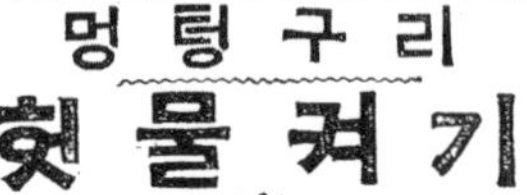

1924.10.21

멍텅구리 헛물켜기 9

내외술집

멍텅이가 홧김에 술집에 가서

- 죽으라 죽을 수도 없고, 벌써 여덟 번째 헛물만 켰다. 예-끼, 술이나 들이켜라

술을 잔뜩 먹고 나오는 길에

- 어- 상쾌하다. 옥매 집이나 또 한 번 가볼까
- (음식점 영업)

지나가는 여자에 달려들다가

- 너희들이 모두 옥매이지 나와 키스 좀 하자

순사를 만나서 경을 쳤다

- 이놈아 유치장 맛 좀 보아라
- 어이쿠 옥매만 본다면 유치장이라도 가고말고

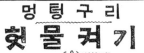

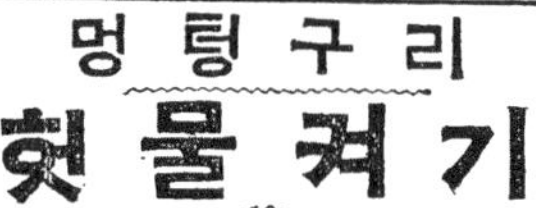

1924.10.22

멍텅구리 헛물켜기 10

유치장

의외에 옥매가 반가이 찾아와

- 여보시오, 멍텅구리 영감. 웬 잠을 이렇게 주무셔요? 자동차 타고 운동이나 가십시다

자동차를 타고 흥청거리다가

- 여보, 영감, 우리 둘이 이렇게 된 것이 참 기쁩니다
- 좋고말고. 나는 금방 죽어도 다시 여한이 없네

자동차가 낙상*하여 깜짝 놀라니

- 아이구—
- 이키

* 낙상(落傷): 떨어지거나 넘어져서 다침. 또는 그런 상처

유치장 안에서 꿈이로구나

- 어이쿠
- 이놈아, 뱃속 편하게 유치장 속에서 잠꼬대가 무엇이야

1924.10.23

멍텅구리 헛물켜기 11

청량리

멍텅이가 홧김에 산보를 가다가

- 이런 제-기. 청량리나 나가 볼까

오래간만에 바람을 만나서

- 여보게, 수일 만일세그려
- 누구야? 깜짝 놀랐구나

옥매의 일을 그래도 애걸하다가

- 이애* 그러나 옥매를 꼭 한번 보아야 할 터인데 어떻게 하면 좋으냐?
- 자네가 밤낮 멍텅구리 짓만 하는 것을 나인들 어찌하나

* 이애: 어른이 아이를 부르거나 같은 또래끼리 서로 부르는 말

거절을 당하고 분풀이 한 번을 톡톡히

- 예끼 요녀석. 너도 헛물 좀 켜보아라
- 캭캭

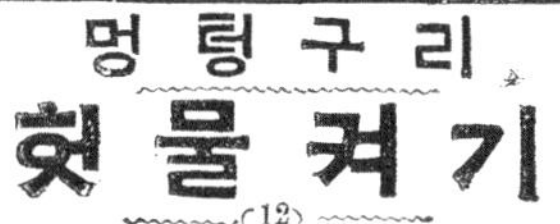

1924.10.24

멍텅구리 헛물켜기 12

이튿날

멍텅이가 윤바람을 만나서

- 어저께 나를 물속에다가 잡아넣었지? 어디 두고 보자

옥매를 보여달라고 애걸복걸

- 할아버지, 제발 살려주오
- 그러면 현금 5000원만 당장 내어놓아야지

윤바람이 돈을 내라고 버티다가

- 자네 알다시피 현금이야 그렇게 있나?
- 그러면 그만이지 누가 억지로 내라나?

또 한 번 양떡*

- 예끼 요녀석, 못될 일만 꼭 하라고
- 아이쿠

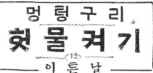

* 양(洋)떡: 서양떡. 빵. 여기서는 동음이의어 효과를 통해 의성어 '빵'을 표현한 듯. "또 한 번 빵"

1924.10.25

멍텅구리 헛물켜기 13

헛절수

묵은 절수*를 떼가지고

- 이전에 쓰던 은행 딱지로 옥매를 한번 사볼까?

* 절수(切手): 은행에 당좌 예금을 가진 사람이 소지인에게 일정한 금액을 줄 것을 은행 등에 위탁하는 유가 증권. 당좌수표

윤바람을 속이려다가

- 바람아, 돈 5000원 가져왔으니 이제는 어찌 할 터이냐?
- 어쩌기는 어찌해 옥매만 데려왔으면 그만이지

절수도 빼앗기고

- 자- 이것이 아니냐? 똑바로 뜨고 보아라
- 너를 믿을 수가 있느냐? 찾아보아야 알지

윤바람도 놓쳤다

- 여. 여. 여보게 잠깐만 기다리게
- 내일 만나세

1924.10.26

멍텅구리 헛물켜기 14

은행

바람이가 자동차를 타고

- 이 은행 앞에 놓아라
- 네

헛절수를 찾으려다

- 이 소절수 당장 현금으로

거절을 당하고

- 예금이 없는 헛 소절수올시다
- 그럴 리가 있나. 장부를 잘못 보았지

그래도 버티다가 또 경

- 이놈아, 그럴 리가 다 무엇이야
- 아이쿠

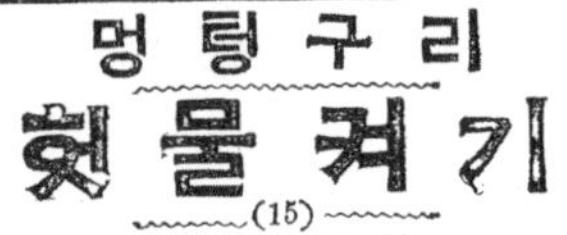

1924.10.27

멍텅구리 헛물켜기 15

자동차삯

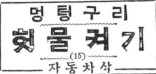

윤바람이 은행에서 경을 치고

- 똥골 9번지 최멍텅댁으로 가

멍텅이를 찾아가다가 길에서 상봉

- 자네 어디 가나? 마침 잘 만났네
- 아 사람 어디로 달아났단 말인가? 나는 지금 자네를 찾아가는 길일세

멍텅이는 절수 찾은 것만 좋아서

- 였네.* 은행 딱지 찾아가게. 그리고 이 자동차 타고 먼저 가게. 나는 잠깐 다녀감세

* 였네: 여기 있네

자동차를 타고 가다가 삯전*에 봉변

- 어이쿠
- 이놈아, 자동차삯 내

* 삯전: 삯으로 받는 돈

1924.10.28

멍텅구리 헛물켜기 16

삽살개

멍텅이가 홧김에 옥매를 찾아갔다가

- 옥매의 집에를 오기는 왔으나, 개가 무서워 부를 수가 있어야지

윤바람을 만나

- 오- 이놈, 너 여기서 잘 만났다
- 어이쿠

시비를 하다가

- 살려다오. 어이구, 개가 짖는다. 제발 떠들지 마라
- 흥- 워리 워리 삽살아
- 멍멍

개에게 놀라서 개천에 허방*

- 예끼, 요놈. 나만 헛물켜랴. 너도 경 좀 같이 치자
- 아이크 아이크

* 허방: 땅바닥이 움푹 패어 빠지기 쉬운 구덩이. 여기서는 발을 잘못 디디어 허방에 빠지다를 뜻하는 '허방 짚다' 에서 '짚다'가 생략된 표현

1924.10.29

또 오천 원

윤바람과 멍텅이가 만나서

- 얘 우리 둘이 싸움만 하면 무슨 소용 있니? 정답게 지내자꾸나
- 사람 속인 죄는 어떻게 하고?

멍텅이는 사화하자* 애걸복걸

- 우리 터에** 그럴 것 무엇 있나. 풀고 지내세그려
- 그러면 아까 그 절수나 돌려내게

* 사화(私和)하다: 원한을 풀고 서로 화평하게 지내다

** 우리 터에: 우리 처지(형편, 사이)에

바람이는 절수를 도로 찾고

- 옜네, 가져가게
- 이제 되었다. 사불여의*하면 형사 고소할 증거물이 생겼다. 그리고 정말 돈- 5000원을 가져와

* 사불여의(事不如意): 일이 뜻대로 되지 않음

그 외에 돈을 청구하다 또 경

- 예끼, 요 깍쟁이 녀석
- 아이크

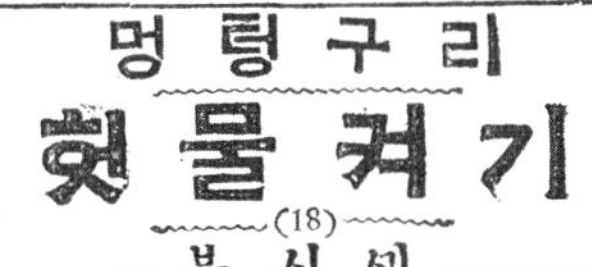

1924.10.30

멍텅구리 헛물켜기 18

부싯깃*

* 부싯깃: 부시를 칠 때 불똥이 박혀서 불이 붙도록 부싯돌에 대는 물건

윤바람이 옥매를 찾아가

- 옥매, 그동안 평안한가? 오늘 큰 수가 하나 생겼는데
- 또 수가 무슨 수요? 바람 잡을 수?

헛절수를 보이며

- 바람이 아니라 큰돈을 잡을 수야. 자- 이것 좀 보게그려
- 또 멍텅구리 조건이로구려. 돈 아니라 더한 것을 주어도 나는 싫어요

멍텅구리 중매를 들다가

- 지금은 예금이 없지만은 수일 안으로 꼭 5000원 들어올 것이야
- 더구나 예금 한푼 없는 공딱지로 날더러 헛물 켜란 말이오?

절수만 부싯깃이 되었다

- 예끼, 찢어나 버려라. 멍텅구리 헛문서 소용이 다- 무엇이야
- 어. 어. 크. 큰일

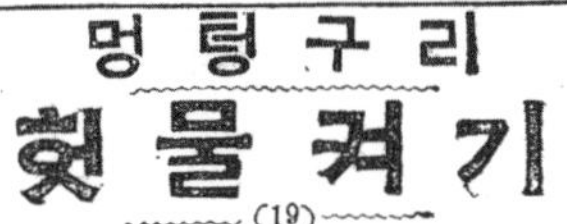

1924.10.31

멍텅구리 헛물켜기 19

옥매 애인

멍텅이가 혼자 벼르는 참에

- 바람이란 놈을 오늘은 단단히 해내야지. 옥매는 꼭 내게 반했을 터인데, 고놈이 또 방해를 하는 모양이야

윤바람이 찾아왔다

- 밤사이 평안한가
- 평안이고 무엇이고 이달부터는 너 주던 돈- 150원은 폐지일세

곧 죽일 듯이 달려들다가

- 그러지 말고 고정하게. 왜 또 이리하나
- 요놈아 고정이 다 무엇이야. 당장 요런 놈은 쳐 죽여야지

옥매 애인이란 말만 듣고 허허

- 옥매 애인, 조금 참게그려
- 허.허. 그래도 내 친구야

1924.11.1

멍텅구리 헛물켜기 20

열한 가지 조건

윤바람이 옥매를 찾아가

- 여보게, 옥매, 내가 꼭 죽겠네
- 또 멍텅구리 조건이요? 에이그 듣기도 싫어

말 들어달라고 애걸복걸

- 여보게, 제발 사람 좀 살리게. 내가 밥줄이 끊어질 지경일세
- 정 그러면 멍텅이가, 내가 청하는 열한 가지 조건을 꼭 들어야지

열한 가지 조건에 겁을 내고

- 듣고말고 듣다뿐인가. 그러나 열한 가지는 너무 많으니 조금 감하세그려
- 무엇이야?

등치를 밀어 쫓겨났다

- 에이 여보, 어서 가요. 이따위 건달은 보다가 처음이야
- 어이쿠, 이 노릇을 어찌한단 말인가

1924.11.2

멍텅구리 헛물켜기 21

한 가지만 빼고

윤바람과 멍텅이가 만나서

- 애 정말 아주 도리가 없겠니? 사람이 꼭 죽겠다
- 없는 것은 아니지마는

여전히 옥매 만날 의논

- 없는 것은 아니지마는… 어쩐단 말이야? 말이나 좀 어서 해라
- 조건이 좀 어려워

열한 가지 조건도 관계없다고

- 열한 가지 조건을 들어주어야 한다네
- 열한 가지 아니라 백 가지라도. 날더러 여편네 되라는 이외에는 무엇이든지 다 듣지

인제는 된 듯이 또 헛물

- 자네더러 여편네가 되라는 것은 어째서 못 듣겠나
- 히히

1924.11.3

멍텅구리 헛물켜기 22

게장

• 제목 오른쪽에서 왼쪽으로 잘못 표기

옥매의 첫째 조건이 게장이란 말을 듣고

- 첫째 옥매가 게장이 먹고 싶다고 하데
- 그까짓 것 용이한 일이지

장춘관을 쫓아가

- 뽀이야, 이 집에 게장 있는 대로 다- 내어놓아라. 값은 얼마든지 줄 터이니
- (장춘관)

게장을 찾다가 없다는 말을 듣고

- 게장을 지금 어디서 찾으십니까? 여기는 그림자도 없습니다
- 이 자식아, 누가 그림자 말이냐? 정말 게장을 내어놓아

또 비관

- 정신병자인 모양인데 동8호실*로 가라지
- 네- 경찰서로 가- 보십시오. 여기서는 팔지 않습니다

* 동8호실: 총독부병원 정신병동이 있던 곳

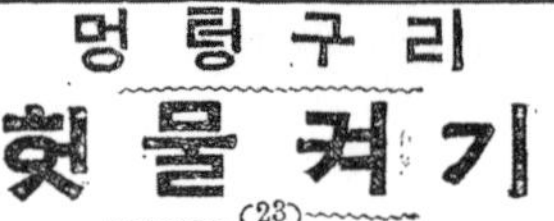

1924.11.4

멍텅구리 헛물켜기 23

대서소

장춘(관)에서 경찰서로 가라니까

- 총독부에서 담배 장사를 한다더니, 경찰서에서 게장까지 파는가. 별놈의 세상을 다 보겠군

대서소*로 청원을 쓰러 갔다

- 요새는 무슨 문화정치라는데, 그냥 가서 말로야 될라구. 진작 한 장 써 가지고 가는 것이 속하지**
- 무엇을 쓰시려오? 이리 들어오시오

* 대서소: 일반 사람들의 각종 법률 행정 서류 작성을 대행하던 곳. 오늘날 법무사의 기원

** 속(速)하다: 빠르다

피차에 미친놈이라고 하다가

- 경찰서에 게장 사는 청원 한 장 써주시오. 맛있는 것으로 골라달라고
- 이 양반이 미쳤나. 가뜩이나 출출한 판에 입맛 붙는 헛소리만 하니

필경은 대판싸움

- 이놈아, 미친 것이 무엇이야
- 허허- 이놈, 정말 미쳤군

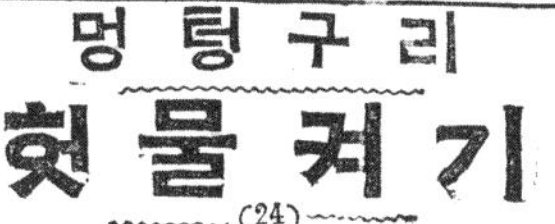

1924.11.5

멍텅구리 헛물켜기 24

경찰서

멍텅이가 경찰서를 가서

- 청원서 없으면 못 살 줄 알고? 대서쟁이 이놈 두고보자

게장을 찾다가 게장이 없다니까

- 게장을 찾아 왔는데요
- 여기는 서장은 있어도 게장은 없어

갑갑증이 나서 뛰어들어가다

- 그것이 무슨 말씀이야요? 꼭 게장 파는 것을 알고 왔는데요. 인지*는 얼마든지 부칠 터이니 짭짤한 것으로 한 항아리만 주십시오
- 이놈 미친 놈이로군

* 인지: 세입금 징수의 한 수단으로서 정부가 발행하는 증표. 세금이나 수수료 등을 바친 것을 증명하기 위하여 서류에 붙임

순사에게 또 경

- 이놈아, 어디를 들어와
- 어이쿠

멍텅구리
헛물켜기
(25)
쌜리가는차표

1924.11.6

멍텅구리 헛물켜기 25

빨리 가는 차표

게장 사러 본고장을 간다고

- 총독 정치는 차별 정치라더니 게장도 맛있는 것이라고 일본 사람한테만 파는가 보다. 에-라, 날짜는 좀 걸리더라도 파주 장단* 본고장에 가서 좋은 놈을 구해오자

* 파주 장단: 파주시 장단면. 디스토마 등 기생충 위험 때문에 총독부에서 '민물 게장' 판매를 금지하기 전까지 민물 게장으로 유명하던 지역

간장병을 둘러매고 정거장에 나가서

- 장단까지 제일 빨리 가는 표 한 장 주시오
- 흐흐 흐흐

차표를 사가지고

- 그것도 젊은 계집이라고, 나하고 좀 친해 보겠다고 흥 어림없지…

간장병이 깨져버려

- 이런 제-기, 게장 담그기 전에 사람 장부터 담그나

민물 게장 판매 금지

蟹採取禁止
지스도마預防키위하야

부산경찰서(釜山警察署)에서는이번에폐지스도마를예방(預防)하기위하야게를채취(採取)하여서판매하기를절대로금지하엿는데 만일위반하는자가잇스면벌금(罰金)오십원(五十圓)에처한다더라(부산)

《조선일보》 1924년 6월 4일자. 디스토마 예방을 위해 게(蟹) 채취를 금지한다는 경찰발 기사

肺디스토마患者
某地方에서는七割以上

폐디스토마豫防策으로하야總督府에서는本年四月河川棲息의蟹類採取販賣를禁止하얏스나京畿道衛生課에서調査한結果管內에서는江華長湍坡州의三郡에最히蟹類의捕食이多하고多數患者가有함이判明되야甚至於住民의七割以上이此病에罹한地方도有하나豫防法을決定함에는甚히困難한事情이有한故로四月에協議會를開하고協議한結果爲先檢査醫를派遣하야大々的으로患者에게施療하는同時에蟹類의撲滅에全力을傾注한다더라

《조선일보》 1924년 8월 5일자. 해류 채취 금지령에도 불구하고 파주 장단면에서 디스토마 환자가 다수 발생했다는 기사

멍텅이의 끈질긴 구애에 옥매가 내건 11가지 조건은 마치 '헤라클레스의 열두 과업'처럼 당시에는 절대로 이룰 수 없는 일들로, 에둘러 거절한 것이나 마찬가지였다.

그중에서도 첫째 과제인 '게장'은 전근대적 관습과 위생 개념의 충돌을 볼 수 있는 상징적 에피소드이다. 1924년 4월 조선총독부는 폐디스토마 예방을 위해 게 등 해류(蟹類)의 채취를 금지했다. 그럼에도 민물 게장으로 유명했던 파주 장단(25~28화에서 멍텅이가 게를 잡겠다며 기차를 타고 간 곳) 등의 지역에서는 계속해서 게장 섭취가 이어져 다수의 디스토마 환자가 발생했다. 이에 총독부는 별도의 협의회를 개최하고, 지역에 검사의를 파견해 대대적으로 환자 치료에 나서는 동시에 해산물을 날것으로 취식하는 문화의 '박멸'을 시도했다.

"총독부에서 담배 장사를 한다더니, 경찰서에서 게장까지 파는가. 별놈의 세상을 다 보겠군", "총독 정치는 차별 정치라더니 게장도 맛있는 것이라고 일본 사람한테만 파는가 보다" 등 멍텅이의 대사를 통해, 조선에서 근대적 위생 문화의 수용이 일본의 강압적 조치와 얽혀 당대 조선인들의 큰 반감을 불러일으켰음을 알 수 있다.

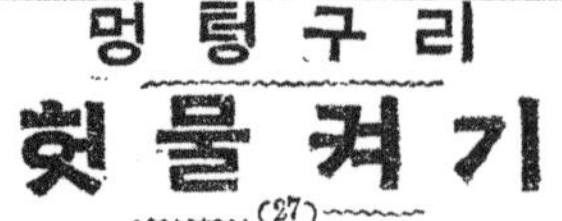

1924.11.7

멍텅구리 헛물켜기 27

게잡이

- 11월 6일 25회에서 11월 7일 27회로 넘어감. 26회 연재 번호 누락

게를 잡다가 손을 물리고

- 에이크 에이크, 그놈의 게. 무정하게도 사람을 깨문다

양말을 벗어 손에 끼고

- 게 잡기 전에 손가락 먼저 함몰하겠다. 버선으로 장갑을 만들어라

퍼덕거리다가

- 이키, 꽤 미끄럽다

물구덩이에

- 어이쿠, 사람 살려

1924.11.8

멍텅구리 헛물켜기 28

부지거처*

* 부지거처(不知去處): 간 곳을 모름

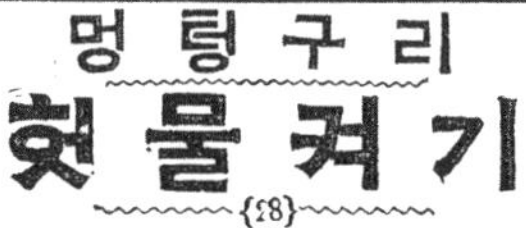

게 한 마리를 실에 매어

- 항아리에 두자니 미리 죽겠고,
  한데*다 두자니 즘생**이 무섭고.
  이렇게 달아 매어 두는 것이 상책이다

* 한데: 하늘을 가리지 않은 곳. 바깥 혹은 노천
** 즘생: '짐승'의 방언

보꾹*에 매달고 지키다가

- 조금이라도 잠이 들었다가는 그동안 무슨 일이 생길는지 아는가. 이대로 앉아서 밤을 지내야지

* 보꾹: 지붕의 안쪽. 천장

잠이 들어 자는 동안

- 쿠쿠쿠 쿠쿠쿠

게는 간 곳이 없다

- 에구머니 실아, 게가 어디로 갔니?

1924.11.9

멍텅구리 헛물켜기 29

게장 대신

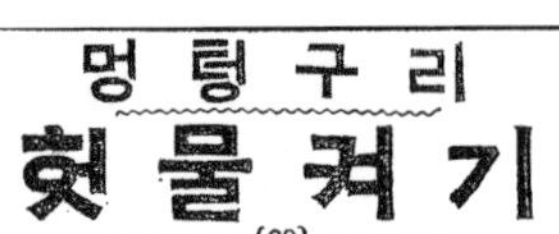

멍텅이는 윤바람을 만나서

- 저번에 말한 게장 어찌되었나?
- 가져오기는 가져왔지마는

간장 묻은 옷과 게 매었던 실을 내놓고

- 여기 있기는 있지마는 모두 될뻔댁*이야
- 멍텅구리야, 이것이 대관절 무엇이란 말이야

* 될뻔댁: 어떤 일이 될 뻔하다가 아니 된 사람을 놀림조로 이르는 말

게장 대신에 쓰려다가

- 장은 양복에 엎지르고, 게는 실에 매었던 것이 달아났으니까 그렇지
- 어이구, 기가 막혀

또 거절을 당하고 황황급급

- 예끼, 이 할 수 없는 멍텅구리. 내 수로는 할 수 없다
- 어이구 애- 그러지 말고 사람 좀 살려라

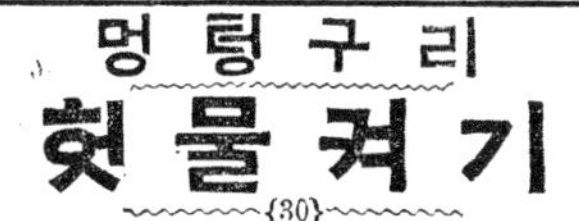

1924.11.10

멍텅구리 헛물켜기 30

둘째 조건

윤바람은 둘째 조건으로

- 게장을 실패하였으니까, 둘째 조건은 성공을 하여야지
- 무엇이냐 무엇이야. 말을 좀 어서 하여야지

칼표*가 있어야 한다고 제출

- 옥매가 칼표가 먹고 싶다니, 그 청을 들으란 말이야
- 칼표라니, 담배 말이지? 그것이야 참 용이한 일이지

* 칼표: 영국산 고급 수입 담배로 정식 명칭은 파이러트(PIRATE)지만 포장지에 해적이 칼을 든 그림이 있다 하여 '칼표'로 불림

멍텅이는 돈만 있으면 살 줄 알고

- 옜네, 요 앞 담배가게에서 몇 갑이든지 사다가 주게. 담배는 코가 노랗도록 먹고라도 내게 마음만 돌리라고 하게
- 무엇이야, 요 앞 담배가게에서?

돈을 내었다 또 낭패

- 예끼, 화로나 노랗도록 1원짜리를 처먹어라
- 어- 어-

1924.11.11

안동현까지

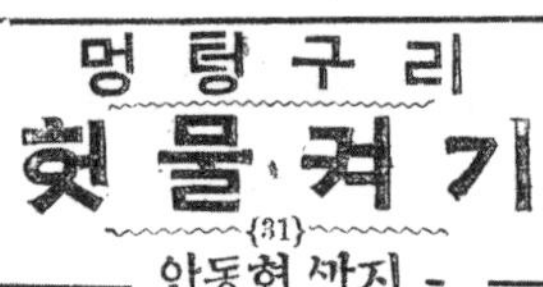

멍텅이는 칼표가 조선에 없는 줄을 알고

- 여보게, 몰랐더니 총독부에서 담배 장사를 하는 까닭에 저의 담배보다 나은 칼표에는 샘이 나서 조선 문턱에도 들이지 않는다네그려
- 누가 아니라기에

안동현*으로 사러 가되

- 그러니 할 수 있나. 안동현까지 가서 사가지고 오기로 결심을 하였네
- 대체- 그놈, 열심은 열심이다

* 안동현: 지금의 중국 랴오닝성 단둥시

옥매와 개성까지 동행하도록 하여 달라고

- 그런데 내 계교*가 하나 있어. 내가 칼표를 사러 안동현을 가니 전별**을 하자고 옥매를 개성까지 보내주지 못하겠나?
- 그러면 거기서 네 맘대로 하잔 말이지?

* 계교: 요리조리 헤아려보고 생각해낸 꾀

** 전별(餞別): 잔치를 베풀어 작별한다는 뜻으로, 보내는 쪽에서 예를 차려 작별함을 이르는 말

청을 하다 또 낭패

- 예끼, 이 미친놈아. 옥매도 너처럼 미친 줄 아느냐?
- 어이쿠

1924.11.12

멍텅구리 헛물켜기 32

침대차

멍텅이가 차 안에서 자탄

- 연애가 다 무엇인지, 애인의 담배 한 대를 위하여 천리 행보를 한단 말이냐?
- 침대를 꾸며 놓았으니 들어가 주무십시오

침대에 누워서도 자탄

- 제기, 자리가 출렁출렁 제법 운치가 있는걸

생각할수록 화가 나서

- 가만히 생각하니 어리석기도 하고 분하기도 하구나. 그래 대장부가…

벌떡 일어나다가 천장에 이마를 탁 받아!

- 어이쿠

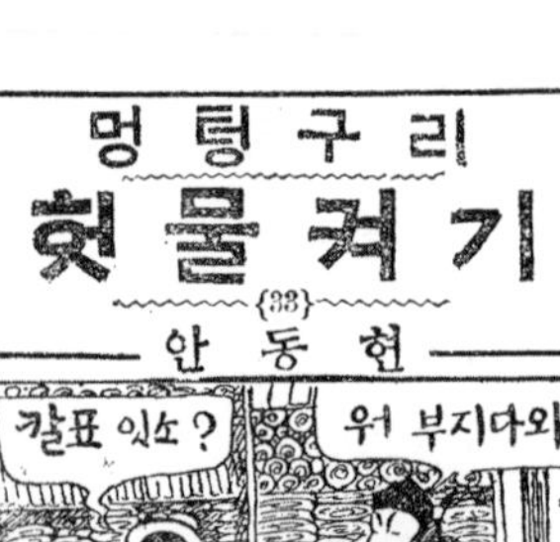

1924.11.13

멍텅구리 헛물켜기 33

안동현

안동현 중국인 가가*에서 칼표를 찾다가

- 칼표 있소?
- 워 부지다와**

* 가가(假家): '가게'의 원말

** 워 부지다와(我不知道): 나는 몰라요

못 알아듣는다는 말을

- 칼표를 달라니까, 그것이 무슨 무례한 말이야?
- 부지다와 부지다와

욕으로 알고 싸움을 시작하여

- 이 오랑캐놈아, 물건은 팔지 않고 욕설은 왜 하니?

여러 중국인에게 경을 쳤다

- 타마나가비*
- 타마나가비
- 타마나가비
- 어이쿠

* 타마나가비(他妈拉个巴子): 멍텅구리. 얼간이

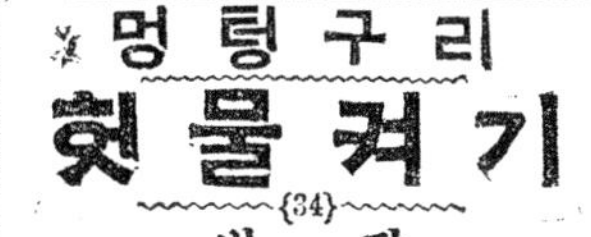

1924.11.14

멍텅구리 헛물켜기 34

빙판

칼표를 사가지고

- 죽을 욕을 다 보고 칼표를 사기는 샀지마는 또 가지고 가기는 어떻게 한단 말인가

세관이 무서워

- 철교로 가다가는 잡힐 터이니까, 얼음을 타고 건너가는 수밖에 없다

얼음을 타고 건너오다가

- 대관절 맛이 어떠한가? 오래간만에 나부터 맛을 좀 보고

미끄러져서 또 경을 쳤다

- 어이쿠

1924.11.16

멍텅구리 헛물켜기 35

정거장

바람과 옥매가 마중나온 것을

- 멍텅이가 오늘 저녁에 온다고 전보가 왔는데, 무슨 멍텅구리 짓을 하고 오는지 일이 없으면 정거장에 구경이나 갈까?
- 그럽시다

멍텅이가 보고

- 이히- 옥매가 나왔다

시각이 바뻐*라고 칼표를 주다가

- 옜네, 칼표 여기 있네

* 시각이 바뻐라고: 시각이 바쁘다고

순사에게 또 경을 쳤다

- 이놈아, 그것이 무엇이야?
- 어이구, 칼표는 아니오

1924.11.17

멍텅구리 헛물켜기 36

충돌

칼표를 밀수입한 죄로 순사에게 경을 친 멍텅이가

- 어이구 엉치*야. 어이구 엉치야

* 엉치: 엉덩이의 방언

그동안 비용 난 것을

- 안동현 왕복 여비가 40원, 벌금이 50원, 엉덩이 치료비가 30원, 도합 120원

손꼽아 계산하며 가다가

- 이런 제-기, 그리고 옥매의 손목 한 번 못 만져보고

옥매 탄 인력거와 충돌

- 이놈아 눈깔이 멀었니? 정신은 팔아먹었니?
- (명월관)
- 어이쿠 저. 저. 저. 옥매. 여보게

담배 전매제

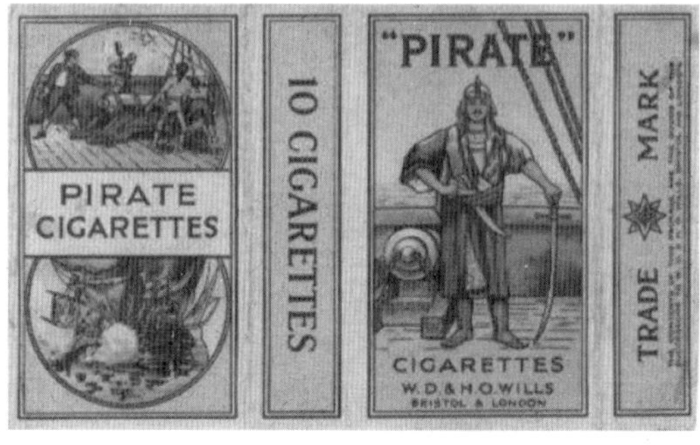

영국 담배 회사 윌스에서 생산 및 판매한 담배 '파이러트'. 해적이 칼을 들고 선 그림 때문에 일명 '칼표'라고 불렸다.

옥매의 두 번째 조건은 "칼표 담배가 피우고 싶다"는 것. 담배 한 갑 구해주는 것이 뭐가 문제냐며 자신만만하던 멍텅은 총독부의 양(洋)담배 수입 및 판매 금지 조치로 조선에서는 '칼표'를 구할 수 없다는 사실을 뒤늦게 알고, 압록강 건너 만주 안동현까지 '천리 행보'에 나선다.

이 에피소드 역시 총독부의 식민지 통제 전략과 긴밀한 관련이 있다. 1920년대 이후 조선총독부는 본국에서의 재정 독립을 목표로 새로운 세금을 도입했는데, 담배나 술과 관련된 간접세가 주요한 역할을 했다. 특히 담배의 경우 이미 1912년 '연초전매령'이 공포돼 총독부가 연초 생산과 판매를 독점하고 수입을 엄격하게 관리했다. 이러한 상황에서 멍텅이가 '칼표'와 같은 양담배를 구하는 일은 밀수와 같은 불법적인 방법이 아니고서는 불가능했다. 실제로 1923년에는 평양의 한 기생이 안동현에 다녀오는 길에 칼표 담배 12갑을 가지고 오다가 발각된 일이 있었는데, 이것이 전매령 위반이라며 당시 월급쟁이 두 달치 월급에 해당하는 벌금 100원이 부과돼 화제가 되었다(《매일신보》 1923년 3월 4일자, '도표(刀票; 칼표) 담배 12포의 벌금 100원으로 법조계 대 문제').

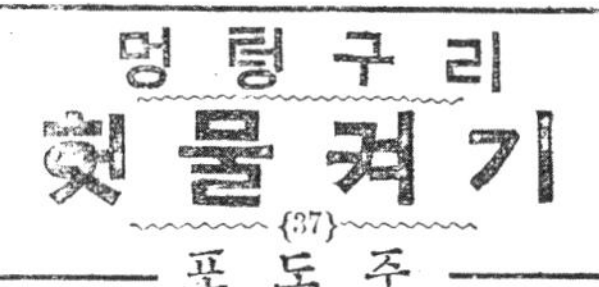

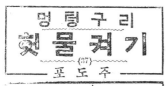

1924.11.18

멍텅구리 헛물켜기 37

포도주

바람이 멍텅이를 만나서

- 팔은 왜 그랬나?
- 흥, 명예의 부상일세. 옥매의 인력거에 치여서

또 무슨 청이 없더냐는 말을 듣고

- 그런데 옥매가 혹시 또 무슨 청이 없던가? 아주 절망은 아닌가?
- 응. 너무 애를 써서 미안하다고. 이번에는 아주 쉬운 청으로 좋은 포도주를 한잔 먹자고 하데

포도주를 청한다고 하다가

- 포도주? 그야말로 용이하지. 그런데 기생의 청이면 패물이나 의복이지 군던지스럽게* 밤낮 먹을 것 타령이 웬일이야?
- 내가 아나. 나는 말만 전할 뿐이지

* 군던지(스)럽다: 마음이나 행실이 더럽고 추저분하다.

멍텅이에게 경을 쳤다

- 예끼 망할 자식. 옥매가 다른 놈의 자식을 배고 입덧이 났구나. 그래서 나더러 그 치닥거리를 하라고
- 아이쿠

1924.11.19

멍텅구리 헛물켜기 38

이튿날

윤바람을 기다리다가

- 요놈이 아주 토라졌나? 오늘은 어째서 이때까지 그림자도 안 보이누

서로 만나

- 바람인가? 어서 오게. 어저께는 실례했네. 엇지* 알지 말게
- 엇지 알고말고. 볼일 다 보았다. 반지니 비나**이니 별 청이 다 많은 것을 먹을 것으로 돌려붙이니까, 남의 공도 모르고

* 엇지다: 조금 빗나간 듯하다

** 비나: '비녀'의 방언

이야기를 하려다가

- 에이, 그러지 말고 앉게. 앉아서 이야기하세

또 한 번 속아 떨어졌다

- 예끼, 이놈. 너도 좀 곯아* 보아라
- 어이쿠, 또 허리야. 얼음판보다 더 지독하구나

* 곯다: 은근히 해를 입어 골병이 들다

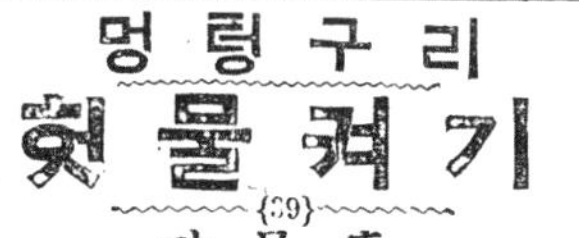

(一) 멍텅이가 홍목당에드러가서포도주병을만히내노라한후 (二) 마개를뽑아 일일히맛을보고 (三) 조흔것한병만 사랴다가 (四) 일본뎜원에게 또경을첫다

1924.11.20

멍텅구리 헛물켜기 39

당목홍

멍텅이가 홍목당에 들어가서
포도주 병을 많이 내놓으라 한 후

- (홍목당)
- 포도주 썩 좋은 것으로 내어
- 하이
- 하이 하이

마개를 뽑아 일일이 맛을 보고

- 모두 다 마개를 뽑아 어떤 것이 정말 좋은지 골고루 맛을 보아야지
- 하이 하이
- 하이

좋은 것 한 병만 사려다가

- 이것이 제일 좋으니, 이것 한 병만 사지
- 무엇이오? 빠가*
- 안 되겠다. 이놈아

* 빠가(ばか): 바보, 멍청이

일본 점원에게 또 경을 쳤다

- 마개 보분 거시 모도 오도게 호란 마루야? (마개 뽑은 것을 모두 어떻게 하란 말이야?)
- 요보* 빠가 (조선놈 바보)
- 어이쿠

* 요보(ヨボ): 일제강점기 조선인을 비하하는 표현

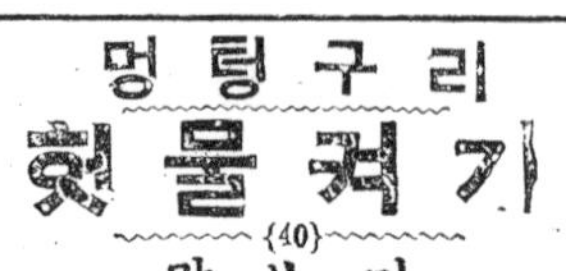

1924.11.21

멍텅구리 헛물켜기 40

맛보기

포도주를 북압이* 잡혀 사다 놓고

- 뺨 세 번, 포도주 열 병에 130원. 뺨 한 번에도 10원씩인가. 우선 나도 좀 먹고

* 북압이: '수북이'의 뜻인 듯

한 잔 두 잔 맛보는 중

- 어- 참 좋다. 세 병째 맛은 더 좋구나

취하여 넘어졌다가 바람에게 발길로 차이고

- 쿠- 쿠- 쿠- 쿠-

그래도 옥매만 여겨* 또 헛물

- 아- 이놈이 좋은 술 사다가 혼자만 먹고
- 어- 맛 좋다. 옥매야, 너도 한 잔 먹어라

* 여기다: 주의 깊게 생각하다

1924.11.22

멍텅구리 헛물켜기 41

전간목 안주

멍텅이와 바람이 사온 술을 다 먹고

- 인제 요것 한 병 남았으니, 옥매를 갖다주어야지
- 암 그렇고말고. 뺨이 붓도록 얻어맞고 소간이 하사냐*

* 소간(所幹)이 하사(何事)냐: 해야 할 일이 무슨 일이냐

한 병을 남겨 들고 옥매 찾아가다가

- 놀자- 젊어 놀자 ♬♩
- 건곤이 불로- 월장재*… ♪♩

* 乾坤不老月長在: '천지는 늙지 않고 달도 그대로인데 세월만 흐르고'라는 뜻. 《죽지사(竹枝詞)》에 나오는 12가사의 하나로, '건곤가'라고도 함

전간목*에 부딪쳐 엎지르고

- 이키
- 이크

* 전간목: 전봇대.

둘이 엎드려 핥기 시작

- 이얘. 전간목 안주에는 맛이 더 좋구나
- 잔소리할 동안에 한 방울이라도 더 핥아먹어라

1924.11.23

멍텅구리 헛물켜기 42

설경

술병을 깨트리고

- 포도주를 한 병 또 사 가져야 옥매를 찾아가지
- 여부가 있나. 어서 양술집으로 가세

양주 파는 집을 찾아

- 참 좋다. 눈이야 잘 온다. 아마 금년 처음이지?
- 술 먹고 설경 보고. 이것도 다- 옥매의 덕일세

눈이 쌓인 길을 찾아가다가

- 양술집이 어디인데 이렇게 머냐?
- 이 사람아 잔말 말고 어서 와-

미끄러져 두 사람이 다 엉덩방아

- 어이쿠
- 어이쿠, 꽁무니야

1924.11.24

멍텅구리 헛물켜기 43

외나무다리

옥매가 인력거를 타고

- 옥매 아씨, 오늘은 참 지독히 추운걸요
- 춥고말고. 타고 앉은 사람이 이럴 때야

요릿집에서 돌아가다가 그 꼴을 보고

- 이키, 이 눈구덩이에 양복쟁이 둘이 잔뜩 취해 쓰러졌다. 흥, 한 잔만 덜 먹지
- 어디 좀 내려보세. 인력거를 놓아

등불을 대고 보아

- 에그, 가엾어라. 약주가 취해 그랬구먼. 우리 방에서 노시던 손님이나 아닌가. 어디 등불을 이리 좀 대게

두 사람은 톡톡히 망신

- 어이구머니, 이게 누구야. 어이머니, 이게 무슨 꼴이야

1924.11.25

멍텅구리 헛물켜기 44

안면방해

옥매가 이를 보고

- 아무도 없는 밤중이지마는 어이그 남부끄러워라. 그대로 갈 수도 없고, 이를 어찌하면 좋은가
- 아 아씨, 아시는 어른입니까?

두 사람을 깨우느라

- 여보세요, 여보세요. 윤 주사 나리, 윤 주사 나리. 이것이 웬일이야요?
- 여- 누구야? 안면 방해하는 것이

애를 쓰고 깨어놓으니

- 아- 여기가 어디야?
- 어서들 일어나세요. 큰일 나겠소이다
- 아- 여- 누구야?

세 사람이 한데 덜컥

- 어이쿠, 미끄러워
- 에구머니
- 이키, 미끄러

1924.11.26

멍텅구리 헛물켜기 45

재주넘기

(一) 넘어젓던 옥매가 일어나서 (二) 인력거를타고· 가랴하는것을 (三) 두사람이 그제야 옥매인줄알고 (四) 뒤에가 매달녀인력거를 뒤집엇다

넘어졌던 옥매가 일어나서

- 이게 무슨 망신이오? 글쎄 술들도 분수가 있지

인력거를 타고 가려 하는 것을

- 에이- 모르겠소. 길에서 밤을 지내든지 말든지. 인력거꾼, 어서 가세

두 사람이 그제야 옥매인 줄 알고

- 오- 옥매로구나. 그러면 혼자 못 가지. 죽어도 혼자 못 가지
- 이 사람아, 같이 가세그려
- 인력거 붙잡지 마셔요

뒤에 가 매달려 인력거를 뒤집었다

- 어이쿠
- 어이구, 사람 살려
- 어이쿠
- 어이쿠

1924.11.27

멍텅구리 헛물켜기 46

만세

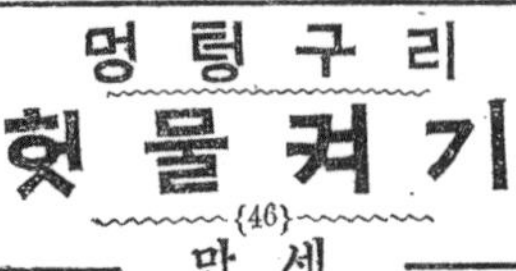

세 사람이 다시 정신을 차려서

- 글쎄, 어쩌려고들 이래요? 사람이 속이 상해 꼭 죽겠네
- 흥, 먼저 죽을 사람이 여기 있는데
- 옜네, 화내지 말고. 포도주나 한잔 먹게

눈 속에 누웠던 사정을 말한즉

- 도대체 이것이 웬일이오? 내력이나 좀 압시다
- 자네 주려고 포도주 사러 가다가 이렇게 되었지
- 여보게, 옥매. 사람 좀 살려 주게

옥매도 할 수 없어

- 예끼, 모르겠소. 전생에 무슨 인연이던가 보오. 자- 마음대로 하시오

눈 속에서 같이 만세를 불렀다

- 만세
- 멍텅구리 만세
- 만세
- 만세

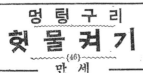

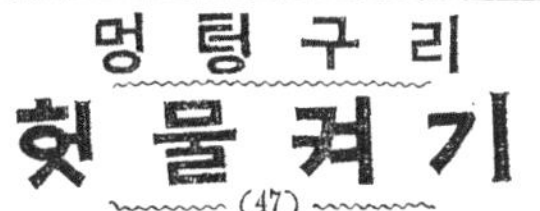

1924.11.29

멍텅구리 헛물켜기 47

만세소동

멍텅구리 일행의 만세 소리에

- 와아
- 와아
- 와와와아
- 이게 무슨 소리야?

깜짝 놀란 교번소* 순사가

- 만세
- 만세 만세
- 만세 소리로구나!
- 아-! 만세다
- 만세

* 교번소: 순검이 일을 보던 조그마한 막. 지금의 파출소

본서장에게 전화를 걸며

- 모시모시. 서장댁이오? 저 이거 정말 큰일 났습니다

너무 수선을 부리다가 생벼락을 맞았다

- 이놈아, 덮어놓고 큰일이 무엇이냐?

1924.11.30

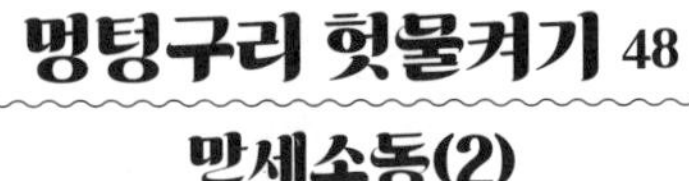

만세소동(2)

서장의 호령 소리에 벌벌 떠는 순사는

- (고라*. 오이**고라)
- 어어 깜짝 놀랐다…
- ?

* 고라(こら): 이놈아, 이 자식아
** 오이(おい): 여봐, 이봐

다시 전화통에 손을 못 대고

- 자네 왜- 그러나?
- 어어 저것 좀 보아. 자네 좀 받게
- (오이 고라. 고라. 고라)

다른 순사를 시켜 말을 하였다

- 네, 여기는 멍텅동 파출소인데요. 네…

말을 들은 서장은 또 벌벌벌벌

- 무어- 만세 소동이야? 에. 이거 야단이로구나

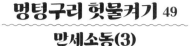

1924.12.1

멍텅구리 헛물켜기 49

만세소동(3)

서장은 자리옷*에 모자만 쓰고 본서로 쫓아가니

- 비상 소집을 시켰는데 어찌 감감한가?
- (경찰서)

* 자리옷: 잠잘 때 입는 옷

숙직 순사는 졸고 있다가

- ?
- 오이 오이
- 쿠쿠쿠쿨쿨

주정꾼으로 여겨 따귀를 붙이고

- 이놈아, 여기가 어디로 알고 막 뛰어 들어와!
- 아이쿠

호령 소리에 정신이 번쩍

- 이놈아, 서장을 몰라?
- 어어…!

1924.12.2

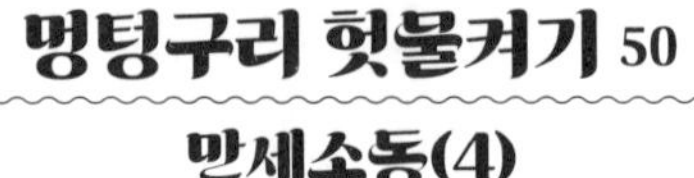

멍텅구리 헛물켜기 50

만세소동(4)

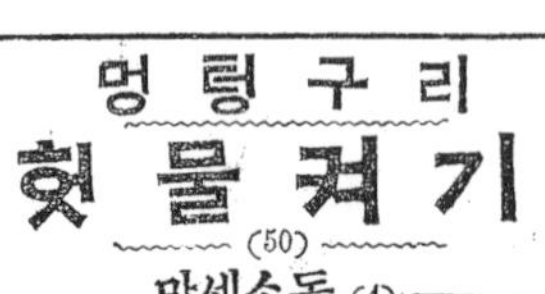

비상소집을 하여가지고

- 우로 나란히!

만세 부른 현장을 찾아가다가

- 앞으로 갓! 갹갸시*!

* 갹갸시(駆け足): 구보, 달려

멍텅구리 일행을 만나서

- 너 웬놈이냐? 만세 부른 사람 아니냐?
- 아니요. 우리 술 먹고 갔소

만세 부른 줄도 모르고 놓아보냈다

- 종거시 사람이 집으로 가셔도 좋소*
- 헛물 좀 켜라!

* 종거시 사람이 집으로 가셔도 좋소: 좋은 사람은 집으로 가셔도 좋소(일본 사람의 서툰 한국말)

1924.12.3

멍텅구리 헛물켜기 51

만세소동(5)

길에 수상한 청년을 만나

- 너- 만세 불렀지?
- 에구머니!

뒤를 쫓다가

- 이놈아

철난간에 가 매달린 것을 잡아 떼려고

수십 명 순사가 차례차례 매달렸다

- 어이샤 요이샤 어이샤 요이샤
  어이샤 요이샤

멍텅구리
헛물켜기
(52)
만세소동 (6)

(一) 매달녀 잡어다리다가

(二) 필경은 할수업서

(三) 텰책까지 뜨더메고

(四) 경찰서로 돌어갓다

1924.12.4

멍텅구리 헛물켜기 52

만세소동(6)

매달려 잡아당기다가

필경은 할 수 없어

철책까지 뜯어 메고

경찰서로 돌아갔다

1924.12.5

멍텅구리 헛물켜기 53

만세소동(7)

떼어가지고 간 것이 문으로 안 들어가서

- 안 들어가거든 거기 놓아라!

경찰서 문 앞에 놓고 심문한 결과

- 너 이놈무, 만세 불러 말했지? 바로 마리해(너 이놈, 만세 불렀지? 바로 말해)

노름을 한 자인 줄 알고

- 나는 1전짜리 화투한 죄밖에 없어요!
- 나니!*

* 나니(なに: 何): 무엇, 뭐

발길로 차서 쫓아보냈다

- 예끼, 이놈아. 저리 가거라!
- 후유

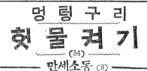

1924.12.6

멍텅구리 헛물켜기 54

만세소동(8)

범인을 기어코 잡으려고

- 아무렇든지 만세 범인은 잡아야지. 자아- 멍텅동 파출소로 가자…!

멍텅동 파출소를 쫓아가

- 만세를 어디서 불렀어…?
- 네- 그것이 기미년* 일이니까 6년 전이지요!

* 기미년: 1919년 3·1운동이 일어난 해

순사에게 물어보니

- 이놈아, 어젯밤에 부른 만세 말이지… 누가 묵은 문서 말이냐?

번이 갈려서* 교번소 순사는 알지도 못하였다

- 네- 묵은 문서는 소용 없습니까? 어젯밤 일은 번이 갈려서 일기**를 보기 전에는 알 수 없습니다

* 번이 갈려서: 당번이 바뀌어서
** 일기(日記): 일지

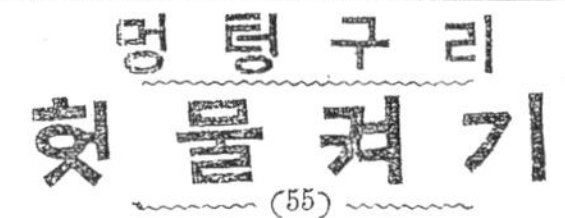

1924.12.7

멍텅구리 헛물켜기 55

만세소동(9)

묵은 문서는 소용이 없다는 말을 들은 파출소 순사는 동관*에게까지 그 이야기를 하였다

- 여보게, 오늘 서장 말씀이 묵은 문서는 소용 없다고 하데
- 아! 그럴 것 아닌가!

* 동관(同官): 한 직장에서 일하는 같은 직위의 동료

형사가 여러 해 동안 수색하던 강도를 잡아다가 맡기고 간 동안

- 이놈 유치장에 가두어 놓게. 나는 연루자를 잡아가지고 올 터이니
- 염려 말게

옛날에 지은 강도 혐의란 말을 듣고

- 이애 이름이 무엇이냐? 무슨 죄로 잡혀 왔니?
- 네, 저는 다섯 해 전에 강도질을 하였다는 혐의로 잡혀 왔습니다

묵은 문서는 소용없다고 풀어놓아 형사에게 헛물을 켰다

- 어서 가거라. 묵은 문서가 다- 무슨 일이 있단 말이냐?
- 참 고맙습니다

1924.12.8

만세소동(10)

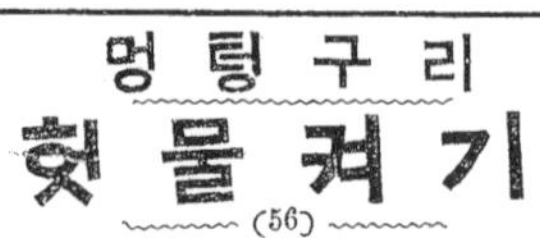

서장에게 불려가서 혼구멍이 난 후

- 이놈아! 묵은 문서는 다-덮어치우느냐?
- 어어…

지나가는 멍텅이를 보고

- 이놈, 거기 있거라

쫓아가 잡아가지고 서장 앞으로 가서

- 이놈이 작년 가을에 똥골 모퉁이에서 오줌을 누었습니다. 그래서 잡아 왔습니다
- 응-

옛 문서를 내놓다가 미역국

- 예끼, 이 망할 자식. 너는 오늘부터 면직이다
- 어이쿠

3·1 비상경계대와 만세운동

三一節과 各署警戒

각경찰에서는렬야대경계

오늘은삼월일일이다！의미깁흔어날은 또도라왓다 무슨사건이나잇지아니할가하야 시내 각경찰서에서는 수일전부터 특별경계를하는중인데 작일정오 경까지는별로특별한 사건이 발생되지안엇스나 그냥계속 경계중이데탑동(塔洞)공원을관내에둔종로(鍾路)경찰서에서는작일밤부터특별히 형사전부를 소집하야비상경계를식힌다더라

3·1절을 맞아 경찰의 경계가 강화되었다고 보도한 《동아일보》 1925년 3월 1일자 기사

《멍텅구리》 시리즈에는 사람이 모이는 일에 일본 순사들이 노이로제성 반응을 보이고 과하게 단속을 벌이는 모습이 꾸준히 등장한다. 이는 일제강점기 당시 일본 경찰이 한국인들의 독립운동을 두려워하며 강압적인 통제를 일삼았던 역사적 배경을 반영하고 있다. 특히, '기미만세운동'(3·1 운동) 이후 일본 경찰은 매년 3월 1일 전후로 경계를 강화하고 일체의 행사를 금지시켰다.

10년이 훌쩍 넘게 지난 1930년대까지도 경찰의 비상경계와 관련된 신문기사가 지속적으로 게재될 정도였다. 당시 일본 경찰은 3월 1일 수일 전부터 경계 태세를 갖추고 사회단체를 감시했으며, 학교에 출동하고 서적을 압수하거나 숙박업소를 수색하는 등의 일을 했다.

〈헛물켜기〉에서는 10화에 걸쳐 멍텅이와 옥매의 '만세' 소동에 잠자던 서장까지 뛰쳐나와 긴장하고, 순사들끼리 소통이 되지 않아 허둥대는 모습이 우스꽝스럽게 묘사된다. 바로 다음 해 연재물인 〈연애생활〉 84화(1925년 3월 5일자)에도 경찰서 주위를 어슬렁거리는 멍텅이를 보고 놀란 경찰이 '3월 1일 비상경계대'를 출동시키는 장면이 등장한다.

만석꾼 외아들의 흥청망청 돈 쓰기: 〈연애생활〉 편

(1924.12.9~1925.6.13: 총 182회 연재)*

* 연재 번호 189회로 종료되지만, 110~119회 연재 번호 누락, 28회, 136회, 146회 연재 번호가 중복돼 실제 연재 횟수는 182회임.

우여곡절 끝에 옥매와 연애를 시작하게 된 멍텅. 이 경사를 기념하려고 돈을 한껏 쓰지만 번번이 우스운 꼴만 당한다. 옥매에게 주려던 반지는 개가 뒷간에 빠트려 버리고, 친구들에게 보낸 피로연 초청장은 수신인을 쓰지 않아 줄줄이 되돌아온다. 그 덕분에 200명 친지들을 대접하려고 주문한 잔치 음식은 500명 동네 사람들에게 돌아간다.

새해가 밝아오자 멍텅은 옥매에게 본격적으로 살림을 차리자고 제안한다. 그러나 멍텅구리 짓은 여전하고, 시골에 본처가 있는지 묻는 옥매의 질문에는 대답을 못 하고 머뭇거린다. 멍텅은 앓아누운 옥매를 위해 감기약을 지나치게 많이 사고, 남은 약을 사람들에게 나눠주다가 '관청의 허가 없이 약품을 분배한 죄'로 경찰서에 구류된다. 일본인 서장과 요릿집에서 안면을 트고 친분을 쌓은 옥매의 도움으로 멍텅은 풀려나지만, 집에 돌아와 보니 옥매는 오간 데 없다. 옥매를 찾기 위해 월급쟁이

1년 연봉에 해당하는 현상금 1000원을 내걸고 또 한 번 멍텅구리 짓을 하는 멍텅.

한편, 속이 메슥거려 병원에 간 옥매는 멍텅의 아이를 잉태한 것을 알고 대경실색해 친정인 평양으로 떠나간다. 옥매를 쫓아 평양행 기차에 오른 멍텅. 연이은 멍텅구리 짓으로 뜻하지 않게 평안도, 황해도 일대를 헤매게 되고, 정치범으로 체포되는 고초까지 겪는다. 나타났다 숨었다 하는 옥매 때문에 애를 태우는 멍텅에게 조선 기자대회 초청장이 도착한다. 뒤늦게 도착한 바람에 기자대회에 참석하지 못하게 된 멍텅은 기자들에게 선물하려고 산 만년필 수백 자루를 처리하기 위해 만년필 상점을 차렸다가 낭패를 당한다.

옥매가 임신했다는 소식을 뒤늦게 알게 된 멍텅. 만석꾼 아버지는 손자를 본다는 기쁨에 멍텅에게 큰돈을 보내준다. 옥매는 오간 곳을 모르는데 덜컥 집부터 산 멍텅. 집은 옥매가 와보기도 전에 불이 나 잿더미로 변한다. 뭘 해보려고 하면 '경칠 일'만 생겨 병원에 입원한 멍텅. 홧김에 인천에서 미두(米豆, 현물 없이 쌀을 팔고 사는 일. 쌀의 시세를 이용하여 약속으로만 거래하는 일종의 투기 행위)를 시작해 재미를 붙이지만, 곧 큰 손해를 보고 서울로 삼십육계 줄행랑을 친다.

▶ 멍텅은 잔치 음식, 명절 떡, 사탕, 사진, 감기약, 만년필 등등 갖은 음식과 물건을 차고 넘치도록 사서는 종국에는 동네 이웃들, 아이들에게 공짜로 나눠주거나 헐값에 되팔기를 거듭한다. 만석꾼 아버지 등골을 빨아 흥청망청 써댄 탓으로 멍텅에게는 짐짐 빚만 쌓이지만, 곁에 있던 사람은 뜻

하지 않게 횡재한다. 그 때문에 멍텅의 '돈질'은 밉살스럽기보다는 의뭉스럽고 귀여워 보인다.

멍텅의 '돈질' 사이사이에 불쑥 끼어든 양력과세, 좌측 통행 같은 일본이 강요한 '신문화'에 대한 풍자, 부랑자 단속, 임의동행, 구류 같은 '공권력 남용'에 대한 조롱을 살펴보는 것도 재미있다. 죽고 못 산다며 옥매를 쫓아다니던 멍텅이 옥매의 행동이나 말에 마음이 상하면 욱해서는 옥매의 머리에 오줌을 끼얹고, 손찌검을 해대고, 그런 멍텅에게 옥매가 잘못했다고 용서를 비는 에피소드에서는 남성중심주의가 견고했던 일제강점기의 연애가 그 시대를 다룬 영화나 드라마에서 볼 수 있듯 낭만적이지만은 않았음을 확인할 수 있다.

1924.12.9

멍텅구리 연애생활 1

정표

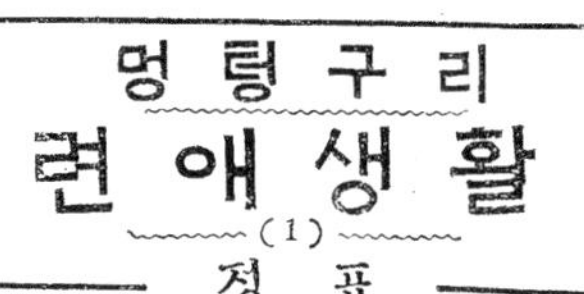

정표 선사할 것을 상의하고

- 옥매에게 무엇을 정표로 보내야지?
- 반지가 제일이지

보석 반지로 의논이 결정되어

- 보석 반지 좋은 것으로 있는 대로 내어놓으시오
- 네!

도적할 마음은 아니나 정신 없이 들고나가며

- 견양*이 어떠한 것입니까?
- 아차! 내 좀 끼어보이고 다녀오리다

* 견양: 어떤 물건에 겨누어 정한 치수와 양식

나머지 바람이 죽을지경

- 도적이야
- 요 조그만 놈이나 꼭 잡아라
- 아이쿠, 나는 아니다

멍텅이는 얼마나 부자였을까?

〈연애생활〉 시리즈에서는 돈 많은 한량인 멍텅이가 같은 물건을 쓸데없이 대량으로 사들인 뒤, 처치할 길이 없어 동네 사람들에게 거저 나눠주거나 헐값으로 넘기는 장면이 반복해서 등장한다. 멍텅이의 '돈질'에 사람들이 뜻하지 않게 횡재하는 물건은 장춘관에서 시킨 잔치 음식(16화)부터 흰떡(23화), 사진(48화), 감기약(78화), 만년필(141화)까지 품목도 다양하다. 멍텅이 의도한 바는 아니지만, 그의 행동은 마치 양반가나 관아의 재물을 백성들에게 나눠주는 의적 임꺽정이나 로빈 후드와도 겹쳐 보인다. 멍텅은 손해와 이득을 결코 자기 자신에 한정해 따지지 않는다. "200명 손님 대접하려던 음식으로 500명은 대접하였지. 우리 피로연은 참 대성공일세"라거나 "20전에 19전씩은 밑졌지마는 내 장사는 참 대성공이다. 한 집 과세하려던 것으로 오륙백 집은 과세하게 되었으니까"라는 대사가 이러한 멍텅의 가치관을 단적으로 드러내 준다.

또 이 시리즈에는 멍텅이 융통하는 돈의 단위가 구체적으로 등장해 당시의 물가를 짐작해 볼 수 있게 한다. 자료에 따르면 1920년대 조선에서 대학 및 전문학교 졸업자는 평균 40-50원의 월급을 받았다. 경성 시내 초가 한 칸의 월세가 3-5원, 기왓집 한 칸이 5-7원 남짓이었고, 30평대 집의 가격이 평균 900원이었다.* 이를 감안하고 멍텅이가 융통하는 돈의 액수를 보자. 아버지에게 빚을 졌다고 입을 떼면 '3000원'이 뚝딱 나오고, 옥매의 임신을 알리자 '1만 5000원'이 손에 떨어진다. 멍텅이가 도매상에서 사들인 고급 만년필은 350개에 1225원(개당 3.5원), 방 두 개에 행랑과 헛간이 딸린 집 한 채가 5500원이다. 지금의 주식이나 가상화폐 투기를 연상케 하는 미두취인소(187화)에서는 멍텅이가 사 놓았던 쌀 1000석이 올라 2000원 이득을 보고, 5000석을 더 산 뒤에는 가격이 급락해 또 1만 원 가까이를 밑지게 된다. 가히 '돈질'이라는 표현이 어색하지 않은 엄청난 씀씀이였다.

* 최병택, 예지숙, 《경성리포트 – 식민지 일상에서 오늘의 우리를 보다》, 시공사, 2009

1924.12.10

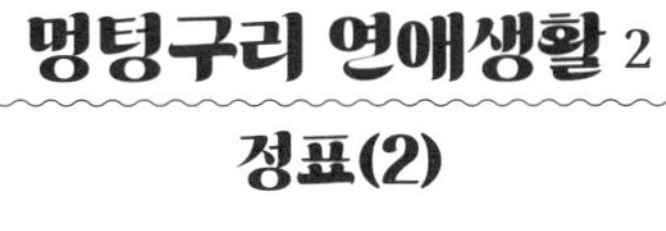

멍텅구리 연애생활 2

정표(2)

옥매의 집 개가 너무 무서워서

- 그놈의 개가 무서워서 들어갈 수가 있나. 옳다! 방법이 있다

고기를 먹여서 매수하려다가

- 썩 좋은 고기로 두 근만 주오
- 네- 무슨 소용이옵니까?

성미 급한 포주* 사람에게

- 개 먹일 것이오
- 무엇이오!

* 포주(庖廚): '푸주'의 원말

욕을 얻어먹고 경을 치고

- 예끼, 경칠 놈. 지금 이 시절에 상등 고기를 사다가 개를 먹이다니
- 어이쿠

1924.12.11

멍텅구리 연애생활 3

정표(3)

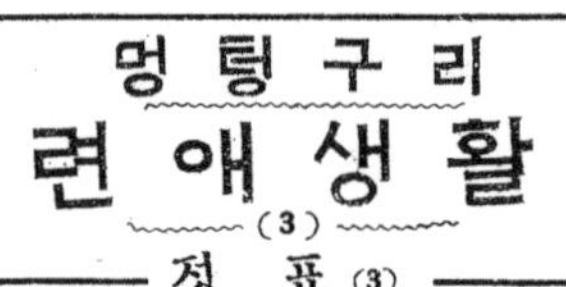

포주에서 경을 치고 나와서 한탄을 하며

- 호사다마라더니 성사가 다- 된 뒤에도 어찌 그리 사사이* 경을 치는가
- (수육점)

* 사사(事事)이: 일일이

그래도 반지는 장갑 속에 단단히 간수하고

- 반지나 잃어 버리지 않게 손가락에 들어가지는 아니하니까 장갑 속에 넣어서 잔뜩 끼어라. 손에서 비린내는 좀 나지마는

좋아서 펄펄 뛰다가

- 내 풍채에 이 반지 옥매가 보면 응당 기뻐하겠지? 어이구 좋아, 어이구 좋아

고깃내 나는 장갑을 개에게 물려

- 어이쿠 사람 살려라!

1924.12.12

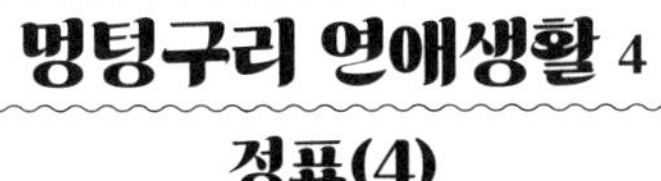

멍텅구리 연애생활 4

정표(4)

옥매의 집 개가 장갑을 물고 들어가니

- 저 개가 무엇을 물고 들어왔나?

옥매가 장갑을 빼앗아 뒷간에 버렸다

- 어이구 어디서 더러운 장갑짝을 물고 왔네. 뒷간 구멍에나 넣어 버려라

멍텅이가 쫓아와서 사실을 알고

- 어이구, 어이구. 개가 개가 물고 들어온 장, 장갑 어디 갔소?
- 웬 것인지 더럽길래 뒷간 구멍에 버렸어요

장갑을 찾고자 뒷간 구멍에

- 어이구 구려. 이것이 어디 갔나

1924.12.13

멍텅구리 연애생활 5

정표(5)

뒷간에서 장갑을 건져 가지고

- 어-이 별일도 다 많지! 대야에 물 좀 주시오

장갑에서 반지를 집어내어

- 조금 냄새는 나지마는 걸직하게* 잘 된다는 의미인지도 몰라
- 대관절 그것이 무엇이란 말씀이오?

* 걸직하다: 걸쭉하다

옥매에게 전하다가

- 이것 보게. 자네에게 선사하려고
- 어이그 구린내

크게 창피를 당하였다

- 반지 아니라 세상 없는 것이라도 구린내 나는 걸 군던지럽게* 누가 손에 대인단** 말이오. 예-끼
- 어이구구

* 군던지럽다: 마음이나 행실이 더럽고 추저분하다

** 대이다: '닿다'의 방언

1924.12.14

멍텅구리 연애생활 6

정표(6)

소용없는 반지는 돌려보내기로

- 공연한 일에 똥칠만 하였다! 반지나 도로 갖다가 줄 밖에

바람이가 잡혀서 경을 치는 중에

- 요 도적놈아, 반지를 당장 찾아 놓거나 경찰서로 가자
- 그저 살려 주시오

멍텅이가 반지를 가지고 가서

- 견양이 하나도 맞지 아니하니 반지 도로 받으시오

패물전* 점원에게 또 경을 쳐

- 예끼- 경칠 놈들
- 어이쿠
- 아이크

* 패물선: 패놀(사람의 몸치장으로 차는, 귀금속 따위로 만든 장식물) 파는 상점

1924.12.15

멍텅구리 연애생활 7

옥매의 집

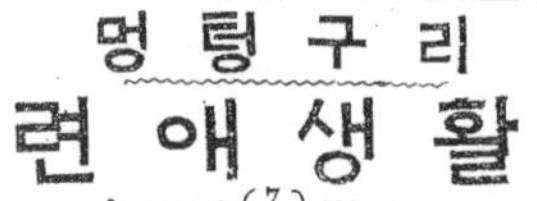

옥매의 집에서 처음으로 만나

- 부어라 먹자. 내 평생에 이런 좋은 일은 참 처음일세. 여보게, 옥매
- 어서 잔소리 말고 술이나 자세요

떠들지 말라는 의론이 나자

- 여보게, 요새- 부랑자 청결이 있다데. 너무 떠들지 말어
- 참 그래. 밤중에 떠들어 대다가 남-망신시키지 말고 순사가 오는 눈치가 있거든 가만히 뒤창으로 나가세요

문간에서 순사의 부르는 소리

- 이리 오너라- 문 열어라-

멍텅구리식으로 생각 없는 호기*

- 누구요?
- 이런! 멍텅구리! 가만히 있으라니까!

* 호기: 씩씩하고 호방한 기상

1924.12.16

멍텅구리 연애생활 8

옥매의 집(2)

순사는 문을 박차고 옥매는 발을 동동

- 이리 오너라- 문 열어라-
- 이것 큰일 났구려! 어서 마루 구멍으로라도 들어가요

하릴없이 두 사람이 마루 구멍으로 엉금엉금

- 이런 제-기
- 잔소리 말고

순사가 수색하다가 멍텅의 발을 발견해

- 지금 소리 지르던 남자는 어디 갔어? 이 구두는 어째서 엎드러져 놓였누?

순사에게 발각된 두 사람의 경황

- 야-! 이놈들 보아라. 빨리 나와
- 아!

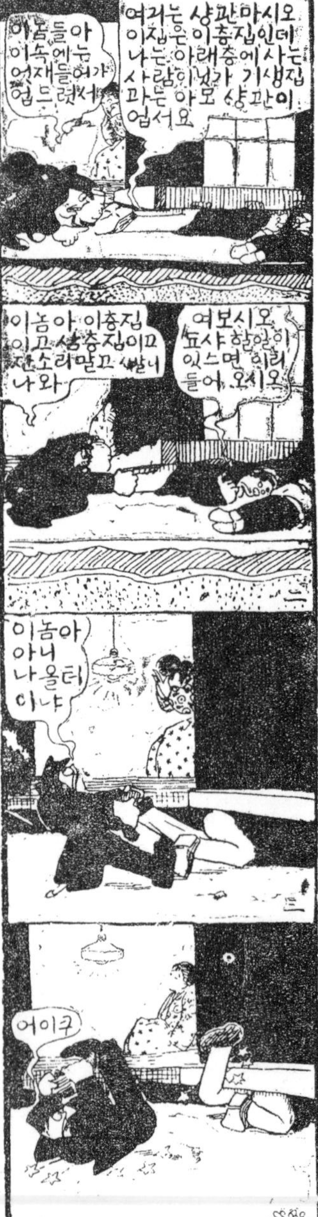

1924.12.17

멍텅구리 연애생활 9

옥매의 집(3)

순사의 심문에 멍텅구리식 대답

- 이놈들아, 이 속에는 어째 들어가 엎드렸어?
- 여기는 상관 마시오. 이 집은 이층집인데 나는 아래층에 사는 사람이니까 기생집과는 아무 상관이 없어요

점점 순사의 골만 올려서

- 이놈아 이층집이고 삼층집이고 잔소리 말고 빨리 나와
- 여보시오. 조사할 일이 있으면 이리 들어 오시오

순사는 분김*에 발을 잡아당기다가

- 이놈아, 아니 나올 터이냐?

* 분김: 분한 마음이 왈칵 일어난 바람

양혜*만 벗겨져 순사가 덜커둥

- 어이쿠

* 양혜: 주로 가죽을 재료로 하여 만든 서양식 신. 양화. 구두

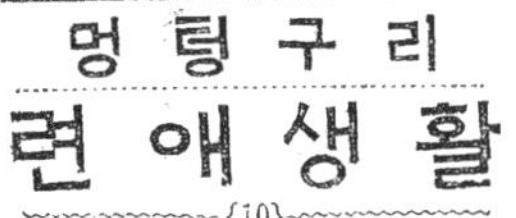

1924.12.18

멍텅구리 연애생활 10

옥매의 집(4)

순사가 하릴없이 두 사람을 꼬여내어

- 빨리 나오면 용서할 도리도 있지마는 그렇지 아니하면 유치장이다
- 그러면 나가지요

먼저 멍텅구리에게 성명을 묻다가

- 대관절 성명이 무엇이야?
- 내 성명은 알아 무엇 하게요?

유명한 멍텅구리인 줄을 알고

- 공무집행방해죄로 검거할 터이다
- 네- 그러면 말하지요. 나는 멍텅구리라 하오

깔깔 웃으며 돌아서

- 예끼. 나는 조사할 자격이나 있는 부랑자라구. 조선일보로나 다시 만나자
- 이애- 이것 보아라. 무자격이 상팔자로구나

부랑자 단속

《신한민보》 1918년 5월 2일자, '모두 부랑자로 잡는다'

표준국어대사전에서는 '부랑자'를 '일정하게 사는 곳과 하는 일 없이 떠돌아다니는 사람'으로 정의한다. 통상 부랑자가 생계수단을 구하지 못하는 최하층의 빈민을 의미하는 데 반해, 《멍텅구리》 속에서 '취체(단속)'를 당하는 이들은 모두 기생을 끼고 호의호식하는 부유층의 모습이다. 실제로 일제강점 초기 조선에서 부랑자는 양반층과 자산가층 청년과 그에 기생하던 무뢰배 등 부유하고 지위가 있는 자들까지를 의미하는 말이었다.

조선총독부는 1912년 '경찰범처벌규칙'을 만들어 무직에 일정한 거주가 없는 자들을 부랑자라 하여 단속하였다. 이 애매한 단속망에 걸려든 사람들은 무뢰배(깡패), 양반유생, 청년자제, 대한제국의 하층 관료였던 자들, 걸인 등이었으며 그 구성은 계층적, 경제적, 신분적으로 복합적이었다. 검거 장소는 극장, 활동사진관, 기생가 등 유흥업소와 오락이 이루어지는 곳이 압도적으로 많았다. 문제가 된 행위로는 도박, 매음, 음주 등 풍기문란이 대부분이었고 사문서 위조나 사기, 폭력 등도 있었다.*

일제는 구지배층을 '부랑자화'함으로써 식민지인의 일상을 통제하고, 관습 개조와 사회 탄압의 수단으로 삼았다. 또 부랑자 단속이라는 명분을 앞세워 도시 청년들에게 공포 분위기를 조장하고 사소한 행동마저 스스로 검열케 하는 규제장치로 활용했다.

* 예지숙, 〈일제 하 부랑자의 탄생과 그 특징-1910년대를 중심으로〉, 《한국사연구》 no.164 (2014): 29-58쪽

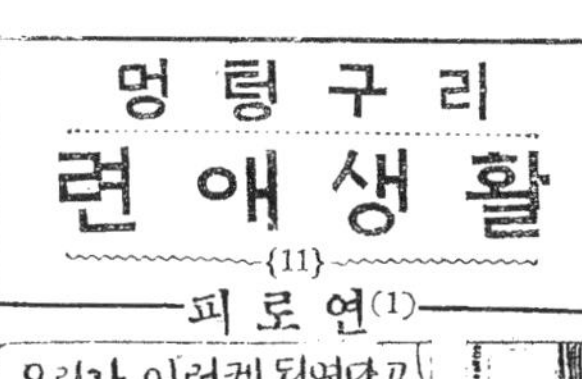

1924.12.19

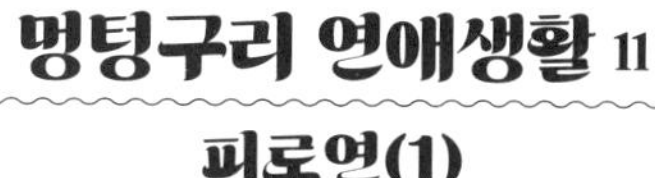

피로연(1)

멍텅이가 연애 생활하는 한턱을 내겠다고

- 우리가 이렇게 되었다고 친구들이 한턱을 내라는데 망년회 겸 피로연을 한번 할 밖에. 모레 오후 여섯 시 장춘관으로 정하지
- 마음대로 하시구려

청첩을 부치러 나갔다

- 그러면 청첩을 미리 박으라고 일렀으니까 활판소*에 가서 찾아서 우체통에 넣고 올게
- 또 멍텅구리 짓 하지 말고 좀 똑똑이 하세요

* 활판소: 활판을 짜서 인쇄를 하는 곳

청첩을 부치고 돌아와서

- 청첩은 다 보내셨나요?
- 응, 200장이나 우체로 부쳤는데 봉투에 넣고 단단히 봉하고 우표도 박박 붙였지

주소 성명을 안 쓰고 또 실수

- 200명이나 된다니 그것이 다 누구누구란 말이오?
- 아차! 피봉*에 주소 성명 쓰는 것은 잊어버렸는걸!

* 피봉: 봉투의 겉면

1924.12.20

멍텅구리 연애생활 12

피로연(2)

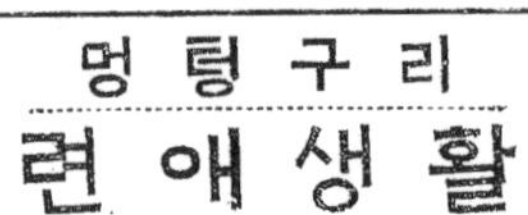

피봉 쓰지 아니한 죄로 옥매에게 야단을 맞고

- 글쎄 어찌 하자고 피봉도 쓰지 아니하고 우체통에다가 집어 넣는단 말이오
- 편지 받을 사람이 없으면 우편국 관리라도 오겠지

쫓겨나가지 않고자 애를 쓰는 중

- 예끼! 모르겠소! 나는 노름* 받은 데가 있으니 어서 댁으로 가시오
- 여보! 제발 그러지 마오! 다시는 안 그리 할 터이니!

* 노름: 유흥을 위한 기생 호출

체전부*가 부르는 바람에

- 편지 들어가오
- 이키! 청첩에 답장이 오나 보다

* 체전부: 우편집배원

뛰어나가 보니 봉투의 우박

- 예끼, 멍텅구리 같은 이. 피봉 쓰지 아니한 청첩 200장을 어떻게 전하란 말이야. 도로 받아라
- 어이쿠
- 그저 그렇지! 꼬락서니 볼 만하다

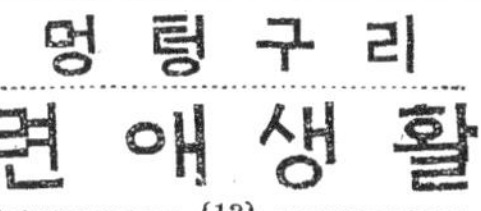

1924.12.21

멍텅구리 연애생활 13

피로연(3)

옥매의 모양을 내어 주려고

- 저 사람은 누구인데 인제 데리고 오셨소?
- 내 체면을 보기로 피로연에는 새 옷을 입고 가야지. 자네 의복차*로 최신 유행 하부다에**를 가지고 왔어

* 의복차: 옷감

** 하부다에: はぶたえ(羽二重), 견직물의 일종, 얇고 부드러우며 윤이 나는 순백색 비단. 바른 외래어 표기는 하부타에

애걸을 하여 가면서 옷감을 사게 하여

- 손님도 없는 피로연이 다 무엇이야. 여보, 듣기도 싫으니 어서 내보내시오
- 전 사람*이 창피하니 제발 그러지 말고 살려 주오

* 전 사람: 가게 점원

비단을 끊고 나서 돈을 주려다가

- 그러면 아무려나 저고리, 바지, 단속곳*, 두루마기, 치마, 한 감씩만 끊구려
- 네-

* 단속곳: 여자 속옷의 하나. 양 가랑이가 넓고 밑이 막혀 있으며 흔히 속바지 위에 덧입고 그 위에 치마를 입는다

돈 주머니 도적 맞은 것을 발견

- 도합 132원이올시다
- 아차! 돈 지갑을 길에서 잃어 버렸는걸!
- 남의 비단 다 끊어놓고 이것이 무슨 어림없는 소리야. 당장 현금 내야지

1924.12.22

멍텅구리 연애생활 14

피로연(4)

피로연의 여러 가지 실패로

- 오늘 저녁에 피로회인지 무엇인지 결정한 날인데 어찌 되었단 말이오?
- 참 그렇던가

옥매에게 꾸지람을 당하는 중

- "참 그렇던가"가 다 무엇이오? 시간도 벌써 지났는데. 어이구 속상해
- 속은 상해도 얼굴만은 상치 마오

요리점에서 실려 보낸 음식이

- 신옥매 집이 여기일세

옥매의 집으로 꾸역꾸역

- 주문하신 음식은 시간이 지나도 아무도 아니 오시기에 댁으로 가져 왔습니다

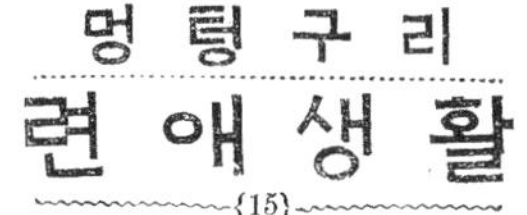

1924.12.23

멍텅구리 연애생활 15

피로연(5)

멍텅구리는 음식만 보고 좋아하다가

- 하여간 음식은 꽤 많은걸. 정말 잔칫집 같은데

옥매에게 핀잔을 당하고

- 글쎄 이 멍텅구리야! 음식 속에 집이 파묻히게 되었으니 첫째 처치를 어떻게 하느냐 말이야?

한 가지 계교*를 생각하여

- 어려울 것 무엇 있나? 좋은 도리가 있지. 벼룻집**이나 이리 가져오게

* 계교: 요리조리 헤아려 보고 생각해 낸 꾀

** 벼룻집: 벼루, 먹, 붓, 연적 따위를 담아 두는 작은 책상

대문간에 광고를 붙여

- 장춘관 요리를 얼마든지 돈 받지 않고 드립니다. 멍텅구리 고백*

* 고백(告白): '알림'의 옛말

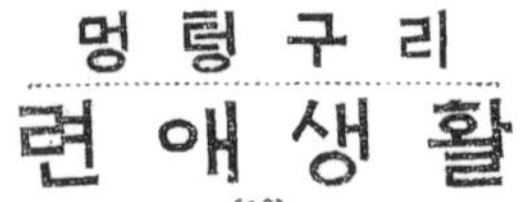

1924.12.24

멍텅구리 연애생활 16

피로연(6)

광고를 보고 각색 사람이 꾸역꾸역

- 들어갑시다
- 들어가리까?
- 들어갑시다

나도 나도 음식이 불티날 듯

- 나도 주시오
- 나도 주시오
- 무어 먹는 데야?

멍텅구리가 십분 만족한 판에

- 휘- 200명 손님 대접하려던 음식으로 500명은 대접하였지. 우리 피로연은 참 대성공일세. 그런데 이 그릇에 든 것은 무엇이길래 가득한 대로 남았는고?

독살난* 옥매는 식혜를 뒤집어 씌워

- 아무도 가져가지 아니한 식혜야. 멍텅구리, 당신이나 좀 먹어 보오

* 독살나다: 악에 받치어 몹시 사나운 마음이나 기운이 들다

1924.12.25

멍텅구리 연애생활 17

피로연(7)

- 만화의 내용이 설경을 다루고 있고, 19화 제목이 '설경(3)'으로 되어 있는 것으로 보아 17화는 '설경(1)'의 오기인 듯

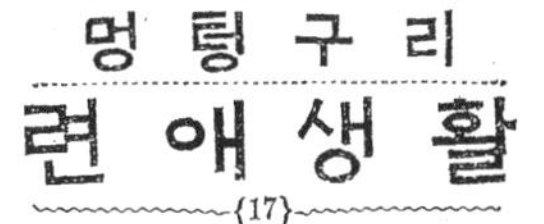

눈구경을 가자고 옥매를 달래어

- 눈이 와서 경치가 매우 좋으니 구경이나 가볼까?
- 하여간 화증*이 나서 못 견디겠으니 어디든지 시원한 데나 나가 봅시다

* 화증: 걸핏하면 화를 왈칵 내는 증세

자동차를 부르러 가서

- 그러면 내가 자동차를 부르리다. 어디든지 빨리 오는 데 것을 타야지

이곳저곳에 자동차를 불러

- 여보, 맹꽁이 자동차부요? 거기서도 자동차 한 채만 얼른 신옥매 집으로 보내주시오

옥매 집 문에 자동차 행렬

- 탈 사람은 단 둘인데 어이구! 이것이 웬일이오?
- 제일 먼저 오는 것을 타려고 여러 군데다가 전화를 걸었지

1924.12.26

멍텅구리 연애생활 18

피로연(8)

• 제목이 '피로연(8)'로 되어 있지만, 설경을 다룬 내용으로 보아 '설경(2)'의 오기인 듯

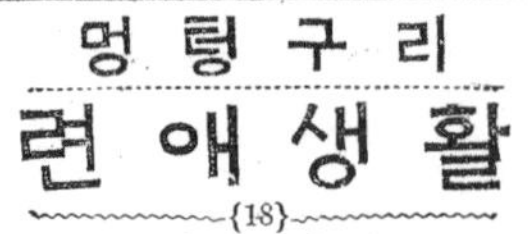

자동차 잘못 부른 까닭으로

- 글쎄 이 멍텅구리 영감아, 단 두 사람 가는데 자동차를 수십 채씩 부르면 어떻게 하잔 말이야?
- 아무것이나 자네 마음에 드는 대로 골라 타게그려

옥매에게 꾸지람을 당하는 중

- 나는 싫어. 설경이 다 무엇 말라 뒤어진 것이야? 나갔다가 망신이나 또 하게
- 제발 그러지 말고

옥매에게 요릿집 쪽지

- 장춘관에서 왔습니다. 옥매 아씨 화계사* 문밖 노름**이올시다

* 화계사(華溪寺): 서울시 강북구 수유동에 있는 절. 봉은사의 말사

** 문밖 노름: 바깥 놀이

멍텅구리의 실망 낙담

- 나는 나대로 설경을 보러 갈 터이니 당신은 당신대로 가시오
- 이런 제-기!

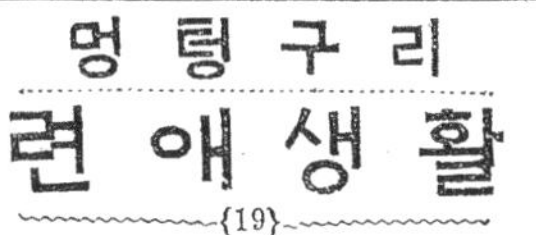

1924.12.27

멍텅구리 연애생활 19

설경(3)

자동차 운전수에게 곤경을 당해

- 경성 자동차는 다 불러놓고. 아- 어떻게 할 셈이야?
- 이런 제기. 옥매는 달아나고

운전수 쫓아 보낼 방책으로

- 어디 돈이나 세어 볼까?

지전을 공중에 뿌리고

- 내가 시재* 이것 50원밖에 없으니 여러분 마음대로 나눠 가시오

* 시재: 당장에 가지고 있는 돈이나 곡식

저 혼자 어림없는 도망

- 걸음아 나 살려라

1924.12.28

멍텅구리 연애생활 20

설경(4)

멍텅구리 슬그머니 분이 나서

- 옥매의 소위*를 생각하니 분하기가 짝이 없는데
- (맹꽁이 자동차부)

* 소위(所爲): 해놓은 일

옥매를 쫓아 화계사로 가다가

- 운전수, 왼고동*을 틀어서** 빨리 화계사로

* 왼고동: 왼쪽 고동. 고동은 작동을 시작하게 하는 기계장치

** 고동을 틀다: 기계를 움직이게 하는 장치를 돌리다. 시동을 걸다

옥매의 자동차를 앞지르려다가

- 저기 가는 저 자동차 옳지! 옳지! 앞서도록 빨리 빨리. 저 자동차 보다

저 혼자 충돌이 되어서 어이쿠

- 에구머니
- 어이쿠

1924.12.29

멍텅구리 연애생활 21

설경(5)

옥매 화가 징이 나서* 악을 쓰고 덤비어

- 글쎄, 어떻게 하라고 쫓아다니면서 사람의 망신을 이렇게 시킨단 말이오
- 망신이 무슨 망신이야? 혼자 오지 말지

* 화가 징이 나다: 화가 많이 나다

둘이 눈구덩이에 뒹굴다가

- 예끼, 너 죽고 나 죽자
- 어이구 좋아라. 우리 둘이 정사*를 하잔 말이지?

* 정사(情死): 서로 사랑하는 남녀가 그 뜻을 이루지 못하여 함께 자살하는 일

하릴없이 돌아오게 되어

- 이 꼴을 하고는 화계사 노름도 다 틀렸소. 집으로나 들어갑시다
- 그렇고말고. 우리 동부인 하고

하여간 멍텅구리가 대성공

- 오늘 설경은 참 잘 보았는걸. 눈 속에서 뒹굴었으니까

1924.12.30

멍텅구리 연애생활 22

양력과세(1)

멍텅구리가 양력과세할 셈으로

- 나도 금년에는 옥매도 새로 만나고 하였으니 시세를 쫓아서 과세*도 양력으로 하여 보아야지. 우선 흰떡을 많이 사리라

* 과세(過歲): 설을 쇰

흰떡을 도처에서 몰아 사서

- 여보, 흰떡 있는 대로 내시오
- 흰떡 무역하는 사람 처음 보았다

세 수레에 가득 싣고 옥매의 집으로

- 열두 집에서 세 구루마*. 이만하면 과세는 넉넉하지

* 구루마: 수레

옥매의 놀라움과 멍텅의 대답

- 어이구, 이것은 무슨 멍텅구리 짓이오?
- 과세 준비를 썩 잘하니까 너무 좋아서 그러지

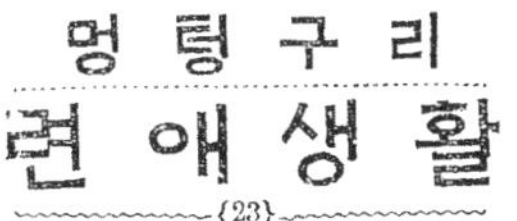

1924.12.31

멍텅구리 연애생활 23

양력과세(2)

옥매에게 호령을 통통히 듣고

- 당장에 가서 이 떡을 돈으로 물려 가지고 오시오. 그렇지 아니하면 나는 다시는 안 보겠소
- 이런 제-기. 여보, 삯꾼*. 이 떡을 도로 싣고 갑시다

* 삯꾼: 삯을 받고 임시로 일하는 일꾼

하릴없이 떡장사를 시작하여

- 도로 무를 수야 있냐. 여기다가 가게를 낼 밖에
- (흰떡 10가래에 1전씩)

나도 나도 흥정이 물밀듯

- 나도 10전어치만
- 나도 5전어치만
- 참 잘 팔린다

20배를 밑지고 대성공

- 20전에 19전씩은 밑졌지마는 내 장사는 참 대성공이다. 한 집 과세하려던 것으로 500-600집은 과세하게 되었으니까

1925.1.2

멍텅구리 연애생활 24

양력과세(3)

옥매에게 거짓 자랑을 하고 싶어서

- 내가 교제 너른* 모양을 옥매에게 좀 보여야지
- (세모 대매출)**

* 교제 너른: 아는 사람이 많은

** 세모 대매출: 연말 세일

세찬*을 사 가지고 찾아갔더니

- 세찬 소용이니 좋은 물건으로 여러 가지
- 네-

* 세찬: 설에 차리는 음식. 연말에 선사하는 물건

옥매가 기뻐할 줄 알았더니

- 이것은 다 무엇이에요
- 여러 친구들이 보내준 세찬인데 소용되거든 자네나 쓰라고

의외에 비밀이 탄로되어 대낭패

- 여러 사람이 보내준 것이면 어째 보낸 사람의 이름은 하나도 쓰이지 않고 물건이 모두 한 상점 것이란 말이오?
- 이런 제-기

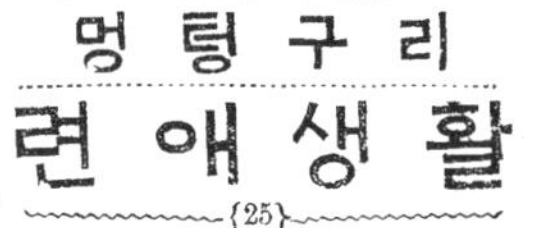

1925.1.3

멍텅구리 연애생활 25

양력과세(4)

새해에 옥매를 찾아가서

- 과세나 무사히 지내었나?
- 과세는 무슨 과세 조금도 설 같지 않은데

옥매에게 개시로* 자랑을 하려고

- 그러면 자네에게는 연하장이 아니 온 모양일세그려
- 그것은 알아서 무엇하게

* 개시로: 처음으로. 개시는 가게 문을 열고 하루 영업을 시작하는 것

연하장을 내어보이다가

- 내게는 오늘 꼭두식전*에 연하장 왔는걸. 자네 좀 보려나?

* 꼭두식전: 아주 이른 새벽

단단히 창피를 당하고 허허

- 예끼, 담북* 한 장. 그것도 윤바람에게서
- 허허 허허

* 담북: 겨우

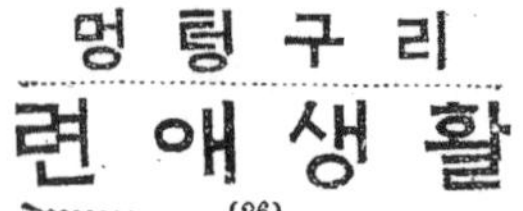

양력과세(5)

1925.1.4

멍텅구리 연애생활 26

양력과세(5)

다른 사람 세배 다니는 것을 보고

- 남들은 모두 세배를 다니는데 나도 세배 다니는 모양이나 옥매에게 보여야지

멍텅이도 흉내를 내어보고 싶어

- 인력거꾼, 삯을 얼마든지 줄 터이니 다니자는 대로 다니자
- 네

정처 없이 사방을 돌아다니다가

- 아- 어디까지 가시는 셈입니까, 대체!
- 그런 잔소리 말고 저리로 이리로

필경*은 파출소에 세배

- 저 놈이 분명 미친놈이니 처치를 좀 하여 줍시오. 오늘 반일** 동안 온 경성 안으로 돌아다니자고만 해요

* 필경: 끝장에 가서

** 반일(半日): 하루의 반

양력과세

“사람의 습관은 쉽게 바뀌지 않는다. 모두가 구력을 쓰지 말자고 주장하지만 실제로는 그렇지 않다. 양력 설에는 한산하던 시내가 음력 설에는 붐빈다. 수백 년간 이어온 습관과 풍속을 급히 바꾸는 건 어렵다. (…) 단맛을 모르는 사람에게 설명할 수 없듯이, 우리의 전통과 문화를 모르는 사람에게 이해시키기는 어렵다.”며 일제의 동화정책을 비판하는 기사. 《조선일보》 1924년 2월 9일자

일제강점기 들어 조선총독부는 전통 설을 ‘구정’으로, 양력 1월 1일을 ‘신정’으로 명명하며 양력설을 공식적으로 권장한다. 이는 다름 아닌 조선의 전통 문화를 말살하려는 정책의 일환이었다. 그러나 ‘이중과세(二重過歲)’라는 비난을 받으면서도 조선인들은 꿋꿋이 음력설을 지냈다. 이에 경성에서는 북촌과 남촌으로 나뉘어 조선인과 일본인이 각각 다른 설을 쇠는 기이한 문화가 형성되었다. 총독부의 방침 때문에 신문과 잡지에서 대외적으로는 양력설을 홍보했지만, 음력설이면 북촌의 활기찬 설 풍경을 묘사하며 음력설의 중요성을 간접적으로 강조했다.

“(일제강점기 설날에는) 아이고 술도 못 만들고 떡도 못 만들고 감시하고. 여기 칼 찬 순경들이 있어. 그 자식들이 밤에 와서 몰래 봐. 못해. 떡 만드는 거. 술 막걸리 냄새 귀신같이 알어. 걸리면 혼나게 붙잡혀서 직사게 얻어맞는 거지. (…) (양력 설날에는) 아무것도 안 했어. 한국 사람들은 오기가 있어서 하라면 하는 척도 안 하고 음력 설날만 지냈지. (…) 일부러 음력설 지냈어. 반항하는 거야.”

(1933년생 종로구 출신 구술자, 안주영. 〈일제강점기 경성(京城)의 음력설과 양력설-북촌과 남촌을 중심으로〉, 《비교민속학》, 2019, 226쪽)

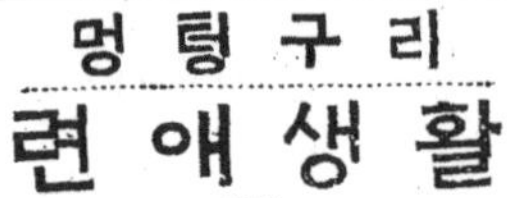

1925.1.5

멍텅구리 연애생활 27

온천휴양(1)

이번에는 온천 휴양을 가려는 길

- 양력과세를 한다고 공연히 실패만 하고. 우리 온천에나 가 보세
- 온천에까지 멍텅구리 광고를 하러 가잔 말이야? 하여간 가기나 가 봅시다

정거장에서 멍텅구리가 부친을 만나

- 저 차에서 우리 아버지가 내리시네. 자네 먼저 타게

섣부른 거짓말을 하는 동안에

- 너 이 자식, 서울 올라와서 무슨 짓을 하기에 돈만 자꾸 달라고 종삭*이 되어도 아비 한 번 보러 오지 않느냐?
- 아니에요. 지금 이 차로 집에 가려고 했어요

* 종삭(終朔): '섣달'을 달리 이르는 말

옥매가 탄 차는 벌써 떠나

- 오- 그러면 나와 같이 여관에 가서 잠깐 쉬어서 다음 차에 타고 집으로 가자
- 아니에요. 다시 안 그래요. 어이구 옥매가 벌써 떠나요

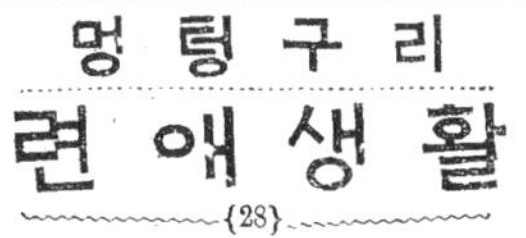

(一) 할일업시 부자가 려관으로 향하면서
(二) 멍텅구리는 련하야 혼자 한탄
(三) 로상에서 오래간만에 윤바람을 맛나
(四) 윤바람이 또 혼이 낫다

1925.1.6

멍텅구리 연애생활 28

온천휴양(2)

하릴없이* 부자가 여관으로 향하면서

- 하여간 여관으로 가시지요
- 이놈, 하여간이라니. 으레 그럴 일이지

＊ 하릴없이: 달리 어떻게 할 도리가 없이

멍텅구리는 연하여* 혼자 한탄

- 어이구 옥매는 어디로 갔을까?
- 이놈아, 그래도 정신을 못 차려? 그것이 무슨 군소리야

＊ 연하여: 계속하여

노상에서 오래간만에 윤바람을 만나

- 어이구, 윤바람아. 이것이 얼마 만이냐? 큰일 났으니 살려다오
- 시골 좀 갔다오느라고 그리 하였네. 그런데 이 늙은 멍텅구리는 웬 것이야?

윤바람이 또 혼이 났다

- 야-! 요놈 보아라! 요놈은 또 누구냐?
- 어이쿠
- 아이구

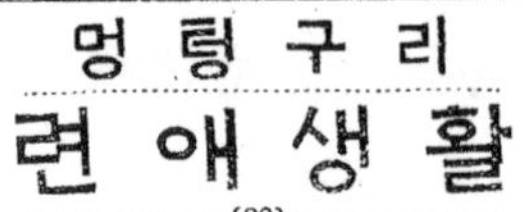

1925.1.7

멍텅구리 연애생활 28

온천휴양(2)

- 1월 6일 28회 '온천휴양(2)', 1월 7일 28회 '온천휴양(2)' 연재 번호 중복. 편집 오류

멍텅이 부자가 여관에서 쉬고

- 아버지 오늘은 떠나 내려가시지요. 하루 동안 편안히 쉬셨으니
- 이 자식아, 안 될 말이다. 이번에는 세상 없어도 같이 가야 한다

이튿날 바람이 찾아온 때에

- 안녕히 주무셨습니까? 어제는 대단히 죄송한 짓을 하였습니다
- 어이구-
- 죄송이고 무엇이고 다 그만두게. 내 아들놈만 서울 보내지 아니하였으면 그만이지

편지가 들어온 것을 본즉

- 편지 들어가오
- 이키, 옥매에게서 왔나?

옥매가 골을 올리는 엽서

- 으아- 바람아 이것 좀 보아라…!
- (덕택에 이번에는 혼자 오게 되어 창피도 안 당하고 혼자 살잡니다.* 옥매. 따뜻한 온천에서)

* 살잡니다: '살고자 합니다'의 줄임말

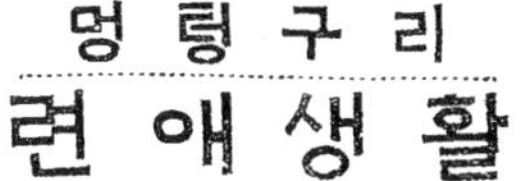

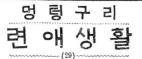

1925.1.8

멍텅구리 연애생활 29

온천휴양(4)

- '온천휴양(3)' 건너뛰고 '온천휴양(4)'로 넘어감

윤바람의 계교로 3000원을 얻어

- 아버지를 모시고 가기는 가겠습니다마는 서울서 남에게 빚진 3000원은 갚아 주셔야지요
- 가기만 간다면 그것이야 무슨 염려가 있겠느냐? 내가 가지고 온 것이 그만큼은 되니 어서 가서 청장*이나 하고 오너라

* 청장(淸帳): 장부를 청산함. 빚 따위를 깨끗이 갚음

옥매를 따라가기로 정하고

- 여보게, 자네 계교대로 하여서 3000원이 당장 생겼네
- 그러면 어서 온천으로 가세. 옥매가 얼마나 기다리겠나?

아버지에게 작별을 고하고

- 아버지, 안녕히 내려가세요. 저는 온천으로 갑니다

윤바람과 같이 도망질

- 이 발길 자식*. 아비를 또 속였구나
- 빨리 빨리
- 살려 줍시오

* 발길 자식: '나쁜 자식'이라는 뜻인 듯

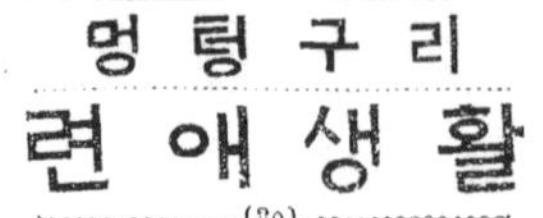

1925.1.9

멍텅구리 연애생활 30

온천휴양(5)

온천에 가려고 두 사람이 정거장에

- 그래도 고마운 사람은 아버지밖에 없네
- 계교 낸 사람은 고맙지 않은가?

차를 타고 떠나면서 희희낙락

- 이애 늙은이가 또 찾아올라
- 걱정 없네. 우리가 300리 가기 전에는 그 걸음에 정거장에 오지도 못하네

중로*에서 갈리는 건너편 차 안에

- 이애 저 차에 옥매 같은 사람이 있다
- 어디 어디

* 중로(中路): 오가는 길의 중간

옥매를 발견하고 대낭패

- 어이구 정말 옥매다
- 옥매 옥매
- 잘 다녀오시오

1925.1.10

멍텅구리 연애생활 31

늙은멍텅(1)

아버지가 아들을 찾으려고

- 필경 이 자식이 옥매라든가 하는 기생의 집에 파묻혔을 것이니까, 거기를 찾아가서 붙잡는 수밖에 없다

옥매의 집을 찾아가서 힐난을 하다가

- 여기가 신옥매 집이냐? 내 아들 좀 불러다오
- 아드님은 기차 타고 시골로 갑디다

옥매가 아들보다 똑똑한 것을 보고

- 네가 옥매인 모양이로구나. 너 무슨 짝에 남의 아들을 꾀다가 패가망신을 시키느냐?
- 참 무슨 짝인지 저도 망할 지경이올시다. 제발 좀 데리고 가십시오

아들을 도리어 옥매에게 부탁

- 허허 내 자식이 난봉은 부려도 사람은 잘 알아보는구나. 네 말하는 것 보니까 매우 똑똑하다. 하릴없이 내 아들은 네게 부탁하고 내려가니 알아 하여다고
- 저는 싫어요. 제발 데리고 가 주십시오

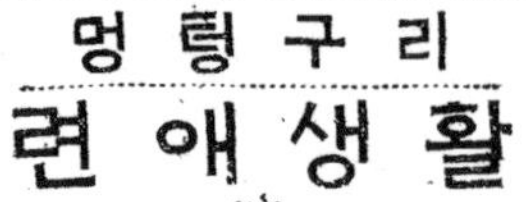

1925.1.11

멍텅구리 연애생활 32

늙은아버지(2)

옥매가 아버지를 방으로 인도한 후

- 이애, 옥매야. 내 아들을 데리고 가라니 대체 어디 있는지를 알아야 아니하니?
- 얼마 있으면 필경 올 듯하니 이 방에서 기다리십시오

두 사람이 옥매의 집으로 쫓아와

- 옥매 집에 있나? 그게 무슨 짓이야? 조금 기다려주지를 않고
- 중로*에서 회정**을 하여 쫓아오느라고, 참 죽을 욕을 다 보았네

* 중로(中路): 오가는 길의 중간

** 회정(回程): 돌아오는 길에 오름. 또는 그런 길이나 과정

인도하는 대로 방안에 들어가 본즉

- 무엇이고 무엇이고 옥매보다 더 반가운 어른이 계시니, 방안으로 좀 들어오시오
- 응, 누구야? 누구야, 응?

의외에 눈 부릅뜬 아버지 얼굴

- 야- 이놈아
- 어이구
- 어이구

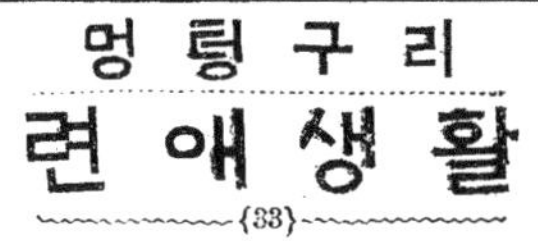

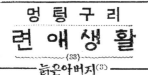

1925.1.12

멍텅구리 연애생활 33

늙은아버지(3)

옥매의 집에서 부자의 활극

- 너 이 자식. 불효의 자식은 생불여사*야. 당장 죽여라
- 아- 그 자식이 어떠한 자식인데 그렇게 마음대로 때리십니까?

* 생불여사(生不如死): 살아 있음이 차라리 죽는 것만 못하다

윤바람이 사이에 들어서서

- 요놈! 너는 또 무슨 잔소리야? 내 자식 내가 때리는데
- 아니오. 못합니다. 저 사람은 사회의 큰 명사된 사람이올시다
- 엉엉..

멍텅구리를 추어준* 결과

- 명사라니? 제까짓 놈이 어떻게 명사가 되어
- 흥. 저 사람의 일동일정**이 날마다 조선일보에 발표되어 수십만 독자를 울렸다 웃겼다 하는데 그런 명사가 또 어디 있는 줄 아십니까?
- 응응..

* 추어주다: 실제보다 과장되게 칭찬하다
** 일동일정(一動一靜): 하나하나의 동정. 또는 모든 동작

아버지의 분기가 봄눈 슬 듯

- 어이구! 착한 내 아들아. 그것이 정말이냐?
- 흥…

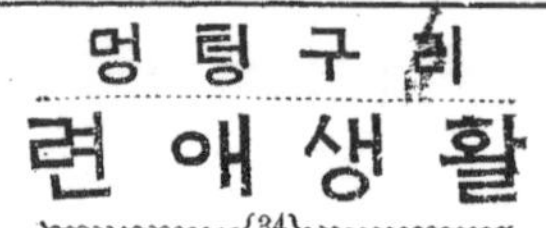

1925.1.13

멍텅구리 연애생활 34

늙은아버지(4)

신문에 난단 말만 신통하여

- 그래, 정말 네 일이 조선일보에 게재가 된단 말이냐?
- 되고말고요. 날마다 그림으로 그려서까지

조선일보를 보다가

- 여기 조선일보가 있으니 보십시오
- 이리 주게

죽은 마누라 생각이 나서

- 어이고 신통하다. 너와 꼭 같구나

늙은 멍텅구리의 눈물이 뚝뚝

- 어이구 어이구. 너의 어머니가 살아서 이것을 보았으면 얼마나 좋아하였겠니?
- 으흐. 어이구 서러워

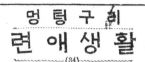

1925.1.14

멍텅구리 연애생활 35

늙은아버지(5)

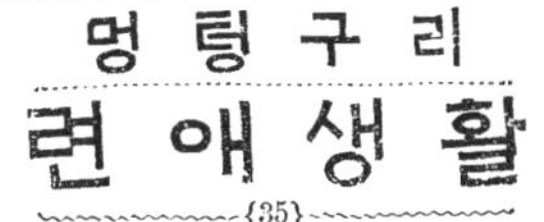

아버지가 구경을 하러 가다가

- 이애 서울은 활동사진*이라는 것이 있다니 그것이나 좀 구경시켜 주려무나
- 네- 그러면 지금 곧 가시지요

* 활동사진: 영화

활동사진 구경은 둘째가 되고

- 어- 멍텅구리
- 멍텅구리 간다

멍텅구리가 제일 구경거리

- 멍텅구리
- 멍텅구리
- 멍텅구리
- 아웅
- 멍멍 멍텅구리

화중 난 아버지는 그만 고향으로

- 예끼, 이 자식. 잘나서 유명한 줄 알았더니 놀림감으로 유명하여졌구나. 구경도 다 귀찮고 나는 이 길로 떠난다
- 안녕히 가시오. 3000원 주신 것만 고맙습니다

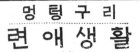

1925.1.15

멍텅구리 연애생활 36

사탕연회

아버지 감독을 벗어난 것은

- 자네 왜 여기 서 있나?
- 우리 아버지를 뫼시고 활동사진 구경을 가다가 이놈들이 놀린다고 아버지는 화증을 내고 시골로 가셨네

아이들이 놀려 먹은 덕이라 하여

- 그럼 잘되었구나. 그것이 모두 이 애들의 떠든 덕이니 애들을 불러서 사탕이나 사 주세
- 그도 괜찮어. 으히…

아이들을 모아 놓고

- 여보, 눈깔사탕, 얼음사탕, 콩사탕 할 것 없이 있는 대로 다 내놓아, 응?
- 네- 여기 있습니다

사탕연회를 열었다

- 나도 한 봉
- 나도 좀
- 나도
- 나도
- 나도

1925.1.16

멍텅구리 연애생활 37

제등 행렬

윤바람은 또 장난할 생각이 나서

- 자- 인제 좋은 일이 있으니 내 말만 들으려나
- 내가 언제는 자네 말을 안 들었나

멍텅이를 꾀어서

- 그러면 나만 따라오게
- 응?
- 여보, 꽈리등에 초까지 붙여서 있는 대로 다 내놓아
- 그거는 무얼 하나?

수십 개의 꽈리등을 사가지고

- 아이들을 주어서 제등* 행렬을 시켜보잔 말이야
- 무어야! 좋다! 하하-

* 제등(提燈): 자루가 있어서 들고 다닐 수 있는 등

아이들을 몰아서 제등 행렬을 시작

1925.1.17

멍텅구리 연애생활 38

제등 행렬

아이 잃은 부모들이 찾아다니다가

- 이 애들이 어디를 갔을까?
- 복동아!
- 개똥아!
- 꾀보야!

파출소에 가 물어보고

- 어린애를 잃었는데 어디 간지 아십니까?
- 저두요!
- 이 동리 아이들이 멍텅구리를 따라 저리로 가던걸

멍텅이를 보려고 옥매의 집을 찾아가서

- 이놈의 멍텅이를 어디 가면 찾나?
- 조선일보도 못 보았습니까? 멍텅이는 옥매 집에 가면 찾지요.
- 자! 그럼 가봅시다

대문을 두드리는 소리에 옥매는 영문도 모르고 벌벌 떨었다

- 내 자식 내놓아라
- 이놈 멍텅아
- 멍텅아
- 애들 내놔라
- 애고머니! 아닌 밤중에 이게 웬일인가!?

1925.1.18

멍텅구리 연애생활 39

제등 행렬

옥매가 나와서 말대답을 할 때에

- 멍텅구리를 왜 우리 집에 와서 찾아요? 여기는 없어요!
- 멍텅이가 밤낮 여기 와 있다는데 당장 내놓아!

멍텅구리 제등 행렬이 왔다

- 야… 저기 오는 것이 멍텅구리 같다
- 옳다! 그것이 멍텅이다

여러 사람은 그것을 보고

쫓아가서 멍텅이가 또 경을 쳤다

- 야- 이놈아! 남의 자식을 막 함부로 끌고 다니며 왜 이 모양이냐! 응!
- 에쿠
- 어머니
- 아지씨

1925.1.19

멍텅구리 연애생활 40

제등 행렬

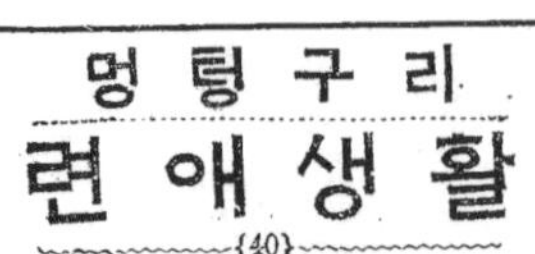

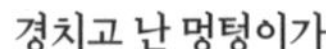

경치고 난 멍텅이가

- 에구! 에구!

옥매에게 구원되어 일어나서

- 영감! 이게 무슨 모양이오?
- 아무 소리 말게. 윤바람에게 또 속았네!

윤바람을 찾노란즉

- 과히 다치지나 아니하셨어요? 집으로 갑시다
- 아니야. 요 얼어 죽을 놈, 윤바람을 좀 찾아서 경을 쳐 놓아야지

바람은 다리 밑에서 소리를 질렀다

- 나- 여기 있네. 손 좀 잡아 주게. 잘못 하다가는 정말 얼어 죽겠네
- 아, 요놈 여기 있구나

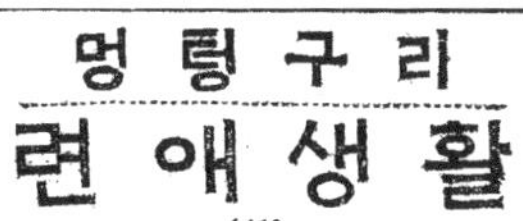

1925.1.20

멍텅구리 연애생활 41

도적 소동

멍텅이가 간 후에

- 에구, 정말 죽겠다. 나 좀 끌어 올려다고
- 예끼, 요놈. 고생 좀 해 보아라

윤바람은 기어올라 와

- 에그, 아무리 그렇대도 인정에 그럴 수가 있소?
- 안 돼! 그대로 내버려두고 우리 병원에나 잠깐 다녀가세
- 흥 망할 놈. 심사* 좋다

* 심사(心思): 마음에 맞지 않아 어깃장을 놓고 싶은 마음

옥매의 집을 먼저 찾아가

- 오냐. 좀 견뎌 보아라
- 옳지. 요 연놈들, 병원으로 갔지? 내가 먼저 갈걸

안으로 문을 걸어 버렸다

- 아무리 그래도 안 열어 줄 터이니. 오냐 견뎌 보아라, 추운데

1925.1.21

멍텅구리 연애생활 42

헛도적

윤바람이 먼저 온 줄은 모르고

- 문 열어 줘! 문 열어요!
- 문 열어!
- 여보, 도적이 들었나 보우?
- 옳지, 도적이 들었군

도적이 들었다고

- 어서 파출소에 가서 순사를 불러 와요
- 또 경치게? 나는 싫어

순사를 부르러 가니 마니 하다가

- 이런 멍텅구리. 에이구 속상해. 그럼 내가 불러올 터이니 여기서 지키기나 해요
- 도적놈이 나오면 어떻게 하고. 에구 나는 그도 싫어. 같이 가세

옥매 핀잔에 멍텅이는 또 경을 쳤다

- 예끼, 이제는 영 이별이니 그리 알아요
- 어이쿠, 사람 살려라!

1925.1.22

멍텅구리 연애생활 43

헛도적

멍텅이와 옥매가 순사를 부르러 간
사이에 윤바람은 빠져나갔다

- 흥! 순사를 부르러 갔다! 너 또 좀 속아 보아라

순사가 그달에* 와서

- 도적이 어디 있어? 문을 좀 열어 보아
- 어디 열어집니까? 나으리가 좀 열어 보세요

* 그달에: '그 달음에'의 뜻인 듯

대문이 잠긴 셈만 치고 벌컥 밀다가
땅에 엎어지고

- 에구! 이게 잠긴 문이야?

분풀이로 멍텅이만 경을 쳤다

- 이놈아, 왜 사람을 속였어? 잠기긴 무슨 문이 잠겼단 말이냐! 응?
- 에쿠

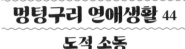

1925.1.23

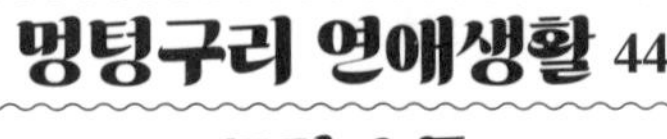

멍텅구리 연애생활 44

도적 소동

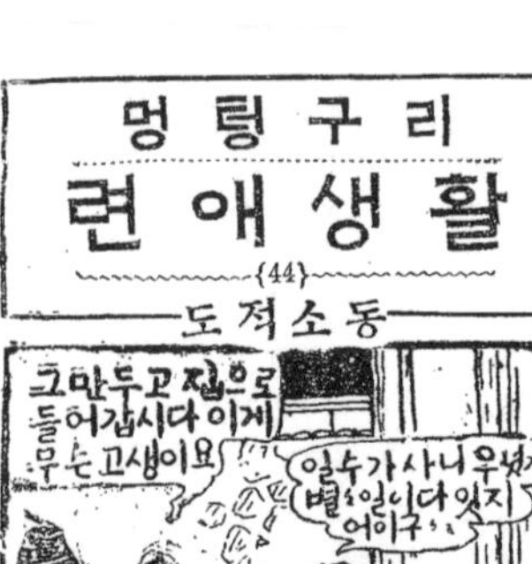

달아났던 윤바람은

- 그만두고 집으로 들어갑시다. 이게 무슨 고생이오?
- 일수*가 사나우니까 별별 일이 다 있지. 어이구 어이구

* 일수(日數): 그날의 운수.

술병을 들고 다시 들어와

- 여보게, 멍텅이. 그러니 인정에 그럴 수야 있나? 나는 그래도 자네 생각을 하고 포도주를 사 가지고 왔네!
- 좌우간 들어오게

알랑알랑*하다가

- 좌우간이라니? 좀 정답게 들어오라고 해 보게, 이 사람아!

* 알랑알랑: 남의 비위를 맞추거나 환심을 사려고 다랍게 자꾸 아첨을 떠는 모양

멍텅에게 경을 쳤다

- 경은 쳐 놓은 경이니까 말이야!
- 어이쿠

1925.1.24

멍텅구리 연애생활 45

기념사진

남 하는 짓을 다 하여 보려고

- 음력 정초도 되고, 우리 기념으로 사진이나 박이러 가세
- 글쎄, 생각해 보아서

사진을 박이러 가는 길에

- 생각이 다 무엇이야. 어서 지금으로 가세
- 단 둘이 사진을 박이면 인연이 없어진다니, 제발 그렇게나 되라고 한 장 박여 볼까?

요량*없는 모양을 내이다가

- 얼굴부터 우선 모양 좀 내고
- 또 저짓이야

* 요량(料量): 앞일을 잘 헤아려 생각함. 또는 그런 생각

옥매에게 개시*로 창피

- 예끼, 검정 안경**을 쓰고 사진을 박으면 눈깔이 어떻게 되느냐 말이야?
- 어이쿠

* 개시(開始): 행동이나 일 따위를 시작함

** 검정 안경: 선글라스

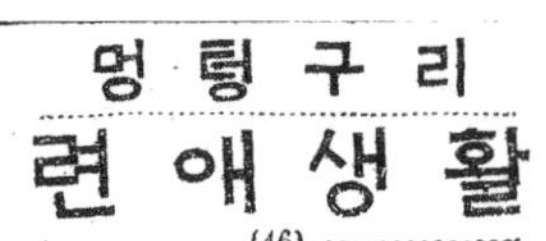

1925.1.25

멍텅구리 연애생활 46

기념사진

옥매가 화를 내고

- 여보, 창피해서 나 혼자 사진 박이러 가겠소
- 그러지 말고 같이 가! 응? 안경 벗었으니!

혼자 사진관에 가서

- 듣기도 싫어요!
- 그럼 혼자 잘 박여 보게

사진을 박이는데

- 여기만 보시오

멍텅이가 뒤로 가서 한몫 참가

- 다 되었습니다
- 왜 또 왔소?
- 히히

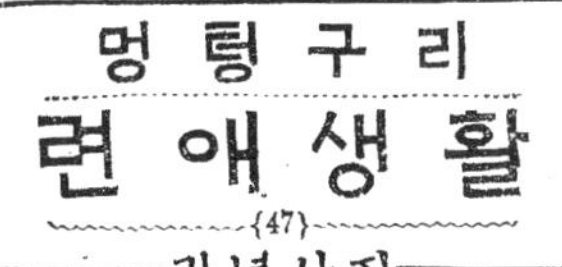

1925.1.26

멍텅구리 연애생활 47

기념사진

멍텅이가 사진을 찾아 틀에 끼워 가지고

- 그것은 무엇이오?
- 참 좋지

싸 들고 옥매 집에 가서

- 좋지는 새벽 꿩이 조치*란 말이오. 좌우간 좀 보기나 합시다
- 밖에 나가 있다가 들어오면 보여 주지

* 조치(朝雉): 새벽 꿩

옥매를 속이고 안방에 걸어놓은 것을

- 무얼하는 셈이오? 이제 들어가리까?
- 똑똑똑 딱딱
- 잠깐. 가만히 있어… 자… 들어오게

옥매가 보고 깜짝 놀랐다

- 에그, 망측해라. 저게 무어야?
- 히히

1925.1.27

멍텅구리 연애생활 48

기념사진

옥매가 사진을 집어던지니

- 글쎄, 이것이 무슨 창피한 꼬락서니란 말이오?

멍텅이는 주문하였던 사진을 찾아다가

- 흥 그것뿐인가? 내가 300장을 미리 주문하여 두었는데 그놈을 찾아다가 대선전을 할걸

길에 지나가는 아이에게 주어서

- 이애 세배 다니는 아이들아. 멍텅구리 사진 한 장씩 가져 가거라
- 나도
- 나도

정초에 개시*로 대선전

- 옥매 이쁘지
- 만세
- 만세
- 멍텅구리 신년 만세
- 만세
- 아이 우스워라

* 개시(開始): 행동이나 일 따위를 시작함

1925.1.28

멍텅구리 연애생활 49

기념사진

옥매가 요리점에 불려서

- 신옥매 어서 오오. 손님이 기다리는데 우선 1호실에 개평* 좀 떼이고
- (장춘관)

* 개평: 노름이나 내기 따위에서 남이 가지게 된 몫에서 조금 얻어 가지는 공것. 여기서는 기생 옥매가 노름판에서 분위기를 띄우면서 판돈 일부를 개평으로 뗀다는 의미

우선 개평 떼는 방에 문제의 기념사진

- 옥매인가? 저기 세배 좀 하게
- 에구머니! 저게 무엇이야?
- (벽에 걸린 옥매와 멍텅의 사진)

철난간에 가 매달린 것을 잡아 떼려고

- 어디서 그런 사진을 갖다가 사람을 망신시킨단 말이오? 어서 우리 방으로 갑시다
- 네- 거기도 어서 가 보오

부르는 방에를 들어가도 또 역시

- 어이그 저것이 또 무엇이야?
- 하하
- 여기 세배 좀 하지
- (벽에 걸린 옥매와 멍텅의 사진)

1925.1.29

멍텅구리 연애생활 50

정초놀이

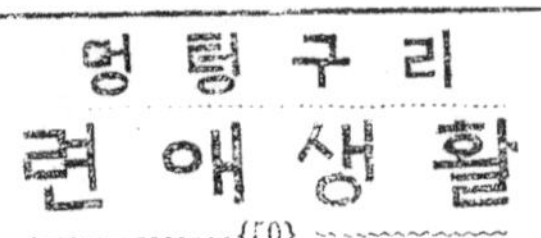

두 사람이 널을 뛰려고

- 좋은 널을 사다가 놓았네그려. 나와 널 좀 뛰어 보려나?
- 싫어. 또 멍텅구리 짓을 하여 사람을 골리게

싫다는 옥매를 억지로 끌어다가

- 아니야. 내가 널을 정말 잘 뛰네. 어서 오르게
- 그러면 당신은 무거우니 너무 구르지 말아요

첫번 구르는데 가로떨어진 멍텅이

- 응응 응응
- 응-

두 사람이 개시*로 "어이쿠"

- 에구머니
- 어이쿠

* 개시(皆是): 모두 다

1925.1.30

멍텅구리 연애생활 51

정초놀이

두 사람이 옥매의 문병을 가서

- 옥매가 널을 뛰다가 다쳐서 누웠으니 문병이나 가야지
- 암, 가다 뿐인가. 위로를 해주려면 화투 밑천이나 가져야지

위로한다고 화투 장난을 시작

- 여보게, 밤사이*는 좀 어떠한가? 우리 돈내기 화투나 하세
- 돈내기라니 좀 하여 볼까?

* 밤사이: 밤이 지나는 동안

첫번에 멍텅구리 짓을 하다가

- 어디 자네 손에 든 것 좀 보세

위로도 못하고 "화투벼락"

- 예끼, 남의 손에 든 것부터 보는 법이 어디 있어?
- 어이쿠, 신년 새해에는 화투 벼락이구나

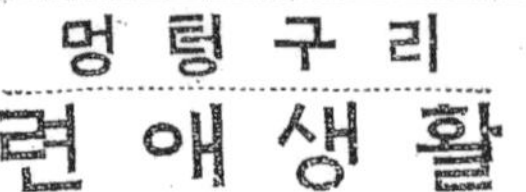

1925.1.31

멍텅구리 연애생활 52

정초놀이

오늘은 윷을 놀자고 하여

- 어제는 재미있게 놀지도 못하고 화투 벼락만 맞았으니 오늘은 그 대신 윷이나 한번 놀세
- 싫어요. 또 무슨 멍텅구리 짓을 하려고

간신히 어울리는 판에

- 아니 그러지 말고 내가 윷은 썩 잘 노네. 이래 보여도 우리 시골에서는 나 빼 놓고는 편윷*을 놀지 못하였는걸
- 옥매, 그러지 말고 한번 놀아 보세그려. 멍텅이, 어서 자네부터 놀아 부치게

* 편윷: 편을 갈라서 이기고 짐을 겨루는 윷놀이

윷가락으로 전등을 깨쳐

- 이키, 모야 띵띵

윷판이 흑암지옥*으로 변하여

- 아이그, 또 이 멍텅구리가!
- 이키, 오늘은 사기 벼락이로구나!
- 아이크, 대가리야!

* 흑암지옥(黑闇地獄): 어둠침침한 지옥. 부모나 스승의 물건을 훔친 자를 심문하고 벌주는 지옥

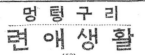

1925.2.1

멍텅구리 연애생활 53

정초놀이

윷 놀다 실패한 두 사람

- 이것을 사 가지고 가면, 이상한 물건이니까, 제 아무리 성이 났더라도 풀리겠지
- 물론 그렇겠지. 그러나 조심은 하게

옥매를 달래려고 도람푸*를 쳐서

- 여보게, 옥매. 이 도람푸라는 양화투 장난이 요새 최신식이라네. 우리 한판 하세
- 아무것도 다 듣기 싫어요. 전기등이나 또 깨트리게

* 도람푸: 트럼프

같이 놀려고 줄□□동□□

- 아니야. 그러지 말고 이것은 정말 재미있는 것이야
- 옥매 그러지 말고 한판 하여 보세그려
- 하기는 무엇을 해. 어디 이리 내시오. 어떻게 하는지 방법이나 연습하여 보게

□마□□ 알맹이는 없어 또 실패

- 어이구, 활개 바람에 알맹이는 길에서 다 빠져 버렸는걸
- 무어야!

어이그, 꼴에 누구를. 몸 아파 나는 일찍 자야 하겠으니, 일찍들 가시오

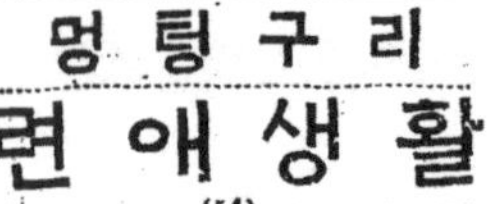

1925.2.2

멍텅구리 연애생활 54

정초놀이

두 사람이 옥매에게 쫓겨나오면서

- 옥매가 대단히 화가 난 모양이니까 어디 가서 한잔 먹고 풀어야지
- 그렇지마는 우리를 쫓아내는데 어떻게 하나?

화해할 일을 의논하고

- 이 사람아, 요릿집에 가서 손님이 누구란 말은 하지 말고 옥매를 부르지
- 옳지! 옳지! 꼭된 계교*야!

* 꼭된 계교: 좋은 꾀

요릿집으로 들어가는 동구*에서

- 어서 비켜요. 귀가 먹었나? 종 치는 소리도 안 들리게
- 이애, 인력거 탄 기생이 옥매인 듯 하다
- (장춘관)

* 동구(洞口): 동네 어귀

다른 데 노름 받은 옥매를 만나

- 어디 어디? 여보게, 옥매
- 네- 섭섭합니다마는 다른 데 노름을 받았어요. 다음날 뵈옵시다

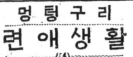

1925.2.3

멍텅구리 연애생활 55

정초놀이

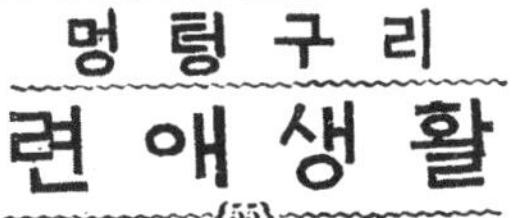

윤바람의 계교에 멍텅이가 감복하여

- 우리 요릿집으로 들어갈 것 없이 옥매의 집으로 가서 기다려 보세
- 옳지 옳지. 꼭된 계교야

옥매의 집으로 먼저 가 앉아서

- 하- 벌써 새로* 4시인데 어째 그저 오지 아니할까?
- 어이구 졸려

* 새로: (12시를 넘긴 시각 앞에 쓰여) 시각이 시작됨을 이르는 말

기다리고 기다려 아침이 되어도

- 허허! 이제는 벌써 아침밥 때가 되었는데 이것이 웬일일까? 요리점에 사람을 좀 보내 보지
- 글쎄 그래 볼까? 어이구 배고파

옥매는 그림자도 안 보여

- 옥매 아씨 방의 편윷이 오늘 밤에야 끝이 난다고 그래요
- 어-
- 응-

1925.2.4

멍텅구리 연애생활 56

살림 의논

옥매 구실 떼일 상의를 하고

- 이놈 저놈 요릿집에서 불러가는 꼴도 보기 싫고, 암만 하여도 옥매를 구실을 떼일* 수밖에 없네
- 그렇지, 제일 잘 생각한 일이지

* 구실 떼다: 기생이 속신함. 몸값을 내고 기생 신분에서 벗어나 양인이 됨

두 사람이 담판을 시작하여

- 여보게, 옥매, 우리가 정도 깊어 가고 새해도 되고 하였으니 살림을 차릴 수밖에 없네
- 살림을 차리면 재미있게 살 듯 싶습니까?

옥매가 승낙하는 줄 알았더니

- 암, 그 그렇고말고. 그야 재미가 깨 쏟아지듯 하지
- 네, 그러면 마음대로 하십시오

나중 말이 "후생*에나 만나자"

- 어이구 좋아라. 어이구 좋아. 이제야 내가 소원 성취로구나
- 그렇지마는 이 생에서는 틀렸어요. 당신은 아무리 깨가 쏟아져도 내가 싫은걸요

* 후생(後生): 뒤에 태어나거나 뒤에 생김. 또는 그런 사람

1925.2.5

멍텅구리 연애생활 57

살림 의논

멍텅구리가 죽을 계교를 내어

- 옥매 말이 이 생에서는 나와 같이 살기 틀렸다 하니, 내가 먼저 죽어서 옥매 오기를 기다릴 수밖에 없지
- 이 사람아! 그것이 무슨 소리인가. 그만한 일에 사람이 죽다니

시험으로 죽어 보니까

- 아니 정말 죽지는 않더라도 죽는 체라도 해야지. 내가 지금 죽을 터이니 너 좀 볼 터이냐
- 어디 죽어 보아라. 시험 좀 하자

흡사*한 송장이 된 중에다가

- 멍텅구리 죽었다
- 되었다 되었어. 꼭 죽은 놈이다. 나도 조력을 좀 하여 볼까

* 흡사(恰似): 거의 같을 정도로 비슷한 모양

바람이 옆에서 통곡까지

- 어이, 어이

1925.2.6

멍텅구리 연애생활 58

살림 의논

멍텅이가 옥매를 찾아가서

- 어째 이렇게 다리를 쭉 뻗고 드러누어서 앓는 소리를 하셔요?
- 자네가 이 생에서는 나와 살기 싫다고 하기에 독약을 먹었네. 나무아미타불

죽은 모양을 하고 누웠다가 옥매의 귀이개침 시험에

- 어이 어이
- 이 어른이 미쳤나? 정말 숨소리도 없이 뻣뻣해졌다?
- 어이그 멍텅구리 불쌍도 하지
- 어디 죽었나, 살았나 시험을 좀해 볼까?

깜짝 놀라 뛰어나가면서

- 어이쿠머니. 어이구 따가워
- 죽은 사람이 아픈 것은 어떻게 알아?

자기는 벌써 귀신이 되었다고

- 사람이 아는 것이 아니라 귀신이 아는 것이야. 어이쿠 어이쿠!

1925.2.7

멍텅구리 연애생활 59

살림 의논

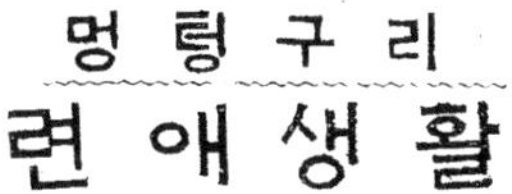

두 사람이 궁리타 못하여

- 여보게, 죽느니 사느니 할 것이 아니라, 이제는 옥매에게 바로 애걸을 하여 보는 수밖에 없네
- 그도 그러해. 그러면 이 길로 옥매를 가보세

옥매에게 애걸 간청한 결과

- 여보게, 사람이 꼭 죽겠으니 제발 내 소원을 좀 풀어 주게
- 또 미친증이 났소? 왜 이러셔요

반(半)허락은 얻은 줄 알았더니

- 그러면 내가 생각 좀 하여 보고, 가부간* 회답**을 하여 드릴 터이니, 내 회답 받기 전에는 내 집에 오지 말아야지요
- 그저 하라는 대로는 다 할 터이야. 오지 말라면 오늘은 다시 아니 올 터이니 밤에 잘 생각하였다가 내일 회답을 듣세

* 가부간(可否間): 옳거나 그르거나, 찬성하거나 반대하거나 어쨌든

** 회답(回答): 물음이나 편지 따위에 반응함. 또는 그런 반응

생각을 하는 동안이 3년이라고

- 네? 내가 생각을 하려면 적어도 3년 동안은 있어야 하겠는데요
- 무엇이야?
- 아이고

1925.2.8

살림 의논

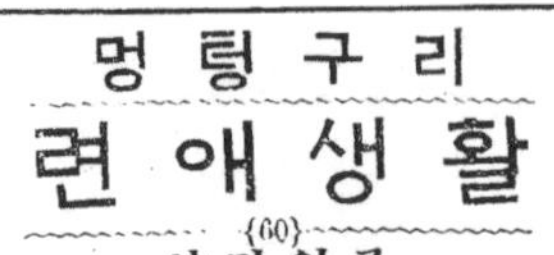

두 사람이 최후로 계교를 내여

- 이렇게만 하면 제가 다시야 무슨 도리가 있을 것인가?
- 암, 그렇지. 떼이지 못하게 단단히만

옥매의 집에 멍텅구리의 문패

- (멍텅구리)
- (입춘)

지나가는 아이들이 발견하고

- 멍텅구리 집이 여기다
- 참!
- 상판 좀 보게 나오너라
- 멍텅구리 나오너라

옥매의 집 문전이 졸지에 대번창

- 멍텅구리 계집 나왔다
- 옥매야
- 어이구머니
- 네 서방도 나오너라

1925.2.9

멍텅구리 연애생활 61

살림 의논

멍텅구리가 하도 답답하여

- 여보게, 우리 살림이 어떻게 될는지 마음에 하도 답답하니 어디 영한* 데 있으면 좀 물어나 보세
- 새문 밖에 유명한 점판수**가 있다니 저기를 가 보세

* 영(靈)하다: 영험하다

** 점판수: 점치는 일을 직업으로 삼는 시각장애인

판수를 찾아 신수*를 묻다가

- 당신이 정 장님이오? 금년 신수 좀 보아주시오
- 네- 복차** 1원 놓으시오

* 신수(身數): 한 사람의 운수

** 복차: 복채. 점을 쳐 준 값으로 점쟁이에게 주는 돈

결국은 좋은 점을 얻지 못하고

- 다섯 곱절 5원을 놓으니 흉하더라도 길하다고만 보아 주시오
- 네- 신년 새해에 우선 황금 세계로 들어갈 신수요

애꿎은 판수에게 분풀이

- 알기 쉽게 말하면 똥구멍이 빠질 신수란 말이오
- 예끼, 경칠 놈의 소경. 너는 신년 새해에 이렇게 따귀당에 벼락감투할 신수다

1925.2.10

멍텅구리 연애생활 62

살림 의논

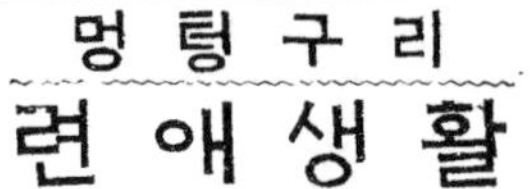

판수의 집에서 옥매의 집으로

- 에-이 별 망할 놈의 판수를 다 보았네. 하여간 옥매의 집에나 가 보세
- 대관절 문패가 어떻게 되었는지 궁금하네

문전에 이르니 문패가 부지거처*

- 여보게, 문패가 없어졌네. 어떻게 하였을까?
- 하여간 들어가서 물어 보세

* 부지거처(不知去處): 간 곳을 모름

옥매에게 물으니 뒷간에 있다고

- 여보게, 내 문패 어디 갔나?
- 저-기 뒷간에 들어가 보시오

멍텅구리는 그래도 판수만 원망

- 멍텅구리가 정말 똥구멍에 빠졌구나
- 저런 경칠 놈의 판수. 못된 말은 맞혔구나

멍텅구리
련애생활
{63}
살림의론

1925.2.11

멍텅구리 연애생활 63

살림 의논

문패를 똥통에 넣은 까닭으로

- 그런데 남의 문패는 무슨 까닭으로 똥구멍에다가 집어 넣었나?
- 점잖은 어른이야 남의 집에 무단히* 자기 문패를 붙일 리가 있나요

* 무단(無斷)히: 사전에 허락이 없이

멍텅구리 성미로도 대노(大怒)한 중에

- 글쎄- 무단이고 유단이고. 하필 똥구멍에다가 넣은 까닭이 무엇이야?
- 살림을 하도 좋아하니 척부인*하고 살림을 하라구요

* 척부인: 한고조 유방의 후궁. 여태후의 눈에 나 사지를 잘리고, 눈, 귀, 입을 훼손당한 채 돼지우리 측간에 던져진 인물

옥매에게 축출령까지 당하고는

- 나하고 시비하여야 아무 소용 없어요. 어서 가서 볼 일이나 보시오
- 나는 옥매 집에 오는 이외에 아무 볼 일도 없어

옥매의 머리에 오줌의 폭포

- 이년. 나를 똥 속에다가 잡아넣었지? 너는 오줌초* 좀 하여 보아라
- 어이구머니, 윤 주사 나리. 이것 좀 말려 주시오
- 이번에는 나도 모르겠네

* 오줌초: 비료로 쓰기 위해 오줌에 넣은 풀

1925.2.12

멍텅구리 연애생활 64

살림 의논

사이에 든 윤바람도 기가 막혀서

- 밤낮 지랄을 하고도 부족해서 나중에는 똥오줌으로 보충을 하니 이 노릇을 어떻게 한단 말인가
- 옳다 저기 위생 마차가 오는구나. 저것으로 처치를 하는 수밖에 없다

문간에 나왔다가 똥수레를 보고

- 여기 똥덩어리 오줌초. 많이 치워 갈 것 있소
- 네- 어디오? 얼른 치워내 봅시다

두 사람을 실어낸다 위협하여

- 똥덩어리 멍텅구리 문패와 오줌에 절인 옥매야, 어서 나오너라. 경성부 위생 인부를 불러왔으니 시구문* 밖으로 쳐내가게
- 무엇이야?
- 무엇이오?

* 시구문(屍口門): 시체를 내가는 문이라는 뜻으로, '수구문'을 달리 이르던 말

오줌 똥 조건은 간신히 화해

- 이어구, 윤 주사 나리. 하라는 대로 할 터이니 똥구루마는 태우지 말아 주세요. 네!
- 이것이 대관절 웬일이야?

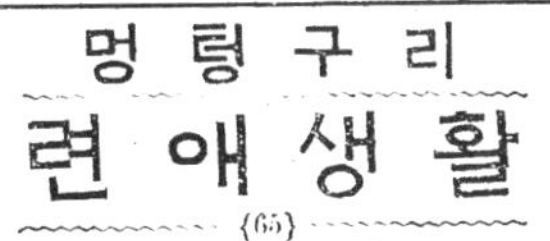

1925.2.13

멍텅구리 연애생활 65

일희일비

이번에는 옥매가 담판을 시작

- 글쎄, 나와 살림을 하면 어떻게 한단 말씀이오?
- 히히 어떻게라니? 그것이 다- 무슨 소리야?

멍텅구리는 좋아서 죽을 지경에

- 자- 그러면 어찌할 수 있어요? 우리 살기로 하고 우선 몇 가지 물어나 봅시다
- 어이구 좋아. 어이구 좋아. 응, 무슨 말이든지 묻기만 하게. 척척 대답하지

먼저 본처 유무를 묻는 바람에

- 자- 그러면 첫째 시골댁에 부인이 계십니까, 안 계십니까?
- 여보게, 윤바람. 있다는 것이 좋을까, 없다는 것이 좋을까?
- 글쎄

우선 대답을 못하고 대낭패

- 예끼, 이 멍텅구리야. 이 꼴에다가 누구하고 살림을 하재?
- 아니야. 그런 것이 아니라, 있고도 없고 없고도 있어
- 아이크 코야

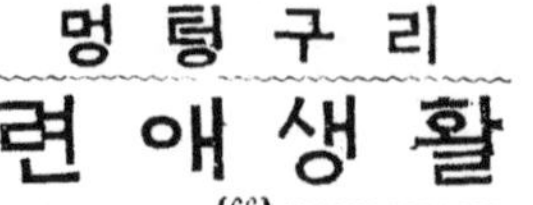

1925.2.14

멍텅구리 연애생활 66

일희일비

주책없는 멍텅구리가

- 여보게, 윤바람. 살림을 하려면 장독을 사야지
- 무슨 일이 순서가 있어야지. 장독만 먼저 사면 무엇을 한단 말인가?

살림 준비를 시작한다고

- 자네 모르는 말일세. 장이라는 것은 살림하는 근본이니까, 그것부터 장만하여야지
- 모르겠네. 또 옥매에게 경을 치려거든 자네 마음대로 하게

장독을 몰아 들여가다가

- 어이구, 이것이 웬일이오? 집 안에다가 옹기전을 벌이나?
- 살림을 하려면 장독이 있어야지

옥매의 손에 산산히 파쇄

- 예끼, 이 멍텅구리. 이 집에다가 장독이나 사들여 놓고 어름어름할* 모양이야
- 어이쿠, 장독이야 무슨 죄가 있나? 나를 때리게

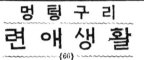

* 어름어름하다: 말이나 행동을 똑똑하게 분명히 하지 못하고 자꾸 우물쭈물하다

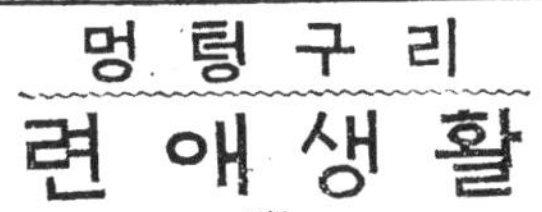

1925.2.15

멍텅구리 연애생활 67

일희일비

모처럼 사온 장독 깨치고

- 여보게, 옥매. 살림을 어떻게 하려기에 장독 사온 것을 모두 깨트리나?
- 여보시오, 장독만 가지고 살림을 하는 줄 아시나요?

옥매에게 의견을 묻다가

- 글쎄, 그러면 어떻게 하는 것이 좋다고 말을 하여야지
- 먼저 혼인 날짜를 받아 놓고 혼인날 안에 집과 세간을 전부 준비하여야지요

혼인을 한다는 바람에

- 혼인이라니? 그러면 우리 혼인은 기생 권번*에 가서 하는가?
- 아-! 무엇이오? 권번에서 하는 혼인도 어디 있습더니까?

* 권번(券番) :기생 조합. 노래와 춤을 가르쳐 기생을 양성하고, 기생이 요정에 나가는 것을 감독하고, 화대를 받아 주는 따위의 중간 구실을 했음

멍텅구리 수작이 또 나와

- 그러면 요릿집으로 할까?
- 예끼, 경칠 살림! 다- 틀렸다

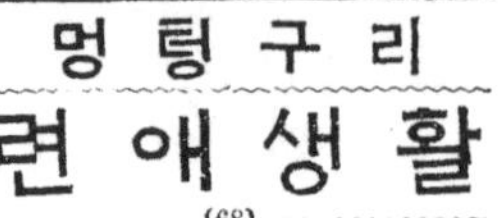

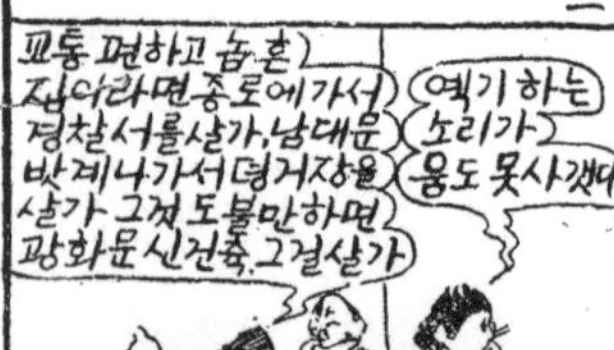

1925.2.16

멍텅구리 연애생활 68

일희일비

먼저 윤바람이 옥매를 달래고

- 여보게, 번연히* 성미를 알면서 그렇게 톡톡 쏘기만 하면 어떻게 하나? 이 뒤에 멍텅구리가 올 터이니 살림 의논이나 구순히** 하게
- 어이그, 나는 귀찮아 모르겠소

* 번연히: 번히. 어떤 일의 결과나 상태 따위가 훤하게 들여다보이듯이 분명하게

** 구순히: 서로 사귀거나 지내는 데 사이가 좋아 화목하게

살림 차릴 의논을 시작하여

- 옥매, 여보게. 살림을 차리려면 무엇부터 하여야 하나?
- 무엇부터가 다- 무엇이야? 집부터 사야지

집 살 이야기를 하다가

- 집은 어떤 것을 살까?
- 별 집이 어디 있단 말씀이오? 교통이나 편하고, 집이나 좀 높직하면 그만이지

멍텅구리의 버릇이 또 나왔다

- 교통 편하고 높은 집이라면 종로에 가서 경찰서를 살까? 남대문 밖에 나가서 정거장을 살까? 그것도 불만하면 광화문 신건축 그걸 살까?
- 예끼, 하는 소리가 움*도 못 사겠다

* 움: 땅을 파고 위에 거적 따위를 얹어 비바람이나 추위를 막아 겨울에 화초나 채소를 넣어 두는 곳

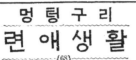

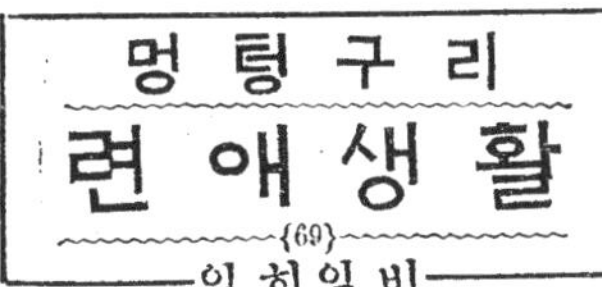

1925.2.17

멍텅구리 연애생활 69

일희일비

멍텅구리가 집을 구하려고

- 여보, 교통 편하고, 높직한 집 하나 구합시다
- 네- 그렇게 하십시다
- (복덕방)

복덕방에 가서 교통 편하고

- 월세요, 전세요, 살 것이오?
- 네- 무엇이든지 교통 편하고 높직하면 좋소

높은 집만 구하다가

- 개와*요, 초가요, 큰 집이요, 작은 집이오?
- 네- 무엇이든지 교통 편하고, 높직하면 좋소

* 개와(蓋瓦): 기와

가쾌*의 담뱃대에 눈에서 불이 번쩍

- 아, 이놈이 멍텅구리 같은 놈이로군! 교통 편하고 높직한 집을 찾으려면 해태 앞**에나 가 보아라
- 어이쿠, 집 구하려면 투구를 쓰고 다녀야 하겠군

* 가쾌(家儈): 집 흥정을 붙이는 일을 직업으로 가진 사람

** 해태 앞: 광화문 해태상 앞. 당시 신축 공사 중이었던 총독부 청사

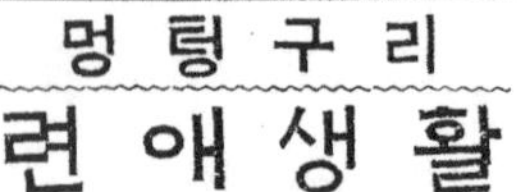

1925.2.18

멍텅구리 연애생활 70

일희일비

멍텅구리가 서러운 사정 하려다가

- 여보게, 옥매. 집은 자네가 정하게. 내 수로는 할 수 없네
- 또 무슨 멍텅구리 짓을 하고 저래. 그런데 머리는 왜 싸매셨소?

도리어 옥매에게 핀잔을 받고

- 여보게, 말 말게. 교통 편하고 높은 집은 금법(禁法)*인 모양이야. 가쾌에게 사뭇 얻어 맞았네
- 여북하여야** 가쾌에게 얻어 맞기까지 하였겠소

* 금법(禁法): 어떤 행위를 하지 못하게 하는 법령

** 여북하다: 정도가 매우 심하거나 상황이 좋지 않다

가쾌에게 얻어 맞은 분풀이까지

- 내가 이렇게 맞은 것을 보고도 가쾌 역성*을 한단 말인가?
- 당신 역성은 아무리 하고 싶어도 할 수가 없는 것을 어떻게 하여요

* 역성: 옳고 그름에는 관계없이 무조건 한쪽 편을 들어 주는 일

옥매에게 향하여 또 일장풍파*

- 예끼, 가쾌 역성하는 년. 분풀이 좀 받아 보아라
- 어이구, 사람 죽인다
- 여보게, 이게 웬일이야? 집 구하려다가 계집 잃겠네

* 일장풍파(一場風波): 한바탕의 심한 야단이나 싸움을 비유적으로 이르는 말

1925.2.19

멍텅구리 연애생활 71

일희일비

멍텅이가 옥매에게 폭백*을 받고

- 집 하나 구하는 데 남의 머리를 반은 빼어 놓으니 살림을 정말 하다가는 잔뼈도 못 건지겠소. 역시 이생에서는 틀렸으니 아주 단념하시오
- 오- 진정 그러면 저생**으로 속히 가는 수밖에 없지

* 폭백(暴白): 성을 내며 말함

** 저생(生): 저승

단단히 벼르고 나가더니

- 마음대로 생각대로 하시구려. 누가 말리나
- 오- 너 좀 견뎌 보아라

관 두 개를 끌고 들어오는 바람에

- 어이구머니, 저것은 또 웬일이야?
- 너와 나와 저생으로 들어가려고

옥매가 황황하여* 당장 항복

- 아이구구. 하라는 대로 다- 할 터이니, 제발 살려주세요
- 오- 그러면 그렇지. 에-헴
- 마뜩지 않은** 놈

* 황황하다: 갈팡질팡 어쩔 줄 모르게 급하다

** 마뜩잖다: 마음에 들 만하지 아니하다

1925.2.20

멍텅구리 연애생활 72

하이칼라

멍텅구리가 하이칼라 생각이 나서

- 여보게, 옥매가 인제는 단단히 항복을 하였으니까 나도 새신랑 될 날이 머지 아니 하였는데, 하이칼라를 좀 하여야지
- 암, 그렇고 말고

우선 높은 목도리를 끼려고

- 하이칼라라는 것은 본래 높은 목도리란 말이라네. 먼저 목도리 높은 것을 달고
- 자네가 어느 틈에 영어도 많이 배웠네그려

잡화상에서 수투*를 사가지고

- 제일 높은 목도리를 주시오
- 그것은 목도리가 아니라 양복 소매에 끼는 수투올시다
- 손님이 달라는 대로 쫓지 알지도 못하고 잔소리가 무엇이야?

* 수투(手套): 토시. 일할 때 소매를 가뜬하게 하고 그것이 해지거나 더러워지지 아니하도록 하기 위해서 소매 위에 덧끼는 물건

눈물을 흘리면서 억지로 끼여

- 목아지가 끼어서 안 들어 가네
- 덮어 놓고 욱여서 끼이게. 하이칼라인들 고통이 없을 것인가?

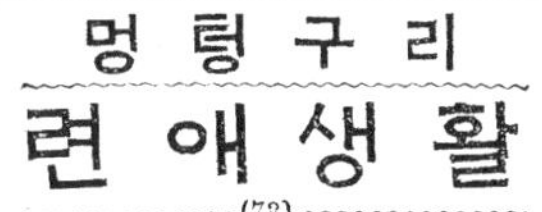

1925.2.21

멍텅구리 연애생활 73

하이칼라

멍텅구리 목에 수투를 끼이고

- 대관절 어떠한가?
- 글쎄, 암만 하여도 서툴러 보이는데

천하제일 하이칼라로 자처하며

- 서투르다니, 자네가 이런 하이칼라를 구경 못한 까닭이지. 영어 독본을 보게. 옛날 유명한 사람은 다- 이런 하이칼라이데
- 글쎄, 그러면 옛날 하이칼라로구먼

의기양양, 옥매를 찾아갔다가

- 모처럼 하이칼라를 하였으니 먼저 옥매의 칭찬을 들어야지
- 그러면 어서 가세

옥매에게 여지없이 창피를 당해

- 에-헤
- 오늘은 어째 소매 속에서 얼굴이 나왔어요?

1925.2.23

멍텅구리 연애생활 74

하이칼라

그래도 하이칼라를 자랑하려고

- 내 하이칼라를 자네가 흉보는 모양이지마는 그것은 모르는 까닭이지마는 아는 곳을 좀 가보려나?
- 자랑하고 싶거든 당신 혼자나 가시지요. 나는 싫어요

옥매를 꼬여서 조선호텔로

- 서양사람들이 얼마나 칭찬을 하는지 양식도 먹을 겸 조선호텔로 가세
- 그래 같이 가보세
- 정 그러면, 조선호텔이라니. 가볼까?

양요리를 잡수시러 갔다가

- 어서 들어 오십시오
- 세 사람 상등*으로 저녁 먹을 터이야

* 상등(上等): 정도나 수준이 높거나 우월한 것

식당에도 못 들어가는 망신

- 네. 저 목도리를 빼어서 팔둑에 끼지 아니하면 실례이니까, 식당에 들어 가시게 할 수 없습니다
- 잘되었다. 나는 가겠소

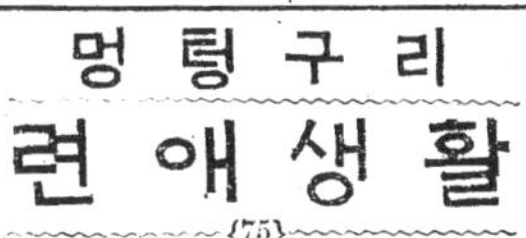

1925.2.24

멍텅구리 연애생활 75

하이칼라

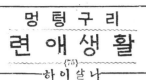

- 회전문 모티프는 '이상한 변호사 우영우'(2022)에도 등장

호텔에서 쫓겨나는 멍텅구리 일행

- 들어오기는 어디로 들어왔나? 문이 있어야 나가지
- 여기 한 칸에 한 사람씩 들어서서 빙글빙글 돌아 가시오

도는 문을 열 줄을 몰라

- 다- 들어섰나?
- 빙글빙글 돌기만 하지 사람이 나갈 수가 있어야지

빙글빙글 매암*만 돌다가

- 몇 번째이냐?
- 38번째
- 잔소리 말고 하나씩 나가

* 매암: 맴. 제자리에서 서서 뱅뱅 도는 장난

결국은 요리도 못 먹고 대창피

- 휘- 대관절 양요리는 먹고 나온 셈인가, 안 먹고 나온 셈인가?

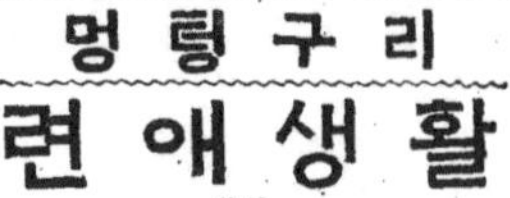

1925.2.25

멍텅구리 연애생활 76

유행성 감모*

* 감모(感冒): 감기

조선호텔에서 어름어름하다*가

- 우리 일본 요릿집이나 가볼까?
- 무엇이고 다- 틀렸네. 옥매가 있어야지

* 어름어름하다: 말이나 행동을 똑똑하게 분명히 하지 못하고 자꾸 우물쭈물하다

옥매를 잃어버리고 사방 찾다가

- 응- 옥매가 어디 갔어, 옥매가 어디 갔어?
- 옥매는 벌써 집으로 갔네

아파서 갔다는 말을 듣고

- 그것이 무슨 소리야? 집으로 가다니. 나를 버리고 가다니
- 감기가 들렸는지 춥고 아프다고

멍텅구리가 문간에서 대성통곡

- 어이구 어이구. 인제는 옥매가 꼭 죽었구나. 유행성 감기로 쇠똥이도 죽고, 개똥이도 죽었는데, 옥매도 인제는 꼭 죽었구나. 어이구 어이구
- 미친 사람이 이거 무슨 일이야

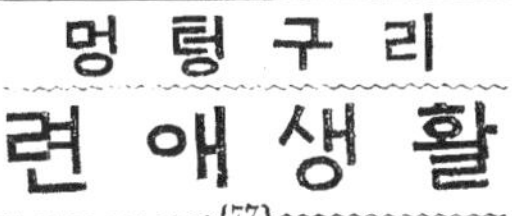

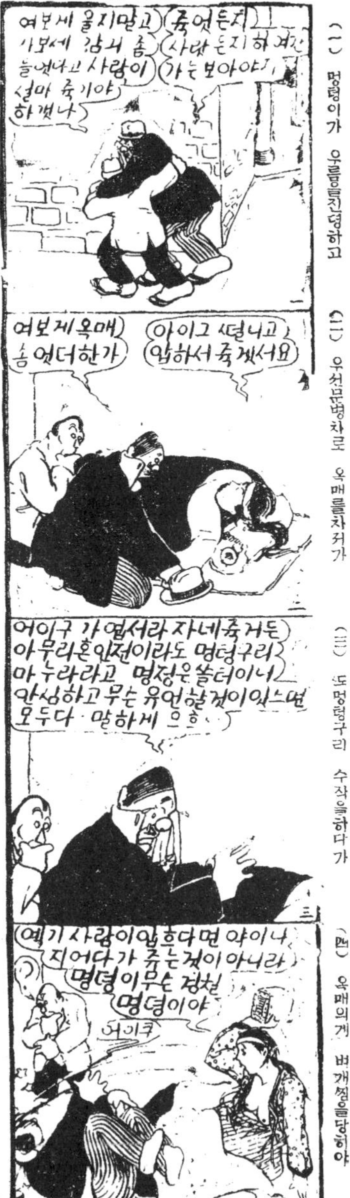

1925.2.26

멍텅구리 연애생활 77

유행성 감모

멍텅이가 울음을 진정하고

- 여보게, 울지 말고 가보세. 감기 좀 들었다고 사람이 설마 죽기야 하겠나?
- 죽었든지 살았든지 하여간 가는 보아야지

우선 문병차로 옥매를 찾아 가

- 여보게, 옥매. 좀 어떠한가?
- 아이그 떨리고 아파서 죽겠어요

또 멍텅구리가 수작을 하다가

- 어이구 가엾어라. 자네 죽거든 아무리 혼인 전이라도 멍텅구리 마누라라고 명정*은 쓸 터이니 안심하고 무슨 유언할 것이 있으면 모두 다 말하게, 으흐

* 명정(銘旌): 죽은 사람의 관직과 성씨 따위를 적은 기. 장사 지낼 때 상여 앞에서 들고 간 뒤에 널 위에 펴 묻는다

옥매에게 베개찜을 당하여

- 예끼, 사람이 아프다면 약이나 지어다가 주는 것이 아니라 명정이 무슨 경칠 명정이야?
- 어이쿠

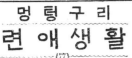

1925.2.27

멍텅구리 연애생활 78

유행성 감모

옥매의 돌림 감기를 치료코자

- 자네 오늘 어디 갔던가? 사방으로 종일 찾아도 없으니
- 이 사람아, 한약국으로 양약국으로 수백 종 구하러 다니느라고 죽을 뻔 하였네

멍텅이가 사방에서 약을 구하여

- 감기약은 그렇게 많이 구해서 무엇에 쓰려나?
- 옥매더러 무엇이든지 맞는 대로 먹으라고

땀을 흘리면서 메이고 갔다가

- 여보게, 이것이 모두 감기약일세. 맞는 대로 골라 먹게, 응?
- 어이구 감기는 고사하고 기가 막혀서 먼저 사람이 죽겠소. 제발 도로 가지고 가시오. 그 약은 장안 사람이 다 먹고도 남겠소

창피를 당하고 자선사업

- 누구든지 우리 혼인에 참례를 하러 오신다면 감기약을 돈 받지 않고 드립니다
- 세상에도 고마워라
- 나도
- 나도

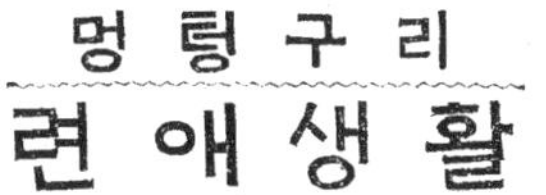

1925.2.28

멍텅구리 연애생활 79

경찰

멍텅에게 경찰의 호출이 나와

- 어디를 가는 길인가?
- 여보게, 이것 좀 보게. 무슨 일인지 호출장이 나와서 지금 경찰서로 가는 길일세

가보니까 감기약을 나누었다는 죄로

- 이것 보십시오. 어째 부르셨습니까?
- 네가 멍텅구리냐? 이리 들어오너라

구류 열흘에 처한다는 바람에

- 너는 관청 허가 없이 약품을 분배한 죄로 구류 10일에 처한다
- 아니 좋은 일 하고도 변을 당한단 말씀이오니까?

조금 질문을 하다가 뺨 한 번까지

- 이놈아, 잔소리가 다 무엇이야? 어서 유치장으로 와
- 어이쿠

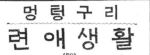

1925.3.1

멍텅구리 연애생활 80

경찰

멍텅이를 구하고자 바람의 권고로

- 여보게, 멍텅구리가 열흘 구류를 당하였다는데 일- 시초는 자네에게서 나온 것이니까, 아무리 하여도 자네가 경찰서에 가서 간청을 할 수밖에 없네
- 에이- 귀찮아. 내가 이것이 무슨 팔자요

옥매가 경찰서에 진정을 갔다가

- 여보십시오. 멍텅구리를 놓아 주십시오. 죄는 모두 제게 있습니다

저까지 벌 당한다는 말을 듣고

- 죄가 모두 옥매에게 있으면 옥매까지 10일 구류에 처하지
- 무엇이오? 그렇지 않아도 감기가 들어서 죽겠는데 유치장에를 들어가요?

제 일이 급하니까 혼이 나서 도망

- 어이구머니. 사람 살려 주시오
- 저 년 잡아라. 저년 잡아

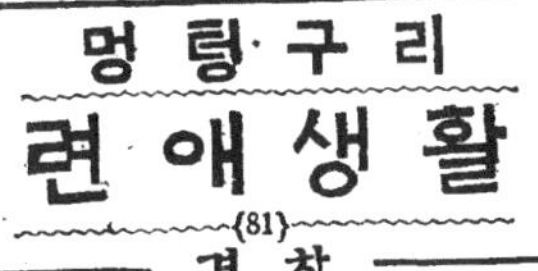

1925.3.2

멍텅구리 연애생활 81

경찰

요릿집에서 옥매가 서장을 만나

- 서장 영감, 안녕하십시오
- 오- 옥매 사람이 잘이 있숐소?*

* 일본인이 쓰는 서툰 한국어

멍텅구리 방면을 간청한 결과

- 그런데요, 청할 일이 있어요. 멍텅구리가 감기약을 나눠준 죄로 구류를 당했으니, 좀 용서하여 주십시오
- 응응. 옥매 말이면 들어 주고말고. 이애 뽀이. 경찰서로 전화를 걸고 사법주임을 오라고. 응?

사법주임이 쩔쩔 매는 것을 보고

- 규칙에는 위반이지마는 의사는 좋은 의사이니까, 이번에는 용서하지
- 하이 하이

이번에는 옥매가 도리어 기고만장

- 왜- 무슨 까닭으로 나까지 구류한다고 하였어요?
- 쉬- 서장 영감께 암말도 말아, 응? 멍텅구리는 곧 내놓을 터이니

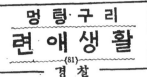

1925.3.3

멍텅구리 연애생활 82

경찰

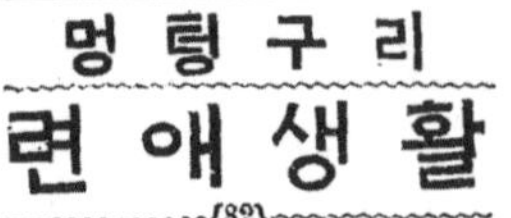

옥매가 멍텅구리를 맞으러 경찰에

- 서장 영감, 참 고맙습니다.
  그러면 멍텅구리가 나오는데 좀
  가보겠습니다. 용서하십시오
- 응, 그래 그래. 사요나라

경찰에서는 불시에 멍텅구리를 방면*

- 서장이 특별히 너를 용서하라고
  하셔서 방면하는 것이니 차후에는
  각별 조심하렷다
- 네- 네- 고맙습니다

* 방면(放免): 붙잡아 가두어 두었던 사람을 놓아줌

멍텅구리가 좋아서 춤을 추다가

- 아이구, 옥매가 다 왔네. 어이구
  좋아. 어이구 예뻐. 우리 옥매

경관에게 또 호령을 듣고 움실

- 12시 후에 길에서 떠들면 안면
  방해*로 또 구류한다
- 어이구 머니 쉬- 쉬-

* 안면 방해(安眠妨害): 편안히 잠을 자는 것을 방해함

1925.3.4

멍텅구리 연애생활 83

경찰

멍텅구리가 경찰서장에게

- 웬 사람인데 어찌 왔어?
- 나는 멍텅구리인데 서장 좀 뵈려고요

감사한 턱을 내려고

- 서장은 무슨 일로 뵈려고?
- 나를 방면하여 주어서 하도 고맙길래 술이나 한잔 모시고 먹으려고요

면회를 청하다가 축출을 당하고

- 예끼, 미친놈. 빨리 네 집으로 가. 공연히 그따위 소리를 하고 다니다가는 구류당한다
- 어이쿠, 가만두어도 갈 터이니 내밀지나 마오

문 밖에 나와서 저 혼자 대분개

- 응 두고 보아라. 병든 사람 약을 주어도 구류. 고마우니 술 한잔 먹재도 구류
- (경찰서)

1925.3.5

멍텅구리 연애생활 84

경찰

멍텅구리가 서장을 만나려고

- 경찰서에서 만나지 못하면 파사*하여 돌아올 때라도 기어이 만나서 담판을 해야지

* 파사(罷仕): 그날의 일을 끝냄

관사 앞에서 배회하는데 놀라서

- 모시모시. 경찰서이오니까? 여기는 서장 관사인데, 수상한 조선인이 근처를 배회하는데, 기색이 아주 험악하니 누구든지 좀 오셔요
- 하이 하이. 하이 하이

경찰대 비상 출동을 하여 보니

- 큰일 큰일. '3월 1일 비상경계대' 서장 관사로 지금 추-추-출동

아무것도 아니라 유명한 멍텅구리

- 누구라고
- 이것이 웬일이야, 또 구류인가?
- 기가 막혀
- 멍텅구리로구나

1925.3.6

멍텅구리 연애생활 85

경찰

서장이 실없이 멍텅구리를 불러

- 미친놈이라도 나를 기어코 만나겠다 하니 무슨 소리를 하려는지 하여간 불러들이지
- 하이 하이

만나려는 연유를 들은 후에

- 무슨 일로 나를 만나겠다고 하였노?
- 네- 옥매의 말을 들으니까 서장 영감이 나를 방면하여 주었다기에 너무 고마워서 약주나 한잔 대접하려고요

웃음을 참고 달래어 보내니

- 그것이야 옥매의 공이지 내 공인가. 어서 가서 옥매에게나 한잔 먹이지
- 네- 또 구류를 하는 줄 알았더니 이렇게 옥매를 칭찬하여 주시니 더구나 고맙습니다

그제야 멍텅구리의 분기*가 조금 풀려

- 그래도 어디든지 어른 되는 사람은 조금 나은 법이야

* 분기(憤氣): 분한 생각이나 기운

1925.3.8

멍텅구리 연애생활 86

경찰

옥매의 일이 하도 고마워서

- 이번 일에는 옥매가 너무 애를 썼으니까, 한턱을 단단히 내어야 하겠네
- 좋은 말일세. 사귀신속*이라니 지금 가서 의논을 하지

* 사귀신속(事貴神速): 일은 신기할 만큼 빠르게 하는 것이 좋음을 이르는 말

멍텅구리가 한턱을 내려고

- 여보게, 이번에 자네가 하도 애를 썼기에 위로연을 한번 열려고 하는데 자네 물론 출석을 하겠지
- 여보, 위로연이 다- 무엇이오. 그따위 말씀을 하지도 마시오

의논을 하다가 낭패를 당하고

- 왜- 한잔 낸다니까. 자네도 경찰서처럼 나를 구류하려나, 이 방에다가? 구류만 하여 준다면 평생이라도 소원이지
- 흥, 구류요? 그따위 수작만 하면 구류보다 반대되는 일이 생기지

축출이라는 말에 대경실색*

- 무엇인고- 하면 이 집에서 축출
- 응, 무어 무어? 제발 살려 주게

* 대경실색(大驚失色): 몹시 놀라 얼굴빛이 하얗게 질림

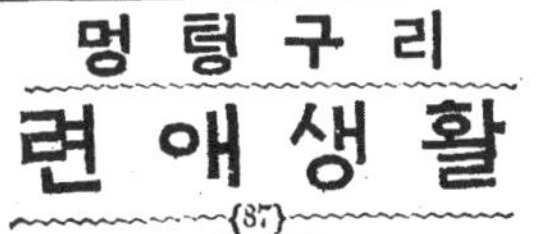

1925.3.9

멍텅구리 연애생활 87

경찰

간신히 옥매의 허락을 얻어가지고

- 그러지 말고 제발 내 면목을 보아 한턱 내는 것을 허락하여 주게
- 자- 이번에는 내 청으로 들어 주게
- 그러면 윤 주사 나으리 청으로나 들어볼까

자동차를 불러 흥청거리며

- 옳지 옳지. 누구 청으로든지 고마워. 그러면 윤바람 빨리 자동차를 부르게. 옥매도 어서 옷 바꾸어 입지
- 아따, 남의 걱정은 퍽도 하시오

의기당당 요리점에 당도하니

- 벌써 왔나? 옥매 먼저 타지
- 네
- 벌써 왔네

빈 방이 없다고, 뽀-이의 거절

- 네- 황송하옵니다마는 마침 방이 없습니다
- 응?

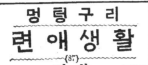

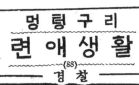

1925.3.10

멍텅구리 연애생활 88

경찰

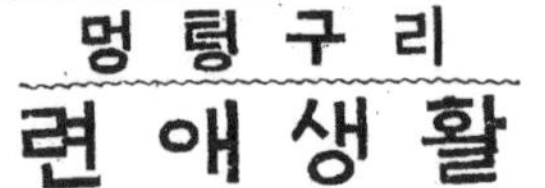

요리점에서 거절을 당하고

- 다른 요릿집으로 가야 할 터인데 자동차를 보내서 어떻게 하나?
- 요릿집이고 자동차고 다 귀찮으니 인력거나 타고 집으로 가겠소

자동차를 타고 다른 요리점으로 가려고

- 옳지. 저 인력거 조합 전화를 빌려서 자동차를 부르지
- 무슨 멍텅구리 짓을 하려고 또 저러누

인력거 조합에 전화 빌리러 갔다가

- 네- 어디까지 가시렵니까?
- 이애 인력거야, 전화 좀 빌려라. 내가 잠깐만 쓰시겠다. 에헴

인력거꾼에게 해라를 하고* 대낭패

- 이애 이 놈 보아라. 전화 빌리려는데 해라 하고
- 어이구

* 해라를 하다: 상대편을 아주 낮추어 말하다

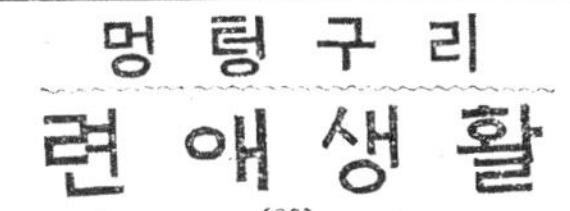

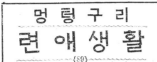

1925.3.11

멍텅구리 연애생활 89

위로연

인력거꾼에게 경을 치고

- 도무지 타고 다니려는 것이 병이야. 자- 달도 밝으니 걸어가세
- 타든지 걷든지 아무것도 싫고, 나는 집으로 가요

하릴없이 걸어가다가

- 여보게, 옥매. 제발 그러지 말고 같이 가세
- 그래, 기왕 나선 길이니 잠깐만 가세그려

주정꾼에게 혼이 나서

- 이 년놈들아, 좌측통행이야. 우편으로 가면 구류 처분이다
- 네- 정말 잘못했습니다. 제발 구류만 말아 주십시오
- 이를 어쩌나

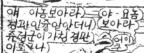

이번에는 도리어 분풀이

- 얘, 이 놈 보아라. 경관인 줄 알았더니, 주정꾼이 가칭* 경관이로구나
- 야- 요놈 보아라
- 어이쿠

* 가칭(假稱): 거짓으로 이름

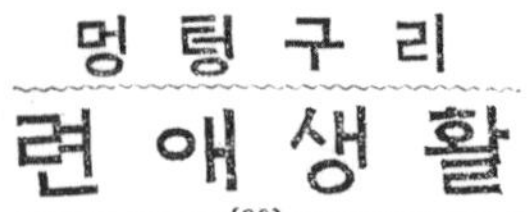

1925.3.12

멍텅구리 연애생활 90

위로연

화중 난 옥매가 제집으로 와서

- 밤도 깊고 들어가 잘 터이니 어서들 가서 주무시지요
- 어떻게 하려나
- 글쎄

두 사람을 쫓으려는 때에

- 러시아빵 사려. 러시아- 빵
- 일이 급하니 아라사* 떡으로 위로연을 할 수밖에 없다. 여보- 러시아 빵 장수

* 아라사(俄羅斯): '러시아'의 음역어

멍텅구리는 러시아빵을 사가지고

- 여보게, 약소하지마는 러시아빵으로나 위로연을 하세
- 어서 이리 내시오

옥매를 대접하려다가 큰 낭패

- 예끼- 이 멍텅구리. 당신이나 위로연으로 자시오
- 어이쿠, 기왕 때릴 터이면 받아 먹기 쉽게 입이나 때리지

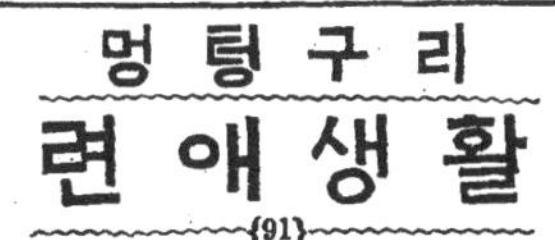

1925.3.13

멍텅구리 연애생활 91

위로연

위로연에 무참한 실패를 당하고

- 위로연도 그 모양이 되고, 대단 미안하니 옥매에게 좀 선사할까?
- 잘- 생각하였네. 곧 흥정을 하여 보세
- (포목)

아무쪼록 환심을 다시 사려고

- 젊은 아낙네 봄 의복차 구비한 게 있소?
- 네- 국사*, 관사**, 줄 친 하부타에 무엇이든지 다- 있습니다
- 무엇이든지 값 많고 좋은 것으로 가지고 어서 갑시다

* 국사(菊紗): 봄, 가을용 비단의 한 종류

** 관사(官紗): 중국에서 나는 비단의 하나

의복차를 구하여 가지고 가보니

- 아- 이게 웬일인가?
- 글쎄, 이틀 밤 사이에 이것이 웬일이야?

부지거처로 옥매가 이사를 갔다

- 그 집에서 떠나는 곳도 일러주지 않고 오늘 식전에 이사를 갔어요
- 무엇이야?
- 응!

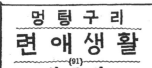

1925.3.14

멍텅구리 연애생활 92

대낭패

멍텅구리가 옥매의 거처를 잃고

- 여보게, 큰일 났네. 옥매 집을 어떻게 찾나?
- 글쎄, 참 의외의 일일세

여러 가지로 연구한 결과

- 여보게, 좋은 수가 있네. 종로에다가 커다란 방을 붙이세
- 글쎄- 자네 생각대로 해 보게그려

종로에다가 현상광고를 붙여

- 보시오!!! 옥매의 집을 찾아주는 이에게 드릴 것은 현금 1000원*이올시다. 멍텅구리 고백

* 1000원: 당시 신문기자 월급이 40~80원 정도

길에 가는 기생마다 대낭패

- 저것이 옥매다 잡아라
- 어이구, 나는 아니에요
- 저것이 옥매다 잡아라
- 아이구, 나는 아니에요

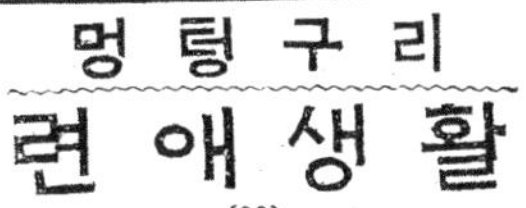

1925.3.15

멍텅구리 연애생활 93

대낭패

기생들이 견디다 못하여

- 이애, 옥매 까닭에 우리가 못 견딜 지경이니, 각 권번이 연합하여 경찰서에 청원을 할 수밖에 없다
- 참 그래 볼 수밖에 없다

경찰서에 청원을 하여 서장의 통사정으로

- 사실이 이러하오니, 백성을 보호하시는 경관께서 특별히 통촉하여 주시기를 빕니다
- 그러면 지금부터 요릿집 왕래를 자동차로 하고, 경관을 태우도록 하지

보호 순사를 세우고 자동차로 왕래

- 야- 옥매다
- 예끼, 이놈들
- 옥매다
- 자-
- 잡아라
- 1000원이다

경성 시중에 새로이 구경 거리가 생겨

- 야- 옥매다. 잡아라
- 네- 이놈들

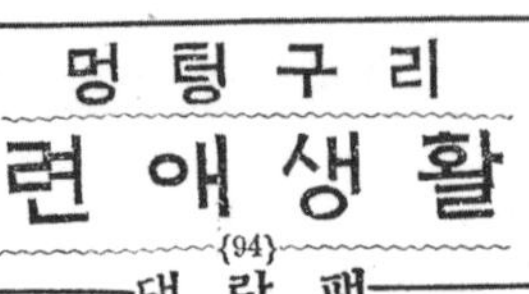

1925.3.16

멍텅구리 연애생활 94

대낭패

행방불명된 옥매가 병이 났던지

- 여보게, 아무쪼록 우비를 꼭 씌우게
- 네- 염려 마십시오

인력거 속에 몸을 감추고

- 부인과 선생님이십니까? 병 좀 보아 주십시오
- 이리 와 앉으시오. 진찰을 하여 봅시다

의사를 찾아 가 진찰을 받다가

- 자꾸 속이 메식메식하고 구역이 나서 아무것도 먹을 수가 없고, 두통으로 못 견디겠어요
- 아무리 보아도 분명한 잉태인걸

잉태란 말을 듣고 대경실색

- 네- 무엇이오? 작은 멍텅구리! 이것 참 대낭패인걸
- 이키, 낙태하리다

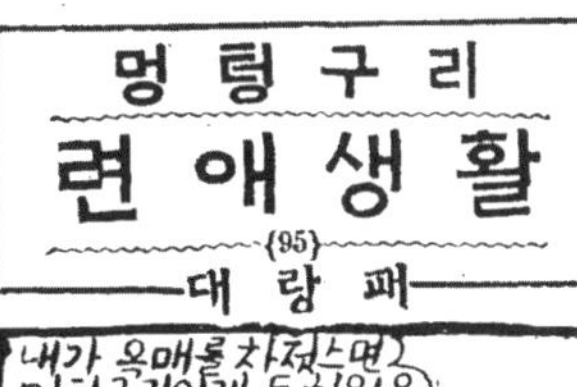

1925.3.17

멍텅구리 연애생활 95

대낭패

옥매를 찾노라 방황하는 바람을

- 내가 옥매를 찾았으면 멍텅구리에게 돈 1000원을 받아 먹겠구먼. 당초에 어디 있는지 냄새나 맡을 수 있어야지

의원집에서 돌아가던 옥매가 만나

- 인력거 여기 놓고, 저-기 조그맣고 양복한 이, 거기 좀 서라고 하게
- 네- 여보십시오. 거기 좀 겝쇼

잉태라는 말로 화중 난 김에

- 당신 그동안에 평안합디까?
- 어이구, 이게 누구야? 자네를 찾노라고 내가 꼭 죽을 뻔하였네. 어서 나와 같이 가세

바람에게 흡족한 분풀이를 하였다

- 예끼, 가기는 또 어디로 가? 이번에는 너 좀 경 쳐 보아라
- 아이크, 사람 살려라

1925.3.18

멍텅구리 연애생활 96

대낭패

개천에 빠진 윤바람이 분풀이를 하려고

- 돈 1000원 벌려다가 의복 한 벌만 다 버렸다. 이 놈 멍텅구리를 보고 분풀이를 하여야지

멍텅구리를 찾아 분풀이도 못하고

- 이놈아, 멍텅구리야. 내가 부인과 의사의 집 앞 다리에서 옥매를 만났는데
- 무엇이야? 그래 그래

멍텅구리가 옥매를 찾으려고

- 이애, 거기 있거라. 내가 꼭 잡아 가지고 오마
- 저 미친놈이 어디를 쫓아가

사방으로 뛰어다니면서 대낭패

- 옥매 옥매. 옥매가 어디 갔어?
- 옥매가 다리 아래 있나? 옥매 옥매 어디 갔어?

1925.3.19

멍텅구리 연애생활 97

대낭패

옥매를 잡으려고 길을 지키는 틈에

- 나는 종각 모퉁이에 이렇게 섰을 터이니, 자네는 부인과 병원 문 앞에 가 있게. 사흘만 지키면 필경 걸리겠지
- 어디 그래 보지

멍텅구리 여관에 옥매가 방문

- 이 여관에 멍텅구리라는 양반이 계시지요?
- 네- 식전에 출입을 하였는데, 오늘 안 들어오는지도 모른다고 그래요

멍텅구리가 춥고 배고파서

- 어이그 춥고 배고파. 잠깐 여관에 가서 밥이나 얻어 먹고 나올까

여관에 들어와 보니 대낭패

- 조금 전에 옥매라는 기생이 찾아 왔다 갔습니다
- 무엇이야! 쫓아가 잡아라 잡아라

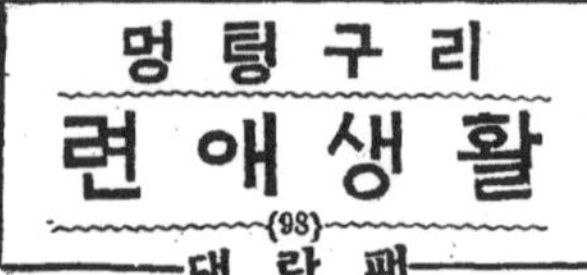

1925.3.20

멍텅구리 연애생활 98

대낭패

멍텅구리가 여관에서 지키는 줄 모르고

- 공연히 길에 나가서 애를 썼다.
  인제는 여관에 꼭 들어앉았어야지

옥매는 돌아오지 아니한 줄만 알고

- 대관절 이 작자를 만나야
  무엇이라고든지 담판을 하지
- (여관)

여러 시간 문전에 기웃거리다가

- 여보게, 옥매
- 나는 불러서 무엇 하게요.
  멍텅구리더러 여관 앞에서
  반일*이나 기다리다가 간다고
  말씀이나 전하여 주시오

* 반일(半日): 하루의 반

그대로 돌아간 줄 알고 또한 실망

- 아! 옥매가 이 여관 앞에서 반일이나
  기다렸는다는데 자네는 여기서
  무엇을 하였나?
- 응-! 무엇이야?

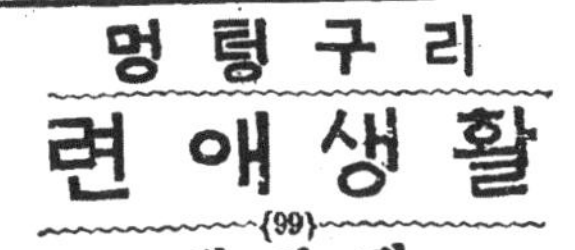

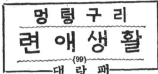

1925.3.21

멍텅구리 연애생활 99

대낭패

바람이 옥매의 평양 가는 줄을 알고

- 여보게, 옥매 옥매. 자네 어디 가나? 급히 할 말이 있으니, 잠깐만 내리게
- 화증도 나고 오래 가보지도 못하여서 평양 좀 다녀오려는데, 시간이 바쁘니까 그대로 실례합니다

전차를 쫓다가 다리가 짧아 실패하고

- 여보게, 하여간 잠깐만 기다리세
- 너무 애쓰지 마셔요

멍텅이와 함께 자동차로 쫓았으나

- 여보게, 큰일 났네. 옥매가 평양을 간다고 지금 정거장으로 가데
- 무엇이야, 무엇이야? 쫓아가서 집아야지
- 어서 어서
- 빨리 빨리

순간의 차이로 기차가 먼저 떠나

- 아이그!
- 어이구 어이구

1925.3.22

멍텅구리 연애생활 100

평양행

옥매를 쫓아 멍텅구리가 평양까지

- 평양을 가서라도 기어코 잡아가지고 올 터이니 내 수단*을 좀 보게
- 아무쪼록 잘 다녀오게
- (봉천행)

* 수단(手段): 일을 처리해 나가는 솜씨와 꾀

기차 중에서 변소 문을 열 줄을 몰라 반일 구류

- 허허, 이것이 어째 안 열리나?
- 어이구, 사람 죽겠다. 옥매도 못 보고 변소에서 죽을 줄이야 누가 알았나

변소 문에 유리판을 머리로 받아 깨치고

- 아, 나갈 도리가 있다

나오다 차부*에게 발각되어 대낭패

- 이놈아, 장식 하나만 바싹 밀었으면 될 걸 이 멍텅구리 같으니, 막 유리창을 깨치고 나와?

* 차부(車夫): 마차나 우차 따위를 부리는 사람

1925.3.23

멍텅구리 연애생활 101

평양행

멍텅이가 차부에게 끌려 차장에게로

- 차장에게로 가자
- 아이구, 대가리 아파. 이것 보아 피가 나네

차장도 경관인 것을 알고 깜짝 놀라

- 이놈 잡혔다. 네가 정말 멍텅구리인가 보다. 철도 종업원도 경찰권이 있는 줄 모르니
- 아, 그러면 기차도 경찰서란 말씀이오?

벌금 200원의 처분을 받고

- 이놈, 벌금 200원에 처한다
- 네- 그것은 바칠 터이니 제발 다시 변소에다가 구류만 말아주시오

그리고 내려보니 기차는 신의주역에 도착

- 휘- 여기가 어디야?
- (신의주)

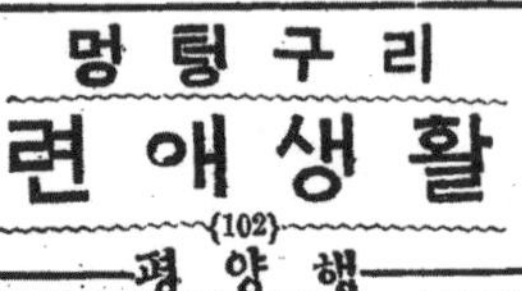

1925.3.24

멍텅구리 연애생활 102

평양행

신의주역에서 방황하는 멍텅구리

- 암만 하여도 저 양복한 놈이 수상하다

순사가 독립운동자인 줄 생각하고

- 웬 사람이야? 이리 와 경찰서로 가
- 어이구머니, 평양 가는 사람을 왜 경찰서로 가자고 그리해요?

점점 의심이 깊어 호각을 불어

- 팔을 놓아요. 나는 죽어도 평양으로 가지 경찰서로는 아니 가겠소
- 호루루루

멍텅구리는 경관의 포위 중에

- 어이구머니, 이것이 웬일이야

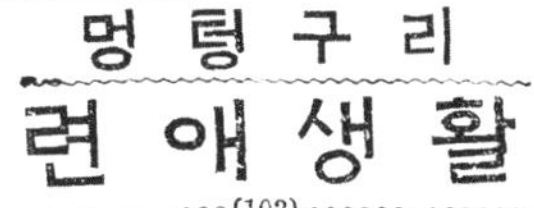

1925.3.25

멍텅구리 연애생활 103

평양행

옥매에게 선사할 숙고사* 의복차가

- 심문을 하여 보았으나 횡설수설할 뿐이요, 신체 수색한 결과 현금 300원을 발견하고 행장은 정거장에서 가방 한 개를 압수하였는데, 위험하여 아직 열지 못하였습니다
- 그러면 그놈을 시켜서 열게 하고, 일층 엄중히 심문하지

* 숙고사(熟庫紗): 삶아 익힌 명주실로 짠 고사. 봄과 가을 옷감으로 쓴다

경관의 마음에 폭발탄으로 생각되어

- 이놈아, 네 손으로 이것을 열어야지 죄가 감하지, 그렇지 아니하면 죽는다
- 주의
- 이것은 죽어도 못 열어요

정치범 혐의자 된 멍텅구리를 시켜

- 필경 폭발탄이 분명하니, 경관들은 멀리 서
- 이런 제-기

엄중 경계 하에 열고 보니 기가 막혀

- 자- 보시오
- 어- 여편네 의복차뿐이야

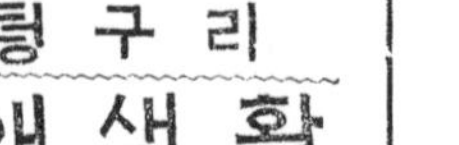

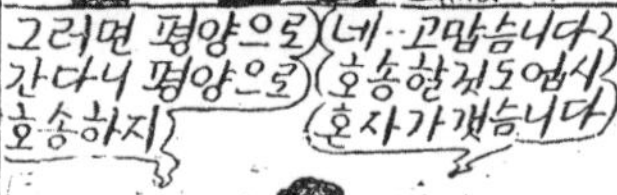

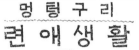

1925.3.27

멍텅구리 연애생활 104

평양행

정치범 혐의자가 정신병자로 돌려서

- 저자가 아무리 보아도 정신병자이니, 단단히 결박하여서 원적지*로 호송할 수밖에 없지
- 네
- 어이구 원적지로는 죽어도 가지 아니할걸

* 원적지(原籍地): 호적법에서, 호적이 있는 지역을 이르던 말

결국은 평양으로 호송케 되어

- 그러면 평양으로 간다니 평양으로 호송하지
- 네- 고맙습니다. 호송할 것도 없이 혼자 가겠습니다

보호하는 이름 아래에 포승을 지고

- 손 내밀어
- 싫어요. 내가 무슨 죄가 있길래
- 이놈아, 잔소리 말고
- 어이쿠

멍텅구리가 통곡을 하며 평양에

- 어이구 어이구. 이 꼴을 하고 어떻게 옥매를 가보나

1925.3.28

멍텅구리 연애생활 105

평양행

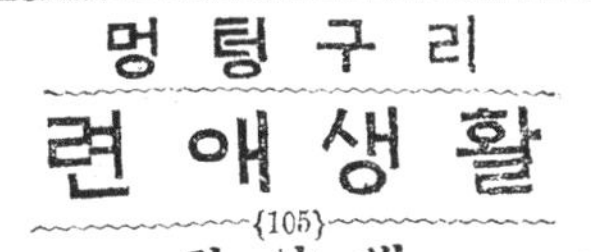

멍텅구리 홧김에 술 생각이 나는데

- 여보시오, 술이나 사서 한잔씩 먹고 싶으니 술 먹을 동안에만 결박진 것을 좀 풀어 주시구려
- 그래 술을 산다면 풀어주지

순사도 술에는 비위가 동하여

- 잔도 없으니 한 병씩 빱시다
- 어- 다 먹으면 취할걸

결박을 풀어주고 한 병씩 먹은 후

- 어- 좋다
- 어- 좋다-

취한 순사에게 선심이 생겨

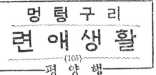

- 인제 술 다 먹었으니 도로 묶어주시오
- 어- 특별히 그만두지

1925.3.29

멍텅구리 연애생활 106

일희일비

• 제목 오른쪽에서 왼쪽으로 표기

술 취한 순사가 자는 동안에

- 순사가 자는 동안에 중간에서 내릴까 보다. 죄인처럼 압송을 당하여 창피해서 견딜 수가 있어야지
- 푸 푸… 쿠-쿨

멍텅구리는 중간에서 내렸다

- 그렇지만 나를 잃어버렸다고 벌을 당하면 가엾지. 돈이나 한 100원 넣어줄까
- 쿠 쿠-

잠 깨인 순사가 깜짝 놀라며

- 어- 어- 어디 갔어? 이것 큰일 났다

의외에 돈에 또다시 놀라

- 어- 어- 이것은 또 웬일이야

1925.3.30

멍텅구리 연애생활 107

돌아 우편 앞*

* 우편 앞: 오른쪽 앞

빠져나온 멍텅구리가 정거장에 나와서

- 기차를 타다가는 도처 낭패이다. 인제는 평양까지 걸어가리라

철로를 따라 경성을 가다가

- 이런 제-기. 길을 알아야 걸어가지. 옳지 철로만 따라가자

순사에게 놀라서

- 이크, 여기도 순사가 있구나. 돌아 우편 앞으로

오던 길로 도로 내리던 정거장에 왔다

- 이 정거장은 낯이 매우 익다. 이것 보아, 아까 보던 정거장과 똑같아

1925.3.31

멍텅구리 연애생활 108

정거장의 하룻밤

정거장에 가서

- 예끼, 이왕 정거장에 왔으니 차를 타고 가자. 여보, 평양 가는 차가 언제 있소?
- 자정 후에나 있지요

차 시간을 물어 보고

- 이거 갑갑해서 견딜 수 있나. 어이구, 고단해

다음 차를 기다리다가 잠이 들어

- 쿠쿠-

이튿날 한낮에야 잠이 깨었다

- 여보, 대낮에 낮잠이 웬일이야? 소제*할 터이니 일어나오
- 응- 어이구

* 소제(掃除): 청소

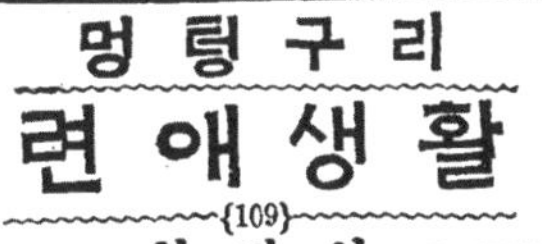

1925.4.1

멍텅구리 연애생활 109

식당차

자다 일어난 멍텅구리가

- 여보, 대관절 평양 가는 기차가 언제 떠나오?
- 두어 시간만 더 기다려 보오

평양차를 타고 가다가

- 이번에는 꼭 지켜 섰다가 평양역에 내려야지. 어름어름하다*가는 안 되겠다

* 어름어름하다: 우물쭈물하다

배고픈 생각이 나서

- 어이구, 배고파. 이거 살 수 있나. 식당차에 가서 점심이나 좀 먹고

밥 먹다가 또 평양을 지났다

- 평양!
- 헤이죠*

* 헤이죠: 평양의 일본식 독음

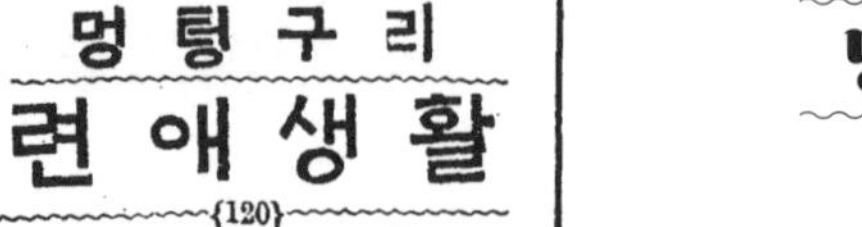

1925.4.2

멍텅구리 연애생활 120

사리원행

- 4월 1일 109회에서 4월 2일 120회로 10회를 건너뜀. 편집 오류

실컷 먹고 나서

- 어- 인제 정신이 좀 나는걸. 점심 값이 얼마?
- 네- 16원 80전입니다

평양이 지난 줄을 알고

- 3원 20전은 자네 가지게. 그런데 평양이 얼마나 남았나?
- 평양은 벌써 지났습니다

진행 열차에서 뛰어 내리려다가

- 무어? 지나다니. 여기서 내려야지
- 정거하거든 내리십시오. 위태합니다

결국 사리원에서 하차

- 어어- 또 낭패로구나

1925.4.3

멍텅구리 연애생활 121

신천행

사리원에서 내린 멍텅구리가

- (사리원)
- 어 사리원! 어이구, 평양이 아득하구나. 여보, 평양 가는 차가 언제 있소?
- 내일 새벽에 있소

평양 차를 기다리다 못하여

- 어이구, 갑갑해 기다릴 수 있나. 저기 차는 어디 가는 차요?
- 지금 신천*으로 떠나는 차요

* 신천(信川): 황해도 신천군에 있는 읍. 온천이 유명하다

신천 가는 차에 올라 타고

- 에라, 아무 차나 타자
- (신천행)

차표가 없어 역부에게 또 봉변

- 아차 급하여 미처 기차표를 못 사가지고 왔는걸
- 안 되어. 빠가*

* 빠가(ばか): 바보, 멍청이

1925.4.4

멍텅구리 연애생활 122

의외상봉

차표 안 사고 봉변한 끝이라

- 와 놓고 보니 무슨 재미가 있나. 도로 가 보아야지. 여보, 사리원 가는 차가 언제 있소?
- 인제 내일 오전 7시 45분에나 있소

우선 사리원 갈 차표부터 사 놓고

- 표는 아주 사놓고 보아야지. 여보, 사리원 가는 차표 파시오

덮어놓고 좋은 여관을 찾아간 것이

- 인력거, 제일 좋은 여관으로만, 응?
- 네- 이 여관이 제일입니다

옥매가 와 있는 여관이었다

- 어이구, 네가 누구냐?
- 영감! 웬일이오?

1925.4.5

멍텅구리 연애생활 123

탄로

못난 짓을 하다가 고생한 말은 차마 못하고

- 대체 여기는 어째 왔단 말이오?
- 흥, 신의주 좀 갔다 오는 길에 잠깐 온천에 들러서 휴양이나 하고 가려고 왔지

어름어름하다가

- 공연히 여기를 왔지. 당신이 또 평양까지 쫓아올 듯해서 피난을 온 것이 또 붙잡혔구려
- 그렇지 않아도 내가 지금 평양을 가는 길이야

필경 드러나서

- 신의주에서 평양 가는 사람이 왜 껑충 뛰어서 황해도 신천은 왔단 말이오?
- 희히-

옥매에게 망신을 당하였다

- 예끼! 멍텅구리 같으니
- 희희, 그래도 좋아. 자네를 만났으니

1925.4.6

멍텅구리 연애생활 124

화풀이

멍텅구리가 망신을 하고

- 이년이, 나를 멍텅구리라고 발길로 막 찬다. 흥
- 또 왜 이 모양이야, 미쳤나-

화가 나서

- 예끼, 경칠 년. 남의 속도 모르고 너 죽고 나 죽자
- 애이구, 애고애고

옥매는 도망하고

- 사람 살리오
- 이년

멍텅이는 혼자 울었다

- 연애인지 사랑인지 하는 놈이 망할 놈이다. 생각할수록 똑 분해 죽겠다. 엉엉 엉엉

1925.4.7

멍텅구리 연애생활 125

운권청천*

* 운권청천(雲捲晴天): 구름이 걷히고 하늘이 맑게 갬

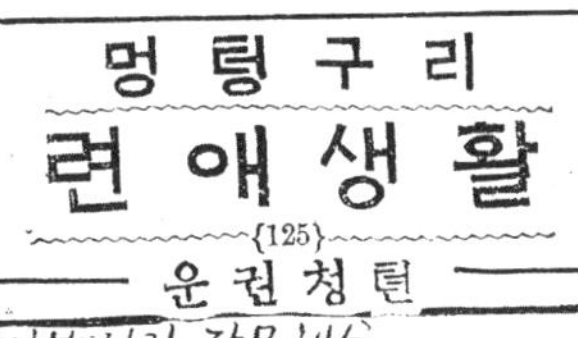

경치고 도망하였던 옥매가

- 여보, 영감. 잘못했소. 용서하시오

도로 찾아와서

- 우리가 어제오늘 만난 터이오? 새삼스럽게 무슨 노여움을 그렇게 타시오. 네- 영감

알랑알랑하는 맛에

- 내- 너를 찾아오기에 얼마나 고생은 한지나 아니?
- 에그, 가엾어라

멍텅구리는 금방 속이 풀렸다

- 여보게, 이것 보게
- 아이구, 참…

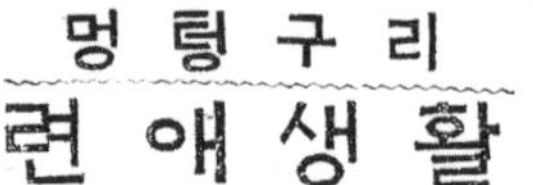

1925.4.8

멍텅구리 연애생활 126

한식

멍텅구리가 신문에서

- 어디 오늘은 신문이나 좀 보자. 이것 보게 어제가 한식인데 어머님 산소에도 못 가고 그대로 지났네그려
- 대부인*께서 자제는 안녕히 두셨소

* 대부인(大夫人): 남의 어머니를 높여 이르는 말

한식 기사를 보고

- 아니 뒤늦게나마 남의 산소에라도 가서 좀 다녀와야지. 정리*에 섭섭해
- 어떤 멍텅구리가 남의 산소에 가서 절을 할꼬

* 정리(情理): 인정과 도리를 아울러 이르는 말

남의 산소에 성묘 갔다가

- 어이 어이

산소 주인에게 또 봉변

- 이 경칠 놈아, 남의 산소에 와서 어이 어이는 다 무엇이야?
- 어이쿠

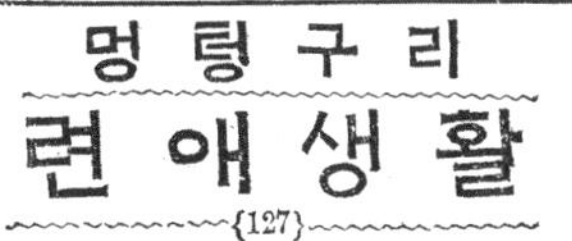

1925.4.9

멍텅구리 연애생활 127

산보

옥매를 데리고 산보를 나갔다가

- 오늘은 일기가 따뜻하니 산보나 가세
- 어디 그래 봅시다

부랑자에게 조롱을 받고

- 흥, 좋구나. 기생 데리고 산보 다니고

어림없는 호령을 하다가

- 예끼, 후레자식! 불량소년은 도처에 있구나
- 시끄럽소. 그만 좀 두오

그자에게 경을 쳤다

- 이놈아, 망자*가 삐었니? 불량소년은 누구야!
- 어이쿠

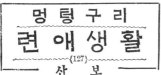

* 망자: 검은자위. 눈알의 검은 부분

1925.4.10

멍텅구리 연애생활 128

수건

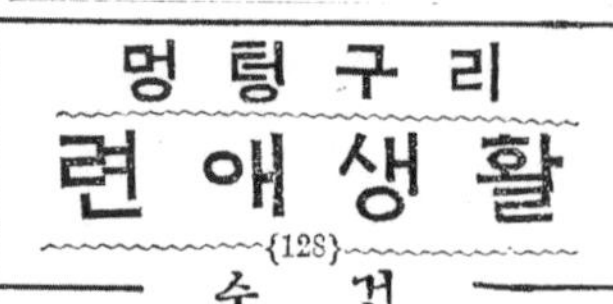

산보 갔다 봉변한 두 사람은

- 어제는 산보한다고 공연히 걸어 나갔다가 불량패에게 봉변만 당했으니, 오늘은 자동차 타고 소풍 겸 놀러나가 보지
- 어디, 그래 봅시다

머리를 틀어얹고 수건을 쓰고 나갔다

- 아이구, 수건!
- 여보, 잠깐만 정지하시오

수건이 바람에 날라가서

- 아, 요런! 아- 요런!

그것을 쫓아가다 물에 가 풍덩

- 어이쿠 에푸-

1925.4.11

멍텅구리 연애생활 129

다시 풍덩

물에 빠진 멍텅구리를

- 여보, 이거 모양이 되었수. 좀 씻기나 합시다
- 아무려면 어떤가

옥매가 연해* 위로하며 씻어주니

- 어떤가가 무엇이오? 좀- 춥겠소. 물이 이렇게 배었으니
- 희희

* 연하다: 행위나 현상이 끊이지 않고 계속 이어지다

그것이 호강스럽고도 좋아서

- 어서 자동차를 타고 여관으로 갑시다
- 실없이 호광*인걸

* 호광: '호강'의 비표준어. 호화롭고 편안한 삶을 누림

수건을 기어이 꺼내고자 다시 물 속을

- 그래도 꺼내던 것은 꺼내야지
- 애이구, 저게 웬일이오

1925.4.12

멍텅구리 연애생활 130

실망

멍텅구리를 목욕탕에 보낸 후

- 어서 온천에나 갔다오시오. 그러나 옷을 죄- 버려놓아서 어찌한단 말이오?
- 상관 있나. 그러면 내- 잠깐 갔다올게

옥매는 짐을 다른 방으로 치워 놓고

- 이 멍텅구리를 혼을 좀 내주어야지. 여보, 주인- 멍텅구리 영감이 목욕 갔다 오거든 나는 먼저 떠나 갔다고 해주
- 네

떠나갔다고 말을 하매

- 주인, 우리 동행 어디 갔소?
- 먼저 떠나간다고 말씀해 달랍니다

멍텅구리는 방성대곡*

- 에구 에구 이게 웬일이야

* 방성대곡(放聲大哭): 큰 소리로 몹시 슬프게 곡을 함. 대성통곡

1925.4.13

멍텅구리 연애생활 131

정거장에

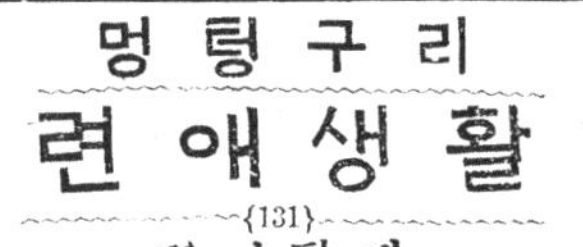

멍텅구리는 기차 시간을 물어 보고

- 여보, 주인. 차 시간이 어찌 되었소?
- 지금이라도 빨리만 가면 탈 수 있지요

달음질로 정거장에

- 예끼, 좌우간 쫓아가 보자

기차가 떠나 감을 보고

- 뚜뚜
- 에쿠, 다 틀렸구나

역부에게 옥매의 거처를 물어 보았다

- 여보, 저 차에 아주 똑딴* 미인 타지 않았소?
- 똑딴 미인커녕 멍텅구리도 안 탔소

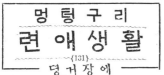

* 똑따다: 꼭 맞아떨어지게 알맞다. 예쁘다

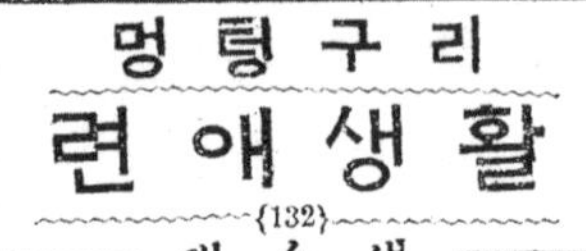

1925.4.14

멍텅구리 연애생활 132

대수색

여관에 돌아와 다시 묻다가

- 여보, 주인. 이번 차에는 옥매가 안 탔다는데 어디를 갔단 말이오?
- 흐흐, 누가 압니까?

신천 바닥을 뒤져보려고

- 제가 차만 안 탔으면 이 안에 있겠지. 갈 데가 어디람. 내 기어코 찾고 말걸. 첫째 목욕탕을 가 보아야지

온천에 가서 여탕을 엿보다가

- 여기나 있지 아니한가?

여자의 악쓰는 소리에 놀라서 목욕통에 털벙

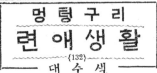

- 여탕을 엿보는 사람이 누구야?
- 에구

1925.4.15

멍텅구리 연애생활 133

여관으로

여자의 목소리를 옥매의 소리로 알고

- 에구, 십년감수는 하였다. 그러나 인제 옥매 있는 데는 알았다

여탕 앞에 가 지켜 서서

- 어서 바삐 옷을 입고 밖에 나가 지켜야지

나오는 여자에게 말을 묻다가

- 여보, 말 좀 물읍시다. 여탕에 또 사람이 있습니까?
- ?
- (여탕)

무안을 당하고 여관으로

- 이놈, 왜 남을 따라와? 네가 여탕을 들여다보던 놈이지?
- 에쿠, 이것 보아라. 까딱하면 또 경치는 판이로구나

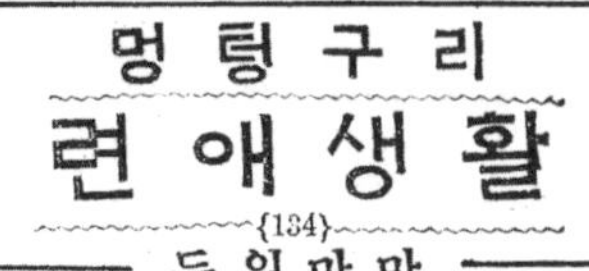

1925.4.16

멍텅구리 연애생활 134

득의만만*

* 득의만만(得意滿滿): 뜻한 것을 이루어 뽐내는 기색이 가득하다

경을 칠 뻔한 멍텅구리가

- 여보, 주인. 여러 말 말고 옥매를 내놓오
- 내가 압니까

여관에 가 주인을 보고

- 내가 압니까라니? 주인이 모르고 누가 안단 말이오. 내- 이놈의 집에 불을 놓아 버려야지
- 남의 집에 불은 왜 놓아요?

옥매를 내놓으라고 위협하여

- 왜던지 좀 견뎌 보아
- ?

주인의 항복을 받고 득의만만

- 영감, 내 당장에 찾아놓으리다. 잠깐만 고정하시오. 예-
- 오, 그러면 그렇지

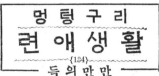

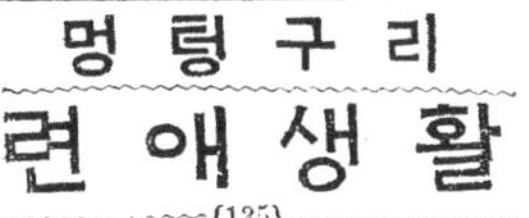

1925.4.17

멍텅구리 연애생활 135

초대장

주인이 옥매 찾으러 간 동안

- 내 당장에 찾아 놓을 터이니 잠깐만 기다리셔요
- 곧- 데려와

우편이 와서

- 영감께 편지 왔습니다
- 어디 무슨 편지냐?

기자대회의 초대장을 받고

- 경계자*
  귀하께서 조선일보에 신문 재료를 잘 제공하신 공로에 의하여 본 대회 간친회**에 초대합니다.
  조선기자대회

* 경계자(敬啓者): 삼가 말씀드린다는 뜻으로 한문 투 편지의 첫머리에 쓰는 말. 경계

** 간친회(懇親會): 친목회

곧 길 떠날 준비

- 이애, 자동차를 불러라. 곧 떠나야 하겠다
- 네-

조선기자대회

朝鮮記者大會

一、參加資格……朝鮮文新聞雜誌記者로함

一、參加手續……各自의 本社又는 支分局、支分社의 證明書를 添付申請하되 書式은 隨意로함 (參加金 一圓)

一、申請期間……四月五日까지

一、申請場所……京城堅志洞八八番地 朝鮮記者大會準備會事務所

一、大會日程……四月十五日 開會式 / 四月十六日 討議、閉會 / 四月十七日 懇親會

一、大會場所……京城堅志洞八八番地 天道教紀念館

朝鮮記者大會準備會 電話、光、一二〇四番

《동아일보》 1925년 4월 3일자 5면에 실린 조선기자대회 광고

1925년 4월 15일 개막한 조선기자대회 개회식 모습

자신을 피해 도망간 옥매를 찾아 평안도와 황해도 일대를 헤매던 멍텅은 옥매와 우연히 만난 황해도 신천에서 "《조선일보》에 신문 재료를 잘 제공하신 공로"로 조선기자대회 초대장을 받는다. 이 대회는 1925년 4월 15일부터 17일까지 사흘간 경성에서 실제로 개최된 전국적 규모의 조선인 언론인 집회였다. 전국 각지에서 수백 명의 기자들이 참석해 언론의 사회적 역할을 증진할 수 있는 방안을 협의했다.

1920년대에 들어 총독부는 '문화통치'를 하겠다며 민족지를 허용하고 표면상으로 언론 자유를 확대했으나, 각종 법규 등을 신설해 이전만큼이나 엄격하게 언론을 감시하고 통제했다. 이에 대응하기 위해 1920년대 초반 조선에는 여러 언론인 모임이 있었는데, 이 중 무명회라는 곳에서 '전조선기자대회를 열자'는 제안이 채택된 것을 시작으로 이 대회가 열렸다. 기자대회 취지서의 첫 문장은 "언론은 권위가 생명이다"라는 문구로, 이는 일제 탄압으로 인한 울분을 나타내고 있었다.

총 723명의 기자가 참석 신청을 했으며, 참석한 기자들 중에는 《조선일보》《동아일보》《시대일보》《매일신보》 등의 기자들이 포함됐다. 언론 자유와 사회적 역할 강화를 촉구하는 결의안이 채택되기는 했으나 행사 자체는 조선총독부의 철저한 감시와 통제하에 진행됐고, 결의안 일부 내용은 경찰에 의해 보도 금지되었다. 마지막 날에는 천도교 별장인 상춘원에서 친목회가 열렸다.

일제 경찰이 기자대회에 정신이 팔린 틈을 노려 경성에서는 고려공산동맹대회(16일), 조선공산당 창립대회(17일), 고려공산청년회 창립대회(18일)가 비밀리에 열렸다. 일련의 공산당 관련 창립대회를 주도한 박헌영과 김단야는 당시 《조선일보》 현직 기자였다. 이로 인해 기자대회가 사회주의자들이 물밑에서 벌인 연막작전이었다는 분석이 나오기도 한다. 또한 기자대회에 참석한 지방 기자들의 절반 이상이 사회주의 성향이었다는 연구도 있다.

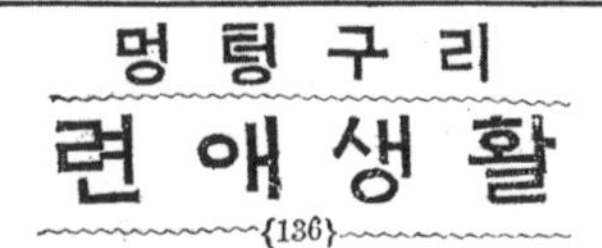

1925.4.18

멍텅구리 연애생활 136

또 실책

옥매를 만나 보자

- 아무 말도 듣기 싫다. 경성으로 가자
- 별안간 이건 또 무슨 망녕*이오?

* 망녕: 늙거나 정신이 흐려서 말이나 행동이 정상을 벗어남. 또는 그런 상태. 망령

여행구*를 자동차에 달고

- 아니, 여기서는 귀찮아 못살겠어. 경성으로 가야지
- 나도 남부끄러 못살겠소. 갈 터이면 어서 갑시다

* 여행구: 여행할 때 차리는 행장

길 떠나기를 재촉하다

- 자동차 왔습니다
- 어서 짐 내다 실어라

옥매에게 또 핀잔을 받았다

- 급하거든 우물에 가서 숭늉 찾소. 차 시간이 되어야 가지
- 에구 참

1925.4.19

멍텅구리 연애생활 136

또 고장

- 4월 18일 136회 '또 실책', 4월 19일 136회 '또 고장' 연재 번호 중복. 편집 오류

자동차로라도 가기로 하여

- 그렇지만 안 되어. 기자대회에서 초대장이 왔는데 꼭 출석을 해야지
- 그 멍텅구리 소리 듣기 싫어요. 또 무슨 망신을 하려고

옥매를 재촉하여

- 흥, 망신은 왜 망신을 해. 이 초대장을 보아
- 여보, 그게 당신을 놀리느라고 보낸 것이어요

길을 떠나려다가

- 여러 말 말고 자동차를 타
- 아무렇든지 경성이나 가놓고 봅시다

주인에게 또 붙들렸다

- 여보, 밥값이나 셈을 하고 가요
- 에구, 참
- !!

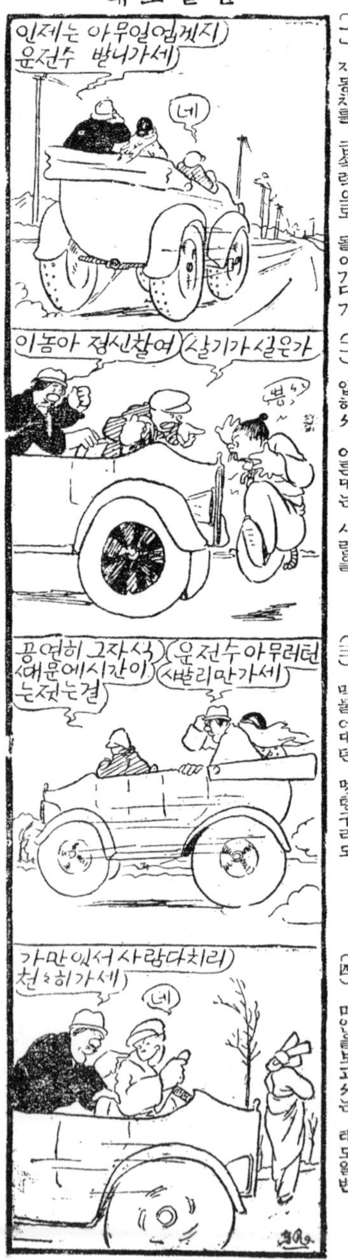

1925.4.20

멍텅구리 연애생활 137

태도일변

자동차를 급속력으로 몰아 가다가

- 인제는 아무 일 없겠지. 운전수 빨리 가세
- 네

앞에서 어른대는 사람을

- 이놈아, 정신 차려
- 살기가 싫은가?
- 뿡뿡

막 몰아대던 멍텅구리도

- 공연히 그 자식 때문에 시간이 늦었는걸
- 운전수 아무렇든 빨리만 가세

미인을 보고서는 태도일변

- 가만 있어. 사람 다치리. 천천히 가세
- 네

1925.4.21

멍텅구리 연애생활 138

동행

미인을 자동차에 태우고

- 여보시오, 어디까지 가시나요?
- 다음 정거장에서 한 20리* 되는 데까지 갑니다

* 20리: 약 8킬로미터

다음 정거장까지 가서

- 그러면 우리도 그 편으로 가는 길이니 같이 갑시다
- 미안합니다… 그러면 용서하셔요

집에까지 데려다 주겠다고 하다가

- 고맙습니다. 나는 여기서 내리겠습니다
- 가시는 데가 20리가량 되신다니 거기까지 모셔다 드리지요

옥매가 아니 간단 말에 찔끔

- 그럼 나는 여기서 기다릴 터이니 같이 갔다오시오
- 아니! 저- 다음 뵙시다

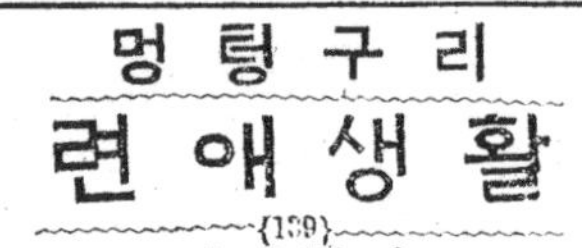

1925.4.22

멍텅구리 연애생활 139

어찌하랴

• 제목 오른쪽에서 왼쪽으로 표기

멍텅구리 행동에 화가 난 옥매는

- 초대를 받아서 갈 길이 바쁘다더니 이건 다 무엇이야? 급한 이는 먼저 가오. 나는 신천으로 갈 터이니
- 여보게, 그럴 것 무엇 있나. 잘못되었네

신천으로 돌아간다거니

- 내가 무어라오? 나만 신천으로 도로 가겠다는데 왜 그러셔요
- 자네가 정- 그러면 내 이렇게 절이라도 함세

안 된다거니 힐난을 하다

- 듣기 싫어요. 나는 신천으로 가겠소
- 그럼 할 수 있나? 나도 신천으로 갈 수밖에

운전수도 기가 막혀

- 운전수, 자동차 돌려서게
- 그만두고 그대로 갑시다
- 어떻게 하란 말씀이오?

1925.4.23

멍텅구리 연애생활 140

급행차

• 제목 오른쪽에서 왼쪽으로 표기

두 사람이 서로 힐난하다가

- 거스름돈이 없는데요. 우수리*는 잔돈으로 주시지요
- 10원짜리 그대로 가져가게

* 우수리: 물건값을 제하고 거슬러 받는 잔돈

경성행 차를 타고

- 어서 바삐 타게. 짐은 내 가지고 갈 터이니

차를 속히 운전하라고

- 여보게, 차장. 우리가 급한 일이 있으니. 기차를 빨리 가도록 해주
- ?

차장에게 청을 하였다

- 여보, 멍텅구리 수작을 또 하는구려. 기차 시간도 맘대로 합디까?
- 왜 맘대로 안 돼- 요전에는 급행료라고 1원 50전만 내도 얼마 빠르던데

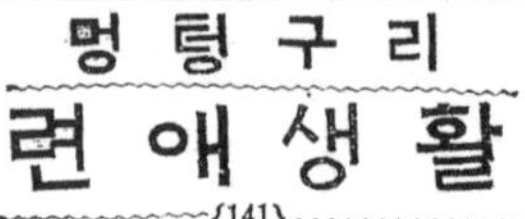

1925.4.24

멍텅구리 연애생활 141

만년필 선사

경성에 돌아와 자동차를 불러 타고

- 자동차! 종로로 가세

기자대회에 선사한다고

- 가만 있자. 기자대회에 온 이들에게 무슨 선사를 좀 해야지. 무엇이 좋을꼬. 옳지 옳지. 만년필이 제일이로구나

만년필 상점을 찾아

- 여보, 만년필 있는 대로 다- 내 놓아 봐
- 네?

여기저기 헤매었다

- 그것이 몇 자루나 되오? 한 600개 모을 수 없나요?
- 그것은 좀 어려운걸요

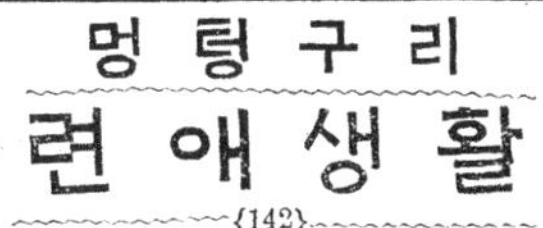

1925.4.25

멍텅구리 연애생활 142

도매 흥정

다른 상점에 가서

- 여보, 만년필 있는 대로 내놔. 모두 몇 자루나 되오?
- 한 150자루밖에 없소

한목 흥정을 하려다가

- 또 틀렸군. 운전수 어디든지 만년필 상점으로 가세
- 인제 진고개*밖에 없습니다

* 진고개: 현재 충무로 2가. 일제강점기 일본인 중심의 상권이 형성됨

필경 할 수 없이

- 진고개는 갈 필요 없어. 모개흥정*을 할 터인데 조선 사람의 물건을 팔아 주어야지. 아까 그 상점으로 도로 가세
- 조선사람에 물건을 사얍죠
- ?

* 모개흥정: 모개로 하는 흥정. 한데 몰아서 하는 흥정

있는 대로 도매를 하였다

- 만년필 있는 대로. 계산서 맘 질너* 내놓게
- 네- 고맙습니다

* 맘 질너: '마음껏 질러'인 듯

1925.4.26

멍텅구리 연애생활 143

진퇴양난

결국 처음 갔던 상점에서 있는 대로 사고

- 만년필 350개에 가격이 1225원입니다
- 자- 돈 받게

다음 상점으로 가려다가

- 둘째 번 갔던 상점으로 가세

옥매의 반대를 만나

- 여보, 이건 무슨 미친 짓이오? 그건 무역해서* 어찌할 셈이오?
- 여러 말 말고 따라만 와

* 무역하다: 나라와 나라 사이에 서로 물품을 매매하다라는 뜻이지만 여기서는 '사다'의 뜻

진퇴양난이 되었다

- 아따, 대단하구려. 그럼 나는 여기서 내릴 터이니 맘대로 하구려
- 아니야, 그럴 것이 아니야

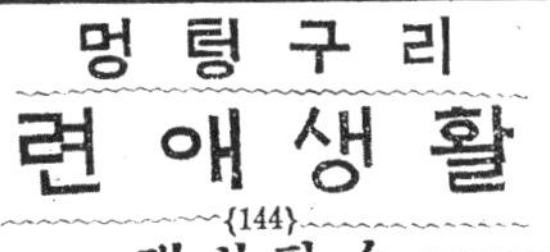

1925.4.27

멍텅구리 연애생활 144

대신 파수

옥매를 집에까지 데려다 주고

- 자아, 인제 맘대로 하시오
- 내 잠깐 갔다 올게

요전 모양으로 잃어버릴까 염려하여

- 그렇지만 나간 동안에 또 어디로 가면 어떻게 하나. 이를 어찌할꼬

걱정하고 있는 차에 바람을 만나

- 아- 이 사람, 자네 어디 갔다 왔나?
- 아, 바람인가. 참 반가우네. 그런데 내 잠깐 어디 갔다 올 터이니 옥매 어디 가지 못하도록 파수 좀 보아주게

대신 파수를 보이려다가 봉변

- 예끼, 이 자식. 오래간만에 만난 인사가 겨우 요 모양이냐?
- 어이쿠

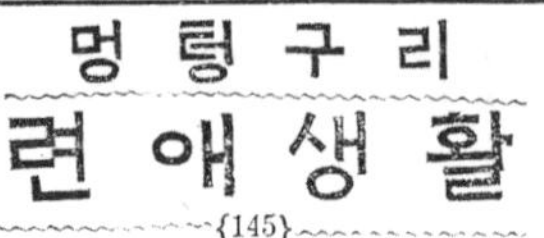

1925.4.28

멍텅구리 연애생활 145

바람의 음모

싸우고 달아나던 윤바람이

- 여보게, 윤바람. 그러지 말고 이리 오게
- 듣기 싫다

무슨 생각을 하고

- 가만 있자. 이 자식을 좀 골려줄까 보다

들어와 승낙을 한 후

- 여보게, 내가 집은 지켜 줄게. 맘 놓고 갔다 오게
- 고마워. 내 다녀와서 톡톡히 한턱 함세

옥매를 찾아보고 촉을 질러*

- 여보게, 옥매. 오래간만일세. 그런데 멍텅이가 나더러 자네를 지켜달라니, 근래 그렇게 신용을 잃었나?
- 여보, 윤 주사. 이왕이면 혼자 맡아 집을 보아 주시오

* 촉 지르다: '성질을 돋우다'의 뜻인 듯

1925.4.29

멍텅구리 연애생활 146

일장풍파

뒤늦게 가서 참예*도 못하고

- 기자대회도 참예 못하고 공연히 만년필만 사놓았지. 이것을 다 무엇하나

* 참예(參預): 어떤 일에 끼어들어 관계함. 참여

집으로 돌아가 보니

- 여보게, 옥매 옥매. 어디를 갔나? 윤바람은 있는 모양인데

옥매는 간 곳 없고 바람은 낮잠

- 여보게, 운바람. 일어나. 이 사람, 낮잠은 웬 낮잠인가? 옥매 어디 갔나?
- 응응. 아차, 내가 잠 자노라고 몰랐는걸

그래서 일장풍파

- 예끼, 이 자식. 못한다면 못한다고나 하지 남의 일을 낭패시켜

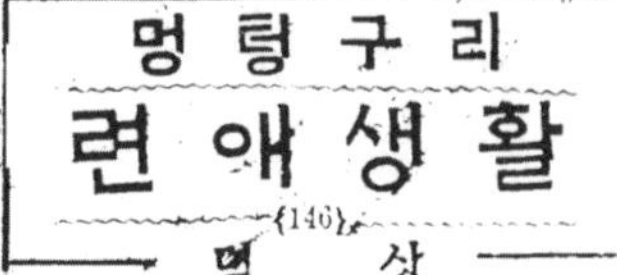

1925.4.30

멍텅구리 연애생활 146

상점

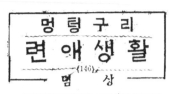

- 4월 29일 146회 '일장풍파', 4월 30일 146회 '상점' 연재 번호 중복. 편집 오류
- 제목 오른쪽에서 왼쪽으로 표기

기자대회도 못 참예하고 옥매도 잃은 멍텅구리

- 게도 구럭*도 다 잃어버리고** 이 노릇을 어찌 한단 말이냐. 엉엉 엉엉

* 구럭: 새끼를 드물게 떠서 물건을 담을 수 있도록 만든 그릇

** 게도 구럭도 다 잃었다: 게를 잡으려다가 준비했던 구럭마저도 잃어버렸다. 어떤 일을 하려다 목적도 이루지 못하고 가지고 있던 것조차 다 잃었다는 뜻

별안간 정신이 나서

- 어허! 연애인지 막걸리인지 하다 숱한 돈만 없애고, 내가 사람 노릇을 못 하겠다. 무엇이든지 실업*을 해야지. 그러니 안 해보던 장사를 할 수도 없고. 이를 어찌한단 말이냐

* 실업(實業): 사업

장사를 하기로 결심하고

- 옳지 옳지. 이왕 사놓은 것이니 그것이나 할 수밖에

만년필 상점을 내어

- (멍텅구리 만년필 전문상)
- (만년필 특가 대광매)

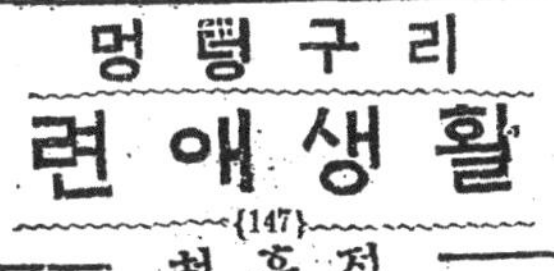

1925.5.1

멍텅구리 연애생활 147

첫흥정

멍텅구리가 상점을 벌이고

- 상점은 벌였거니와 물건값을 알아야 팔지

만년필 값을 몰라

- 옳지 만년필 600자루에 1750을 주었으니까, 한 자루에 3원 꼴이라 4원씩만 받으면 되겠지

덮어 놓고 열닉 냥 금*으로

- 여보, 이 만년필 값이 얼마요?
- 4원입니다

* 열닉 냥 금: 엽전 14냥. 당시 4원을 엽전 단위로 환산하면 14냥이었던 듯

한 자루를 팔았다

- 자, 돈 받우
- 네, 고맙습니다

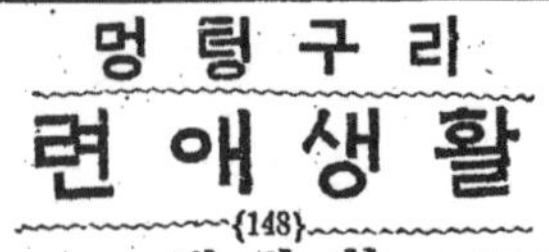

1925.5.2

멍텅구리 연애생활 148

대번창

만년필을 싸게 산 이들은

- 여보게, 이 만년필이 얼마나 주었겠나? 알아 내면 한턱 씀세
- 어디 보세

여기저기 다니면서

- 8-9원은 가겠지. 가만 있자. 8원 50전일세. 어떤가?
- 흥, 4원에 샀다나

멍텅구리 상점 광고를 하여서

- 야- 그것은 어디서 거저 훔쳤단 말이냐? 웬게 그리 싸냐?
- 멍텅구리 만년필상점에서 샀지

개업 익일부터 대대번창

- 에구, 이게 웬 사람이야. 참 대-번창이로구나
- (멍텅구리 만년필 전문상)

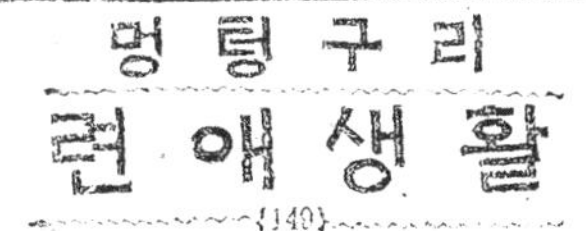

1925.5.3

멍텅구리 연애생활 149

점원 채용

• 제목 오른쪽에서 왼쪽으로 표기

온종일 대번창으로 지치기는 하였으나

- 장사도 장사지만 이렇게 고되서는 사람이 못 살겠는걸. 오늘은 일찍 문이나 닫고 자 보자

판 돈을 계산하여 보고 입이 벌어져서

- 대관절 어제 판 돈이 얼마나 되는고- 야-! 720원이로구나… 그러니까 이문*이 90원은 되는 셈이지. 희희희

* 이문(利文): 이익이 남는 돈

찾아 온 윤바람을

- 여보게, 윤바람. 할 것은 장사밖에 없네. 자네도 장사를 하세. 나하고 동사*하지 않으려나?
- 상점 점원으로 두게?

* 동사(同事): 동업

월급 300원*에 점원 채용

- 월급은 300원 선금일세
- 한 달에 2700원은 남는 판인데 그렇게 하소

* 300원: 당시 신문기자 월급이 40~80원, 총독부 고위관료도 100원 내외

1925.5.4

멍텅구리 연애생활 150

한턱

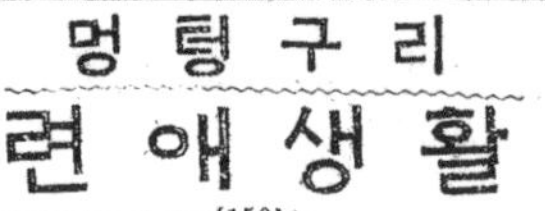

온종일 손님을 치르고

- 오십시오. 네 고맙습니다
- 4원입니다. 네, 재미없으시면 이걸 보십시오

멍텅구리가 곤하여* 자려고 할 때에

- 오늘도 장사를 잘 했고. 아 곤해 아흑
- 나같은 점원이 있으니까 더 잘 팔리지. 한턱이나 내게

* 곤(困)하다: 피곤하다

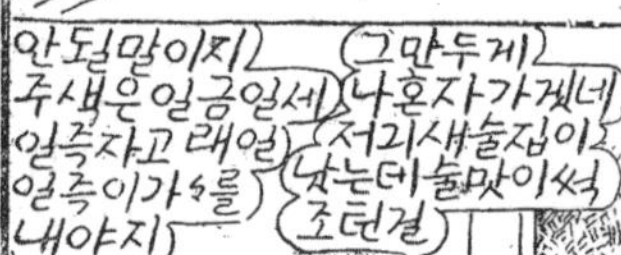

윤바람이 멍텅구리를 졸라서

- 안 될 말이지. 주색은 일금*일세. 일찍 자고 내일 일찍이 가가**를 내야지
- 그만두게. 나 혼자 가겠네. 저기 새 술집이 났는데 술맛이 썩 좋던걸

* 일금(一禁): 모조리 금지함
** 가가(假家): 가게

한턱을 먹다가 흥에 겨워서 술상을 와지끈*

- 백구야 백구야 껑충 뛰지 마라 ♪♩♬ 하하하
- 좋다

* 와지끈: 단단한 물건이 부러지거나 부서지는 소리. 또는 그 모양

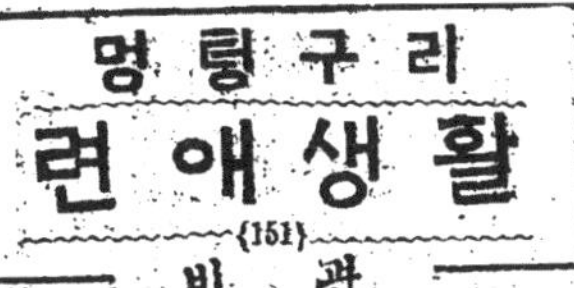

멍텅구리
련애생활
(151)
비관

1925.5.5

멍텅구리 연애생활 151

비관

좋은 만년필은 다 팔리고

- 이- 만년필은 값이 얼마요?
- 이거 얼마요?
- 4원입니다
- 4원입니다

일본제 나쁜 것만 남아도 여전히 4원씩만 달라다가

- 여보, 다른 데서는 2원 50전밖에 않는 것을 4원은 다 무엇이오?
- 아닙니다. 요새 며칠 동안에 만년필도 수백 자루 팔았지만 비싸단 말씀은 처음입니다

흥정은 하나도 못 되고

- 만년필은 여기서만 파는 줄 아나. 장사- 많이 되겠다
- 다음 봅시다
- ?
- ?

멍텅이가 별안간 비관

- 오늘은 흥정이 도무지 없으니 웬일인가?
- 그런 날도 있어야 우리도 좀 쉬지

1925.5.6

멍텅구리 연애생활 152

태도일변

점심시간이 되어서

- 아흠- 오늘도 흥정이 없을 모양인가. 내- 점심이나 먹고 옴세
- 흥 잠깐만 참게. 내 먼저 좀 다녀오리

두 사람이 먼저 가겠다고

- 내가 간다는데 무슨 잔말이야
- 어제도 자네가 먼저 가지 않았나. 오늘은 내가 먼저 갈 차례일세

한참 다투다가

- 끼니는 제때에 찾아 먹어야 살지 않나
- 흥- 목숨이 아깝거든 여기서 기다리란 말이야

미인이 찾아오니 태도일변

- 그럼, 자네 먼저 가게
- 음, 아니, 자네 먼저 가게

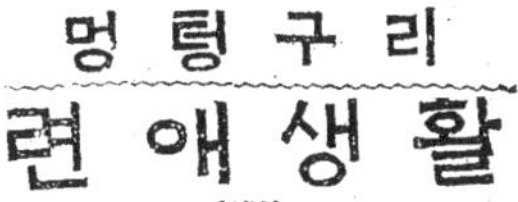

1925.5.7

멍텅구리 연애생활 153

옥매의 투기

멍텅이가 양식집에를 가서 보니 어떤 양머리*가 혼자 앉았으므로

- 희희

* 양(洋)머리: 서양식으로 단장한 여자의 머리

빙글빙글 좋아서 그 여자 앞에 앉았더니 만년필 사러 왔던 여자가 또 들어온다

- 어서 오-. 나는 정희 씨를 기다리기에 아직 아무것도 아니 먹고 있소
- 그러면 어서 주문하시오. 나는 라이스카레 한 그릇 먹지

뒤에 온 여자가 말을 꺼내어 재미있게 이야기하던 중

- 아이그, 만년필 파시던 양반이로군
- 네- 그렇습니다

난데 없는 옥매가 들어와 강호령*

- 이런 멍텅구리! 둘레머리** 하이카라***야! 요새는 어지간이 꽤- 버티는데

* 강호령(強號令): 아주 강하게 꾸짖는 호령

** 둘레머리: 머리를 땋아서 귀 뒤로 둘러 맨 머리

*** 둘레머리 하이기리: 구식 땋은 머리에 신식 양복을 입은 모습. 서로 안 어울린다는 뜻

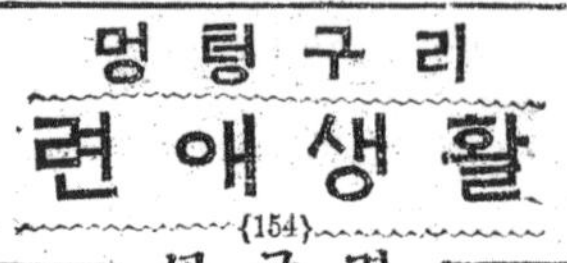

1925.5.8

멍텅구리 연애생활 154

꽃구경

옥매가 강짜*로 떠드는 판에 신여자는 망신하고

- 아닐세. 이 부인네는 내가 알도 못하네
- 아이그 망칙해라. 기생년이 귀부인도 몰라 보나

* 강짜: 강샘. 부부 사이나 사랑하는 이성 사이에서 상대되는 이성이 다른 이성을 좋아할 경우에 지나치게 시기함

멍텅이는 옥매에게 끌려나와

- 삼키자니 배부르고 뱉어 버리자니 아깝다는 격으로 이 멍텅이를 어찌할까. 어서 나가
- 여보게, 하여간 잘못일세. 내가 트레머리* 앞에 앉기가 잘못이야. 길에서 창피하니 우이동** 꽃구경이나 가세

* 트레머리: 가르마를 타지 아니하고 뒤통수의 한복판에다 틀어 붙인 여자의 머리. 1920년대 신여성 사이에 유행하던 머리 모양

** 우이동: 서울시 강북구의 동. 북한산 근처에 있음

옥매를 달래노라고 우이동에

요사이 밤을 새우고 다니는 운전수는 잠깐 졸다가 우이동을 지나 다락원*으로 가서 헛물

- (다락원)
- !
- ?
- ?

* 다락원: 경기도 의정부시 호원동에 있는 지명. 본디 누원점(樓院店)이라는 상점이 있었으므로 이름하였다고 전해짐. 한자명 누원(樓院)

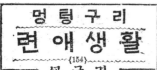

신여성과 기생

신여성 최승희

기생 장연홍

기생은 여학생, 여급, 그리고 카페라는 새로운 유흥 공간의 등장으로 인한 퇴락 전까지 유행의 주체이자 욕망의 대상이었다. 당대 신문 기사나 문학 작품에는 조혼으로 이미 본처가 있는 모던보이와 기생의 사랑, 그로 인한 정사(情死) 사건 등이 자주 등장한다. 〈연애생활〉 65화에서도 살림을 하자는 멍텅의 요구에 옥매가 "시골댁에 부인이 계십니까 안 계십니까?" 하며 본처 유무를 묻자 멍텅이는 우물우물 하며 정확히 대답을 하지 못하는 장면이 등장한다.

옥매와 같은 기생이 〈헛물켜기〉부터 〈연애생활〉 후반까지 등장하는 유일한 여성이었다면, 152화에는 새로운 여성상이 등장한다. 멍텅이가 '미인'이라 부르는 이 여성들은 트레머리(만화에서는 '양머리'라고도 표현)에 종아리가 살짝 드러나는 짧아진 치마, 굽이 있는 구두를 착용한 '신여성'이다. 이 여성들은 옥매의 강짜에 "아이그 망칙해라. 기생년이 귀부인도 몰라 보나"(154화) 하며 노골적으로 기생을 천대하고 불쾌감을 드러낸다. 기생으로 대표되는 '구여성'과 교육받은 '신여성' 간의 분리와 대립을 통해 전통과 근대가 경합하고 갈등하던 당시의 세태를 엿볼 수 있다.

1925.5.9

멍텅구리 연애생활 155

자동차 고장

우이동을 지나 놓고 자동차 타이어가 터져

- 뻥 픽-

두 시간 만에 돌아오려고 보니 휘발유가 다하고 해가 넘어가서 자동차는 탈 수 없어

- 아-! 이런 제기 휘발유도 다 없어졌네. 오늘은 못 들어 갔습니다

창동* 정거장으로 향하여

- 아이고 다리 아파
- 나는 다리 아파도 동부인**하고 산보하니 퍽 좋네

* 창동: 서울시 도봉구에 있는 동

** 동부인(同夫人): 아내와 함께 동행함

정거장에 와서 보니 경성행 차는 막 떠나 낭패

- 조금 가만 있소
- 아이
- 뛰-

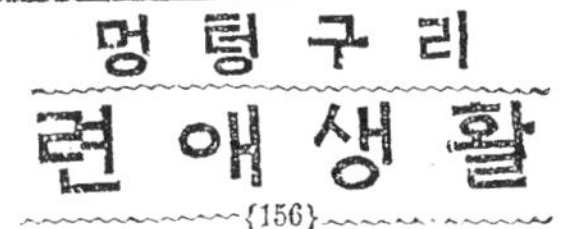

1925.5.10

멍텅구리 연애생활 156

다시 도망

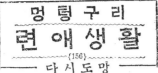

멍텅이는 정거장 전화를 빌려 윤바람에게 자동차를 가지고 나오라고 부탁하고

- 모시모시
- 어- 창동 정거장에 있어… 응응. 내가 자동차를 가지고 곧 감세. 오늘 흥정도 없고 파리만 날렸네

종일 굶고 곤하여 대합실에서 코를 골고 잠을 잔다

- 그르렁
- 드르렁

윤바람이 자동차를 가지고 와서 본즉 멍텅이 혼자 잠을 잔다

- 여보게, 깨게. 옥매는 어디 있나
- 어허-

깨어본즉 옥매가 간데 없으므로 목을 놓고 운다

- 응- 옥매가 어디를 가- 삼각산 호랑이가 물어나 아니 갔나. 아이고 아이고 아이고
- ?

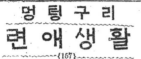

1925.5.11

멍텅구리 연애생활 157

옥매를 구원

멍텅이가 곤히 자는 동안에 막차가 서울로 가는고로 옥매는 분풀이로 혼자 가만히 기차를 탄다

- 트레머리 하고 놀다가 내게 들켜 가지고 나를 이 고생을 시켜? 나는 먼저 혼자 들어갈걸

청량리 정거장에 내려 전차를 기다리다가 아는 사람의 자동차를 탄다

- 옥매 잘 만났네. 우리 소풍 가세. 어서 오르게

멀리 타고 나갔다 들어오는 길에 부랑자 취체*를 당하는 중

- 지금 어느 때라고 자동차를 타고 헤매. 요새 부랑자 너무 많아

* 취체(取締): 규칙, 법령, 명령 따위를 지키도록 통제함.

멍텅이가 와서 구원

- 당신은 어떤 사람인데 참관*이오?
- 내 마누라요. 아무리 시골 순사기로 꺼떡대기만 했지. 만년필 대왕 멍텅구리를 몰라 봐?

* 참관(參觀): 어떤 자리에 직접 나아가서 봄. 참견

1925.5.12

멍텅구리 연애생활 158

만년필 대왕

순사는 멍텅이 명함을 보고 탄복하여

- 나루호도*
- (만년필 대왕 최멍텅)

* 나루호도(成る程): 듣던 바대로 정말. 과연

백배 사죄를 하는 중

- 과연 만년필 대왕을 몰랐습니다. 죽을 때라 잘못했습니다
- 경관의 직분이라 물론 취체는 하겠지만 누구를 만나든지 덮어놓고 모두 부랑자로만 알면 안 된다는 말이야

옥매는 멍텅이가 자기 남편이라기가 부끄러워 같이 취체받던 자와 먼저 달아난바

- 옥매 우리는 어서 가세
- 어떤 멍텅구리가 나를 구해주네

순사를 욱지르고* 본즉 옥매는 벌써 갔으므로 또 낭패

- 여보게, 자네 낙지** 이후에 처음 엉터리일세그려. 그 판에 옥매만 잃었네
- 아-! 무엇이야. 어서 빨리 쫓아갑시다, 운전수

* 욱지르다: 윽박질러서 기를 꺾다

** 낙지(落地): 땅에 떨어진다는 뜻으로, 사람이 세상에 태어남을 이르는 말

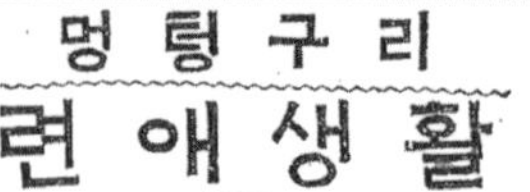

1925.5.13

멍텅구리 연애생활 159

일장춘몽

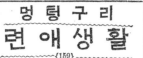

고용인이 된 윤바람은 못 이기는 체하고 점심을 먹으러 갔고

- 내가 주인의 말에 못 이기는 체하고 밥이나 먼저 먹고 오자

그 여자는 만년필 한 개도 아니 사고 나아간 후에 멍텅구리는 슬며시 잠이 들었다

- 쿠쿠쿠-쿨쿨

점심 먹고 돌아온 윤바람은 잠꼬대 하는 멍텅이를 깨운다

- 옥매가 또 어디 갔어? 쿠쿠
- 이 사람 잠꼬대가 웬 잠꼬대야? 어서 깨게- 응

꿈에 옥매와 꽃구경 갔다가 순사 호령한 이야기

- 내가 좋은 꿈을 꾸었는데 옥매와 같이 구경 갔다 자동차 고장도 났고 취체하는 순사를 강호령도 하여 보았네
- 입에 침이나 바르고 그런 말을 하게. 꿈이라도 구류나 아니 당하였으면 다행으로 알아두게. 하하하하

1925.5.14

멍텅구리 연애생활 160

옥매 사진

멍텅이가 점심 먹으러 나간다

- 자네가 점심을 먹었으니 내가 나가 보겠네
- 여보게, 옥매 생각만 하고 큰길로 다니다가 자동차에 치어 죽으리

사진관 앞을 지나다가 옥매 사진을 한 장 사 가지고

- 옥매 사진이 이 집에 있구나. 한 장 사야겠다

점심을 먹고 오다 가보니 또 한 장이 내어 놓였으므로 그 집에 있는 대로 다 사고 원판까지 사가지고

- 사진 또 있소? 그럼 또 사야지
- 네

윤바람의 무역이라는 소리에 돈벌이 계획이 난다

- 옥매 사진 좀 보게
- 이 사람 사진 무역을 했나. 한 장이면 족차족의*지, 그렇게 많이 사서 무엇하나

* 족차족의(足且足矣): 아주 흡족하고 넉넉하여 기준에 차고도 남음

1925.5.15

멍텅구리 연애생활 161

일확 오천금

밤새도록 옥매 사진 5000장을 각 사진관에서 현상하게 하고

- 자네가 경성 안에 있는 각 사진관에 부탁하여 옥매 사진을 팔게 하고 한 장에 2원씩 받으면 1원은 사진관에서 먹으라고 하게
- 자네도 돈 맛이 바싹 당기는 모양일세그려

조선일보에 광고를 냈더니

- 여기가 광고부요? 나는 만년필 대왕 멍텅이오. 광고 한 장 크게 내주오. 옥매 사진 한 장에 100원씩 줄 터이니, 내일 4시 전으로 가지고 오라는 광고요
- 네

그 이튿날 5000명이 만년필 상점으로 모여 들어 옥매 사진을 팔려 하니, 각 경찰서에서 깜짝 놀라 기마 순사가 풀어 나와 군중을 헤쳐

정한 시간 오후 4시가 지나매 멍텅이는 사진이 5000장에 5000원 벌이만 하고 허욕에 뜬 군중은 사진만 사고 말았다

- 여보게, 계집은 치마 그림자만 지나가도 돈이 없어진다는데, 나는 우리 옥매 사진 때문에 5000원이 생겼네
- 돈도 귀하지만 계집을 2원에 파는 사람이 어디 있나, 아무리 사진이기로

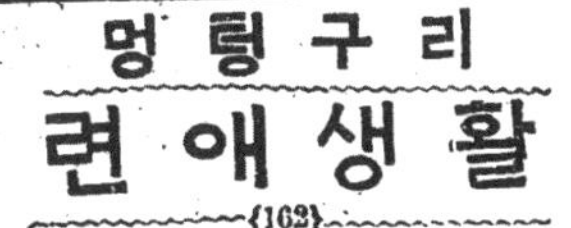

1925.5.16

멍텅구리 연애생활 162

호출장

옥매 사진 샀던 사람 5000명은 기마 순사 때문에 시간이 늦어 사진 한 장 팔지 못하여 기마 순사를 걸어 고소

- (경찰서)

경찰서 수부구*에서는 고소장 받기에 종일 골몰

- (고소장)
- 아이구
- ?

* 수부구(受付口): 접수처

멍텅이는 증인으로 호출을 만났다

- 네가 만년필을 팔면 팔았지 웬 사진을 무역하여 치안을 방해해?
- 네- 저는 옥매라는 기생에게 반했습니다. 내가 좋아하는 기생의 사진을 산다 하다가 시간 안에 오지 아니하여 못 사게 된 것이 무슨 죄가 되오니까?

서장은 기마 순사들에게 벌을 세워

- 너희들은 죄인이나 얽어오지 않고 사진 팔러 모여든 사람들을 헤쳐 남의 장사를 방해했어? 너희는 인권유린죄로 벋은 받을 수밖에 없다. 말도 벌을 세워야지

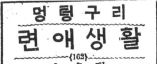

1925.5.17

멍텅구리 연애생활 163

또 꿈 이야기

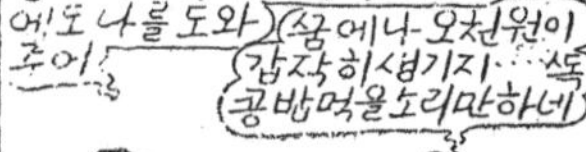

윤바람은 종일 혼자 있다가 상점을 닫고 멍텅리를 찾아갔다

- 이 사람이 무슨 난봉이 났나. 점심 먹고 들어오지를 아니하니… 늦었으니 전을 닫고 멍텅이나 찾아나서자

음식점에 들어간즉 그때까지 앉아 자는 멍텅이를 깨운다

- 쿨쿨 5000원이 생겨 식식 시간이 지나 사지 아니한 거 무슨 죄죄 오니까? 쿨 쿨 쿨-쿨
- 아 이사람아 소대성*이가 탄생을 하였나, 웬 잠이야

* 소대성(蘇大成): 고전소설 《소대성전》의 주인공 이름. 잠이 몹시 많은 사람을 비유적으로 이르는 말

멍텅이는 깜짝 놀라 깨고 본즉 손에 옥매 사진을 한 장 들었다

- 여보게, 이 집을 올 때에 옥매 사진을 한 장 사가지고 와서 그만 잠이 들어, 꿈에 옥매 사진을 만들어 팔아서 5000원이 남고 사진 사간 5000명은 순사에게 쫓겨가는데 옥매는 꿈에도 나를 도와주어
- 꿈에나 5000원이 갑자기 생기지… 똑 콩밥 먹을 소리만 하네

꿈에 사기한 자랑을 하던 멍텅이는 새로 생긴 치안유지법에나 걸리지 아니할까 눈이 둥그래

- 아니야. 내가 옥매 사진을 한 장에 100원씩 주고 산다 하고 각 사진관에 부탁하여 2원씩에 5000장을 팔아 반은 내가 먹었네. 그리고 호출을 만나 말을 잘 하였더니 순사들이 벌을 서데
- 참 꿈일세. 그러나 꿈에라도 그런 사기횡령을 하고 무사할 수 있나. 일전부터 새로 법이 났는데 나쁜 마음만 먹어도 10년 징역이야. 쉬-

치안유지법

治安維持法案과保安法案

×

日本의治安維持法案과朝鮮의制令第七號保安法案은다異曲同巧의苛酷한惡法이다오즉兩法案에多少의徑程이잇다하면前者는日本의現國體와私有財産制度의侵犯과가튼比較的具體的事實을列擧하얏거니와後者 即朝鮮의保安法案은가장廣漠한範圍의自由自在한適用性을가진그것이다 그럼으로「惡法」으로서의須要한本質의하나인明確의一點으로만가지고보드래도朝鮮의保安法案은日本의治安維持法案보다도오히려그素質이數等劣惡한것이不誣할事實이다우리는이點에

일제강점기 대표적인 사상 통제 법안이었던 치안유지법과 보안법을 비판한 기사
(《조선일보》 1925년 4월 27일자)

식민 통치 기간 일제는 끊임없이 보안법, 집회취제령 등 법률을 제정해 독립을 열망하는 조선인들의 행동을 억압했다. 그러나 단순히 집회를 방해하는 것을 넘어 독립운동을 위한 조직 결성을 사전에 감시하고 대응할 수 있는 전략이 필요했다. 이러한 배경에서 탄생한 것이 1925년의 치안유지법이다. 치안유지법은 1920년대 일본이 사회주의 및 공산주의 운동의 확산을 막기 위해 제정한 법률로, 사회 질서 유지를 명목으로 많은 사람들의 자유와 권리를 억압하는 수단으로 이용되었다. 치안유지법의 실시를 위해 사상 탄압을 전문으로 하는 사상검사, 중앙정보위원회 등이 새로 배치되었으며, 일본 본토보다 조선에서 법조문이 더욱 가혹하게 적용됐다. 해방 전까지 조선의 독립운동 관련자들은 대부분 치안유지법 위반으로 처벌받았다.

〈연애생활〉은 여러 에피소드를 통해 '치안 유지'를 내걸고 사람들을 탄압하는 경찰의 모습을 비판한다. "병 든 사람 약을 주어도 구류. 고마우니 술 한잔 먹재도 구류.", "일전부터 새로 법이 낫는데 나쁜 마음만 먹어도 10년 징역이야. 쉬-" 등 우스운 대사를 통해 치안유지법과 같은 사상 통제 법령에 대한 그 시대 조선인들의 반감을 드러냈다.

멍텅구리

련애생활

{164}

일희일비

1925.5.19

멍텅구리 연애생활 164

일희일비

“여보게, 옥매가 못 잊혀서 꿈만 꿀 까닭이 있나. 내가 자네 참모본부인즉 내 말만 듣게” 하고 귓속으로 수군수군

윤바람의 계획은 다른 것이 아니라 요사이 기생이 학생을 좋아한즉 멍텅이도 학생복에 학생 모자를 쓰고 다니라는 것이다

- 자네 보기에 이만하면 학생 티 나나? 또 기생이 줄줄 따르겠나?
- 참 하이카라일세. 그렇지 기생들이 따르다마다. 여보게, 다른 기생이 자네를 따른다는 소문이 나야 옥매가 어디서 툭 나설 터일세. 샘으로 말이야

공원에 올라갔더니 과연 어떤 기생이 멍텅이를 학생으로 보고 산보도 하며 이야기도 하는 중

- 나는 법률정치대학에 다닙니다
- 아이 놀라우셔라. 내 평생 소원이 대학생 애인, 대학생 애인 했더니 지성이면 감천이라고 이렇게 뵈어요. 히히. 과히 수줍어 마셔요

행순*하던 순사가 풍기문란이라고 멍텅이와 그 기생을 포박

- 학생 모자를 쓰고 백주 대상에 기생을 데리고 산보를 하다니, 경찰서로 가자. 기생 너도 가자

* 행순(行巡): 살피며 돌아다님

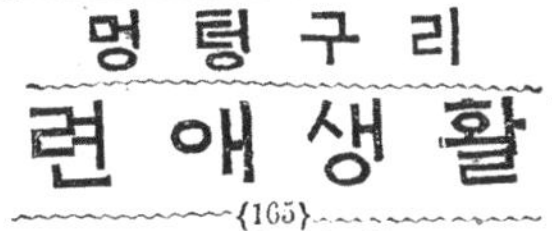

1925.5.20

멍텅구리 연애생활 165

인산인해

붙들려 오는 멍텅이는 순사에게 조금 풀어 달라고 애걸복걸

- 여보시오, 기생은 좀 놓아 주시오. 그애야 무슨 죄가 있습니까?
- 잔소리 말아

기생이 경관에게 사정을 보아 달래도 쇠뭉치 같이 뚝뚝이* 군다

- 나으리는 공연히 그러십니다그려. 우리 집에 놀러 오실 때는 아니 그러시겠지요?
- 에흠

* 뚝뚝이: 말이나 행동, 표정 따위가 부드럽고 상냥스러운 면이 없어 정답지가 않게

잡혀오는 길에 아이들이 따라오며 떠든다

- 멍텅이다
- 기생은 옥매인가 보다
- 멍텅이가 잡혀간다
- 콩밥거리다

경찰서는 문 앞도 이르기 전에 구경꾼이 몇 천 명이 모여들어 에워싸므로 경관은 사람 바다에 든 섬과 같이 호각만 불고 섰다

- 저게 멍텅인데 언제 학교에 들었나?
- 멍텅아
- 저리 가
- 멍텅아

1925.5.21

멍텅구리 연애생활 166

경관천하

군중에 싸인 순사는 호각을 불어 구원을 청하므로 시내 각 경찰서는 비상 소집

- 이것이 웬일인고. 또 의열단이나 들어왔나?
- 멍텅아
- 멍텅아

경관이 몰려와서 군중을 헤치고 본즉 길거리에 모자 고무신짝 쓰레기가 너저분

그러고야 군중에 싸였던 순사는 멍텅이와 기생을 경찰서로

군중이 헤어진 후에도 천성이 느지막한 경관은 사방에서 자꾸 모여든다

멍텅구리
련애생활
(167)
구류간

(一) 멍텅이는 검사국으로 넘어갓다

(二) 재판장은 징거수습하기위하야 서대문구류간으로 내려가둔다

(三) 구류간에가서 남녀가 서로갈리어가티게되야 멍텅이는락담

(四) 옥매는소문을듯고 간식을가지고 와서 면회를한다

1925.5.22

멍텅구리 연애생활 167

구류간

멍텅이는 검사국으로 넘어갔다

- 너는 변복*하기를 좋아하니 검사국으로 가서 진흙바지를 입을 차례다**

* 변복(變服): 남이 알아보지 못하도록 평소와 다르게 옷을 차려입음. 또는 그런 옷차림

** 진흙바지 입다: '수의(囚衣)'의 색깔에 빗댄 표현

재판장은 징거* 수습하기 위하여 서대문 구류간**으로 내려 가둔다

- 네 죄가 첫째로 변복, 부녀자 유인, 치안 방해, 풍기문란, 소요 등 여러 가지다. 정식 재판까지 나가 있거라
- 기생과 같이 가면 구류간도 좋습니다

* 징거(徵據): 어떤 사실을 증명할 수 있는 근거. 증거

** 구류간(拘留間): 구류에 처한 범인을 가두어 두는 곳

구류간에 가서 남녀가 서로 갈리어 갇히게 되어 멍텅이는 낙담

- 오라*를 지고 칼**을 쓰더라도 여자와 같이만 구류간에 들면 관계 없겠는데, 그 기생은 딴 데로 갔네

* 오라: 도둑이나 죄인을 묶을 때에 쓰던, 붉고 굵은 줄

** 칼: 죄인에게 씌우던 형틀. 두껍고 긴 널빤지의 한끝에 구멍을 뚫어 죄인의 목을 끼우고 비녀장을 질렀다

옥매는 소문을 듣고 간식을 가지고 와서 면회를 한다

- 옥매인가? 자네를 만나보니, 나는 구류간에 온 것이 오히려 천만다행이야
- 과히 염려 마셔요. 변호사도 대어 놓겠으니

1925.5.23

멍텅구리 연애생활 168

옥매와 타협

옥매는 눈물을 흘리며 위로

- 좀 괴로우시겠지만 참으셔요. 별일이야 없겠지요
- 괴로운 것이 무엇이야. 옥매가 차입*만 시켜준다면 평생을 구류간에 있으래도 좋으이. 히히

* 차입(差入): 교도소나 구치소에 갇힌 사람에게 음식, 의복, 돈 따위를 들여보냄. 또는 그 물건

멍텅이는 가슴이 찔리는 듯이 백배 사죄

- 너무 그러지 마셔요
- 그러나 사죄할 일이 있네

사죄한 조목은 다른 기생과 산보

- 내게 무슨 사죄예요?
- 다른 여자와 산보를 하다가 붙들렸네. 내가 절개를 지키지 못하여 옥매를 대할 면목이 없네

구류간에서도 애인만 만나면 '파라다이스'

- 도무지 다- 나의 잘못이지요
- 나는 지금 죽어도 원이 없네. 옥매 입으로 그런 소리를 듣고야 내가 무슨 한이 있겠나. 나는 이 세상에 제일 향복*일세. 히히

* 향복(享福): 복을 누림

1925.5.24

멍텅구리 연애생활 169

재판정

재판날 끌려 나오는 멍텅이

- 어서 나오너라 재판날이다
- 나는 아니 나가요. 옥매가 또 올 터인즉 나는 이곳에서 살아도 관계 없어요

끌려가며 신세타령

- 이놈아, 무슨 잔말이야? 어서 가
- 옥매를 좀 만나려니까 호사다마로군

재판장이 취조

- 네 성명이 무엇?
- 만년필 대왕 최멍텅이올시다
- 기생 김세봉이올시다

습관풍속에 고명한 재판장

- 흥, 그러면 네 죄 한 가지를 더 발견했다. 죽은 최가 하나가 산 김가 열을 당한다*니 네가 김가를 몇이나 호려** 냈느냐?
- 과연이지 저 기생은 성명도 모릅니다

* 죽은 최가 하나가 산 김가 열을 당한다: 원래 속담은 "죽은 최가 ~ 산 김가 셋". 최씨 성을 가진 사람은 흔히 단단하고 매섭다 하여 이르는 말

** 호리다: 매력으로 남을 유혹하여 정신을 흐리게 하다

1925.5.25

멍텅구리 연애생활 170

멍텅이 부모

시골서 신문을 보고 놀라는 멍텅이 아버지

- 이런 집안 망할 자식. 늙은 아비 욕을 보여도 분수가 있지

피차에 책임이 똑같지마는 만만한 마누라만 책망*

- 여보, 마누라. 자식을 어떻게 낳으면 부모에게 이런 욕을 보이오
- 흑 흑- 흑

* 멍텅의 친모(親母)는 세상을 떠났고(126회 '한식' 참조), 여기서 등장하는 모친은 멍텅의 계모(174회 '부모의 한탄' 참조)

검은 머리가 파뿌리 같이 된 내외는 자식의 공판에 방청하고자 경성으로

- 낳기야 좀 잘 낳았소? 아버지가 교육을 잘못했다는 말씀은 없구려
- 잔말 말고 서울로 곧 갑시다

종로 네거리에서 재판소를 묻는 큰 멍텅이를 보고 비웃는 경아리*

- 여기 재판소가 어디오?
- 재판소를 찾을 때는 멍텅이 부모인가 보다

* 경(京)아리: 예전에 서울 사람을 약고 간사하다고 하여 비속하게 이르던 말

1925.5.26

멍텅구리 연애생활 171

변호사

재판정인 줄 알고 변호사실을 잘못 들어가서

- 내 아들이 불효 자식이니 꼭 혼을 내어 주시오
- 내 아들 같은 아이는 없소. 내 가락지라도 빼어 줄 터이니 좀 무사히 하여주

옥매가 말한 변호사를 우연히 만났다

- 내가 옥매 의뢰를 받고 당신 자제를 아무쪼록 잘 변호하려는 사람이오
- 이놈, 네가 그 계집과 공모하여 내 아들을 망쳐 놓았구나?

멍텅이 아버지는 옥매라는 말에 대로 하였으나 어머니는 도리어 변호사에게 치사

- 여보, 변호사 양반. 우리 영감이 망녕이 났으니 그리 아시고 멍텅이만 구원해주시오. 이 금비녀도 빼어 드리지요

변호사의 말을 듣고 저으기* 위로가 되는 멍텅이 노모

- 그렇지 않아도 내 수수료는 옥매가 내니 염려 마시오
- 기생 며느리 미워하는 시어미 없다는 말이 꼭 옳지. 옥매가 기특도 하지! 당신은 젊으신 이가 얌전도 하시오

* 저으기: 적이. 꽤 어지간한 정도로

1925.5.27

멍텅구리 연애생활 172

판결 언도

재판정에서 아들 버릇을 가르쳐 달라는 멍텅의 아버지

- 지금은 대가리가 커서 종아리도 때리지 못합니다. 그래서 이런 일을 저지르니 벌을 좀 씌워 주시오. 애비 말을 듣지 않습니다

무죄 판결을 애걸하는 멍텅이 어머니

- 내 아들 같은 얌전한 사람이 없습니다. 똑 호림* 떼에 빠져 그렇습니다. 아무쪼록 용서하여 주십시오.

* 호림: 남을 꾀어 호리는 일. 또는 그런 솜씨나 수단

무죄를 변론하는 멍텅의 변호사

- 피고는 가장 행렬하려고 남산에서 연습하는 것을 경관이 오해한 것이니 죄가 없소이다

판결을 언도하는 멍텅의 재판장

- 검사 구형은 10년 징역이나 피고 어머니의 애원에 참작하여 3년간 집행유예를 언도하게 되었소
- 그게 무슨 소리요? 우리 집에 3년 동안 가두고* 못 나가게 한단 말인가

* 우리 집에 3년 동안 가두고: '집행유예 3년'을 '집 행(行)' 즉 '집에 가서 3년'으로 오해한 상황

1925.5.28

멍텅구리 연애생활 173

또 이별

멍텅 아버지는 재판소에서 시골집으로 가자고 아들을 끌고나오다가

- 이 자식, 이 길로 집으로 가자
- 네-

무죄 방면된 기생 김세봉을 옥매로 알고 단장으로 때리려

- 이년, 네가 옥매냐?
- 나는 김세봉이에요. 원- 세상에 별일이다마다

멍텅이는 정거장까지 끌려나와 기차표를 사가지고

- 마누라, 나는 멍텅이를 붙드니 내 뒤를 붙들고 나란히 서야 해

용산역에서 슬며시 내려

- 옥매가 어디로 갔을까?
- (용산역)

1925.5.29

멍텅구리 연애생활 174

부모의 한탄

멍텅이가 보이지 아니하여 사방으로 찾다가

- 이애가 어째 보이지를 아니하나?

철교를 지나며 빠지려다가 뽀이가 구원

- 한강철교에 빠진다니, 나도 빠져나 죽겠다. 늙은놈이 불초한* 자식을 두고 살아 무엇하랴?
- 조금만 참으시오

* 불초(不肖)하다: 못나고 어리석다. 아버지를 닮지 않았다는 뜻에서 나온 말

자식은 나이가 팔십이라도 어린애로 아는 아버지

- 이 못생긴 자식이 철도에 치여 죽지나 아니하였나? 흑흑
- 흑흑흑

계모라고 홀대하니 야속히 생각하는 계모

- 아마 도로 내린가 보. 그저 갑시다. 내가 낳아 놓은 자식 같이 굴어도 계모는 어미로 알지 아니하는게요. 팔자 한탄이나 하지!- 관세음보살

1925.5.30

멍텅구리 연애생활 175

기쁜 소식

동무 기생들이 김세봉을 위로차로 자동차 타고 한강에 갔다

- 언니, 얼마나 고생을 했소?
- 네 말로 듣고 기막혀 꼭 죽을라 했다

정류장에서 전차 타려는 멍텅이를 태워가지고

- 여기서 계셔요? 어서 올라타셔요. 지금 도로 들어가는 길이에요
- 또 잡혀 가지나 아니할까?

멍텅이에게 기쁜 소식을 세봉이에게 듣고

- 제 동무가 그러는데요. 옥매가… 정말이에요. 어미가 모르겠어요?
- 응… 애기는 배지도 아니하여 기저귀를 장만한다는데 나는 양복 모자 구두를 사두어야지

어린애 양복점에서 내린다

- 나는 여기서 내리겠소. 또 만납시다
- (아동양복점)

1925.5.31

멍텅구리 연애생활 176

돈벼락

어린애 양복 일습*을 사들고 부모에게 통지할 생각이 났다

- 아버님께 옥매가 태중이란 말씀을 드리면, 내가 서울 있어도 과히 역정은 안 내시겠지

* 일습(一襲): 옷, 그릇, 기구 따위의 한 벌. 또는 그 전부

손자를 보게 된다는 소식을 듣고 멍텅의 죄를 용서할 뿐 아니라

- 허- 손자가 늦었더니 아무에게나 하나 낳았으면
- 멍텅이는 내가 계모라고 박대를 하지만… 손자대 역시 마찬가지지. 하여간 옥동자나 낳아야겠소

객지에서 군색히 지내지 말라고 돈까지 은행환으로 부친다

- 그 애 죄는 도저히 용서할 수가 없으나 우리 집에 자손이 는 터인즉, 이런 소식을 듣고야 내가 모른 체 하겠소
- 그렇다 뿐이겠소

주머니가 뜻밖에 통통하여진 멍텅은 옥매 찾을 계획을 연구

- 무엇- 아버지께서 돈 1만 5000원을 보내주셔?

1925.6.1

멍텅구리 연애생활 177

집구경

기쁜 소식은 들었으나 옥매를 찾으려고

- 옥매가 태중이라니 지금이야 살림을 아니할 수가 있나

서울 장안 집을 모조리 뒤지고자

- 여보, 집을 한 채 사겠소
- 구경을 갑시다
- (복덕방)

무슨 핑계로든지 구경하고는 타박

- 안방간 반, 부엌간 반, 마루곱 2간, 건너방 한 간, 광 한 간, 문간 한 간에 행랑 딸리고 헛간 뒤 청방 겸트려 2간, 여덟 자가웃* 기둥에 5량으로 두 벌 장대에 장독대 번듯합니다**
- 목욕간이 없어 못 쓰겠소

* 여덟 자가웃: 여덟 자 반

** 안방~번듯합니다: 부동산으로서 집의 가치에 대해 설명하는 부분

9576호를 보는 중 미인들을 구경은 많이 하였으나

- 딴은 관계치 아니한걸. 미인 구경하기는 좋으나 옥매를 찾을 수가 있어야지. 어이고 더워 후-*

* 살 집을 보러 다니는 척 하면서 옥매를 찾고 있는 상황

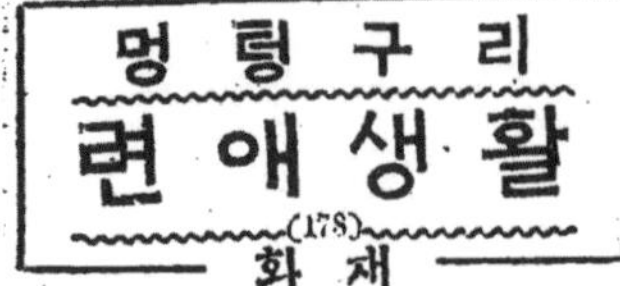

1925.6.2

멍텅구리 연애생활 178

화재

옥매는 만나지도 못하였으나

- 어느 집에 있는지 장차 만날 날이 있겠지. 하여간 집이나 사 놓고 보자

집 한 채를 5500원에 사 놓고

- 이 집이 내 마음에 맞으니 삽시다

세간 짐을 다 사들인 후에

- 하여간 세간이나 또 장만하여 놓고 보자. 여보게, 주련* 거울을 깨지지 않게 지고 가야지

* 주련(柱聯) 거울: 기둥이나 벽에 붙이는 거울

그 이튿날 가본즉 밤새 불이 나서 터만 남아

- 어이구, 하룻밤 새 이게 웬일이야. 옥매가 아니 들기를 잘했지

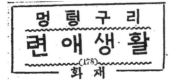

1925.6.3

멍텅구리 연애생활 179

또 구류간

큰 손해를 보고 기가 막히다가

- 집이 잿더미가 되었으니 옥매와 살림할 연분이 아직 못된 것이다. 그러나 집값은 어디가서 찾나

막다른 골목에 들고서야 묘계*가 난다

- 옳지 옳지. 이웃집 사람을 모두 걸어 고소를 하겠다

* 묘계(妙計): 매우 교묘한 꾀

서른다섯 사람이 호출장을 받고

- 이웃을 잘못 만났더니 밤에 놀라고 또 고소까지 만나
- (재판소)

멍텅이는 도리어 방화죄로 구속

- 이놈, 네가 불을 놓고 도리어 이웃 사람을 걸어 고소해? 구류간으로 가거라

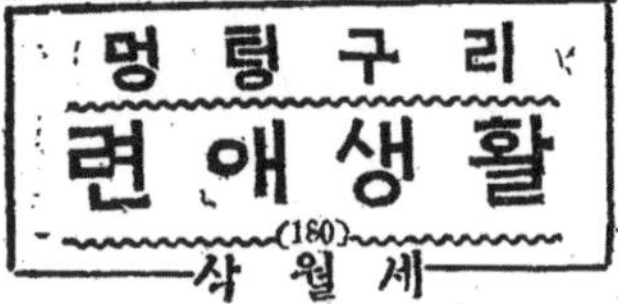

1925.6.4

멍텅구리 연애생활 180

사글세

3일 구류를 치르고 나와 집을 몇 채 사가지고

- 나는 구류간 상습자가 되었구나.
  집을 사서 기생에게 세나 주어 먹자

사글세를 돌렸더니

- 한 달에 45원씩이오

셋돈 받으러 가면

- 아이그, 주인 양반이 하이카라일세.
  돈은 천천히 받으시고 담배나 한 대 잡수셔요
- 아니요, 바빠요

미인의 수단에 입도 못 벌리고 뒤통수만

- 최 주사시지요? 참 수염이 이뻐…
  어서오세요. 좀 앉았다 가셔요
- 또 오겠소

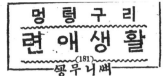

1925.6.5

멍텅구리 연애생활 181

꽁무니뼈

또 한 집을 갔다가

- 오늘은 집세를 내오
- 네 드리지요. 이 방으로 들어오세요

잠깐 앉았다 가라는 간청에

- 어서 내오
- 좀 들어오세요. 마루 끝에 계신데 어떻게 돈을 드려요

담배 한 대를 먹고 앉았다가

- 수염을 어떻게 그렇게 이쁘게 깎으셔요?
- 남의 집 사내 수염 이야기 말고 돈이나 어서 내오

그 여자 남편에게 발길 맛

- 이놈, 연두색 저고리만 입으면 기생으로다 아니? 남의 안방에 들어앉아?
- 어이쿠

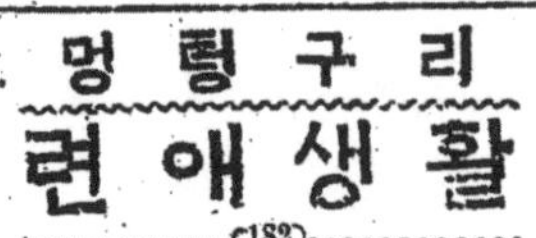

1925.6.6

멍텅구리 연애생활 182

격투

쫓겨 나와 반항하는 멍텅이를

- 집세 받으러 온 사람을 왜 때려 이놈아

오랫동안 때려 보지 못하다가 힘껏

- 어이쿠 어이쿠
- 잔소리 마라

공기 놀리듯 제기 차듯

필경은 대문 밖에 혼도*

- 킥킥

* 혼도(昏倒): 정신이 어지러워 쓰러짐

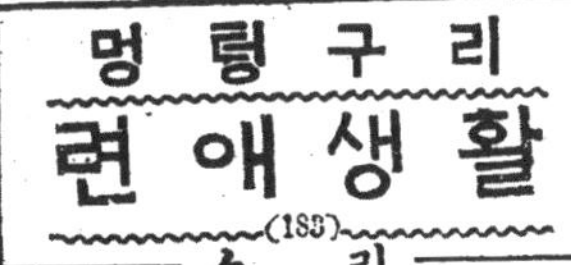

1925.6.7

멍텅구리 연애생활 183

스리*

* 스리(すり): 소매치기

다리가 아파 전차를 타고 보니

- 어이구, 몸이 모두 아파 죽겠구나. 전차나 타고 가야지

사람이 너무 빽빽

- 웬 사람이 이렇게 많은고?

차삯을 주려고 본즉 스리 도적을 맞아

- 어이구! 지갑이 없네
- 잔소리 말고 돈 내. 공연히 술주정하고

전차에서 내려 쫓겨

- 이놈아, 돈도 없이 차를 타?
- 어이쿠

1925.6.8

멍텅구리 연애생활 184

입원

마침 윤바람이 지나가다가 병원으로

- 이게 웬일인가? 병원으로 가세
- 죽을 뻔했네

터지고 째진 자리를 수술하고

윤바람에게 끌려 가려다가 이쁜
간호부를 보고

- 하여간 우리 상점으로 가세
- 응

바람더러 가라고 하고 멍텅은 입원

- 가만 있게. 내가 입원을 좀 하겠네

1925.6.9

멍텅구리 연애생활 185

간호부

별로 아프지도 아니한데 입원하여

- 물은 잡숩도 않으시며… 성이 가셔 죽겠네…

별로 일도 없이 초인종만 누른다

- 왜 또 부르셔요?
- 잠시라도 옆에 사람이 없으면 내 병이 더하오

윤바람은 새 의복과 새 신을 가지고 문병

- 멍텅이 퇴원할 때 쓰라고 새 의복과 새 신을 가져왔네

왜 속히 퇴원하라느냐고 야단

- □□□□□ 있다 나갈 터인데 □□ 무슨 소용이야
- 내가 속히 그만두어도요?

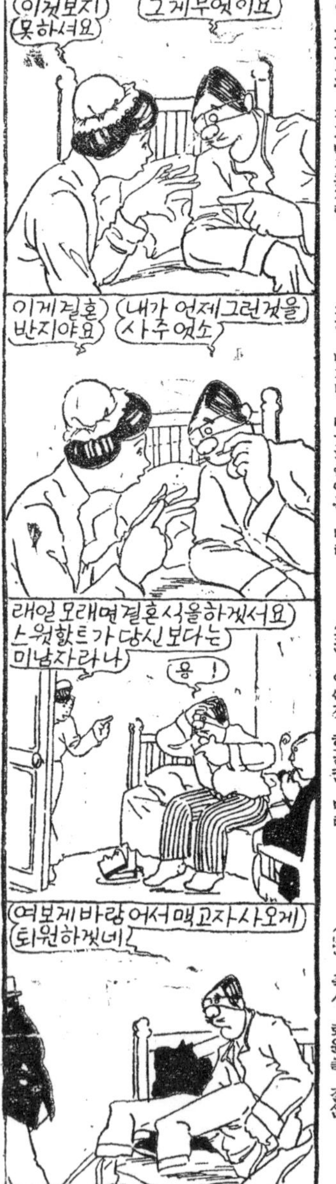

1925.6.10

멍텅구리 연애생활 186

맥고자

간호부는 결혼 반지를 자랑

- 이것 보지 못하셔요?
- 그게 무엇이오?

반지면 다 같은 줄 아는 멍텅

- 이게 결혼 반지예요
- 내가 언제 그런 것을 사 주었소?

이때껏 헛물 켠 멍텅

- 내일모레면 결혼식을 하겠어요.
  스윗 하트가 당신보다는 미남자라나
- 응!

즉시 퇴원을 결심

- 여보게, 바람. 어서 맥고자* 사오게.
  퇴원하겠네

* 맥고자(麥藁子): 맥고로 만든 모자. 개화기에 젊은 남자들이 주로 썼다

멍텅구리 연애생활 187

인천행

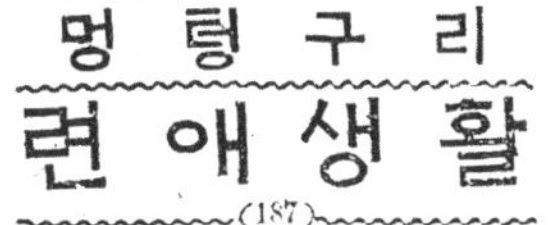

병원에서 나온 멍텅구리가

- 예끼, 사람이 화증이 나서 살 수 있나. 인천이나 놀러가자

인천을 갔다가 미두*취인소**를 보고

- 여기가 무엇 하는 데요?
- 이런 멍텅구리 보아라, 미두취인소도 몰라?

* 미두(米豆): 현물 없이 쌀을 팔고 사는 일. 일제 강점기 대표적인 금융 투기 대상이었음

** 취인소: '거래소'의 옛 용어

미두를 시작하야

- 옳지 돈 벌 일이 났다

쌀 1000석을 사놓았다

- 여기가 허풍선이 중매점이오? 자아 쌀 1000석만 사주시오
- 어서 오십시오

1925.6.12

멍텅구리 연애생활 188

첫 재미

우연히 사놓았던 쌀이

- 영감, 지금 팔면 2000원은 남겠는데 어찌하시겠소?
- 팔아주

시세가 바로 맞아 돈이 남았다

- 돈 가지고 미두 않는 놈은 병신이야
- 올라가는 시세이니 이번에는 5000석만 사주시오
- 그렇게는 보증금이 부족*인데요

* 보증금 부족: 미두는 쌀이 아니라 10%의 보증금(증거금)으로 지정된 미래에 쌀을 사거나 팔 수 있는 권리를 거래하던 일종의 선물(先物) 상품

이에 재미 붙인 멍텅구리는

- 내 집 문서를 내놓을 터이니 좀 대주시오
- 문서는 맡아 무엇하나요?

집을 잡혀서 크게 시작

- 이전 수속까지 해놓았으면 그만이로구려. 자아 도장은 여기 있으니 대서인*만 불러오시오

* 대서인(代書人): 남을 대신하여 공문서를 작성하는 사람

1925.6.13

멍텅구리 연애생활 189

도망

시세가 떨어져서 손해를 당하고

- 여보, 영감. 시세가 자꾸 떨어져서 벌써 돈 10000원이나 밑지게 되었는데 손을 보시고라도 끊어 버리시지요?
- 아니, 좀 더 두고봅시다

보증금을 물어 놓을 돈이 없어

- 인제 보증금이 부족이니 보증금을 더 넣으시오
- 얼마나 더 넣을까요… 5000원이요? 그럼 잠깐 기다리시오. 내 돈을 좀 찾아가지고 오리다

어름어름하다가

- 얘, 큰일 났구나. 인제는 꼼짝할 수 없이 되었구나

경성으로 도망하여 버렸다

- 예끼, 삼십육계 줄행랑이 제일이다. 경성으로 달아나자

조선판 선물거래, 미두취인소

인천미두취인소 거래 모습(출처: 인천광역시)

인천미두취인소는 조선의 미곡 수출을 위한 경제 기관으로, 1896년 일본 상인들이 발의해 설립되었다. 이곳은 미곡의 품질 표준화와 가격 동향을 전달하는 역할을 했으며 처음에는 현물 거래와 선물 거래 모두 이뤄졌고 쌀 외에도 콩, 면화, 명태 등이 거래되었으나, 미두 시장이 자리를 잡은 후에는 선물 거래가 주를 이루었고 쌀 한 품목만 남았다. 기간을 두고 쌀을 거래하는 시장이라고 해서 '기미(期米)시장'이라고도 불렀다.

원래는 미곡의 품질과 가격을 표준화하기 위해 설립된 시장이었지만, 실제로는 공인된 '도박장'처럼 운영되었다. 미두의 최소 거래 단위는 100석이었다. 쌀을 사거나 팔려면 중매점에서 '미두통장'을 개설해 10%의 증거금을 예치해야 했기 때문에 미두를 하려면 최소한 몇 백 원은 있어야 했다. 당시 평범한 월급쟁이 한 달치 봉급이 50원 남짓이었다.

더러는 쌀과 현금을 주고받으며 청산이 이뤄지기도 했지만 전체 거래량의 0.5%에도 못 미쳤고, 나머지 99.5%는 차액만큼 현금을 주고받는 것으로 청산이 이뤄졌다. 역설적으로 기간을 두고 쌀을 사고파는 미두시장에는 쌀이 없었다. 결제일이 되기 전이라도 쌀값이 등락해 증거금이 10%에 못 미치면 부족한 만큼 채워 넣어야 했다. 만일 채워 넣지 못하면 다음날 반대매매로 청산되었다. 가령 쌀 100석을 300원의 증거금으로 석당 30원씩에 샀다면 쌀값이 3원만 오르내려도 두 배를 벌거나 '깡통'을 차게 되는 전형적인 '고위험 고수익' 거래였다.

1920년대 산미 증식 계획 이후 조선에서는 시세 차익을 노린 미두 투기 광풍이 불게 된다. 많은 자본을 가진 투자자뿐만 아니라 지식인, 학생, 상인, 지주, 머슴, 그리고 평범한 서민들까지도 너나 할 것 없이 '한 방'을 노리고 미두 투기에 뛰어들었다. 그러나 선물 거래에 대한 지식이 부족한 탓에 재산을 탕진하는 경우가 다수 발생했다. 미두 투기 열풍은 1930년대 후반까지 계속되었다. 그러나 중일전쟁 이후 일제가 통제 경제를 추구하면서 미곡의 자유 거래를 금지하자 미두 열풍도 사라졌다. 결국 1939년 인천미두취인소는 폐쇄된다.

인천미두취인소는 당시 쌀값을 결정하는 공개 시장이었으며, 3·1운동 전후로 일제에 항거하는 시위가 일어나는 데에도 영향을 끼쳤다. 인천미두취인소가 투기장으로 변질되면서 쌀값이 크게 올라 원성이 자자했다. 당시 《매일신보》는 쌀값 폭등이 인천미두취인소의 선물 투기에 의한 인위적인 상승임을 지적하기도 했다. 여기에 일본의 가혹한 수탈까지 겹치며 각처에서 동맹 파업과 쌀 소동 등이 발생했고, 3·1운동 직전에는 이러한 저항이 극에 달했다.

부잣집 한량의 서민 직업 체험: 〈자작자급〉 편

(1925.6.14~1925.10.22: 총 88회 연재)*

* 6월 13일 189회 '도망'으로 〈연애생활〉 연재가 끝나고, 6월 14일 190회 '후회'로 〈자작자급〉 연재가 시작됨. 이어진 번호로 3회 연재된 후 6월 17일 네 번째 연재부터 '3회 상공'으로 〈자작자급〉 시리즈 번호가 부여됨. 연재 번호 85회로 종료되지만, 17회와 28회가 각각 두 번씩 중복 게재된 탓에 실제 연재 횟수는 총 88회.

미두취인소에서 돈을 다 잃은 멍텅. 그동안의 허랑방탕한 생활을 후회하며 "내 손으로 벌어먹겠다"고 결심한다. 바보 같은 과거와 작별한다는 의미로 부친에게는 사죄 편지를, 바람에게는 절교장을 보낸다.

멍텅은 '활동배우'(영화배우)가 되려고 활동사진 회사에 찾아간다. 그러나 회사에서 바람을 데려와라, 옥매를 데려와라 번번이 채용 조건을 바꾼다. 멍텅은 사장과 대판 싸움을 하고 활동배우로 취직하려던 생각을 접는다. 술이나 먹자며 바람과 요릿집으로 향한 멍텅. 음식값을 치를 돈이 없어 바람을 두고 혼자 줄행랑친다. 때마침 멍텅의 아버지는 아들의 사죄 편지에 대한 답장과 함께 100원을 보내주고, 멍텅은 요릿집에 붙잡힌 바람을 구하러 간다. 그러나 바람은 이미 요릿집 '뽀이'로 취직한 상태.

바람의 권유로 멍텅은 요릿집 '뽀이'로 자작자급을 시작한다. 하지만 요릿집에서도 걸핏하면 낮잠을 자고 손님방에 나갈 술을 몰래 마시는 등 부잣집 한량 버릇을 버리지 못한다. 멍텅과 바람은 배달해야 할 교자(배달 가마)의 요리와 술을 공원에서 자기들끼리 먹어치운 것이 탄로 나 요릿집에서 쫓겨난다.

순사 모집 공고를 보고는 청원서를 제출한 멍텅과 바람은 순사 시험에 덜컥 합격한다. 순사가 되어서도 멍텅구리 짓은 한결같다. 여름이 되자 한강에 대홍수가 나고, 비상소집에 나간 멍텅은 급류에 휩쓸려 죽을 뻔한다. 순사 노릇을 부끄러워하던 멍텅은 상관에게 항명하고 호기롭게 사직서를 낸다.

길에서 거지 행세도 해보고 설렁탕 배달부로 취직도 해보지만 어느 것도 부잣집 한량이 감당할 수 있는 일이 아니다. 결국 멍텅과 바람은 재도전해 활동배우가 된다. 바보 대장이 되었다가 러시아 소설 속 네플류도프가 되었다가 바람과 짝을 지어 키다리와 땅딸보가 되기도 한다. 연기 재미에 푹 빠져 있던 멍텅에게 만삭의 옥매로부터 편지가 온다. "오직 저를 사랑해주신 당신을 저도 또한 사랑합니다." 부리나케 옥매에게 달려간 멍텅. 얼마 지나지 않아 아들 똘똘이가 태어난다.

▶ '자작자급'은 1920년대 일본의 경제 침탈에 맞서 경제적 실력양성을 위해 전개된 물산장려운동에서 내건 생활 속 실천 신조였다. 외국 상품을 배척하고 "우리나라에서 만든 물건으로 살아가자"는 의미였지만, "내가 벌어서 내가 먹자"는 의미로도 해석된다. 이런 도저한 시대적 흐름에 몸을 맡긴 부잣집 한량 멍텅이 요릿집 뽀이, 교통순사, 설렁탕 배달부, 활동배우

로 자급자작하려는 몸부림이 애처롭다.

멍텅이 대표적인 서민 직업인 요릿집 뽀이와 설렁탕 배달부를 '체험'하면서 겪는 에피소드를 통해 당대의 식문화를 들여다볼 수 있다. 교통순사 에피소드에서는 한국 근대사에서 가장 비극적인 자연재해로 기록되는 '을축년 대홍수'가 등장하고, 이를 통해 경찰로 대표되는 공권력에 대한 풍자와 조롱이 에둘러 표현된다.

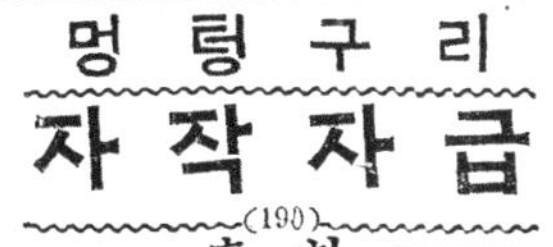

1925.6.14

멍텅구리 자작자급 190

후회

- 6월 13일 189회 '도망'으로 〈연애생활〉 연재가 끝나고, 6월 14일 190회 '후회'로 〈자작자급〉 연재가 시작됨. 〈연애생활〉에 이어진 연재 번호로 3회 연재된 후 6월 17일 '공상'부터 '4회'가 아니라 '3회'로 새로운 연재 번호가 시작됨

돈 한 푼 없이 된 멍텅구리는

- 인제 돈은 없고 옥매도 간 곳을 모르니 어찌하면 좋단 말이냐

난동부리던 일을 후회하고

- 그동안 부모 덕에 너무 편하게 지냈지… 이제는 고생을 한들 누구를 탓하랴

자기가 벌어서 자기가 살기로 결심하고

- 인제는 자작자급*을 하기로 결심을 하였다. 내 손으로 벌어 먹어야 내가 사람 노릇을 하지

* 자작자급(自作自給): 필요한 물건을 자기 스스로 만들어 모자람이 없이 지냄

자기 부친에게는 사죄를 하고 윤바람에게는 절교장을 보냈다

- 아버님께 그동안 잘못한 사죄 편지나 한 장을 쓰자. 그리고 윤바람에게는 절교 편지를 보내야지

〈자작자급〉과 조선인 물산장려

1923년 8월 13일자 《동아일보》에 실린 경성방직주식회사의 삼성표 · 삼각산표 광목 광고. '조선을 사랑하시는 동포는 옷감부터 조선산'을 쓰자는 등의 문구를 전면에 내세우며 물산장려운동을 선전했다.

그날그날 돈과 인생을 탕진하며 살아가던 멍텅이 돌연 '제 손으로 벌어먹겠다' 결심을 한다. 새 시리즈의 주제인 '자작자급'은 멍텅이뿐만 아니라 당대 모든 조선인들에게 요구되는 시대적 과제이기도 했다. 가장 대표적인 것이 《멍텅구리》가 연재된 1920년대에 경제적 실력양성의 측면에서 전개된 물산장려운동이다. 일본 자본의 본격적인 진입과 함께 식민지 조선의 경제는 위기를 맞게 되는데, 1923년 양국 간 관세가 대부분 철폐된다는 결정이 발표되면서 조선인들의 위기감은 극대화된다.

이러한 분위기 속에서 조선인은 조선인 것을 사고, 근면과 저축을 통해 경제적 자립을 꾀해야 한다는 구체적 목표들이 제시되었다. 이 운동은 평양에서 시작해 서울 등지로 확산되었으며, 자작회(自作會)와 조선물산장려회가 조직되어 전국적인 소비조합 설립, 선전 활동, 강연회 개최 등의 활동을 전개했다. 그에 따라 총독부는 조선인의 경제 자립 운동을 견제하고자 다양한 통제 및 황민화 정책을 펼쳤다. 조선물산장려회도 1937년 2월 총독부의 명령으로 해산되고 말았다.

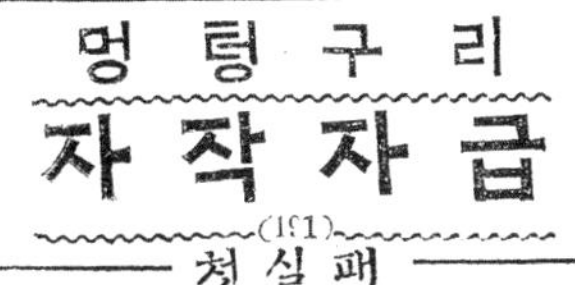

1925.6.15

멍텅구리 자작자급 191

첫 실패

무엇을 할까 하고 생각하는 중에

- 무슨 월급 자리라도 얻어야 할 터인데, 어디 가 말을 하나

활동배우를 모집한다는 신문광고를 보고

- 활동사진 회사에서 희극 배우를 모집한다. 옳지, 인제는 수가 났다!

회사를 찾아갔다가

- 여기서 배우를 모집한다지요? 나는 최멍텅인데 나를 좀 채용할 수 있겠소?
- 당신이 최멍텅이오? 윤바람과 같이 오면 채용하지요

의외에 윤바람과 같이 오란 말을 듣고 또 비관

- 응! 공연히 윤바람에게 절교 편지를 보냈지

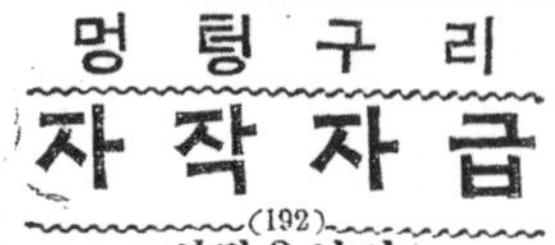

(一) 윤바람을 차저갈가 말가하다가 (二) 필경 차저 단여보앗스나 (三) 못맛나고 탑골공원에서 쉬는참에 (四) 윤바람이 뎐차를타고 지나갓다

1925.6.16

멍텅구리 자작자급 192

바람을 찾아

윤바람을 찾아갈까 말까 하다가

- 절교장을 보내놓고 다시 찾아갈 수도 없고, 어찌하면 좋단 말이냐

필경 찾아다녀 보았으나

- 에라! 상관이 있느냐. 어디 대관절 찾아나 가보자

못 만나고 탑골공원에서 쉬는 참에

- 어이구 더워- 이놈의 자식이 어디를 갔을까? 온종일 찾아다녀도 알 수 없으니, 어이구 다리야

윤바람이 전차를 타고 지나갔다

- 여보게, 윤바람! 여보게, 윤바람!

1925.6.17

멍텅구리 자작자급 3

공상

- 〈자작자급〉 네 번째 연재지만, 편집 오류로 '3회'로 표시
- 제목 '공상' 오른쪽에서 왼쪽으로 표기

윤바람의 얼굴을 본 멍텅구리는

- 활동배우가 되면 미국서는 일주일에 몇 천 불씩도 받는다는데, 여기서라도 한 달에 몇 백 원이야 주겠지, 희희. 내 일이 잘되려니까

그와 같이 활동배우가 되어서

- 이렇게 익살을 부리며 사진을 박여놓으면*

* 사진 박이다: 찍는다를 당시는 '박다'의 사동형 '박이다'로 표현

유명하게 될 일을 혼자 생각하며 좋아하다가

- 구경꾼들이 박수갈채를 한단 말이지

아이들의 구경거리가 되어 한참 고생

- 이야, 멍텅구리가 미쳤다
- 이놈, 침 놓는다*

* 침 놓는다: 멍텅이 앞 아이 손 모양을 볼 때, '미친 멍텅구리를 치료하기 위해 침을 놓는다'는 뜻인 듯

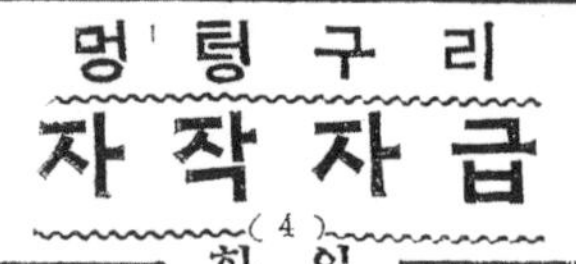

1925.6.18

멍텅구리 자작자급 4

화의*

* 화의(和議): 화해하는 의론

찾아다니던 윤바람을 만나

- 여보게, 여보게, 윤바람. 왜 그렇게 만날 수가 없나? 내 온종일 찾아다녔네

절교장 보낸 화의를 하느라고

- 여보게, 윤바람. 너무도 무정하지 않은가?
- 흥, 댁이 절교장을 보내고도 무엇이 부족하여서 쫓아다니며 성화란 말이오?

수단을 쓰다 못해

- 저자가 아무리 돌아내려도* 한턱만 쓰면 풀릴 것인데 주머니를 털어서 한턱을 쓸까

* 돌아내리다: 속으로는 그럴 마음이 있으면서 겉으로는 사양하는 체하다

주머니를 털어가지고 한턱을 썼다

- 오냐, 내일부터는 직업이 생길 터이니 막 털어 쓰자… 여보게, 내 한잔 냄세
- 나는 자네가 맘이 변한 줄 알았더니 아직도 여전하네그려

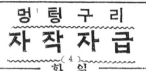

1925.6.19

멍텅구리 자작자급 5

또 난문제*

* 난문제(難問題): 해결하기 어려운 일이나 사건

멍텅이는 없는 시재*에 한턱을 낸 후

- 우리들이 활동배우가 되면 인제부터 호강을 하고 지낼 것이 아닌가
- 아무렴, 그 다 이를 말인가

* 시재(時在): 지금 현재 가지고 있는 돈의 액수를 일컫는 말

두 사람이 활동사진 회사에 찾아가니

- 나는 어제 왔던 최멍텅이오. 이 사람은 윤바람이오

이번에는 또 옥매를 찾는지라

- 그러면 약속대로 채용은 할 터인데, 그렇게 되면 사진을 박일 때에 옥매를 끌어낼 수 있겠지?
- ?
- ?

두 사람은 또 비관

- 그렇지
- 하늘을 보아야 별을 따지!
- 공연히 한턱만 냈나 보다

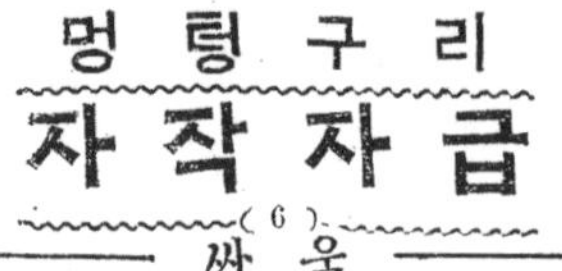

1925.6.20

멍텅구리 자작자급 6

싸움

옥매를 끌어내겠느냐는 말에 하릴없이 돌아온 멍텅이는

- 활동사진 회사에서 옥매는 찾아 무얼 할까?

집에 와서 곰곰 생각하다가

- 바람을 데리고 오면 채용을 하마 하더니, 죽을 애를 쓰고 찾아 데리고 간즉 또 딴소리를 한다

별안간 딴 생각이 나서

- 옳지. 이놈이 옥매를 감추어놓고 나를 놀려먹는 놈이로군. 이놈의 자식 견뎌봐라

활동사진 회사에 가 큰 싸움을 하였다

- 여보시오. 저 활동사진 회사에서 사람이 죽습니다. 어서 와주시오
- ?

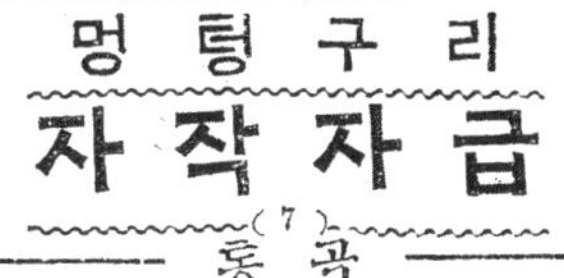

1925.6.21

멍텅구리 자작자급 7

통곡

사람을 치고 숨어 있는 멍텅이가 찾는 소리에 놀라다가

- 이로너라 이로너라*
- 에그, 순사가 잡으러 왔나 보다

* 이로너라: 이리 오너라. 예전에, 남의 집에 찾아가 대문 밖에서 그 집 사람을 부를 때 하던 말

윤바람인 줄 알고 나왔다

- 여보게, 멍텅이. 문 열게. 인제 수가 났네
- 아! 나는 또 누구라고 바람인가

옥매를 만났단 소식 듣고

- 옥매를 길에서 만났는데, 옥매도 저저 배우되기를 희망한다고 하데
- 무어?

싸운 일이 후회 나서 방성통곡*

- 아이구 아이구. 이럴 줄 알았다면 공연히 싸웠지
- ?

* 방성통곡(放聲痛哭): 큰 소리로 몹시 슬프게 곡을 함

1925.6.22

멍텅구리 자작자급 8

줄행랑

옥매 집을 알았다는 소식에

- 대관절 옥매 집을 알았으니 다행일세. 우리 한잔 먹으러 가세
- 좋-지

멍텅이가 한턱을 쓰러 가놓고도

- 가까운 데로 가세. 모자는 써 무엇하나. 구두 신을 것 없이 쓰리바*나 끌고 이대로 가세
- 아무려나

* 쓰리바: 슬리퍼

회계할* 도리가 없어서 슬그머니 도망

- 내 변소에 좀 다녀옴세

* 회계하다: 값을 치러 주다

윤바람은 까닭도 모르고 요릿집에 잡혔다

- 아! 요놈아, 남의 음식을 거저 먹어? 25원을 내놓기 전에는 못 간다. 요 빌어먹다 재리*가 될 녀석아
- 아이그

* 재리: 매우 인색한 사람을 낮추어 이르는 말. 깍쟁이

1925.6.23

멍텅구리 자작자급 9

의외의 치하

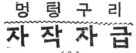

멍텅구리는 집에 가서 윤바람이 벗어놓고 간 의복을

- 이것 잡고 15원만 내시오. 곧 찾아갈 것이오
- 맥고자*를 누가 잡는단 말이오? 세루** 웃저고리 한 벌, 흰 구두 한 켤레라 10원만 쓰시오

* 맥고자: 맥고로 만든 모자. 개화기에 젊은 남자들이 주로 썼다

** 세루(serge): 모직물의 한 가지

전당잡혀 가지고

- 인제 돈이 생겼으니 옥매나 찾아갈까
- (전당국)

옥매 집으로 놀러갔다가

- 여보게, 이 사람. 그동안 어디를 갔었나? 참 반가워
- 오래간만에 뵈옵습니다

옥매 치하*에 자기 한 일이 생각나서 머리만 긁었다

- 윤 주사 편에 들은즉 요새는 맘을 고쳐먹고 직업을 구하시는 중이라니 듣기에 감축합니다
- ?

* 치하: 남이 한 일에 대하여 고마움이나 칭찬의 뜻을 표시함

1925.6.24

멍텅구리 자작자급 10

등기편지

옥매의 치하하는 말에 후회한 멍텅구리는

- 아무렇든지 마음을 고치셨다니 감축합니다
- 제발 그러지 말게

자살을 하려고 결심하였다가

- 사람이 이 꼴이 되고 살아 무얼하리. 에라 한강철교나 나가자

자기 집에서 등기편지가 온 것을 보고

- 편지 받우. 그리고 도장 찍어내오
- 이게 무슨 편지인가?

뜯어보기 전에 절부터 하였다

- 고맙습니다

1925.6.25

멍텅구리 자작자급 11

등기편지

돈이 생긴 멍텅구리는 우선 전당을 찾고

- 네가 맘을 고쳤다니 듣기에 경사롭다. 우선 100원을 보내니 노자 삼아 내려오기 바란다

윤바람을 생각하여

- 전당은 찾았으니 인제 윤바람을 빼놓아야지
- (전당국)

요릿집을 찾아가보니

- 여보게, 얼마나 고생을 하였나? 자네 볼 낯이 없네
- 아닐세, 나는 자네 덕에 직업이 생겼네

요릿집에 잡혀 있던 윤바람은 뽀이가 되어버렸다

- 나는 이 집 뽀이로 있게 되었는데, 기생 맘대로 보고 술담배 흔하고. 참 할 만하데. 자네도 천거해줄까

1925.6.26

멍텅구리 자작자급 12

뽀이

뽀이 된 윤바람을 불러내려다가

- 모시모시! 여보게, 윤바람인가? 그런데 뽀이 노릇도 좋지만 활동배우만이야 하겠는가? 자네 옥매를 데리고 회사에 한 번 더 가 보게

도리어 윤바람에게 끌려서

- 흥 그만두게. 안 되는 활동배우보다는 요릿집 뽀이라도 되는 편이 나을걸. 옳지… 알아듣나?

요릿집 뽀이가 되었다

- 안나이*
- 오십시오
- 오십시오

* 안나이(案内: あんない): 안내, 인도

옥매를 만나서 피차에 대경실색

- 에쿠
- ?
- 이게 웬일이오?

1925.6.27

멍텅구리 자작자급 13

주먹맛

멍텅구리가 손님이 부르는 줄도 모르고
정신없이 졸다가

- 뽀이 뽀이
- 쿨쿨 쿨쿨

별안간 잠을 깨어 딴 방문을 열었다

- 네, 부르셨습니까?
- 아니

정말 뽀이 부르던 손님은 화증* 나서 야단

- 뽀이들이 떼도망을 갔단 말인가?
뽀이 뽀이 뽀이 뽀이 뽀이 뽀이 뽀이
뽀이 뽀이 뽀이

* 화증: 걸핏하면 화를 왈칵 내는 증세

주인은 뛰어나와 주먹으로 턱을 받혀주었다

- 이놈아, 정신을 차려
- 어이쿠

1925.6.28

멍텅구리 자작자급 14

마라톤

졸다가 경친 멍텅이는

- 내 이번에는 어디서 부르든지 제일 먼저 대서리라*

* 대서다: 바싹 가까이 서거나 뒤를 잇대어 서다
* 제일 먼저 대서리라: 제일 먼저 달려가리라

딴방에서 부르는 소리를 듣고

- 뽀이 뽀이
- 옳지 저기서 부른다

달음질로 뛰어가다가

- 하나 둘 하나 둘

주인에게 또 경을 쳤다

- 이 자식, 여기가 훈련원으로 아느냐? 마라톤 경주를 하게
- 어이쿠

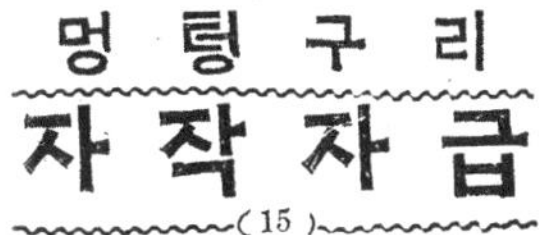

1925.6.29

멍텅구리 자작자급 15

의외의 협의

맡은 방만 주의하라는 말을 듣고

- 이러지도 못하고 저러지도 못하고 어찌하란 말이오?
- 이놈아, 너 맡은 방이나 잘 보란 말이다

잔뜩 정신을 차리고 있다가

- 우리 한 순배* 먹은 뒤에 자동차 타고 한강철교를 돌아 오세
- 옳지 옳지. 나도 대찬성일세

* 순배: 술자리에서 술잔을 차례로 돌리는 것

손님끼리 손뼉치는 소리에 문을 열다가

- 네- 부르셨습니까?
- 아니다

기생을 불러내려는 줄 알게 되어 또 경을 쳤다

- 부르셨습니까?
- 이놈아, 기생을 딸 터이면 곱게 따거라. 공연히 부르셨습니까는 무엇이냐?

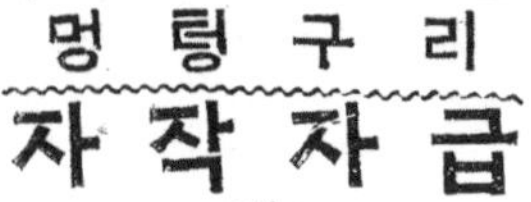

1925.6.30

멍텅구리 자작자급 16

나팔 불고

손님 방에 들일 술을 갖다놓고

- 예끼, 경 칠. 화가 나서 살겠나.
  술이나 한잔 먹어야지

함부로 나팔을 불다가

- 여보, 약주 얼핏* 들여와요
- 네 지금 한창 들어붓는 판이오

* 얼핏: 여기서는 '얼른'의 뜻인 듯함

손님방 기생에게 들키고

- 약주를 들이라니까 들어붓는 건 무어요?
- 에그, 저것 좀 보아요

주인에게 발견되어 또 경을 쳤다

- 얘, 그놈 사내다. 허허
- 이놈아, 정신을 좀 차려

1925.7.1

멍텅구리 자작자급 17

백숙계*

* 백숙계(白熟鷄): 닭백숙. 백숙은 고기나 생선 따위를 양념을 하지 않고 맹물에 푹 삶아 익힌 음식

백숙계가 잘 안 뜯긴다고 손님이 화를 내니

- 뽀이, 이것도 명색이 백숙이란 것이냐? 우리 재주로는 못 뜯겠다. 너 좀 뜯어보아라
- 네-

멍텅이가 말아가지고 뜯어 먹다가

- 이까짓 걸 못 뜯어? 맛이 좋은걸
- ?
- ?
- ?
- ?

윤바람까지 불러댔다가

- 여보게, 바람 자네도 좀 먹게. 요새 백숙을 먹으면 보하고* 좋으니
- 자네, 그게 어디서 났는가?

* 보(補)하다: 영양분이 많은 음식이나 약을 먹어 몸의 건강을 돕다

주인에게 또 경을 쳤다

- 이놈아, 백숙은 너 먹으라는 백숙이냐? 이놈! 보기 싫다. 나가라
- 어이쿠

1925.7.2

멍텅구리 자작자급 17

공원놀이

- 7월 1일 '백숙계' 17회, 7월 2일 '공원놀이' '17회' 연재 번호 중복. 편집 오류

한 층이 떨어져서* 교자**를 메게 된 멍텅구리와 윤바람

- 아무거라도 하란 대로 하지, 이왕 돈 벌기로 한 다음에야 무엇을 가릴 수 있나

* 한 층이 떨어져: 한 계급 하락해. 한 직급 좌천돼
** 교자(轎子): 가마. 여기서는 '요리 배달 가마'

교자를 메고 가다가

- 자아- 앞잡이 조심하게
- 어이

공원에 들어가서

- 거기 경치 좋다. 잠깐 쉬어가세
- 해롭지 않아

실컷 먹고 유흥

- 좋다- 옥매만 있었으면 세음*이 폐는** 판인데
- 허허-

* 세음(細音): '셈'을 한자를 빌려서 쓴 말. 이익을 따져 보는 생각
** 폐다: '펴이다'의 준말. 구김이나 주름 따위가 없어져 반반하게 되다

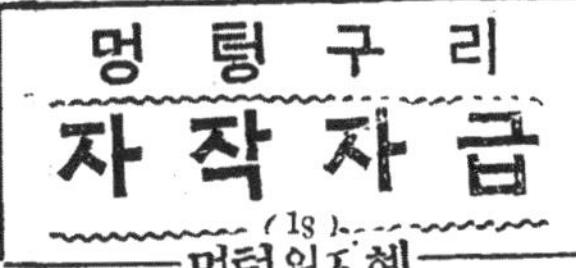

1925.7.3

멍텅구리 자작자급 18

멍텅의 지혜

곤죽*이 되어 실컷 자다 일어나서

- 에그, 예가 어디냐!
- 에구머니, 이 망나니 놈한테 경은 쳐 놓았구나

* 곤죽: 몹시 질어서 질퍽질퍽한 밥. 또는 그런 땅. 몸이 지치거나 주색에 빠져서 늘어진 모습을 비유적으로 이르는 말

그릇은 죄 깨트려 버리고

- 염려 말게, 좋은 수가 있네. 나 하는 대로만 하게
- 자네, 어쩌려고 이러나?

넘어졌다고 거짓말을 하여

- 갖다두고 오다가 어두운 길에 넘어져서 그릇이 이 지경이 되고 말았습니다
- 나는 여기를 이렇게 상했습니다
- ?

간신히 축출은 모면

- 별 망한 놈을 다 만나서 벌써 손해가 얼마람! 예끼, 경칠 자식
- 에쿠
- 용서하십시오

1925.7.4

멍텅구리 자작자급 19

축출령

요릿집 주인은 의심이 나서

- 여보게, 멍텅이놈이 무슨 실수를 하였는지 아나? 구리귀신*한테 좀 다녀오게
- 네-

* 구리귀신: 지독한 구두쇠를 낮잡아 이르는 말

사무원을 보내본즉

- 안녕하십니까? 어제 교자가 잘 왔어요?
- 잘! 자네 덕에 돈은 굳었네마는 자네 집에서는 요리 시킨 지 며칠이나 되어야 가져오나?

요리상은 간 곳이 없다

- 갖다두긴 뭘 갖다두어요? 공연히 식전 참에 욕만 실컷 먹고 왔습니다
- 무어!

멍텅이와 윤바람은 그날로 쫓겨나

- 언제라야 외조할미 콩죽에 살았나…* 요릿집 뿐이 아니면 못 살라고
- 이게 모두 네 탓이다
- (요리)

* 언제는 외조할미 콩죽으로 살았나: '남의 은덕으로 살아온 것이 아니니 이제 새삼스럽게 남의 호의를 바라지 아니한다'고 단호히 거절하는 말

경성 사람들의 '배달음식'

《조선일보》 1934년 4월 30일자 만평 '음식 배달부와 귀부인'

〈자작자급〉 시리즈에서 멍텅은 총 네 가지 서민 직업(요릿집 뽀이, 교통순사, 설렁탕 배달부, 활동배우)을 체험한다. 그중 요릿집 뽀이와 설렁탕 배달부 두 직업의 에피소드를 통해 당대 식문화를 들여다볼 수 있다. 1920년대 신문물의 물결은 음식 문화에도 예외없이 밀려와 전통적인 식생활과 충돌하고 뒤섞였다. 당시 경성은 도시화와 산업화가 빠르게 진행돼 외식 문화가 발달했으며, 식당에 직접 방문해 음식을 사 먹기도 했지만 배달 주문을 하는 것도 가능했다. 가정집이나 사무실에서는 주로 청요리(중식)나 소바(일식), 설렁탕 등을 시켜 먹었고 요릿집에서는 교자상을 한상차림 통째로 배달해 주었다.

〈자작자급〉 17회에서 요릿집 뽀이가 된 멍텅과 바람은 허구한 날 사고만 치는 탓에 '교자 배달부'로 강등된다. 가마에 실린 교자상 차림은 앞뒤로 서서 나란히 옮겨야 할 만큼 푸짐하다. 멍텅과 바람은 배달을 가다가 공원으로 빠져 거기서 손님상을 먹고 노는데, 이 모습처럼 야외의 공원이나 사찰은 당대 상류 계층들이 음식을 먹으며 놀이를 즐기던 새로운 공간이었다. 이런 장면은 당대 소설서도 쉽게 찾아볼 수 있다. 가령 1931년 연재된 염상섭의 소설 《무화과》에는 인물들이 동대문이나 청량리 밖에 있는 사찰을 찾아가 그곳에 부속된 집에서 요릿상을 펼쳐놓고 노는 장면이 자주 등장한다.*

요릿집 교자상이 자본가나 재력가가 즐기던 배달 음식이었다면, 중산층과 서민이 즐겨

* 이인영, 정희선, 〈1930년대 세태소설에 나타난 경성부민(京城府民)의 식생활 문하 연구〉, 《동아시아식생활학회지》 28, no. 4 (2018) 296쪽, 300쪽

찾던 대표 음식은 설렁탕이었다. 1920년대 중반 설렁탕 한 그릇의 가격은 10~15전 남짓이었는데, 냉면이나 장국보다 저렴했고 달걀 3개 값 정도에 불과했다. 분명한 기원은 없지만 설렁탕은 아주 오래된 서울 음식으로 추정된다. 특히 종로 일대에는 대창옥 등 유명한 설렁탕집이 많았고, 자전거가 생긴 뒤에는 주된 배달 음식이기도 했다. 서울 양반도, 최신 유행을 좇는 모던보이, 모던걸도 이 설렁탕 맛에 반해 있었지만, 흔하고 만만한 음식인 설렁탕집에 직접 가서 먹는 꼴이 곤란해 주로 집에서 배달을 시켜 먹었다. 당시 대중잡지에서는 '신가정'을 이룬 모던보이와 모던걸 부부의 삶을 설렁탕과 함께 소개한다.

"돈은 넉넉지 못한 데다가 아침에 늦잠을 자고 나니 속은 쓰리지만 찬물에 손 넣기가 싫으니까 손쉽게 설넝탕을 주문한답니다. 먹고 나서 얼굴에 분 쪽이나 부치고 나면 자연이 새로 3시가 되니까 그적에는 손을 마주 잡고 구경터나 공원 같은 데로 산보를 다니다가 저녁 늦게 집에를 들어가게 되니까 어느 틈에 밥을 지어먹을 수 없고 또 손쉽게 설넝탕을 사다 먹는답니다. 그래서 하루에 설넝탕 두 그릇이라는 것인데 이것도 물론 신가정의 부류에 속하는 자라고 합니다."**

배달부로 취직한 멍텅구리가 가장 먼저 한 일도 배달을 위해 "훈련원에 가서 자전거 타기를 배우"는(61회) 것이었다. 그러나 뚝배기 수십 그릇을 어깨에 얹고 위태위태 자전거를 타기란 여간 어려운 일이 아니어서, 똥통 구루마와 충돌하고 설렁탕은 죄다 쏟고 만다.

** 〈무지의 고통과 설넝탕 신세, 新舊가정생활의 장점과 단점〉, 《별건곤》 제24호, 개벽사, 1929. 12

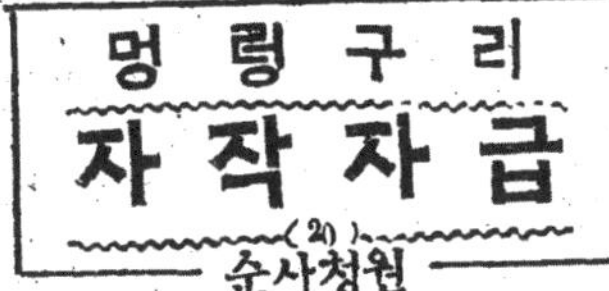

1925.7.5

멍텅구리 자작자급 20

순사 청원

요릿집에서 쫓겨난 멍텅이와 윤바람

- 또 무얼 해야 되지 않겠나?
- 글쎄, 무얼 한단 말인가?

직업 얻을 궁리를 하다가

- 어디 신문 광고나 좀 찾아보세

순사 모집한다는 말을 듣고

- 옳지 좋은 수가 있네. 순사를 모집한다니, 우리 거기나 가보세
- 아무것이든지

청원서를 제출하였다

- 청원서 가지고 왔습니다

1925.7.6

멍텅구리 자작자급 21

칼을 차고

순사 시험을 치르고 방을 보러 가니

- 얘, 급제가 되었구나
- 옳지, 그러면 그렇지
- (최멍텅 윤바람 이상)

두 사람 다 급제가 되어

- 최멍텅… 윤바람
- 네-
- 네-

옷을 바꾸어 입고

- 자아, 이 옷을 주는 것이니 갈아입고 곧 나와

칼을 차게 되었다

- 경례

1925.7.7

멍텅구리 자작자급 22

주먹설치

멍텅구리 체조를 배울 제

- 너는 제일 키가 크니 선두에 서라

기착* 자세가 나쁘다고 주먹

- 기착
- 에쿠
- 이놈아, 엉덩이는 왜 이렇게 내밀어

* 기착: 구령어로서의 '차렷'을 이르던 말

우로나란히를 좌로나란히 하다가 또 주먹

- 이놈아, 정신 좀 차려라, 바른팔*이야

* 바른팔: 오른팔. 차별적 단어라고 지금은 쓰지 않음

앞으로가에 우두커니 서 있다가 또 주먹

- 남 하는 대로나 좀 해라! 우두커니 섰긴! 망한 자식
- 에쿠

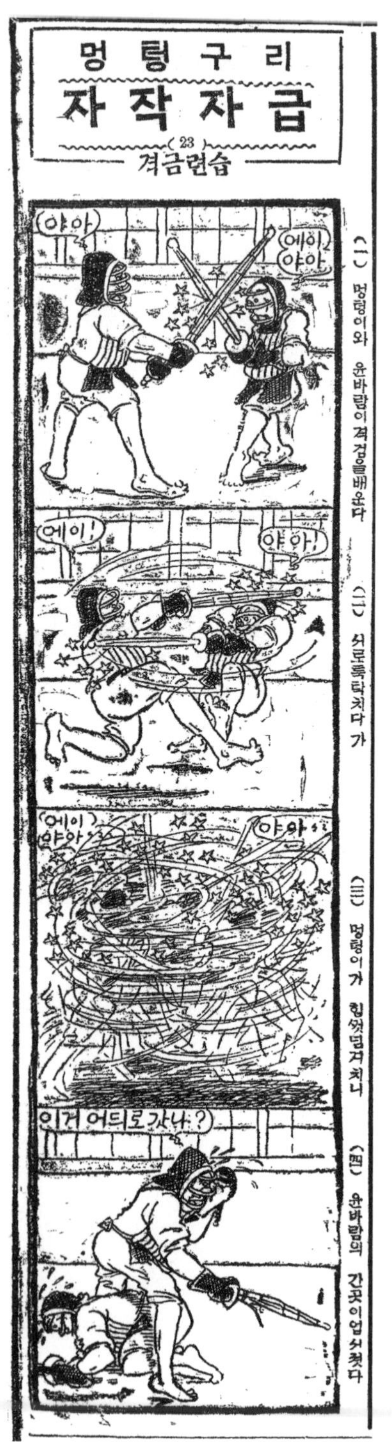

1925.7.8

멍텅구리 자작자급 23

격검 연습

멍텅이와 윤바람이 격검*을 배운다

- 야아
- 에이 야아

* 격검: 검 또는 검 모형을 들고 싸우는 격투기

서로 툭탁 치다가

- 에이!
- 야아!

멍텅이가 힘껏 넘겨치니

- 에이 야아
- 야아 야아

윤바람의 간 곳이 없어졌다

- 이거 어디로 갔나?

1925.7.9

멍텅구리 자작자급 24

기숙사

기숙사에서 자는 멍텅이가

- 쿠쿨 쿨쿨

꿈에 옥매를 만나

- 저기 옥매가 간다

반가워라고 붙들다가

- ?
- 옥매! 옥매! 옥매! 옥매!

같이 자던 이에게 따귀를 맞고 비난

- 이 자식이 자다가 별안간 미쳤나?
- 아아, 모두 다 꿈이로구나

1925.7.10

멍텅구리 자작자급 25

천생연분

• 제목 오른쪽에서 왼쪽으로 표기

멍텅구리와 윤바람은 경관 강습소를 졸업하여

멍텅이는 교통순사로

- 최멍텅, 너는 키가 크니 교통계가 되어 내일부터 종로로 가거라
- 네-

바람은 파출소에

- 윤바람, 너는 종로파출소로 가거라
- 네-

그래서 종로에서 다시 만났다

- 야- 우리는 천생연분일세그려
- 그 다 이를 말인가

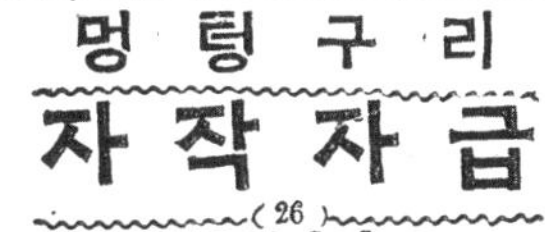

1925.7.11

멍텅구리 자작자급 26

득의만만

새 순사 멍텅구리를 보고

- 멍텅구리 순사가 되었다
- 야아, 저것 보아라

아이들이 모여들어

- 우측통행*이다
- ?
- 야- 우측통행-
- 야- 저꼴 봐라
- 멍텅이가 장도를 찼다

* 우측통행: 차와 보행자 모두 우측통행이 기본이었던 한국의 교통 체계는 1921년 12월 1일부로 일본과 같이 좌측통행으로 변경되었다. 1920년대 초반 교통순사의 주업무가 우측통행을 단속하는 일이었음을 풍자한 에피소드. 34회 '멍텅'에서도 좌측통행이 다시 한 번 풍자됨

짧은 칼을 둘러 쫓고

- 이놈들, 가거라 이놈! 이놈! 내 칼자루 다칠라
- 꼬챙이칼에 집 쓰러질라
- 히히
- 아웅

득의만만한 멍텅구리

- 에헴… 세상이 콩쪽만도 못하구나

좌측통행

左側通行 第一回交通宣傳
수백대의자동차자뎐거로
교통도덕에대하야대선뎐

《조선일보》 1925년 4월 16일자, '좌측통행–수백 대의 자동차 자전거로 교통도덕에 대하여 대선전' 기사에 소개된 교통순사가 왼팔을 펼치고 좌측통행을 유도하고 있는 모습

한국에서 최초로 만들어진 근대적 교통 체계는 우측통행을 원칙으로 했다. 신분에 따라 통행의 우선순위가 결정되는 것이 일반적이었던 조선시대와 달리, 1906년 처음으로 시행된 통행법(대한제국 경무청령 제2호 가로관리규칙)은 "서로 우측으로 피하여 양보"할 것을 규정하고 있다. 이 원칙은 일본 정부의 좌측통행 규정과 반대였음에도 10년 이상 유지되었다.

그러나 총독부는 1921년 12월 1일부로 별안간 한국의 도로취체규칙을 일본과 같이 좌측통행으로 변경한다고 발표했다. 급박한 선전을 위해 소방대원과 비번 경찰관들이 거리에서 '좌측통행가'를 부르며 홍보 도우미 역할을 하는 촌극도 벌어졌다. 전차나 인력거, 차량마다 '좌측통행' 글씨가 붙고, 한성 본정경찰서(지금의 서울 중부경찰서) 앞에 거대한 좌측통행탑이 세워지기도 했다.

때문에 1920년대 초반에는 교통순사의 주 업무가 우측통행을 단속하는 일이었다. 이를 반영해 <자작자급> 시리즈에서는 순사가 된 멍텅이가 "좌측통행"을 외치고 다니는 장면이 자주 등장한다. 특히 을축대홍수로 인해 혼란스러웠던 상황에서도 좌측통행을 강조

하는 에피소드(34화), 아이들이 순사가 된 멍텅이 우측통행을 한다고 놀리는 장면(26화) 등을 통해 당시 사람들의 교통 체계에 대한 혼란스러운 반응을 생생하게 살펴볼 수 있다. 총독부가 경찰력을 동원해 강압적으로 밀어붙였던 탓에 좌측통행은 해방 후 청산해야 할 '일제의 잔재'로 손꼽혔고, 1946년 4월에는 차량의 우측통행이, 2010년 7월에는 보행자의 우측통행이 전면적으로 실시되었다.

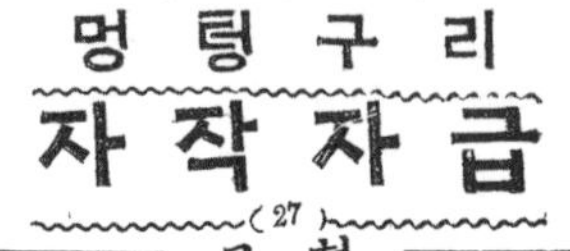

1925.7.12

멍텅구리 자작자급 27

그쳐

멍텅구리 순사는 미인이 오는 것을 보고

- 그쳐

딱 정지시켜놓은 채

정신없이 그것만 바라보다가

- 흥! 똑땃어*

* 똑따다: 꼭 맞아떨어지게 알맞다. 일제강점기에는 '예쁘다'를 구어체로 '똑땃다'로 표현

20분 만에야 보냈다

- 미상불 미인인걸. 이 맛에 교통순사 노릇도 하지

1925.7.13

멍텅구리 자작자급 28

시간외근무

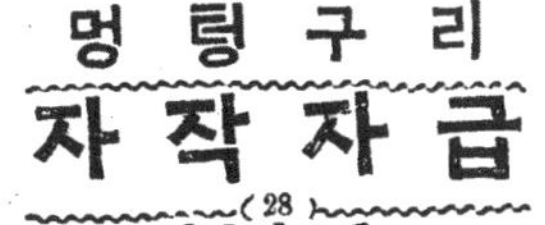

멍텅구리가 미인 구경을 하는 맛에

- 여보게, 멍텅이. 인제 시간이 되었네
- 가만있게

시간이 지나도 아니 가고 있다

- 이 사람, 다리도 안 아픈가? 이리 오게
- 아니, 아직 사람이 많이 다니는데 교통정리를 해야지

윤바람이 그 싹을 알고 조롱하니

- 너- 교통정리가 목적이냐? 기생들이 풀려나올 때 되니까 그러지?
- 히히

멍텅구리가 속을 알아준다고

- 미상불 자네가 내 속은 잘 아네. 그러기에 친구야

1925.7.14

멍텅구리 자작자급 28

감개무량

- 7월 13일 '시간외근무' 28회, 7월 14일 '감개무량' 28회 연재 번호 중복. 편집 오류

멍텅구리가 옥매 오는 것을 보고

- 에그, 저기 옥매가 오네

창피한 생각이 나서 외면을 하고도

- 이거 좀 창피한걸

참다 못하여 소리를 질렀다

- 여보게… 아니야

그러나 차마 쫓아가지 못하고 감개무량

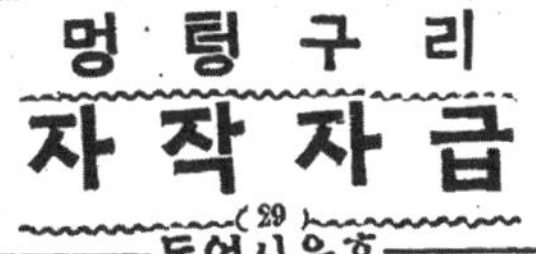

1925.7.15

멍텅구리 자작자급 29

돈 없이 유흥

윤바람이 멍텅구리를 청해놓고

- 오늘밤 자정 후에 놀러오게. 참 재미있는 일이 많으니
- 자정 후에라도 재미있는 일만 있으면 오지

밤 늦게 지나가는 기생을

- 자네 마침 잘 왔네. 거기 앉게… 인력거 이리 와
- 네
- ?

취체*하는 체하고 불러놓고

- 기생이냐? 어디 영업장** 보자
- 옷을 갈아입노라고 잊어버렸어요
- 없으면 안 되지

* 취체: 단속

** 영업장: 기생 영업 허가장

말썽을 부리며 재미를 본다

- 영감도 이러십니까? 저를 모르셔서 그러셔요?
- 여보게, 보내주게

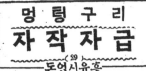

1925.7.16

멍텅구리 자작자급 30

자동차 취체

윤바람이 멍텅구리를 청해놓고

- 오늘 밤에는 자동차를 하나 잡아볼까?
- 대찬성일세

기생 실은 자동차를 잡아

- 스톱

취체를 하다가

- 운전수, 왜- 차속에 불을 안 켰어? 탄 사람은 누구야?

옥매를 만나 멍텅이는 자동차 밑으로

- 아, 이렇게들 하시기요
- 하하하, 옥매던가?
- 응-!

1925.7.17

멍텅구리 자작자급 31

청천벽력

필경은 백주대도상에서 옥매를 만나

- 또 옥매가 오는구나. 에그 창피해 이를 또 어찌하나

평생 용기를 다 들여 대면하기를 결심

- 오냐. 이래도 알고 저래도 알고 알기는 일반인데 걱정할 것 있나

순사로는 처음 만나는 체하다가

- 인력거 거기 서라…
- 옥매… 자네 오래간만일세그려

옥매가 벌써 보았다는데 기절

- 아, 간밤에도 보시고 그러십니까?
- 무어?

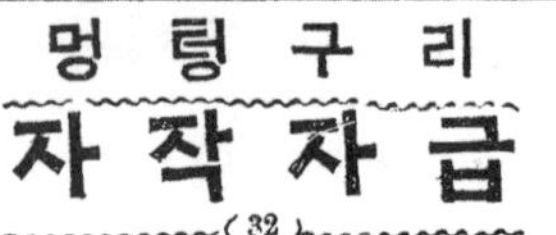

1925.7.18

멍텅구리 자작자급 32

부랑자* 취체

* 부랑자(浮浪者): 일정하게 사는 곳과 하는 일 없이 떠돌아다니는 사람

같이 자던 윤바람은 오전 5시에 깨어

- 여보게, 부랑자 취체 나가세
- 이렇게 일찍 간단 말인가

멍텅구리 집으로 향하여

- 좀 있으면 자네도 바쁘고 나도 바쁘니 빨리 다방골*로 가세
- 아이구 졸려

* 다방골: 서울시 중구 다동(茶洞). 조선시대 이 지역에 조정의 다례(茶禮)를 주관하던 관서인 다방(茶房)이 있어 다방골이라 하였음

쿨쿨 자는 부랑자를 취체하여

- 네 성명이 무엇이야?
- 네- 최갑돌이어요

파출소로 잡아간다

- 이놈! 네가 구리귀신*인 줄 내가 아는데 최가가 무어야! 우리 최씨 가문 중엔 너 같은 부랑자는 없다. 파출소로 가-
- 살려줍시오

* 구리귀신: 지독한 구두쇠를 낮잡아 이르는 말

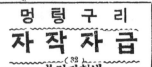

1925.7.21

멍텅구리 자작자급 33

후회막급

구렁이* 집 앞에서

- 아저씨 이것이 웬일이세요?
- ?
- 뒤를 잠깐 보고 나오겠습니다

* 구렁이: 음흉하고 능청스러운 사람을 비유적으로 이르는 말

옥매의 친정인 줄 알았다가

- 옥매가 내 동생인 줄 모르세요?
- 경관도 그런 소리를 듣나? 애-헴

바람의 강연을 듣고

- 여보게, 고만 가세
- 싱거운 사람

후회 막급

- 아이구 구려! 인제야 살았다

1925.7.22

멍텅구리 자작자급 34

멍텅

- 7월 8일~8월 초, 서울과 삼남(三南) 지방을 휩쓴 을축년 대홍수를 소재로 한 에피소드

비오는 날에 한잔 먹을 공론을 하다가

- 아함. 오늘은 비도 오는 김에 옥매나 부르고 한잔 빨았으면 좋겠다
- 글쎄, 그도 해롭지 않은 말이야

비상소집으로 뚝섬 방면을 가서

- 애! 한강 대홍수 비[雨]. 비상소집이다. 뚝섬 방면에 지급* 출동
- 아, 이런 제기
- 그것 참 원!

* 지급(至急): 매우 급함

피난민에게 좌측통행만 부르다가

- 아- 좌측통행 좌측통행

미끄러져서 물 속에 둥실둥실

- 사람 살려라

1925.7.23

멍텅구리 자작자급 35

수해구제

하륙*하는 피난민 거들란 명령을 듣고

- 이판에 좌측통행은… 지금부터는 하륙하는 사람을 거들어!
- 하이

＊ 하륙(下陸): 배에서 뭍으로 내림

억지로 제 앞에 배를 대게 하고

- 이리 배를 대라. 내가 거들어준다

높은 비탈에서 피난민을 끌어주다가

- 어서 올라오너라… 영치기*다**

＊ 영치기: 여러 사람이 함께 무거운 물건을 메고 갈 때, 힘을 맞추기 위하여 내는 소리

＊＊ 영치기다: 힘내라

엎드러지면서 또다시 풍덩실

- 어이쿠

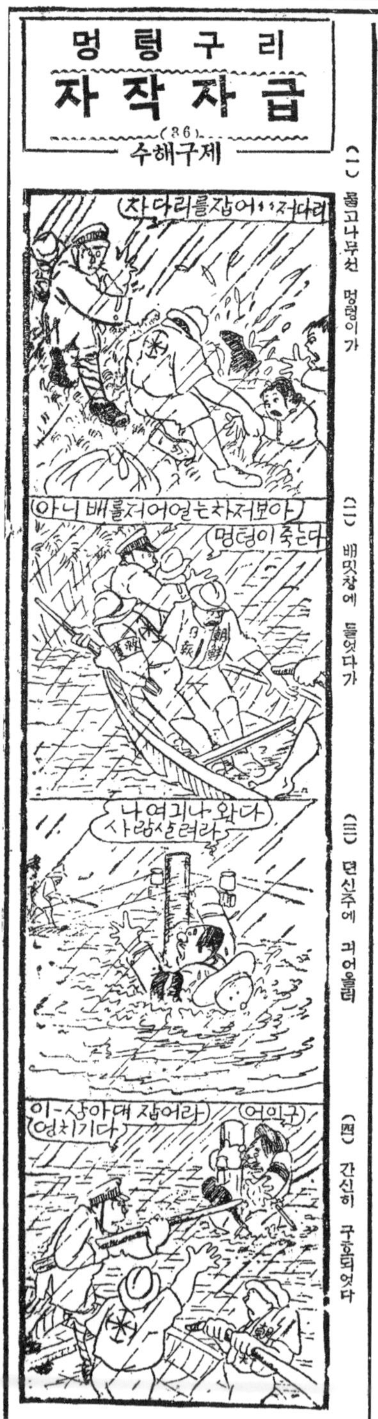

1925.7.24

멍텅구리 자작자급 36

수해구제

물구나무선 멍텅이가

- 자, 다리를 잡아, 잡아. 저 다리

배 밑창에 들었다가

- 아니, 배를 저어. 얼른 찾아보아
- 멍텅이 죽는다

전신주에 기어올라

- 나 여기 나왔다. 사람 살려라

간신히 구호되었다

- 이- 상앗대* 잡아라 영치기다
- 어이구

* 상앗대: 배질을 할 때 쓰는 긴 막대

1925.7.25

멍텅구리 자작자급 37

응원청구

결사대 나갔다가 죽을 뻔하고

- 이런 제기, 까딱하면 죽을 뻔했지. 예라, 경관대를 더 청하여라

경찰부에 응원을 청하다가

- 모시모시, 거기가 경찰부요? 동대문서 관내의 수해가 제일 심하니 증원대 좀 지급 파송하시오
- 그것 누구냐? 무엇이 어째-!

사람이 없단 말을 듣고

- 이놈, 여기 방침대로 하는데 잔소리 말아! 어련하려고. 이놈! 멍텅이 주제에
- 하이하이, 그렇습니까? 나는 몰랐소그려

모자를 메붙이며* 다시 한 번 결심

- 에라이, 네기**…

* 메붙이다: 어깨 너머로 둘러메어 바닥에 힘껏 내리치다

** 네기: 몹시 못마땅하여 욕으로 하는 말. '네기미'라고도 함

1925.7.26

멍텅구리 자작자급 38

결사대

어름어름하고* 가로샜다**

- 지금 뚝섬 방면에 1000여 명 인민이 곧 죽게 되었다. 결사대를 보내야지
- 암, 보내야 하고말고

* 어름어름하다: 일을 대충 하고 눈을 속여 넘기다

** 가로새다: 중도에서 다른 곳으로 빠져나가다

험한 물결에 헛겁*을 내어

- 너희들이 저 결사대와 협력하여 얼른 갔다와
- 하이
- 하이

* 헛겁: 허겁(虛怯). 마음이 실하지 못하여 겁이 많음

결사대 따라서 내닫다가

- 어이구, 물결은 험악한데…
- 멍텅이, 내가 아까 눈치를 보니까, 응? 안 가면 어떻담

잔뜩 별렀는* 멍텅 순사가

- 여보, 사공들. 당신네는 헤엄을 치니까 빠져도 안 죽겠지?
- ?
- 나도 헤엄이라고는 못 치니까

* 별렀는: '별렀던'(르 불규칙동사 '벼르다'의 활용형). 어떤 일을 이루려고 마음속으로 준비를 단단히 하고 기회를 엿보던

을축년 대홍수와 도시개발

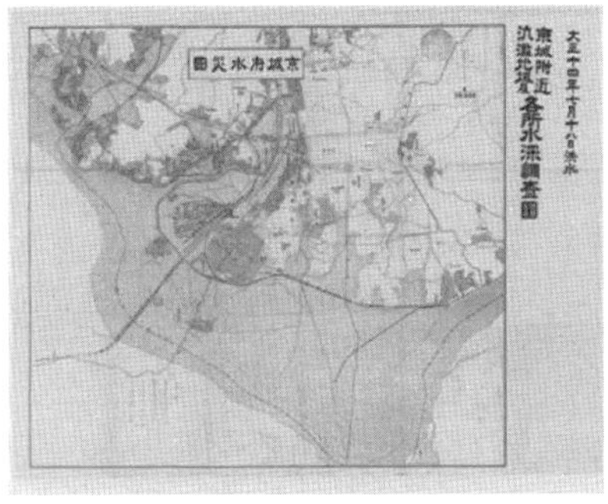

경성부수재도(京城府水災圖). 을축년 대홍수에 범람한 용산과 마포 일대의 피해상황 및 수심 조사지점을 지도에 표시한 것

을축년 대홍수 당시의 사진(출처: 한국민족문화대백과)

1925년(을축년) 홍수는 한강 유역에서 발생한 사상 최대의 대홍수로 기록된다. 유례 없는 큰비로 전국에서 647명이 사망했고 가옥과 논밭이 수도 없이 유실되었으며, 피해액은 당시 조선총독부 1년 예산의 58%에 달하는 1억 300만원이었다. 이 해에는 총 네 차례에 걸쳐 하늘에 구멍이 난 듯 비가 쏟아졌다. 수도권의 경우 7월 2차 홍수 때에 가장 심각한 피해를 입었다. 1차 홍수의 물이 채 빠져나가기도 전인 7월 14일 재차 태풍이 불어닥쳐 며칠간 한강 유역에 집중 호우가 쏟아진 것이다. 강물이 영등포와 용산 등지의 제방을 넘어와 강변 일대가 쑥대밭이 되었다. 무엇보다 애초에 제방이 설치되지 않았던 동부이촌동 등이 가장 큰 피해를 입었다. 〈자급자작〉 34회에서 38회까지 만화 칸을 가득 채우는 빗줄기는 이러한 당시의 급박한 풍경을 묘사한 것이다.

특히나 홍수로 인해 조선인들의 피해가 극심했던 데에는 이들이 대부분 강변이나 섬, 웅덩이 근처 등에 살았던 영향이 컸다. 이후에도 총독부는 차별적 구제 활동을 벌이고(37회 참조) 조선인들의 자발적 구제 행위를 탄압하기까지 했다. '수해'가 명물이라고 말할 정도로 홍수 피해가 잦던 지대인 이촌동 일대는 피해를 복구하기는커녕 오히려 폐동을 만들어 조선인의 거주를 금지했다. 이러한 정책의 배경에는 용산 일대를 일본인 시구로 만들고자 했던 일제의 도시개발계획이 깔려 있었다. 총독부는 1920년대 초반부터 한강변을 일본인들이 즐길 행사를 개최하는 놀이 장소로 개발하고자 했다. 그 와중에 발생한 홍수를 조선인을 축출할 기회로 삼았다. 이렇듯 을축년 대홍수는 민족과 계급, 자본의 위계가 뒤섞여 발생한 사회적 재난이기도 했다.

그 무렵 발간된 신문기사들은 당시의 홍수 피해가 얼마나 참혹했는지를 생생히 묘사하고 있다. 1924년 7월 18일 《조선일보》 호외는 "뚝섬 상부에 있는 신천리, 잠실리 두 동리는 약 1000호에 약 4000명이 전부 물속에 들어서 모두 절명 상태에 있다"며 "17일 밤 10시경부터 살려달라는 애호성이 차마 들을 수 없이 울려왔는 바 그동안 모두 사망하였는지도 알 수 없다"고 전했다. 이날 밤까지 또 비가 퍼부은 것인지 다음 날 《동아일보》는 "17일 밤 뚝섬과 왕십리 사이는 완연한 바다로 변하야 사면이 양양한 물천지요, 더욱이 전기까지 끊어져서 암흑세계를 이루었다"고 전하며 "배를 부리던 사공조차 제 몸 위험을 느껴 출동을 거절하며 출동하였던 백 명의 공병대도 사나운 물결에 어느 곳에 피난민이 있는지 알 수가 없었다"고 했다.

1925.7.27

멍텅구리 자작자급 39

옥매구원

결사대에서 가로샌 멍텅이가

- 사람이 푹푹 죽어난 판에 이 몹쓸 놈들아, 자동차에 기생을 싣고…?
- 잡아 끌어내려라

한강철교로 방황을 하다가

- 기생이 옥매다. 흙을 발라주어라
- 이 부랑자는 어느 놈이냐… 예끼, 이 처죽일 놈!
- 요, 조리를 할 년*
- 에구머니
- 어이구
- 이놈

* 조리를 할 년: 조리돌림할 년

봉변을 하는 옥매를 만나

- 에라이 부랑자로구나… 윤 순사, 이것들을 자동차에 태워다가 유치장에 넣어
- 냉큼들 타라
- 그저 그놈들을, 응-

취체를 핑계하고 구해냈다

- 뿡뿡
- 다음에 보세
- 에헴

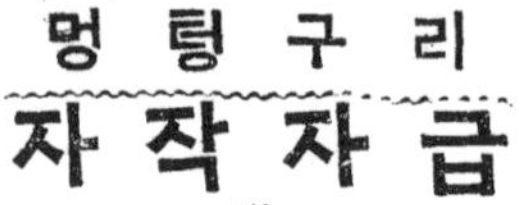

1925.7.28

멍텅구리 자작자급 40

비희교집*

* 비희교집(悲喜交集): 슬픔과 기쁨이 한꺼번에 닥침

바람의 추는* 소리에

- 멍텅이, 자네가 어제는 가다가 처음 순사의 권리를 부렸네그려
- 히히히

* 추다: 기분을 맞추느라 훌륭하거나 뛰어나다고 말하다. 비행기를 태우다

혼자 좋아하는 멍텅이가

- 내 아니었더면 참 뱀 볼 뻔했지*
- 글쎄, 옥매가 봉변을 착실히 당하데그려

* 뱀을 보다: 잘못 대하다가 크게 봉변을 당하다

낙태*의 걱정으로 금방 울 듯

- 그러나 옥매가 낙태나 안 했는지? 저 일을 장차 어찌하면 좋단 말가? 어이구……!
- ?

* 낙태(落胎): 여기서는 '유산(流産)'의 뜻. 태아가 달이 차기 전에 죽어서 나옴

바람이 말려 또다시 흐홍

- 이 사람, 옥매가 여간 내기라고 낙태를 해?
- 흐흐, 딴엔 그래

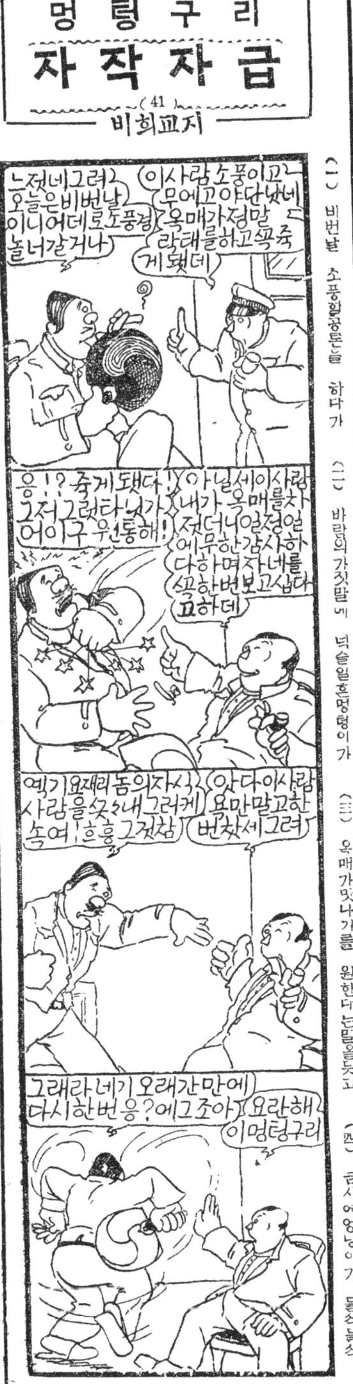

1925.7.29

멍텅구리 자작자급 41

비희교지*

* 비희교지(悲喜交至): 슬픔과 기쁨을 번갈아 맛봄

비번날 소풍할 공론을 하다가

- 늦었네그려. 오늘은 비번날이니 어디로 소풍 겸 놀러 갈까나?
- 이 사람 소풍이고 뭐고 야단났네. 옥매가 정말 낙태를 하고 꼭 죽게 됐대

바람의 거짓말에 넋을 잃은 멍텅이가

- 응!? 죽게 됐다! 그저 그렇다니까. 어이구 원통해!
- 아닐세, 이 사람. 내가 옥매를 찾았더니 일전 일에 무한 감사하다 하며 자네를 꼭 한번 보고 싶다고 하데

옥매가 만나기를 원한다는 말을 듣고

- 예끼, 요 재리놈의 자식. 사람을 끝끝내 그렇게 속여! 흐흥, 그것 참
- 아따 이 사람, 욕만 말고 한번 찾세그려

금시에 엉덩이가 들썩득썩

- 그래라, 네기. 오래간만에 다시 한 번 응? 에그 좋아
- 요란해 이 멍텅구리

1925.7.30

멍텅구리 자작자급 42

옥매방문

조선옷은 맵시를 자랑하며

- 어떤가, 우리나라 옷 맵시가? 이만하면 누가 순사 다니는 자라고 할까?
- 말쑥한 새서방일세. 왜 순사가 그리 못마땅한가?

때아닌 불평에 기를 낸* 끝에

- 못마땅한 것이 아닐세. 고 잿감**이 놈의 백마 경부*** 거드름이 아니꼬와. 에익, 이놈의 순사를 그만두어야지
- 쉬! 이 사람. 옥매한테나 어서 가세 오늘 기다리네

* 기를 내다: 기가 살다. 의기가 소침하지 않고 기세가 오르다

** 잿감: 째마리. 사람이나 물건 가운데서 가장 못된 찌꺼기

*** 백마 경부: 백마를 타고다니는 경부. 경부는 경시 아래, 경부보 위 계급의 경찰 간부. 오늘날 경감과 경정에 해당

아양 피는 옥매 방에 뛰어들어가

- 이로나라
- 에헴
- 어이구, 영감. 얼마 만이세요? 어서들 오세요

이마를 부딪혀 눈물이 핑글

- 어 참, 오래간만일세. 이렇게 막 들어가도 괜찮은가? 어이쿠
- 이 사람 문틀 부서지네
- 어이그, 가엾어라

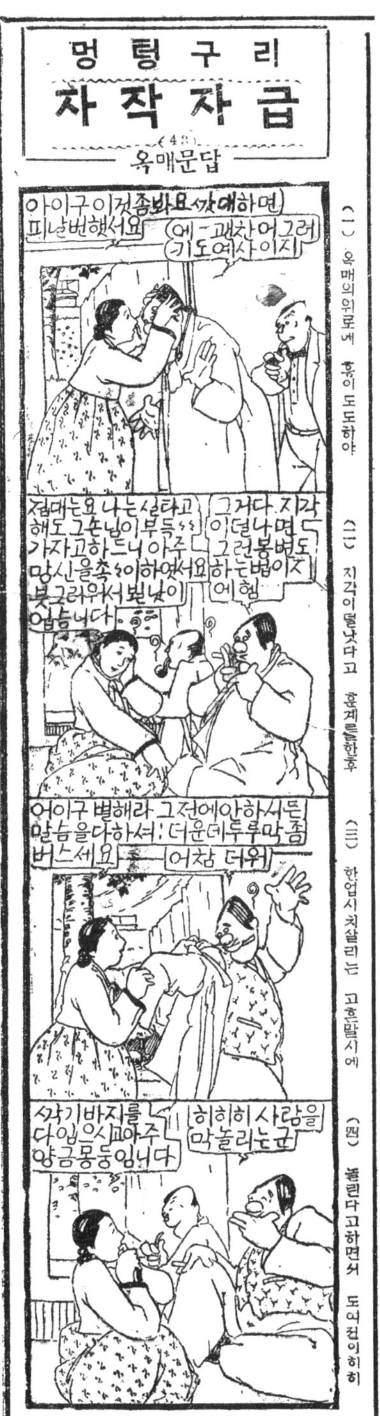

1925.7.31

멍텅구리 자작자급 43

옥매문답

옥매의 위로에 흥이 도도하여

- 아이구, 이것 좀 봐요. 까딱하면 피날 뻔했어요
- 에- 괜찮아. 그러기도 예사이지

지각이 덜 났다고 훈계를 한 후

- 접때*는요, 나는 싫다고 해도 그 손님이 부득부득 가자고 하더니, 아주 망신을 촉촉이** 하였어요. 부끄러워서 뵐 낯이 없습니다
- 그거 다 지각이 덜나면 그런 봉변도 하는 법이지, 에헴…

* 접때: 오래지 아니한 과거의 어느 때를 이르는 말

** 촉촉이: '톡톡히'의 오기인 듯

한없이 치살리는* 고운 말씨에

- 어이구 별해라**. 그 전에 안 하시던 말씀을 다 하셔! 더운데 두루마기 좀 벗으세요
- 어, 참. 더워

* 치살리다: 지나치게 치켜세우다

** 별(別)하다: 보통 것과 이상스럽게 다르다

놀린다고 하면서도 여전히 이히히

- 깍기바지*를 다 입으시고 아주 양금몽둥**입니다

* 깍끼바지: 안팎 솔기를 발이 얇고 성긴 깁을 써서 곱솔로 박아 지은 '깨끼바지'를 가리킴

** 양금몽둥: 해석 불가

1925.8.1

멍텅구리 자작자급 44

옥매문답

바람이가 이야기를 가로막고

- 이 사람, 자네 남편만 그리 중한가? 나는 너무 무색해그려*
- 망측해라, 윤 주사 나리는 괜히 그러셔요
- ?

* 무색(無色)하다: 겸연쩍고 부끄럽다

수박을 한 턱 내라는 판에

- 나리고 무엇이고 목 마르니 수박이나 좀 사오게
- 아이구, 숨이나 좀 돌려야 수박도 사오지요

부끄러워하는 순사를 들먹거린다고

- 영감께서 순사 노릇하시기에 고되지 않으셔요?
- 응? 순사!!

뒤도 안 돌아보고 달아나는 멍텅이

- 에이, 창피해. 나는 가네
- 여보세요

1925.8.2

멍텅구리 자작자급 45

창피막심

옥매의 청으로

- 저것 좀 보세요. 정말 갔습니다. 가서 좀 붙드세요
- 에이, 맛대가리 없는 사람

□ □하는 바람에게

- 멍텅이 자네가 미쳤나? 그게 무슨 짓인가?
- 응, 나는 가겠네. 사람이 창피해

억석당년*을 내세우며 버티다가

- 창피는 무엇이 그리 창피해? 세상이 다 아는 멍텅이 순사
- 억석당년에 내가 누구라고. 순사 노릇이 창피하잖아

* 억석당년(憶昔當年): 오래전에 지나간 일을 돌이켜 생각함

옥매가 운다는 말 듣고 또 흐흥

- 이 사람, 내 말 좀 듣게. 옥매가 너무 무안해서 울려고 하데
- 흐흥, 정말 그려

1925.8.3

멍텅구리 자작자급 46

상팔자

바람을 따라 되돌아가서

- 수박 잡수시렵니까? 약주부터 하시지요
- 멍텅이 먼저 자시게

권하는 술에 얼근히 취한 판에

- 어이구, 팔이 아파 술잔도 못 들겠네
- ?

옥매가 먹여주는 술잔을 받고

- 어떡하려고 그러세요? 꼭 이렇게 해야 마십니까?
- 에, 눈허리가 셔*

* 눈허리가 시다: 깊은 감동을 받아 눈물이 쏟아질 지경이다

상팔자라고 대(大)기염*을 토해

- 아- 영감, 이전보다 많이 변하셨어
- 에헴, 오늘 같아서는 멍텅구리가 상팔자다

* 기염(氣焰): 불꽃처럼 대단한 기세

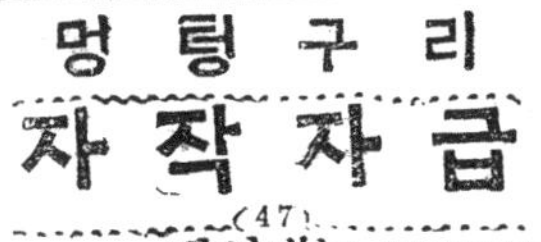

1925.8.4

멍텅구리 자작자급 47

발연대노*

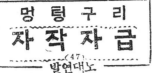

* 발연대노(勃然大怒): 크게 노하여 벌컥 성을 내다

취흥이 도도한 멍텅이가

- 한 잔 더 하세요
- 이번엔 자네가 먼저 들게

술상을 치며 소리까지 하다가

- 노세 노세 젊어 노세. 오늘 아니 놀면 내일은 못 논다… 좋다, 에헴
- 난봉이 났네. 난봉이 났네. 멍텅이 순사가 아이구 또 난봉이 났네야

바람의 비웃는 난봉가* 까닭에

- 에라, 요 깍쟁이 놈의 자식. 하필 또 그 소리를… 에잇 나는 간다

* 난봉가: 황해도 지방에 많은 민요의 하나

심술에 못 이겨 달아나는 멍텅

- 아-! 멍텅이 또 정말인가
- 아이구, 그렇게 싫은 노릇을 뭘 하러 순사를 해

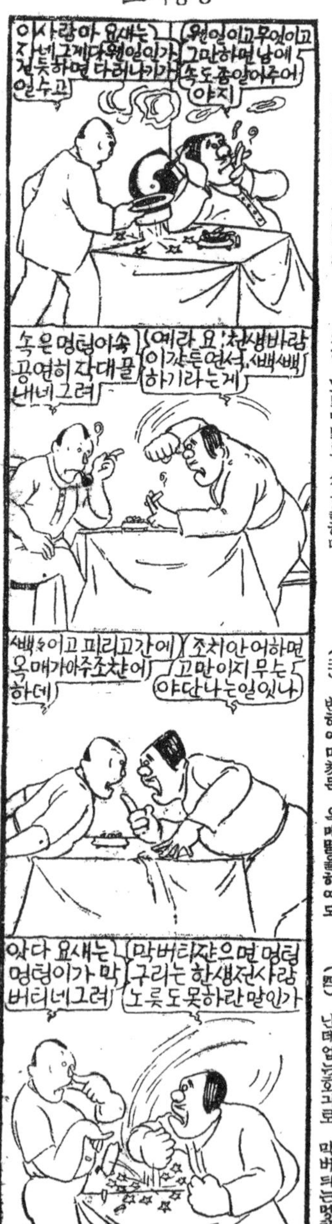

1925.8.5

멍텅구리 자작자급 48

노기등등

여관에 쫓아온 바람이와

- 이 사람아, 요새는 자네 그게 다 웬일인가? 건듯하면* 달아나기가 일쑤고
- 웬일이고 무엇이고 그만하면 남의 속도 좀 알아주어야지

* 건듯하면: '걸핏하면'의 방언

노발대발로 싸움을 하며

- 속은 멍텅이 속. 공연히 작대 골 내네*그려
- 예라, 요! 천생 바람이 같은 녀석. 빽빽하기**라는 게

* 작대(作大) 골 내다: 크게 만들어 화를 내다

** 빽빽하다: 속이 좁다

반하여 미쳤던 옥매 말을 하여도

- 빽빽이고 피리고 간에 옥매가 아주 좋지 않아하데
- 좋지 않아하면 그만이지, 무슨 야단나는 일 있나?

난데없는 호기로 막 버티는 멍텅

- 아따, 요새는 멍텅이가 막 버티네그려
- 막 버티잖으면 멍텅구리는 한생전* 사람 노릇도 못하란 말인가

* 한생전(限生前): 살아 있는 동안까지

1925.8.6

멍텅구리 자작자급 49

노기등등

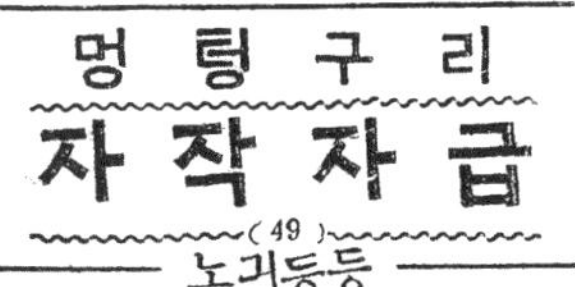

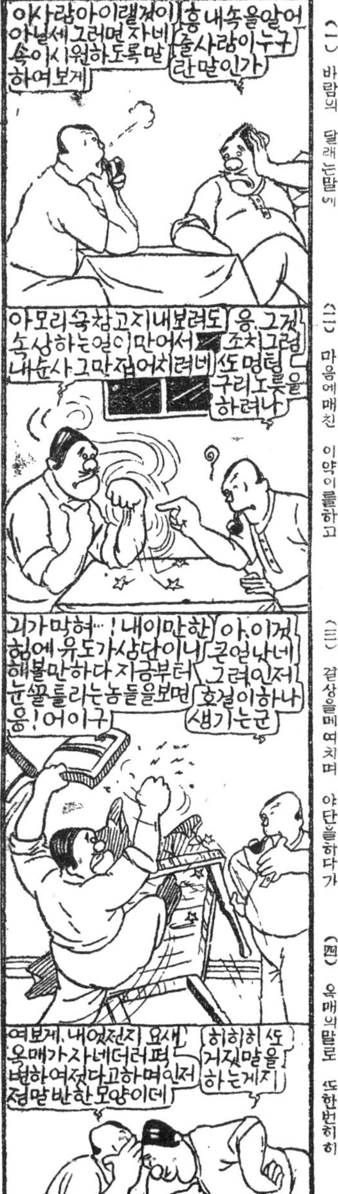

바람의 달래는 말에

- 이 사람아, 이럴 것이 아닐세. 그러면 자네 속이 시원하도록 말하여 보게
- 흥, 내 속을 알아줄 사람이 누구란 말인가

마음에 맺힌 이야기를 하고

- 아무리 꾹 참고 지내보려 해도 속상하는 일이 많아서 내 순사 그만 집어치려네
- 응, 그것 좋지. 그럼 또 멍텅구리 노릇을 하려나?

걸상을 메어치며 야단을 하다가

- 기가 막혀…! 내 이만한 힘에 유도가 3단이니 해볼 만하다. 지금부터 눈꼴틀리는 놈들을 보면, 응! 어이구
- 아, 이것 큰일 났네그려. 인제 호걸이 하나 생기는군

옥매의 말로 또 한 번 히히

- 여보게, 내 어쩐지 요새 옥매가 자네더러 퍽 변하여졌다고 하며 인제 정말 반한 모양이데
- 히히히 또 거짓말을 하는 게지?

1925.8.7

멍텅구리 자작자급 50

부랑자취체

• 제목 오른쪽에서 왼쪽으로 표기

바람의 말을 좇아

- 이 사람, 그 일은 어쨌든 오늘 비번날이지만 우리 정복 입고 부랑자 취체나 또 해보세
- 글쎄, 마지막 겸 한번 톡톡히 해볼까

부랑자 취체를 갔다가

- 지금 예서 술 먹고 소리하던 자가 어디로 갔어? 냉큼 말해
- 아니에요, 우리끼리만 놀았어요

다락에 숨긴 궐자*를 찾아

- 이 다락 속에서 무엇이 덜컥하노? 에라, 여기 있구나 어서 나와
- 이건 너무 심하구려

* 궐자: '그', '그자'를 낮잡아 이르는 말

유도를 하는 듯이 끌어내어

- 시러배아들*의 친구, 다락 속에다 살림을 차렸나? 이렇게 좀 못 나와?
- 여-보, 이럴 게 뭐요

* 시러배아들: 실없는 사람을 낮잡아 이르는 말

1925.8.8

멍텅구리 자작자급 51

부랑자취체

• 원본 파일 손상

뻣뻣이 구는 궐자에게

- 이런 오뉴월에 얼어죽을 친구 □은말 콩만 좋아한다고 □□가 다 벗겨져가지고…
- 여보, 그만큼 하고 어서 가서 교통순사 노릇이나 잘하우

성명을 대라고 으르다가

- □□□장이 뻣뻣하다. □□ 성명이 뭐요?
- 성명은 구태여 알잘* 것이 뭐야? 그만 가라니까. 왜 명함을 내주라우**?

* 알잘: 알고자 할

** 내주라우: 내달라고 하오

명함을 받아 상관인 줄 알고

- □□ 이렇게 장하신 분인 줄은… 매우 황송합니다
- (경부 부말둑이)

비웃으면서 □□□□

- □□□ 멍텅이
- 흥 거기도 상관의 권리람…!

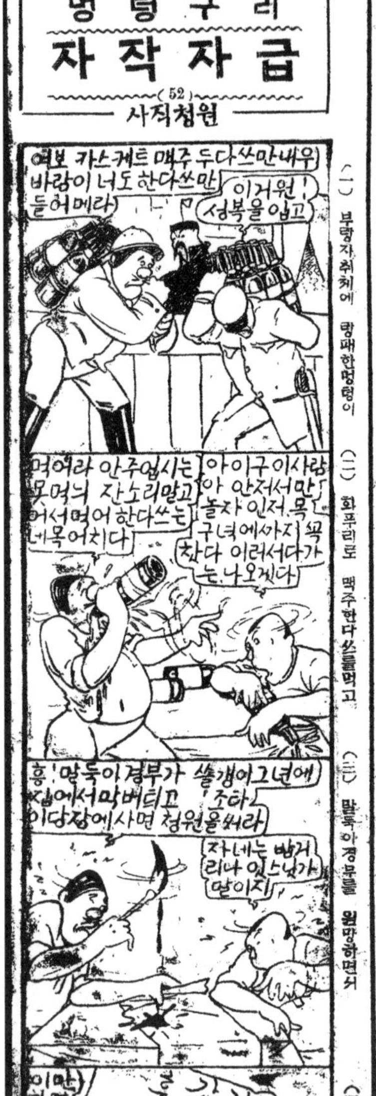

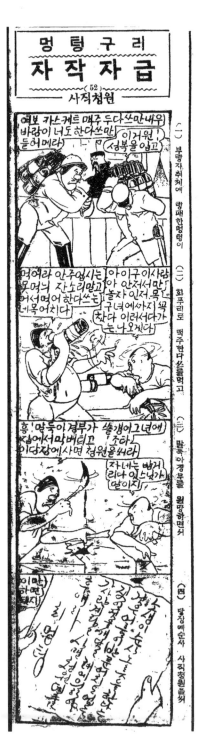

1925.8.9

멍텅구리 자작자급 52

사직청원

부랑자 취체에 낭패한 멍텅이

- 여보, 카스케트 맥주 두 다스*만 내우. 바람이 너도 한 다스만 들어메라
- 이거 원! 성복**을 입고

* 다스: 물건 열두 개를 묶어 세는 단위

** 성복(盛服): 잘 차려입은 옷. 여기서는 '제복'의 뜻

화풀이로 맥주 한 다스를 먹고

- 먹어라. 안주 없이는 못 먹니? 잔소리 말고 어서 먹어. 한 다스는 네 몫어치다
- 아이구, 이 사람아. 앉아서만 놀자. 인제 목구멍에까지 꼭 찼다. 일어서다가는 나오겠다

말둑이 경부를 원망하면서

- 흥! 말둑이 경부가 쏠갱이 그년의 집에서 막 버티고. 좋다. 이 당장에 사면 청원을 써라
- 자네는 밥거리나 있으니까 말이지

당장에 순사 사직청원을 써

- 이만하면 됐지
- (소생이 순사 노릇을 한다는 것은 어림이 반푼어치도 없는 짓인 것을 깨닫고, 예에 의하여 가사 관계라고 사면 청원 제출. 후애하*, 최멍텅)

* 후애하(厚愛下): 두터운 사랑을 담아

1925.8.10

멍텅구리 자작자급 53

사직청원

서장에게 사직청원을 제출하다가

- 그것이 뭐냐, 사직청원서? 조금 가만히 있어. 에- 네가 멍텅이 순사지? 요시*
- 하이?**

* 요시(よし): 좋아. 알았어. 그래

** 하이(はい): 네

예전의 신분이 탄로가 되어

- 네가 부랑자 생활을 할 때, 1년 징역에 3년간 집행유예 처분을 받은 일이 있었지?
- 하이

눈이 빠지게 호령만 듣고

- 네 이놈. 관청을 속여 경관 노릇을 하며 게다가 온갖 건방진 짓은 다- 하고 십분 관대한 처분으로 면직만 시킨다. 이 뒤에 조심해
- 하이 하이

면직을 당하고 돌아서는 멍텅이

- 이놈, 멍텅이 주제에… 나마이끼*하게
- 이런 제기, 사직할 팔자도 못 되나? 오나 두고보자

* 나마이끼(なまいき): 건방지다

1925.8.11

멍텅구리 자작자급 54

건주정*

* 건주정(乾酒酊): 술에 취한 체하고 하는 주정

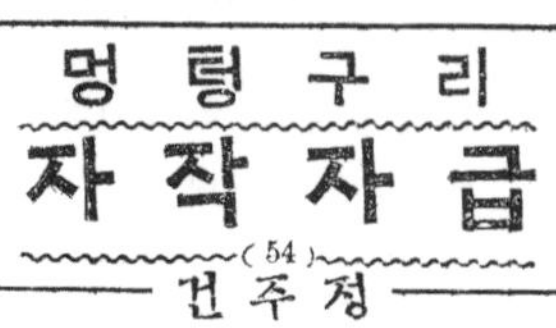

면직을 당하고 나오는 멍텅이가

- 에헴- 칵- 퉤퉤. 안 되는 놈은 자빠져도 코가 깨진다고, 에헴. 면직이 관대처분이여? 깍- 퉤퉤. 에-이 풍진 세상을 만났으니… ♬♩♪

술 취하여 노래하며 비틀거리다가

- ♬♩♪ 부귀와 영화를 누렸으면 칵-퉤퉤. 에라 그게 누구냐? 비켜라. 내 대구리* 다칠라

* 대구리: 대가리의 방언

말뚝이를 만나 개천에 잡아넣고

- 네가 쑬갱이 영감. 오-말뚝. 칵퉤퉤. 예끼, 그러하다가 개천에 빠질라. 조심하라니까
- 으으?

경례를 하면서 하직을 한다

- 아이구, 어째 저렇게 됐소? 감기 드시리다. 점잖은 이가 매우 체통을 상하셨습니다그려. 소생은 하직합니다 에-헴 에-헴
- 에푸 에푸

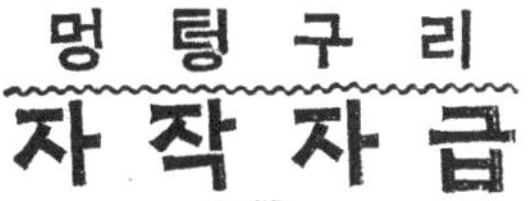

1925.8.12

멍텅구리 자작자급 55

건주정

취한 체하고 땅 위에 누워

- 에헴… 이건 평상이 널찍해 아주 좋네. 흥, 천장이 대단히 높아서 썩 시원한걸. 음.. 음 내가 지금 잠이 꼭 들어서 정신이 하나두 없겠다. 움-

세상을 비웃고 있는 판에

- 어- 시끄럽다. 누가 남의 안방에 와 지껄이니? 에헴
- 에구머니

야졌지* 않은 알부랑자**를 만나

- 거 원 누구들이냐? 응-으-요 알부랑자들
- 이게 웬 멍텅구리야?

* 야졌지: 해석 불가

** 알부랑자: 아주 못된 부랑자

한 팔로 들어 고개 위에

- 예끼, 요 대가리에 물도 안 마른 녀석이. 손자 멍텅이쯤 되는 놈이로구나
- 아이구, 제발 살려줍쇼

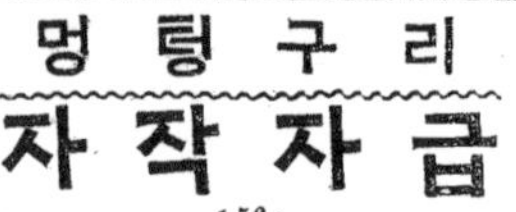

1925.8.13

멍텅구리 자작자급 56

차함*거지**

* 차함(借銜): 실제로 근무하지 않으면서 이름만을 빌리던 벼슬

** 차함거지: 이름뿐인 거지, 가짜 거지

거지 행세를 하며 거리에 있다가

- 돈 한 푼 적선합쇼. 에헴, 돈 한 푼 적선합쇼. 에헴, 영감마님, 한 푼만 줍쇼. 에헴 에헴
- 얘- 저 거지가 연방 에헴한다
- 아이구 우스워라
- 참 아마 양반 거지인가 보다

가중스러운 얼*신사를 만나

- 돈 한 푼 여따 놔 줍쇼. 에헴, 돈 한 푼…
- 이- 멀쩡한 자가 거지 노릇을 하다니. 나는 저따위 놈 보기 싫어

* 얼-: 일부 명사 앞에 붙어, '덜된', '모자라는'의 뜻을 더하는 말

알고보니 멀쩡한 날*부랑자

- 여보, 당신 주머니에 돈이 얼마나 있소?
- 아이구, 돈이라고는 이거 10전밖에 없소. 곱게 가져가우

* 날-: '지독한'의 뜻을 더하는 접두사

100원짜리를 꺼내들며 대기염

- 예라, 요 날부랑자 녀석. 겨우 돈 10전 가지고. 가-증스런 짓은- 응… 이놈 이것 좀 봐라
- (100원)
- 아이구, 나는 언제나 저런 돈 좀 만져보누?

1925.8.14

멍텅구리 자작자급 57

차함거지

찾아온 바람을 보고 돌연히 통곡

- 자네, 이게 무슨 짓인가? 내가 며칠을 찾아다녔네
- 어, 바람인가? 어허허… 아-이-구 아이-구… 엉엉

달래는 소리에 앙천대소*

- 이 사람아, 어서 가세. 장난도 분수가 있지
- 응, 볼꼴이 사나워**? 어허허 호호호 이히 이히 이히 아하 아하 아하

* 앙천대소(仰天大笑): 터져나오는 웃음을 참을 수 없거나 어이가 없어서 하늘을 쳐다보고 크게 웃음

** 볼꼴 사납다: 보기에 흉하다

옥매가 온다는 통에 걸음아 날 살려라

- 헤헤헹 망나니 녀석. 얘, 저기 옥매가 간다. 저 아니냐?
- 엉? 이것 탈 났구나. 걸음아 날 살려라

똥통에 엎드러져서 에푸푸 구려

- 이키, 이거 어느 놈이 똥통을 여기다가 놓았어? 에푸푸 아이구 구려

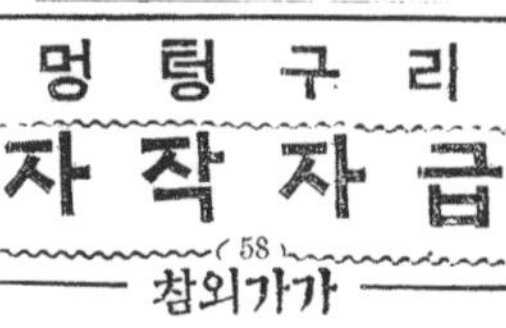

1925.8.15

참외가가*

* 가가(假家): 가게

거지가 금시*에 후록코트** 신사

- 아이구 구려. 99번은 씻어도 구린내는 여전해, 에헴. 내 후록코트 좋지? 이게 다- 옥매하고 결혼할 제 입으려고 맞춰놨더니!
- 멍텅이 이 더운데 후록코트는

* 금시(今時): 바로 지금

** 후록코트(프록코트, frock coat): 남자용 서양식 예복의 하나. 보통 검은색이며 저고리 길이가 무릎까지 내려온다

굵은 놈으로 골라서 참외가 한 접

- 자네도 순사를 내놨다니 잘됐네. 내 참외 한턱 쓰지. 여보, 저 참외 굵은 놈으로 한 접만 끌러놓으시오
- 먹지 않고 지고 가려나?

잠깐 먹은 것이 일흔다섯 개

- 굼벵이 나라에 가면 왕 노릇하겠네. 나는 벌써 75개일세
- 나는 이것알라* 셋째인데. 자네는 도야지**일세

* 이것알라: 문맥상 '이것일랑'인 듯

** 도야지: 돼지의 방언

도야지라는 별명 듣고 노발대발

- 친구보고 도야지라니!
- 아이크, 그다지 노할 것 없네. 물렀네. 이 다음부터 도야지를 보거든 멍텅이라고 함세

1925.8.16

멍텅구리 자작자급 59

참외가가

전화왔다는 말을 들은 멍텅이

- 전화가 내게 왔어. 여관 살림을 오래하다 보니 별 희귀한 일이 다- 있군

전화를 받기도 전에 좋아라고

- 히히 함지사지 이후에 생*이라더니. 내가 죽을 지경을 누구가 알고 돈 벌 자리를 가르쳐준다네. 아이구 좋아… 히히

* 함지사지이후생(陷之死地而後生): 죽을 마당에 이르러야 용기를 내서 다시 살아나게 된다는 뜻

전화통을 둘러대고 듣는 데다 말을 하다가

- 여보 여보! 거기 어디오? 당신이 누구요?

전홧줄이 끊어졌다고 화중을 내어

- 예끼! 신수가 불길하더니 돈 벌 자리가 생길 만하니까 전홧줄이 끊어져..!

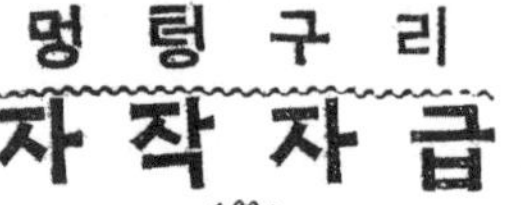

1925.8.17

멍텅구리 자작자급 60

배달부 지원

밥값에 졸린 멍텅이

- 여보, 밥값도 몇 달치씩 아니 내며 남의 세간까지 다- 쳐부시려우? 오늘은 밥값을 다 내오
- 이런 제기-! 어서 단 돈 1원씩이라도 벌어야지

돈 벌 생각이 버썩 나서

- 오냐-! 노동은 신성이라더라. 설렁탕 배달부라도 해야겠다. 옳지, 이렇게 차림차리를 해야 신용을 더하겠지, 에헴

설렁탕집 배달부를 청하다가

- 어서옵쇼. 저리 들어갑쇼
- 아니오. 저 거시기, 배달부로 채용해주

본색이 탄로되어 창피만

- 얘, 텅이다 텅이
- 여보, 우리 집에선 당신 같은 하이칼라… 일이 없소. 조선일보 석간 1면에나 가서 참외나 자슈
- 어이쿠 이러지 않아도 갈 데는 많소

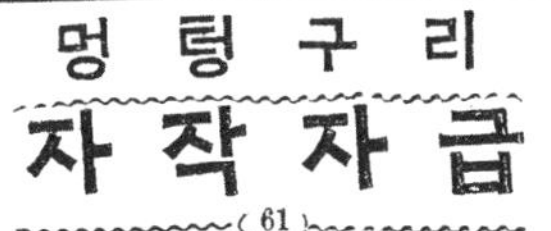

1925.8.18

멍텅구리 자작자급 61

배달부 생활

옷을 갈아입고 또 한 집을 찾아가

- 설렁탕 배달부를 뽑거든 하나 써줍쇼, 영감
- 글쎄, 그런데 성명이 뭐야?

성명을 아니 대고 어름거리다*가

- 성명 말입니까? 글쎄
- 성명도 모르는 멍텅구리로구나

* 어름거리다: 말이나 행동을 똑똑하게 분명히 하지 못하고 우물쭈물하다

채용되는 길로 훈련원을 나가

- 멍텅구리? 저는 최텅멍이올시다
- 일을 잘해야 돼. 그러면- 오늘부터 훈련원에 가서 자전거 타기를 배워야지

자전차와 안동*하여** 덜커드렁

- 어이쿠, 어디 배워먹겠나

* 안동(眼同)하다: 사람을 데리고 함께 가거나 물건을 지니고 가다

** 자전차와 안동하여: 자전거와 함께

1925.8.19

멍텅구리 자작자급 62

설농탕* 배달

* 설농탕(雪濃湯): 설렁탕

설렁탕을 엄청나게 메고 가다가

- 어여차. 이거 무던하다*. 이 더운데 설렁탕만 먹는 사람들도 있나?

* 무던하다: 정도가 어지간하다

똥통구루마와 충돌을 하여

- 저저 똥통구루마, 비켜줘요. 비키라니까. 어이쿠

설렁탕 그릇은 깨박을 치고

- 이 노릇을 어찌하나? 네기할* 놈, 좀 비켜달라니까?
- 이 멍텅구리 같은 놈아, 네 자전차가 서툴러서 그렇지. 이놈 눈깔딱지하고…

* 네기할: 몹시 못마땅하여 욕지거리로 하는 말. 네길. 네길할

분 나는 김에 똥구루마를 둘러엎어

- 이 자식, 무슨 잔소리냐? 네 똥통은 성할 줄 아니? 예끼
- 이 쳐죽일 놈!

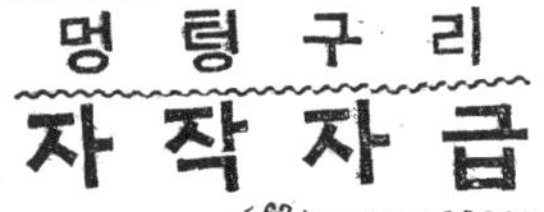

1925.8.20

멍텅구리 자작자급 63

배달부 해고

순사에게 쫓기는 멍텅이가

- 저놈 봐라. 교통업무 방해를 하고. 냉큼 잡아라
- 에구, 이건 몸 괴로운 조건이다. 줄행랑을 해라. 주인의 이 자전차를…

메고 가던 자전차를

- 어림도 없다. 나를 붙잡어? 낫둘* 낫둘. 에헴
- 저저저 저것

* 낫둘: 하나 둘

다리밑에 던지고

- 가만 있자. 이걸 메고 가다가는 꼭 증거로 붙잡히겠다. 영차 이 밑에다 둬라

헐떡거리며 돌아가니 쫓아내어

- 씩씩씩 어이구 가뻐. 여보, 까딱하면 잡혀갈 뻔했소
- 설렁탕은 어쨌니! 자전차는 얻다 두고? 예끼, 오늘로 당장 미역국이다

1925.8.21

멍텅구리 자작자급 64

배달부 하직

한 번만 참아달라고 애걸하다가

- 여보, 영감. 이번 한 번만 참아줍쇼
- 무슨 잔소리냐? 어서 가라니까? 들어쌓인 게 사람인데

무도하게* 뱉는 말에 열이 부쩍 나서

- 여보, 제발 그러지 좀 마슈. 순사가 잡으러 오는데 자전차를 메고 오느라고 죽을 뻔했소
- 히! 네놈 하나 잡혀가는 게 뭐 대단하냐? 뚝배기 설렁탕 값이 3원어치가 넘어!

* 무도하게: 인간으로서의 도리에 어긋나게

사람을 삶아죽일 듯이 설치다가

- 예끼, 이 욕심꾸러기. 이 양돼지 같은 것으로 왼통 설렁탕을 만들어 팔아라
- 어이구 저놈의 행악* 좀 봐라
- 어이구 어이구

* 행악(行惡): 모질고 나쁜 짓을 행함. 또는 그런 행동

번뜻 돌려 생각하고 곧 히히

- 히히히 내가 행악이냐? 이놈이 하도 뛰뛰한* 짓을 하니까 말이지. 그만둬라. 어데를 못 가 살랴. 네, 소생은 하직이올시다
- 어이구 꽁무니야!
- ?

* 뛰뛰하다: 말이나 소문의 내용이 확실한 근거가 없고 미덥지 못하다

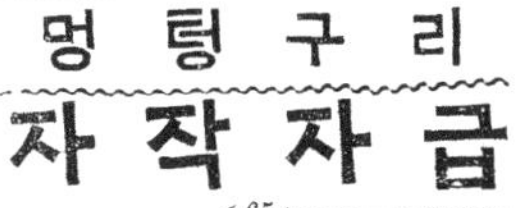

1925.8.22

멍텅구리 자작자급 65

활동배우

해수욕 갔던 바람을 만나

- 아! 바람인가? 그동안 어데 갔다 왔나? 얼굴이 새까매졌네그려
- 여러 날 만일세. 나는 그간 해수욕을 갔다 왔네

버티기만 한다고 비웃어 주고

- 그래도 연방 버티네그려. 피천* 한 푼도 없는 친구가
- 그럼 버티는 멋에 사는 세상인데… 여간 좋지 않데

* 피천: 매우 적은 액수의 돈

배달부 떨어진 이야기를 한 후

- 퀴. 퀴. 아이고 누린내. 이건 그간 뭘하다 왔길래 맨 누린내 판인가?
- 흥! 나는 그간 설렁탕 배달부를 들어갔더니 곧 미역국을 먹었네

바람의 말대로 활동배우로

- 이 사람, 좋은 수가 있네. 내 오다 보니까 지금 활동회사에서 배우를 뽑는다데. 우리 같이 가보세
- 그럼 지금 당장에 가봐. 내 양복… 어서 어서 히히

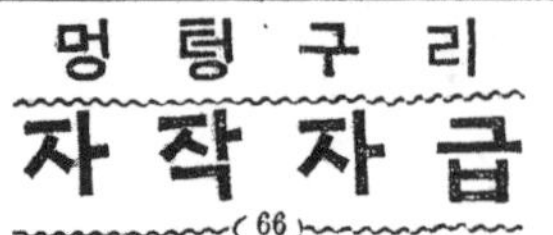

1925.8.23

멍텅구리 자작자급 66

배우 연습

대왕 노릇을 희망한 멍텅이가

- 에- 오늘부터 배우 연습을 해야 할 텐데, 멍텅이는 뭘 할꼬?
- 헹.. 나는 저- 거시기 대왕 노릇을 할 테야
- ?

신(新)빠가* 대장을 하기로 되어

- 피! 대왕? 멍텅이는 신빠가 대장이 꼭 좋아, 어디 해봐
- ?
- ?
- 옳지. 낚싯대를 들어메고 고갯짓하고 엉덩이 흔드는 거며 안짱다리 걸음. 됐다
- 헤헹, 이거 생병신을 만들어?

* 빠가(ばか): 바보, 멍청이

개시로 사기* 짐을 둘러엎고

- 어서 가! 뒤는 돌아다보지 말고… 에키, 저것 봐라
- 에크 저런!

* 사기(沙器): 사기그릇

모자가 벗겨지도록 따귀를 맞아

- 이놈, 신빠가야. 사깃값 물어놓아라
- 어이쿠

1925.8.24

멍텅구리 자작자급 67

배우 연습

장목* 가리** 무너버리며

- 그대로 자꾸 가! 비켜서지 말고. 옳지 기운차다
- 어이구 까딱하면 정강이 안 남겠네

* 장목(長木): 물건을 받치거나 버티는 데 쓰는 굵고 긴 나무

** 장목 가리: 장목 더미

닭의 둥우리*를 걸어떼이고

- 어서 또 그대로 가! 이키 됐다. 곧잘 하는구먼
- 히히 내가 뭘은 잘못하나?

* 둥우리: 닭이 알을 낳거나 품을 수 있도록 짚이나 댑싸리 따위로 만든 그릇 모양의 물건

둥우리 임자에게 뺨을 맞은 후

- 이놈 정신이 빠졌느냐? 닭 둥우리 좀 봐라
- 어이쿠
- 아이크
- 예끼, 요 자식. 아까부터 가만두니까!

쳐 넘기고 보니 친구 바람이

- 아니야, 신빠가는 지는 체해야 돼
- 엉? 바람이! 그럼 내일부터는 내가 지기만 하지
- 아이구, 턱주갱이*야

* 턱주갱이: 턱주가리의 방언

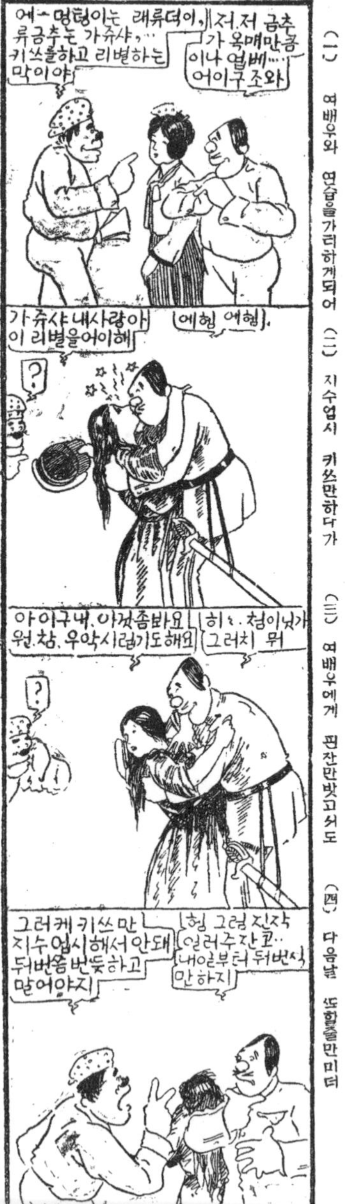

1925.8.25

멍텅구리 자작자급 68

배우 연습

여배우와 연습을 같이 하게 되어

- 에- 멍텅이는 래류덕*이, 류금추는 가쥬샤*, 키스를 하고 이별하는 막이야
- 저, 저 금추가 옥매만큼이나 예뻐… 어이구 좋아

* 래류덕, 가쥬샤: 톨스토이 《부활》의 남녀 주인공 네플류도프, 카추샤

지수* 없이 키스만 하다가

- 가쥬샤, 내 사랑아. 이 이별을 어이해?
- 에헴 에헴
- ?

* 지수(指授): 지시하여 가르쳐 줌

여배우에게 핀잔만 받고서도

- 아이구내, 이것 좀 봐요. 원 참 우악스럽기도 해요
- 히히 첨이니까* 그렇지 뭐

* 첨이니까: 처음이니까

다음날 또 할 줄만 믿어

- 그렇게 키스만 지수 없이 해서 안 돼. 두어 번쯤 번뜻하고 말아야지
- 헴, 그럼 진작 일러주지 않고… 내일부터 두어 번씩만 하지

1925.8.26

멍텅구리 자작자급 69

배우 연습

바람이와 연쇄극*을 연습하다가

- 멍텅이는 키다리, 바람이는 땅딸보 꼬맹이. 저 사람들과 연쇄극을 하는 게야
- 히히 어제 하던 것을 좀 더 하지 않고

* 연쇄극: 배우의 직접적인 공연과 영화를 섞어 상연하는 연극

감독의 외워주는 각본을 듣고

- 이놈! 땅딸뱅아, 네가 어젯밤에 옥매 집에 도적질을 갔다가 옥매를 놀래여 낙태를 시켰지?
- 엉? 바람이가 옥매 집을?
- ?

바람이가 옥매 집을 갔다고 때린 후

- 아니야, 키다리. 나 하라는 대로 해… 이놈 땅딸뱅아, 어젯밤에 옥매 집을…
- 아, 요 바람이가 옥매를 낙태시켰어? 에라 요놈!
- 아이크

감독의 설명을 듣고 적이* 안심

- 아니야, 이 멍텅아. 이게 연극이야
- 이 싱거운 바보 자식아
- 아이참, 그건 거짓말이지

* 적이: 꽤 어지간한 정도로. 꽤

1925.8.27

멍텅구리 자작자급 70

배우 연습

악한으로 2층집에 들어가

- 에- 키다리와 땅딸뱅이가 악한 노릇을 하는 게야, 옳지. 2층 열창*으로 기어올라가
- 요건 가뿐하고나

* 열창: 열고 닫을 수 있는 창

가방과 금고를 훔쳐내는데

- 땅딸뱅이, 요 금고를 메어라. 나는 이 가방 두 개를 들고 나갈 터이니
- 가만히 있어, 밖에 좀 보고

살살 기어내리는 바람이를 비웃고

- 내 먼점* 내려간다. 엣차
- 히히 천생 도적놈일세. 나는 이까짓 것 뛰어내리지

* 먼점: '먼저'의 방언

뛰어내리다가 엉덩방아

- 어이쿠 엉덩이야
- 아이크
- 어이쿠

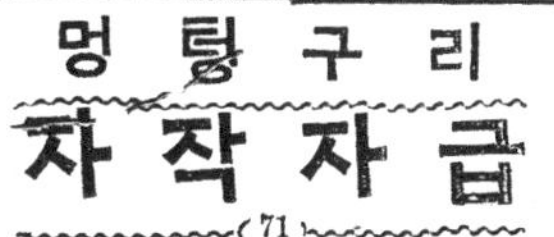

1925.8.28

멍텅구리 자작자급 71

배우 연습

성난 감독에게 멍텅은 뺨을 맞고

- 이 멍텅구리야, 우악스런 것도 분수가 있지! 예끼
- 어이쿠
- 아이그- 죽겠다!

목을 삔 감독과 등 곱은 바람과

- 어서 가자. 연습도 다 틀렸다. 어이구 모가지야
- 아이구, 나는 영 죽겠다

볼치*를 만지며 기어가는 멍텅이가

- 어이구 엉덩이야. 이런! 따귀까지 부었네!

* 볼치: 볼따구니의 방언

자동차를 불러서 기엄기엄

- 여보, 자동차를 이리 가져오오. 어서들 타-
- 아이그 허리야
- 어이구 꽁무니야

활동사진과 배우 생계

本館新築落成後

大滿望中

模範的活動寫眞은

今日부터 大大的映寫

京城昌德宮入口 團成社 電話九五九番

《매일신보》 1918년 12월 21자. 활동사진관으로 다시 지어진 단성사의 모습

영화의 조상 격인 '활동사진'은 영어의 '모션 픽쳐(motion picture)'를 직역한 말로, 일본에서 처음 사용되었다. 근대 조선에서 이 '움직이는 그림'은 새로운 세계에 대한 매혹이자 선전 수단이나 계몽 도구로 활발히 이용되었다. 다른 근대 문물들이 그렇듯 영화 역시 서구에서 일본을 거쳐 1900년대 초 한국으로 수입되었고, 1910년 이후부터 상설 영화관이 설립되며 대중문화를 주도한다.

당시 영화관에서 상영된 활동사진은 지금처럼 여러 대의 카메라와 유려한 편집 기술로 만들어낸 하나의 영상물이라기보다는 연극에 더 가까웠다. 당대 활동사진 상설관이었던 우미관이나 단성사, 조선극장 등은 모두 거액의 공사 비용을 들인 영화 상영관이었으나 영화 상영만 전용으로 하지는 않았고, 실물 공연 역시 자주 무대에 올랐다.

〈자작자급〉 속 활동배우의 모습 역시 영화 촬영이라기보다는 연극 연습으로 읽으면 이해하기 쉽다. 만화 속 '감독'은 대본을 외워주고 연기 지시를 하지만, 카메라를 들고 있지는 않다. 특히 멍텅이와 바람이가 키다리와 땅딸보 역할을 맡은 '연쇄극'(69회)은 필름으로 찍은 일부 장면을 연극 사이사이에 끼워넣어 보여주는 새로운 공연 양식이었다. 이러한 연쇄극 시기는 초기 영화의 틀을 형성하고, 장차 한국영화 제작 기반을 마련할 감독과 배우를 배출하는 통로가 되었다.

멍텅은 "활동배우가 되면 미국서는 일주일에 몇 천 불씩도 받는다는데, 여기서라도 한 달에 몇 백 원이야 주겠지 희희"(3회) 하며 단꿈을 꾼다. 하지만 멍텅이의 기대와 달리 일제강점기 연극영화계의 형편은 그리 풍족하지 않았다. 영세한 제작 환경 탓에 극단들은 만성 적자에 시달렸고, 몇 곳 되지 않는 극장들 중에서도 일본 배급사와 전속 계약을 맺어 조선 영화를 상영하지 않는 곳이 많았다.

1927년 데뷔해 스무 편 이상의 영화에 출연한 배우 윤봉춘(1902~1975)은 1937년 한 영화인 좌담회에서 "이때까지는 제가 1년에 두 편 이상(의 작품에) 출연해본 적이 없습니다. 한 작품의 출연료가 보통 40-50원에 불과한데 1년 두 편이면 80원을 받게 됩니까. (…) 그저 겨우 하루 한 끼 식사 먹을까 말까, 옷도 되는 대로 주워 입고…"라며 당대 배우들의 고용 불안정성에 대해 성토하기도 했다. 이에 비하면 그저 사람들의 '박수갈채'를 바라며 주어진 역할을 연기하고, 아들 낳았다고 집에서 돈이 올라오자 곧바로 '배우 사면'을 할 수 있는 멍텅은 일반적인 배우와는 딴세계 사람이다.

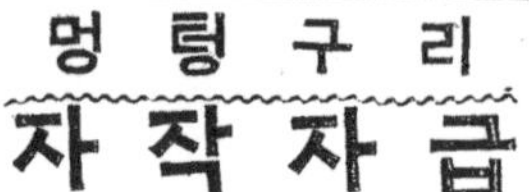

1925.8.29

멍텅구리 자작자급 72

병상에 희기*

* 희기(喜氣): 기쁜 기분

병상에서 옥매의 편지를 받아

- 어이구 더워. 꽁무니는 인제 다 나았는데 사람이 원 답답해서… 응? 편지?

사랑을 표하는 사연을 보고

- (부상하신 말씀 듣고 매우 놀랐습니다. 오직 저를 사랑해주신 당신을 저도 또한 사랑합니다. 당삭*이 된 저를 어찌하시렵니까? 어서 기운 차려 일어나 주옵소서. 맹추** 첩*** 옥매)

* 당삭(當朔): 임부가 해산달을 맞이함

** 맹추: 똑똑하지 못하고 흐리멍덩한 사람을 낮잡아 이르는 말

*** 맹추 첩: 어리석은 첩. 어리석은 아내

좋아라고 춤을 추다가

- 히히히 히히히 어이 좋아라

간호부에게 들켜 침상에 덜컥

- 최멍텅씨! 헤헤헤헤
- 엉!?

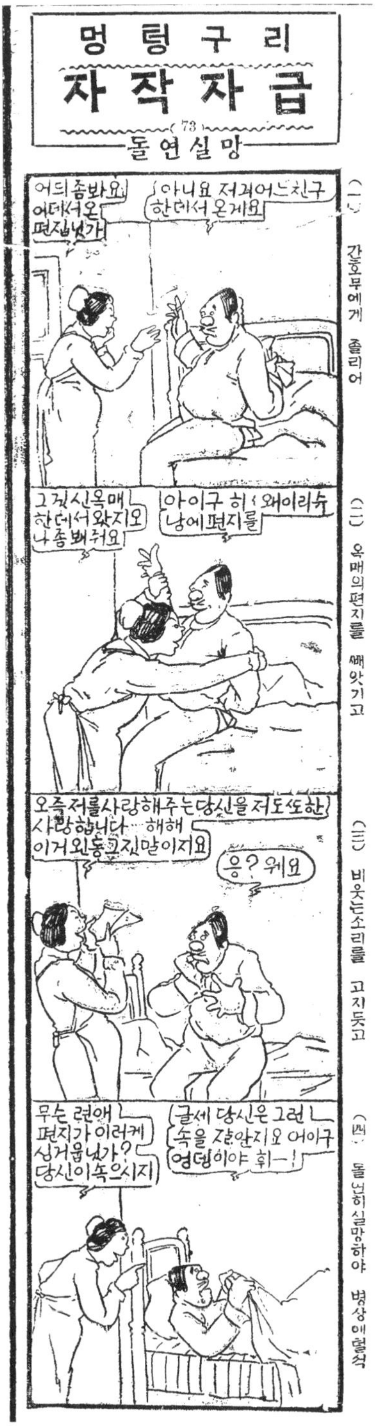

1925.8.30

멍텅구리 자작자급 73

돌연 실망

간호부에게 졸리어

- 어디 좀 봐요. 어데서 온 편집니까?
- 아니요. 저기 어느 친구한테서 온 게요

옥매의 편지를 빼앗기고

- 그거 신옥매한테서 왔지요? 나 좀 보여줘요
- 아이구, 히히 왜 이러슈? 남의 편지를

비웃는 소리를 곧이 듣고

- 오직 저를 사랑해주는 당신을 저도 또한 사랑합니다… 헤헤 이거 왼통* 거짓말이지요?
- 응? 왜요?

* 왼통: 온통의 방언

돌연히 실망하여 병상에 덜컥

- 무슨 연애편지가 이렇게 싱거웁니까? 당신이 속으시지
- 글쎄, 당신은 그런 속을 잘 알지요? 어이구 엉덩이야 휘-!

1925.8.31

멍텅구리 자작자급 74

갈팡질팡

실망 중에 바람을 만나

- 인저 다 나았나? 왜-그리 실심*하고 누웠나?
- 흥 제기, 나는 늘 헛물만 켠담! 이 편지 좀 보게

* 실심(失心): 근심 걱정으로 맥이 빠지고 마음이 산란하여짐

꼭 되었다는 말에 기운을 차려

- 응? 이거 인저는 꼭 됐네그려. 옥매가 인저 자네를 꼭 붙들고 아주 늘어질 생각일세
- 엉? 간호부 말에 왼통 거짓말이라고 하던데

어찌할 줄 몰라서 허둥대다가

- 히! 무슨 물색없는* 소리야? 이 편지를 보게. 말은 짧아도 간절간절한 생각일세
- 엉? 그럼 어떻게 하면 좋을꼬?

* 물색없다: 말이나 행동이 형편이나 조리에 맞는 데가 없다

가보자는 말에 갈팡질팡

- 어쩌다니? 저는 차마 못 찾아올 것이요, 우리가 어서 가봐야지
- 그렇지 암 그렇지 그렇다마다… 어서 저- 저 인력거! 어서

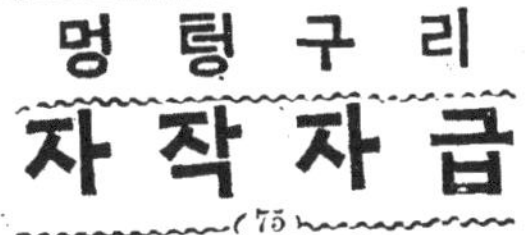

1925.9.1

멍텅구리 자작자급 75

갈팡질팡

샤츠 자락이 늘어진 줄도 모르고

- 영감, 저 뒤를 좀 봅쇼*
- 이 바쁜데 똥을 왜 싸래? 여 어서 옥매골로 가자들
- 히히

* 저 뒤를 좀 봅쇼: '뒤를 돌아보라'는 말이지만, 멍텅이는 '변을 배설하다'의 뜻으로 오해

내로라는 듯이 흰소리*를 하며

- 이번엔 정신차려 말하게
- 히히 나를 옛적만 여기고

* 흰소리: 터무니없이 자랑으로 떠벌리거나 거드럭거리며 허풍을 떠는 말

옥매 집을 딱 당하여서

- 이로나라. 아 참 오래간만일세
- 헤헤
- 아이구 참, 어려운 출입이십니다 그려. 들어들 오세요

오랜만에 개시로 창피

- 오랜만에 보니까 저 꼬리님이 다 돋쳤습니다*그려
- 엉? 꼬리라니!
- 히히

* 저 꼬리님이 다 돋쳤습니다: 꼬리가 돋아서 달렸습니다. 샤츠 자락이 늘어진 것을 놀리는 말

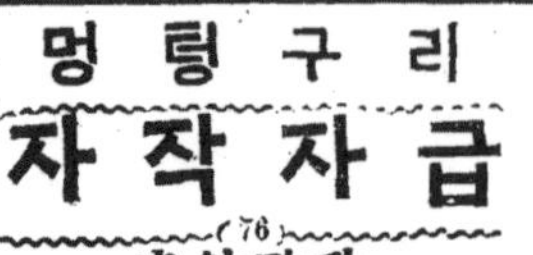

1925.9.2

멍텅구리 자작자급 76

휴업담판

• 만삭의 옥매가 멍텅, 바람과 함께 맞담배질하는 모습이 흥미롭다

배가 인왕산 같다고 비웃다가

- 배가 인왕산 허리통 같고 아주 귀인* 덩어린데
- 왜 안 그렇겠습니까? 당신은 무똥** 좋으시겠지요?

* 귀인(貴人): 지체 높은 사람

** 무똥: 무척의 방언. 다른 것과 견줄 수 없이

옥매에게 도리어 입살*을 맞고

- 그러침** 포대기 감부터 싸가지고 다니실 때 마련하면*** 무던히 느글느글하십니다
- 히히… 또 그러는군. 만나는 길로 사람을 못 견디게

* 입살: 악다구니가 세거나 센 입심

** 그러침: 그렇지만

*** 마련하면: 그런 것에 비하여서는

머리를 긁으며 돌아서다가

- 어이구, 참. 잊었습니다. 가쥬샤 연극은 잘하십니까?
- 어이구, 머리 골치야. 나는 갈 테니까

꽁무니를 잡혀 또다시 히히

- 왜 이러세요? 내 오늘은 천해 없어도* 못 놓겠습니다
- 히히
- 하하

* 천해(天海) 없다: 세상 없다

1925.9.3

멍텅구리 자작자급 77

휴업담판

가둥기 내라는 바람의 말에

- 이 사람아 입살만 주고* 어쩌란 말인가?
- 어서 가서 가둥기라도 내다가 당장 휴업을 시켜야지 뭘 어째
- ?

* 입살 주다: 핀잔 주다

싫다고 일어서는 옥매를 보고

- 이거 내가 또 검사국 출입을 하겠군. 나는 싫어요
- 이거 왜 이러나 옥매 아씨!
- ?

귀신도 모르는 저금통장을 내놓고

- 히! 어림없는 소리. 이만하면 한살림 못해여?
- ?
- ?

오늘부터 내 부인이라고 손목을 잡아

- 아이 흉측한 멍텅이다
- 영감 배포가 아주 다르십니다그려
- 오늘부터는 최부인이다

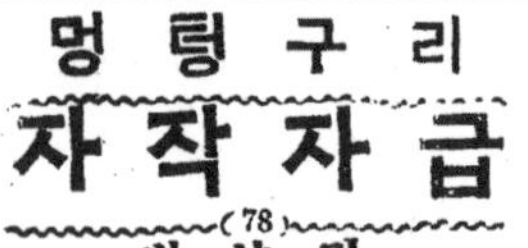

1925.9.4

멍텅구리 자작자급 78

새살림

긴긴 해에 하품 나는 옥매와

- 살림을 하니까 해가 길구려. 아-흥 잠만 자고 싶어
- 더운데 낮잠을 자다니

소일거리로 오목을 두다가

- 오목 좀 둬요, 심심하니
- 엉. 오목? 내 오목을 썩 잘 두지

자작자급 이야기가 다시 이어서

- 아이구, 자꾸 지시기만 하면서요
- 에익! 그까짓 오목을 하다니 내일부터 자작자급을 해야지

아들만 낳으라고 부품한* 흰소리

- 뜻만 맞으면 고추밭을 매어도 좋습니다
- 염려 말어! 아들만 낳으면 집에서 돈이 막 산더미같이 올라올 판이여

* 부품하다: 부피가 부풀어 어지간히 크다

1925.9.5

멍텅구리 자작자급 79

갈까 말까

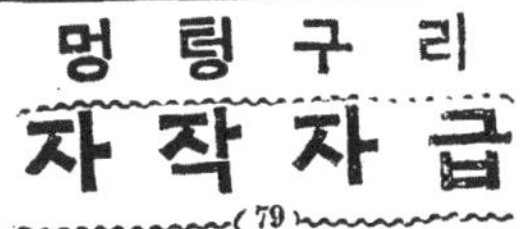

배우 연습하러 나아가는 길에

- 오늘은 일찍 배우 연습하러 가야지
- 어서 다녀오세요

옥매를 못 잊어서 되돌아와서

- 저- 아마 심심하지? 혼자 있기가
- 걱정 마시고 어서 가세요

몇 번 작별에 몇 번째 돌아왔다가

- 내 저녁때는 꼭 올 테여, 응? 나는 지금 가
- 네. 기다리고 있겠습니다
- 어- 혼자 있기 답답하겠으면 내 집에 있을까, 응?
- 아이구, 또 들어오셨구려

등을 내밀려서 간신히 문 밖에

- 아이구 망칙스러, 쇠털 같은 날에 뭘 그러세요. 아주 부지*를 못하시는구려. 어서 다녀오시라니까
- 히히 그럼 내 갔다올게-

* 부지(扶持): 상당히 어렵게 보존하거나 유지하여 나감

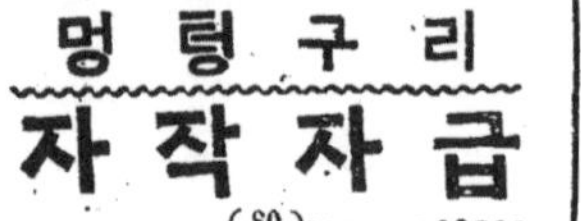

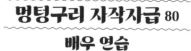

1925.9.6

멍텅구리 자작자급 80

배우 연습

하라는 대로만 하라는 감독의 말에

- 인제 나 하라는 대로만 해! 자-하늘엔 별이 있고 땅엔 진주가 있고…
- 하늘엔 별이 있고 땅엔 진주가 있고, 에헴…

원숭이 흉내 내듯이 흉내만 내다가

- 에헴은 빼고
- 에헴은 빼고
- 예끼, 멍텅구리
- 예끼, 멍텅구리

볼치를 때리는 감독에게

- 예라, 이 천하의 할 수 없는 자식
- 어이쿠

주먹 힘을 다 들여서 들입다 때렸다

- 예라, 이 천하의 할 수 없는 자식
- 어이쿠

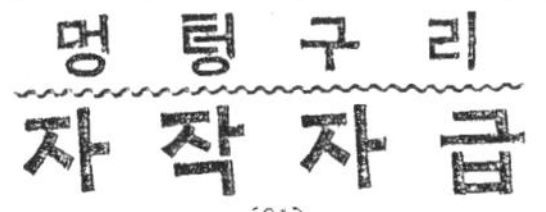

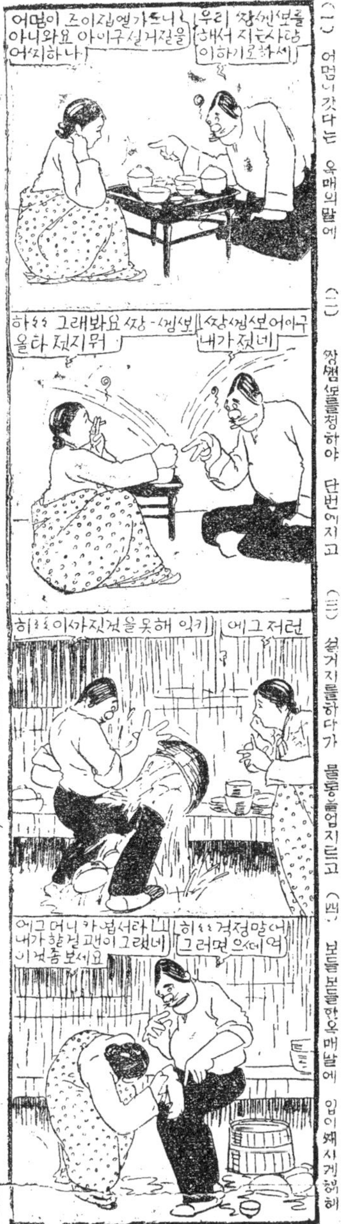

1925.9.7

멍텅구리 자작자급 81

설거지

어멈이 갔다는 옥매의 말에

- 어멈이 저희 집에 가더니 아니 와요. 아이구 설거지를 어찌 하나?
- 우리 짱껨뽀*를 해서 지는 사람이 하기로 하세

* 짱껨뽀(じゃんけんぽん): 가위바위보

짱껨뽀를 청하여 단번에 지고

- 하하하 그래봐요. 짱-껨뽀. 옳다. 졌지? 뭐
- 짱껨뽀. 어이구, 내가 졌네

설거지를 하다가 물통을 엎지르고

- 히히히, 이까짓 것을 못해, 이키,
- 에그, 저런

보들보들한 옥매 말에 입이 째지게 헤헤

- 에구머니, 가엾어라. 내가 할 걸 괜히 그랬네. 이것 좀 보세요
- 히히히, 걱정 말어. 그러면 어때

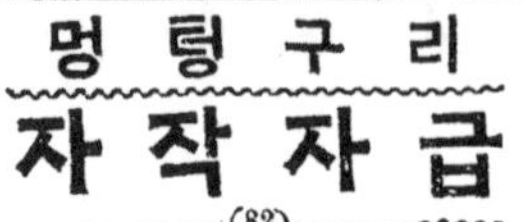

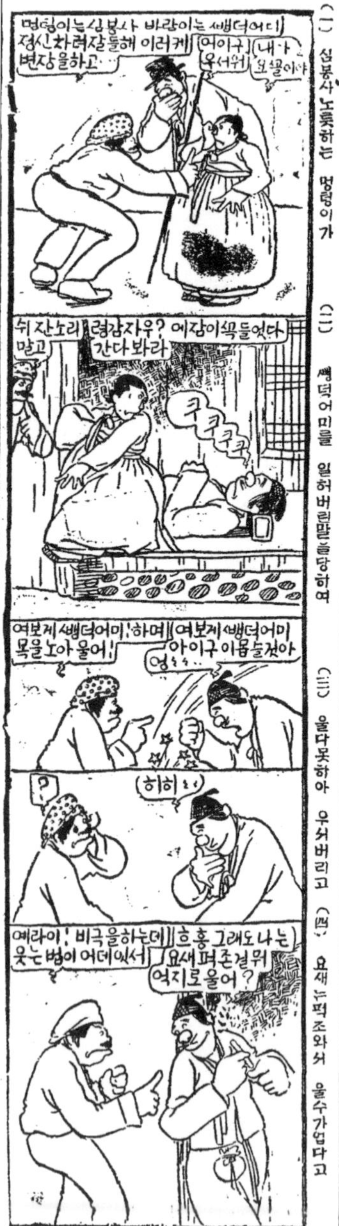

1925.9.8

멍텅구리 자작자급 82

배우 연습

심봉사 노릇하는 멍텅이가

- 멍텅이는 심봉사, 바람이는 뺑덕어미. 정신차려, 잘들 해. 이렇게 변장을 하고
- 어이구 우스워
- 내가 요 꼴이야?

뺑덕어미를 잃어버린 말을 당하여

- 쉬, 잔소리 말고
- 영감 자우? 에 잠이 꼭 들었다. 간다 봐라
- 쿠쿠쿠쿠

울다 못하고 웃어버리고

- 여보게, 뺑덕어미! 하며 목을 놓아 울어!
- 여보게, 뺑덕어미. 아이구 이 몹쓸 것아. 엉엉엉..
- ?
- 히히히히

요새는 퍽 좋아서 울 수가 없다고

- 예라이! 비극을 하는데 웃는 법이 어디 있어?
- 흐흥, 그래도 나는 요새 퍽 좋은 걸 뭐. 억지로 울어?

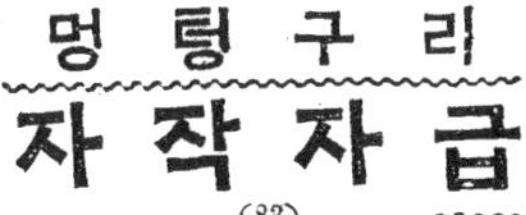

1925.10.20

멍텅구리 자작자급 83

속간인사

- 9월 8일 82회 연재 후 41일 동안 연재 중단. 그런 이유로 83회의 제목이 '속간 인사'임. 9월 8일 '조선과 노국(露國)과의 정치적 관계' 사설로 《조선일보》가 제3차 무기정간됨. 35일간 정간 후 10월 15일 정간 해제. 이 과정에서 박헌영, 신일용 등 사회주의자 다수와 이상협을 포함한 사원 20명 해고됨

숭굴숭굴한* 멍텅의 인사

- 에헴- 여러분, 그동안 안녕하십니까? 아따, 저… 그 대가리 허-연 영감쟁이한테 걸려서… 응! 그것 참! 에헤헤

* 숭굴숭굴하다: 얼굴 생김새가 귀염성이 있고 너그럽게 생긴 듯하다

고분고분한 바람의 문안

- 에헴, 요새 잘 데 없는 윤바람도 못 보시니 궁금하셨지요? 네- 그저 저야 뭘 압니까? 그래도 다시 여러분 뵈오니 어찌 반가운지! 오호호

아양이 담뿍한 옥매의 서울절*

- 여보세요, 여러분! 얼마나 반갑습니까? 여러분의 귀염을 못 받으니까 쓸쓸해 못 견디겠어요, 하하. 저는 여태 서울절은 잘 못합니다. 아이그 부끄러워… 히히…

* 서울절: 서울식 절. 여기서는 목례를 뜻함

어머니 품에서 처음 뵈옵는 똘똘이

- 그리구요, 이 아기가 난 지 벌써 한 달이 넘었어요. 별로 예쁘지는 않은가봐요. 이름은 똘똘이랍니다

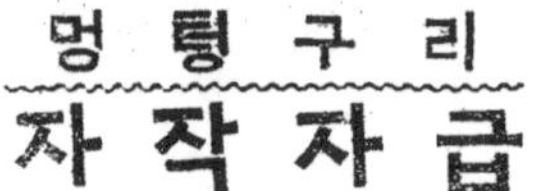

1925.10.21

멍텅구리 자작자급 84

감사딴쓰*

* 딴쓰: 댄스(dance), 서양식 사교춤

멍텅이 내외의 감축하다*는 딴쓰

- 네- 그처럼 저희를 사랑하시니 감축한 뜻으로 딴쓰를 하겠습니다
- 뚜뚜뚜뚜

* 감축(感祝)하다: 경사스러운 일을 함께 감사하고 축하하다

옥매의 좋아하는 조선춤

- 저는 조선춤이 좋아요. 춘앵무*랍니다
- 삐리…
- 삘니리…

* 춘앵무(春鶯舞): 진연(進宴) 때에 추는 춤의 하나. 화문석 하나를 깔고 한 사람의 무기(舞妓)가 그 위에서 주악(奏樂)에 맞추어 춘다

윤바람의 홀아비춤

- 아이고 불쌍한 것은 홀아비지요. 요건 홀아비춤이렷다
- 하하 그건 면장춤이지, 뭐…
- 꺼꿍

옥매의 재치있는 입살

- 왜? 내 언제 면장 지냈소?
- 아니어요. 간신히 난장이*를 면했으니 면장이란 말씀이어요 하하하하
- 하하하

* 난장이: '난쟁이'의 비표준어

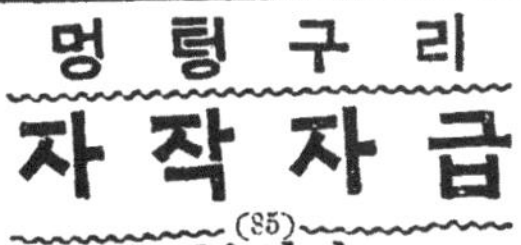

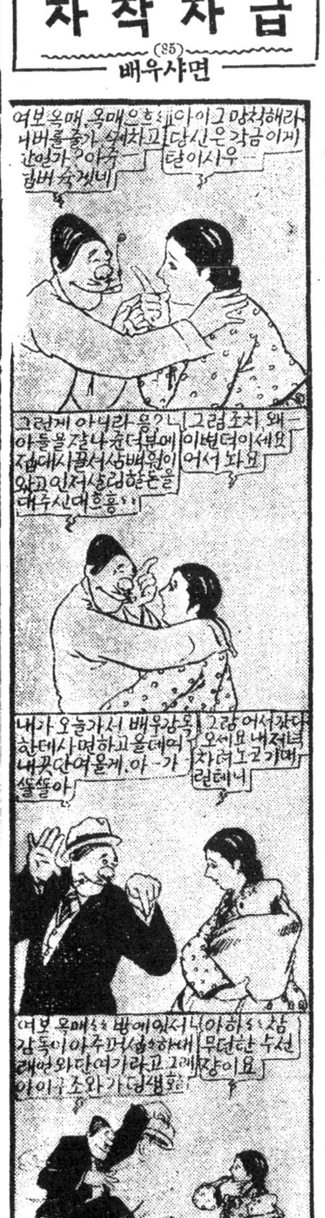

1925.10.22

멍텅구리 자작자급 85

배우사면

용이냐 봉이냐 옥매 아씨

- 여보, 옥매. 옥매 으흐흐 업어줄까? 꿰차고 다닐까? 아주- 이뻐 죽겠네
- 아이구 망측해라. 당신은 가끔 이게 탈이시우

아들을 낳아 주어서 심평*이 폈다고

- 그런 게 아니라 응? 아들을 잘 낳아준 덕분에 접때 시골서 300원이 왔고, 인제 살림할 돈을 대주신대. 흐흥 흐흥
- 그럼 좋지 왜- 이 변덕이세요? 어서 놔요

* 심평: 올바른 표기는 '셈평'. 생활의 형편

아가 똘똘아 얼러대면서

- 내가 오늘 가서 배우 감독한테 사면*하고 올 테여. 내 곧 다녀올게, 아-가- 똘똘아
- 그럼 어서 갔다 오세요. 내 저녁 차려놓고 기다릴 테니

* 사면(辭免): 맡아보던 일자리를 그만두고 물러남

배우를 사면하고 와서 온갖 수선

- 여보, 옥매. 방에 있어? 감독이 아주 퍽 섭하대. 내일 와 다녀가라고 그래. 아이구 좋아, 가정생활
- 아하하, 참 무던한 수선*쟁이오

* 수선: 사람의 정신을 어지럽게 만드는 부산한 말이나 행동

똘똘이 아빠 멍텅의 '행복한 나의 집': 〈가정생활〉 편

(1925.10.23~1926.2.1: 총 102회 연재)*

* 〈자작자급〉이 85회로 연재 종료된 다음날인 10월 23일 〈가정생활〉 첫 회차 '가정 얘기'로 넘어가는데, 1회가 2회로 잘못 표기됨. 연재 종료 번호는 96회이나 연재 번호가 36회, 72회, 78회, 85회, 94회, 95회 등 여섯 차례 중복 게재돼 실제로는 총 102회 연재.

똘똘이가 태어나자 멍텅과 옥매는 꿀이 떨어지는 '스위트홈'을 꾸린다. 멍텅구리일망정 돈 많은 남편에 똘똘한 아들까지 둔 가정부인이 된 옥매는 기명(妓名)을 버리고 본명인 '신혜숙'으로 돌아간다. 티격태격하면서도 깨가 쏟아지는 멍텅 부부는 함께 활동사진 구경도 가고 인부들을 불러 김장도 넉넉히 담근다. 멍텅은 옥매에게 핀잔을 들어가면서도 똘똘이와 놀아주느라 시간 가는 줄 모른다. 똘똘이가 열이라도 나는 날이면 소아과, 내과, 외과 의사에 한방 의사까지 집으로 불러들여 차례로 진료를 보게 하게 할 만큼 '아들 바보'이다.

하지만 스위트홈에 만족해 가정만 아는 '참된 남편'으로 환골탈태할 멍텅구리가 아니다. 갑갑하다며 홀로 진주에서 열리는 공진회 구경을 떠난 멍텅은 기찻간에서부터 기생을 희롱하던 옛날 버릇이 나온다. 진주에서 멍텅구리 짓에 푹 빠져 시간 가는 줄 모르고 놀던 멍텅은 옥매가 남편을 데려오라고 보낸 바람에게 떠밀려 서울로 돌아온다.

집으로 돌아온 멍텅은 피아노 반주에 맞춰 옥매와 춤을 추고 애교 부리는 똘똘이를 돌보는 등 평화로운 '스위트홈 생활'로 돌아간다. 하지만 제 버릇 개 못 주는 법. 시골에서 올라온 멍텅 부모와 함께 성대한 똘똘이 백일 잔치를 벌였던 바로 그날 밤, 멍텅은 몰래 집을 빠져나와 요릿집을 가서 기생과 어울려 질펀하게 놀다 돌아오다가 옥매에게 들킨다. 엎친 데 덮친 격으로 '참된 남편'으로 돌아간 듯 보였던 멍텅에게 빚 독촉 통지서가 산더미처럼 날아든다. 부부 싸움이 이어지고 이번에도 만석꾼 아버지의 돈으로 위기를 넘기는데….

멍텅과 옥매의 사랑을 다룬 〈멍텅구리 헛물켜기〉 영화가 개봉하고 집에 도둑이 출몰하고 자선바자회와 경매소를 방문하고 가족과 드라이브를 가는 등 소소한 일상이 이어진다. 가정 생활이 무료해지고 스위트홈의 꿈이 아득히 멀어져 갈 때, 멍텅 앞에 비행학교를 졸업하고 어엿한 비행사가 된 바람이 나타난다.

▶ 백만장자건 가난뱅이건, 많이 배운 박사님이건 멍텅구리건 집에 돌아오면 누군가의 남편, 누군가의 아빠가 된다. 천하제일 멍텅구리는 어떤 아빠가 될까? 누구나 그렇듯, 처음에는 천진난만한 아이를 쳐다보는 것만으로도 세상을 다 가진 듯 행복하지만, 그것이 일상이 되고 보면 멍텅 역시 '아빠 된 감격'을 잃어버린다. 진주에서 열린 '환영회'에서 멍텅의 답사처럼 "세상 사람이 나를 멍텅구리라고 놀리지만… 내가 보기에는 세상 사람이 모두 멍텅구리"인 것이다. 1920년대 멍텅의 가정을 지켜보다 보면, '내

게, 그리고 오늘날 한국인에게 가정이 어떤 의미일까?'라는 질문이 저절로 떠오른다.

이 시리즈에서는 1925년 서울 판판동에서 벌어진 '도깨비 소동', 그해 11월 진주에서 열린 '진주군 외 11군 연합 중요 물산공진회', 멍텅구리 첫 번째 시리즈 〈헛물켜기〉를 영화화해 1926년 인사동 조선극장에서 개봉한 영화 〈멍텅구리〉 등 실제 사건을 소재로 한 에피소드가 등장한다.

1925.10.23

멍텅구리 가정생활 2

가정 얘기

- 10월 22일 〈자작자급〉 85회 '배우사면' 게재 후, 10월 23일 〈가정생활〉 2회 '가정 얘기'로 넘어감. '배우사면'을 〈가정생활〉 1회로 본 듯함. 편집 오류

새재비*로 살림 이야기를 시작하여

- 여봐 여봐! 저- 거시기? 응. 한 달에 얼마나 가지면 살림을 할꼬?
- 글쎄요? 한 달에 한 150원**씩은 가져야 하겠지요

* 새재비: '생활비'인 듯

** 150원: 당시 신문기자 월급이 40~80원, 총독부 고등관도 100원 내외

돈 많이 쓰련다고 야단을 하다가

- 뭐?! 예끼 요! 늘 호강만 하고 지내나? 내 집에서 양식이 올라오겠다! 그것을 다 뭘 해!
- 아이그, 딱한 말씀도! 이런 때 잘하면 50원씩 저금을 해둬야지요

그렇지 그렇지 등을 뚜들기며

- 그렇지 그렇지요. 간나위*가 살림을 썩 잘하렸다. 저금을 해야지 저금을 해야지
- 네기**, 못해도 욕, 잘해도 욕. 그 노릇은 못하겠네

* 간나위: 간사한 사람이나 간사한 짓을 낮잡아 이르는 말

** 네기: 몹시 못마땅하여 욕으로 하는 말. 네미럴. 네기미

인제는 됐다고 둥둥이춤

- 이젠 꼭 됐다. 됐구나 됐어. 엿사둥둥.
- 아하하 아이구, 내 똘똘이 하고 같이 뛰슈

멍텅구리

가뎡생활

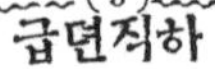

급뎐직하

1925.10.24

멍텅구리 가정생활 3

급전 직하

갑자기 문 밖에서 호령이 나며

- 됐다 됐다 되기는 뭐 돼? 이 멍텅아-!
- 에끄 누구야?
- 아따 윤 주사지 뭐

뛰어들며 엉엉 우는 땅딸보 홀아비

- 에라이 네기, 너희만 그저 돈이야 밥이야 하고, 엉-엉. 아이구 설다*, 엉-엉-엉
- 아이그, 요 면장님**이 왜 이러세요

* 설다: 서럽다

** 면장님: 〈자작자급〉 84회 '감사딴쓰'에서 옥매가 키 작은 바람에게 "간신히 난장이를 면했으니 면장이"라고 놀렸던 일화에서 나온 호칭

옥매의 귀를 잡아 아야여 웬일

- 뭐야. 요! 사람을 막 깐보고*! 귀를 집어 빼야지
- 아이그! 아야! 여 왜 이러세요? 윤 주사, 사람 살리세요. 아야!

* 깐보다: '깔보다'의 방언

등등하던 살기가 결국은 오호호

- 응? 이놈 봐라! 응! 응! 응!
- 오호호호호 그만둬라. 그만둬
- 아이구 귀야. 나 참

1925.10.25

멍텅구리 가정생활 4

편시춘풍*

* 편시춘풍(片時春風): 잠깐 지나가는 봄바람

이를 윽물고* 덤비던 멍텅이가

- 이놈아, 이를 윽물고 덤비면 어찌 할 테냐?
- 흥 그래. 너 그게 웬 짓이냐?

* 윽물다: 단단히 결심하거나 무엇을 참아 견딜 때에 힘주어 이를 꾹 마주 물다. 악물다

바람의 한 말에 적이 풀리어

- 웬 짓은 뭘 웬 짓! 놀자고 그랬지
- 여보세요. 귀가 아주 먹먹한 게 아마 병신 되려나 봐요

히히 망나니 헤식은* 웃음

- 네, 그저 잘못했습니다. 최 부인
- 히히, 망나니 녀석. 얘, 그러지 말고 인저** 의남매나 해라

* 헤식다: 맺고 끊는 데가 없이 싱겁다

** 인저: 이제의 방언

금방에 반가워라. 오래비 누이

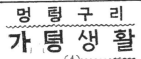

- 아이그 참, 오라버니 절 받읍시오
- 애햄, 내 누이 잘 있었나? 진작 그럴 일이지

1925.10.26

멍텅구리 가정생활 5

기념 영사

작별하는 기념으로 전쟁 영사*를 할새

- 사면들을 하니 매우 섭섭해. 오늘은 고별 기념으로 자네들 잘하는 전쟁 영사를 해주게
- 글쎄, 마지막으로 한바탕 잘해볼까?
- 그래라 네기

* 영사(影寫): 영화나 환등 따위의 필름에 있는 상을 영사막에 비추어 나타냄. 여기서는 '영화에 나옴'을 의미

군도*를 잡고 장담을 하며

- 어! 꿀같은 연애의 나라에서는 100년이라도 살고 싶지마는 칼을 집고 나서면 목숨이 경각에 있것다
- 그렇다 뿐인가

* 군도(軍刀): 군인이 허리에 차는 칼

취군*나팔에 군대를 모아

- (나팔소리) 지다다짓뎃도도

* 취군(聚軍): 군사를 불러 모음

적이 남편에 있다. 우향 웃

- 적이 남방으로부터 들어오는데, 지금 격퇴를 하여야 할 터인데, 제군과 함께 선봉을 서는 게야. 우향- 웃!

1925.10.27

멍텅구리 가정생활 6

기념 영사

술잔을 들어 하직을 하고

- 이번에 승리를 얻으면 온 사회의 큰 행복이어니와 패하거든 내 송장을 백사장에 찾으시오. 이 술 한 잔이 작별이오
- 어! 아무쪼록

옥매와 똘똘에게 키스를 한 후

- 오! 옥매! 마침 잘 왔군. 나는 지금 전장엘 나가니까, 전과 같이 생각지 마오… 오! 똘똘아!
- 나는 염려 마세요

앞으로 호령에 군대를 몰아

- 앞으로- 갓
- (나팔소리) 지다다짓데도

구보* 호령에 풍우**를 몰 듯

- 구보로- 갓

* 구보(驅步): 달려감. 뜀

** 풍우(風雨): 바람과 비

1925.10.28

멍텅구리 가정생활 7

기념 영사

1000미터(미돌*)에 사격을 시작하여

- 저 건너 수풀 속에 적병!
- 1000미터 사격!

* 미돌(米突): '미터'의 음역어

구보로 갓에 쫓아들어가

- 구보로- 갓
- (나팔소리) 짓데짓데

500미터에 엎드려 사격

- 500미터 사격.
- (사격소리) 땅. 땅. 땅

돌격의 납함*에 천지도 움질일 듯

- 으아 으아 으아
- 돌격!

* 납함(吶喊): 적진을 향하여 돌진할 때 군사가 일제히 고함을 지름

1925.10.29

멍텅구리 가정생활 8

기념 영사

싸워라 죽여라 어우러진 끝에

- 나가라 싸워라 이겨라!
- 으아
- 으아

적을 쫓아서 개울을 건너다가

- 추격

말께 떨어져서* 물 속에 펑덩

- 앞으로- 갓. 이키
- 예끼, 굼벵이 같은 이. 말께 떨어져?

* 말께 떨어져서: '말에서 떨어져' 전쟁에서 말이 귀했기 때문에 존칭 보조사를 쓴 듯

훙보던 바람이도 뒤따라 떨어져

- 추격. 히히. 알뜰히도 나를 닮는구나
- 아이크

1925.10.30

멍텅구리 가정생활 9

위로연

전쟁 영사는 승리로 막을 닫고

- 만세
- 만세. 아주 대승리로군
- 만세
- 만세

작별을 겸하여 위로연이 열려

- 이번에 퍽들 수고했네. 야! 한 잔씩만 더 하게
- 에, 나는 열한 점*만 지나면 집에 갈 테야

* 점(點): 예전에, 시각을 세던 단위. 괘종시계의 종 치는 횟수로 세었다

자정이 지난 줄도 모르고 있다가

- 아직 멀었네. 자볼기* 맞을까봐? 너무 겁내지 말게
- 헤헹, 누가 왜 자볼기를 맞는다나? 어이구, 벌써 자정이 지났네. 나는 가오

* 자볼기: 자막대기로 때리는 볼기

허둥지둥 나가는 길에 가야금을 밟어

- 이키
- 이구 얄궂어라. 와 하필 가야금을 밟노?
- 하하

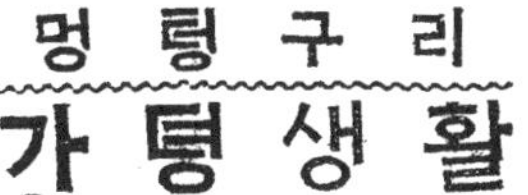

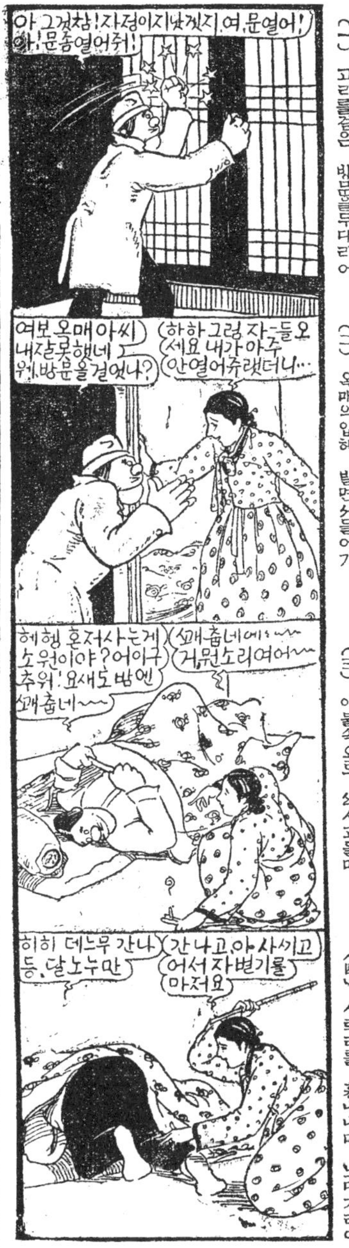

1925.10.31

멍텅구리 가정생활 10

사투리

고리를 걸은 방문을 두드리어

- 아 그것 참! 자정이 지났겠지. 여, 문 열어! 아! 문 좀 열어줘!

옥매의 앞에 빌면서 들어가

- 여보, 옥매 아씨. 내 잘못했네. 왜 방문을 걸었나?
- 하하. 그럼 자- 들어오세요. 내가 아주 안 열어 주렸더니…

이불 속으로 쑤시고 들며

- 헤헹, 혼자 사는 게 소원이야? 어이구 추워! 요새도 밤엔 꽤 춥네~
- 꽤 춥네에~ 거 뭔 소리여어~

사투리를 흉내 내며 노닥거리어

- 히히 데느무 간나등, 달 노누만 (저놈의 계집아이들, 잘 노누만)
- 간나고 아사끼고 (계집아이고 애새끼고) 어서 자볼기를 맞아요

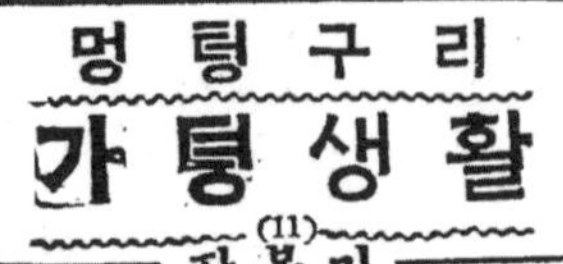

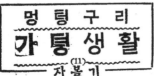

1925.11.1

멍텅구리 가정생활 11

자볼기

말과 같이 자볼기가 시작되어

- 하나, 둘, 셋, 넷…
- 흐흐흥. 자네한테는 자볼기를 맞아도 퍽 좋네

좋다던 끝에 작대*골**이 나서

- 아이그 이런, 그러면 단단히 때릴 걸, 앵앵
- 아이구, 아야! 아야!

* 작대: 긴 막대기
** 작대골: 자볼기를 맞다가 화가 남을 뜻하는 듯

벼락을 내릴 듯이 대단히 서들다*가

- 에라, 이 괴악**한 것. 그래 막 때려야 옳아? 응!
- 아이그, 가만 있어요

* 서들다: 서두르다의 방언
** 괴악(怪惡)하다: 말이나 행동이 이상야릇하고 흉악하다

빌붙는* 옥매 말에 당장에 흐흥

- 그저 죽을 때로 잘못했습니다. 영감 왜 이러세요?
- 흐흥, 어디 주먹을 댈 데가 있어야지

* 빌붙다: 권력이나 경제적 이득을 얻기 위해 남에게 기대다

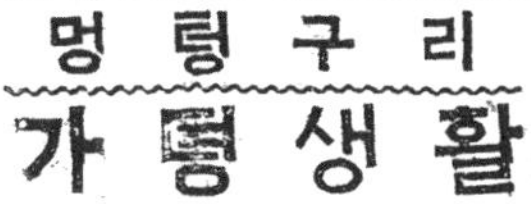

1925.11.2

멍텅구리 가정생활 12

활동 구경

옥매와 활동사진* 구경을 가서

- 오늘은 내가 활동사진 한턱을 쏠 테에요. 똘똘이는 유모 맡기고요
- 히히 주머니 돈이 쌈짓돈이지. 한턱은 무슨 한턱. 어디 가볼까?

* 활동사진: '영화'의 옛 용어

멍텅이 식으로 떠들다가

- 어허 좋네. 내 사진일세. 자 보게. 칼 들고 호령하는 게 나 아니냐?
- 아이그, 왜 또 이러세요? 좀 가만히 계셔요

말썽꾼에게 막 버틴 끝에

- 이놈, 집어치워라, 요란스럽게. 거 어디서 잡아온 멍텅구리냐?
- 아니오, 여보! 내란 사람이 바로 멍텅구리요

때아닌 만세 소리에 집안이 떠들썩

- 가만둬라. 멍텅구리를 모르다니
- 멍텅아
- 히히
- 멍텅 만세
- 이꾸, 옥매 아씨도 왔다
- 어이구
- 옥매 만세
- 멍텅이 만세
- 황송합니다

1925.11.3

멍텅구리 가정생활 13

활동 구경

옥매가 동무와 이야기하는 동안

- 여보세요, 옥매 언니. 이게 얼마 만이에요?
- 나는 누구라고. 얼마 만이야?
- 식식식식

잠 속에 묻혔던 멍텅구리

- 벌써 다 됐네. 아저씨 깨워가지고 어서 가요
- 우리 문 밖에 가서 기다려봐
- 쿠쿠쿠쿠

여기가 어디냐고 놀라 일어나

- 어서 일어나세요. 아저씨, 옥매 언니는 혼자 갔어요?
- 응? 여기가 어디야? 에꾸

문 밖에서 옥매를 보고 헤헤헴

- 에익! 이런 법이 있나! 응? 거기 있고만 헤헤헹
- 나도 가요. 아하하

1925.11.4

멍텅구리 가정생활 14

가는 길에

가는 길에 만세를 부른 곡절*을 듣고

- 그런데 여봐, 만세를 막 부르니 웬일인고?
- 영감이 누구시라고 만세를 안 불러요?

* 곡절(曲折): 순조롭지 아니하게 얽힌 이런저런 복잡한 사정이나 까닭

어림없이 좋아한 끝에

- 에헴, 그럼 내 후제* 대통령이라도 하겠네? 어이구 좋아
- 아이그 참, 남들이 놀릴 겸 그러지 뭐

* 후제: 뒷날의 어느 때

어림없이 분을 내어 보고

- 응! 놀리다니? 이것들을 쫓아가서 늘씬* 때려 놓아야지. 예익
- 가만히 좀 계셔요. 남들이 흉 보겠소

* 늘씬: 몸을 가누지 못할 정도로 심하게

끄는 대로 집으로 가며 또 헤헴

- 어서 집으로 가요
- 헤헴, 그럼 집으로나 가지

멍텅구리 가정생활 15

친탁외탁*

* 친탁외탁: 생김새나 체질, 성질 따위가 친가 또는 외가 쪽을 닮음

몹시 운 똘똘이를 보고

- 아이그, 아기가 어떻게 우는지, 간신히 달랬습니다
- 가엾어라, 내 똘똘이가, 흑흑, 느끼는군!

서로 닮은 탓을 하다가

- 그 자식이 똑 제 에미를 닮아서 암상스러* 그레여~
- 뭐가 그래요. 즈이 아버지처럼 우악스러워서 그렇지

* 암상스럽다: 보기에 남을 시기하고 샘을 잘 내는 데가 있다

주먹을 들러메는 지경까지 가서

- 내가 뭐이 그렇게 우악스러워? 응! 한다는 소리가!
- 건듯하면* 주먹을 들러메면서 안 된 것은 꼭 에미만 닮았다고!

* 건듯하면: 걸핏하면의 방언

결국은 멍텅구리의 양보로

- 흐흥, 그럼 뭣이든지 안 된 것은 다- 날 닮았다고 해둬-
- 하하, 나를 닮아서 똘똘하다나

1925.11.6

멍텅구리 가정생활 16

똘똘의 병

똘똘의 병에 놀란 멍텅이

- 아이그 이상해요? 아기 머리가 쩔쩔 끓어요
- 응? 어디 봐! 이키, 어서 가서 의사를 불러와야지

의사를 청하여 진단하는 중

- 이 애가 언제부터 이런가요?
- 글쎄요. 오늘 아침에 자고 깨서 보니까 그래요

아는 의사는 모조리 부르되

- 아씨, 뚝뚝이 병원에서 또 의사가 왔답니다?
- 아이그 웬일이야? 또 건넛방에서 기다리시라고 해라

나중에는 한방의사까지

- 어서들 들어오슈. 여러분이 의논하여서 약을 잘- 써주시오
- 대체 이 사람이!
- 의논을 하라구요?
- ?

1925.11.7

멍텅구리 가정생활 17

똘똘의 병

병 본 의사가 먼저 간 후에

- 아무 염려 없어요. 급자기* 추워서 감기가 들었는데 어린애라 약은 못 씁니다
- 네- 그렇습니까? 안녕히 가세요

* 급자기: 미처 생각할 겨를도 없이 매우 급히. 갑자기. 급작스레

다른 의사는 멋없이* 가고

- ?
- 어! 빙충맞은** 친구!
- 싱거운 사람!
- 나는 가오
- 에 고약하고

* 멋없다: 격에 어울리지 않아 싱겁다. 멋쩍다

** 빙충맞다: 똘똘하지 못하고 어리석으며 수줍음을 타는 데가 있다

멍텅이는 변명을 하다가

- 여전하시구려! 그게 다- 무슨 일이에요?
- 뭐가 여전해. 먼저 온 건 소아과 의사, 그 다음엔 내과 의사, 외과 전문, 노인들도 모두 한다 하는 한방의산데

옥매에게 핀잔을 받아

- 다 그만둬요. 듣기 싫어요
- 어이쿠

1925.11.8

멍텅구리 가정생활 18

똘똘의 병

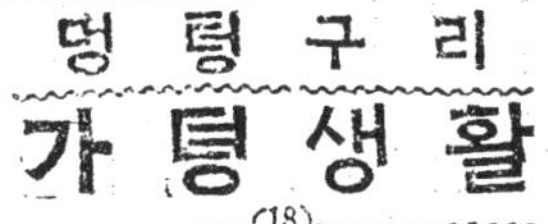

옥매의 비꼬는 소리에

- 영감이 연극장에선 그렇게 인기가 좋습디다마는…
- 암- 그렇지. 만세까지 부르던 걸!

우악스럽게 분이 났다가

- 마는! 어떻다는 말이야- 응?

변변한 의사 한 사람도 모른다는 핀잔을 받고

- 아! 아이가 아픈데 고칠 만한 의사를 하나도 모른단 말이오!?
- 흥!

가장 노릇을 하노라고 강호령*

- 병이 왜 났는데! 살림하는 여자는 문 밖에 못 나가는 게야. 다시는 연극장엔 가지 말아
- 오- 아가야!

* 강호령(强號令): 아주 강하게 꾸짖는 호령

멍텅구리 가뎡생활
(16)
똘똘의병

밤을, 이틀재 새고, 아희병, 구원하랴다가 어른마자 넙겟소! 간호부나 하나 청해 오시오

그리지

(一)애기도귀엽지만 이틀밤을새고는 견듸지못하야 (二)간호부를청하러갓다 미인을맛나입이한치나 버려져 (三)옥매는성이나서 간호부를돌녀보내고 (四)내외말다툼이낫다

1925.11.9

멍텅구리 가정생활 16

똘똘의 병

• 19회 연재이나 편집 오류로 16회로 잘못 표기

아기도 귀엽지만 이틀 밤을 새우고는 견디지 못하여

- 밤을 이틀 지새우고 아이 병 구원하려다가 어른마저 눕겠소! 간호부나 하나 청해 오시오
- 그러지

간호부를 청하러 갔다 미인을 만나 입이 한 치나 벌어져

- 히히(참 똑땃는데*) 어렵지만 우리 집으로 가십시다

* 똑따다: 꼭 맞아떨어지게 알맞다. 일제강점기에는 '예쁘다'를 구어체로 '똑땃다'로 표현

옥매는 성이 나서 간호부를 돌려보내고

- 내가 간호해도 넉넉하니 어서 도로 가시오
- ?

내외 말다툼이 났다

- 왜 도로 보냈소?
- 내가 그런 미인을 데려오랬소, 은제*?

* 은제: 언제의 방언

1925.11.10

멍텅구리 가정생활 20

똘똘의 병

궁리를 하다가 계교를 생각하고

- 간호부를 벌써 열둘째 불러와도 모두 싫다니 어떡하나! 옳지 좋은 수가 있다

젊은 간호부를 늙은이로 꾸미어 가지고

- 여보, 우리 아기 조모*가 급히 어디를 갔으므로 노인이 없어 자꾸 우니 당신이 노인처럼 차리고 갑시다
- 돈이면 세상 일이 다- 된다는 것은 아니나 사정이 그렇다니 시키는 대로 하지요

* 조모(祖母): 할머니

필경 옥매에게 발각이 되어

- 이건 연극장인 줄 아오? 새파란 젊은 여자가 늙은이처럼 꾸며! 어서 가요
- !?

가정에 풍파가 되었다

- 그럼 젊은 간호부는 안 된다! 늙은 간호부가 어디 있나! 행랑어미*나 불러들이지!
- 영감이라고 그런 신바름** 하나 못하니 살림을 어찌 하잔 말이오? 어이구 속상해!

* 행랑어미(행랑어멈): 행랑살이를 하는 나이 든 여자 하인

** 신바름: 심부름의 방언

1925.11.11

멍텅구리 가정생활 21

심술 암상*

* 암상: 남을 시기하고 샘을 잘 내는 마음. 또는 그런 행동

심술과 암상이 막 버티는 판에

- 이건 등이 써늘해* 걱정인가? 어째 이 모양들이야? 응
- 얼마 만이셔요? 똘똘이 병으로 요 모양이랍니다

* 등이 써늘해: 등골이 써늘해

때맞춰 뛰어든 윤바람이

- 똘똘의 병? 벌써 다 나았는데 무슨 야단이야?
- 속이 하도 상하니까 그렇지요!

한바탕 야단에 궁둥이가 떨어져서

- 에익! 고약해! 모두 지렛목*을 대어야 저 궁둥이들이 떨어지겠군. 여봐라 장작 들여라!
- 오라버니 왜 이러세요?
- ?

* 지렛목: 지렛대. 무거운 물건을 움직이는 데에 쓰는 막대기

옥매는 빌고 멍텅은 헤에

- 이 똘똘이는 고아원으로 데려가야겠다. 어멈! 인력거 불러와
- 아이고 오라버니, 잘못했습니다
- 헤에

1925.11.12

멍텅구리 가정생활 22

화기 융융

마음이 풀려가는 멍텅의 부부가

- 살림들 잘 한다! 그래 김장은 다 되었소?
- 김장이 다 뭐예요? 며칠을 법석을 한걸요!

바람의 서슬에 쩔쩔 맨 뒤에

- 이 비단 보료*에 팔자가 너무 좋아서 그 법석들이로군!
- 오라버니, 왜 이 역정이세요? 제발 용서합시오

* 보료: 솜이나 짐승의 털로 두껍게 속을 넣고 헝겊으로 싸서 만든, 자리에 늘 깔아두는 요

화기가 다시 융융하여*지며

- 잔말 말고 어서 나서서 김장도 하고 세간살이나 잘 해!
- 히히, 자네는 오래비가 아니라 시어미 노릇까지 하나?

* 융융(融融)하다: 화목하고 평화스럽다

어멈을 시켜서 김장을 사들여

- 여보게, 어멈! 얼른 나가서 배차* 두 짐 무 석 섬만 썩 좋은 것으로 들여오게
- 네? 금도 안 작정하고요?**

* 배차: 배추의 방언

** 금도 안 작정하고요?: 예산도 안 세우고요? 돈 계산도 않고요?

1925.11.13

멍텅구리 가정생활 23

김장 씻기

사들여온 김장을

- 이거 한 짐에 6원이야? 김장금*이 좀 내렸군!
- 어서 씻으시지요

* 김장금: 김장 값. 김장 비용

씻기 시작한 옥매를 칭찬하며

- 날이 좀 풀려서 김장하기가 꼭 알맞아요
- ?
- 글쎄요
- 히히 저 간나위가 암상스러운 대신 일은 썩 잘해

어멈 대신 같이 씻어주다가

- 어멈 좀 비켜. 내 좀 씻어줘야지. 우리 옥매 아씨 너무 애쓰는걸
- 또 그 언제 설거지하듯이 하시려고요?

통을 쓰러트려 물벼락을 맞아

- 될 말인가? 히히 엿차 엿차
- 이키
- 에구머니!

1925.11.14

멍텅구리 가정생활 24

김장 씻기

헌옷을 갈아입은 멍텅의 부부

- 물을 흠뻑 뒤집어 써서 자꾸 떨려요. 보시기 서투르지요?*
- 히히, 데느무 에미네. 보통문 밖에서 달래 캐다 왔누만**

* 보시기 서투르지요?: 낯설지요?

** 데느무 에미네. 보통문 밖에서 달래 캐다 왔누만: 저놈의 여편네. (평양) 보통문 밖에서 달래 캐다 왔구만.

서로 비웃기에 해는 기울고

- 하하, 남의 흉만 보지 마세요. 영감은 심봉사 비슷합니다
- 그럼 옥매는 뺑떡어미란 말이지?

옥매 고생이 안타까워서

- 어서 또 씻어요. 해 다 갑니다
- 어이그 고만둬. 내- 다녀올 터이니

품꾼을 몰아들여 김장을 씻어

- 어서들 와서 김장 좀 씻어줘. 그 고생을 또 시키다니
- 아이그 또 이 법석이에요?
- 네. 네. 네. 네.

멍텅구리
가텅생활
(25)
녜전생각

1925.11.15

멍텅구리 가정생활 25

예전 생각

인부들은 김장을 씻는데

- 내 대신 너무들 애쓰시구려
- 네, 염려 마시고 막걸리나 받어 오슈
- 훠훠
- 어서 저어라

옥매는 예전 생각을 하고

- 내가 열두 살 됐을 적에 보통문 밖에서 달래를 캐다가요, 기차에 쫓겨서 하마터면 죽을 뻔했어요
- 그래 어떻게 살았어?

죽을 뻔하다가 산 이야기를 하니

- 어찌 급하던지 다리에서 물 속으로 풍덩 뛰어들었더니 기차가 홱 지나가겠지요
- 어이그 요 간나, 그때 죽었더면 내가 어찌할 뻔했노?

내 가슴이 써늘하다고 껴안는 멍텅이

- 망측해라. 비켜 나요. 영감은 똑 이게 병이에요
- 히히 내 가슴이 아주 써늘한 걸 뭐

1925.11.16

멍텅구리 가정생활 26

외투 주문

손끝이 다 아리다는 옥매의 말에

- 소*를 너무 맵게 비벼서 손끝이 다 아려요
- 아씨는 동치미는 잘 담그시지요?
- 응? 가만 있어. 내- 좀 가 봐야지
- ?

* 소: 통김치나 오이소박이김치 따위의 속에 넣는 여러 가지 재료

멍텅은 별안간에 인력거를 불러

- 옥매! 옥매! 어서 인력거 타고, 나하고 가! 어서 타. 아 어서!
- 탑쇼
- 이게 또 웬일이에요? 내 참 어딜 간단 말이에요?

궁둥이를 떼여 밀어 양복점을 가서

- 여보, 이 부인 외투 썩 좋은 낙타*로. 어서 견양**을 내시우.
- 나는 외투는 건방져서 싫어요. 만또***나 한 벌 맞추지요
- 네

* 낙타 외투: 1920~30년대 유행하던 낙타털 혹은 낙타색 외투

** 견양: 어떤 물건에 겨누어 정한 치수와 양식

*** 만또: 망토

외투를 맞추려다가 결국은 만또로

- 대체 그래! 김장하다 말고 별안간에 외투는 웬일이에요! 창피해서 죽을 뻔했네. 행랑어멈 같아서요*
- 흐흥 창피는! 간나위가 일을 잘하니까 말여어~

* 행랑어멈 같아서요: '김장하다 말고 외투 사러 오는 바람에 행랑어멈 같아 보인다'는 뜻인 듯

1925.11.17

멍텅구리 가정생활 27

민적 조사

멍텅이로 행세하는 호주*에

- 이로나라. 여, 언제 이사를 왔소? 당신이 최멍텅 씨오? 고향은 어디오? 무슨 생이오?
- 네 나이는 서른셋이유. 시골은 사투리를 들으면 알겠지유

* 호주(戶主): 호적법에서, 한집안의 주인으로서 가족을 거느리며 부양하는 일에 대한 권리와 의무가 있는 사람을 이르던 말

가정부인 된 신혜숙 씨

- 부인은 누구십니까? 몇 살이신가요?
- 네- 나는 신혜숙인데요. 난초 혜자, 맑을 숙자예요. 나이는 스물세 살이올시다

똘똘이라는 영식 아기

- 아기는 돌도 안 지났지요? 이름은 뭐라고요?
- 9월 열하룻날 낳았고요. 이름은 영식이 영웅이란 영자, 심을 식자랍니다. 부르기는 똘똘이라고 불러요

옥매는 예전의 기명*이지요

- 왜 저 아씨는 옥매 씨 아니신가요?
- 아하하, 그는 예전에 기명이지요. 소문이 널리 나서 그 이름을 불러요

* 기명(妓名): 본명 외에 기생으로서 가지고 있는 다른 이름

1925.11.18

멍텅구리 가정생활 28

도깨비 구경

멍텅이 부부가 도깨비 구경을 가서

- 혜숙이 혜숙이. 오늘은 산보 겸 팔판동*으로 도깨비 구경 가-
- 아이구 도깨비가 정말 나오면 어쩌게

* 팔판동(八判洞): 서울시 종로구에 있는 동. 조선 시대 어느 때에 8명의 판서가 살았다고 해서 붙여진 이름

바람이 속이는 줄도 모르고

- 여보게, 어멈. 다들 어디 가셨나?
- 팔판동 도깨비 구경을 가셨어요

큰소리 하던 멍텅이가

- 도깨비가 나오거든 내 유도법으로 단번에 들러멧때려야지*
- 아이그 충충해라**. 어서 가요 괜히 왔네
- 이것들을 단단히 혼을 내줘야지

* 들러멧때려야지: 둘러메쳐야지

** 충충해라: '충충(沖沖)하다'는 몹시 걱정하는 기색이 있다는 뜻. 걱정스러워라.

놀라 엎드러져서 대구리*를 개구멍에

- 쿵광 쿵광 우루루 직끈 뚝딱뚝딱
- 에구머니!
- 에그

* 대구리: 대가리의 방언

1925.11.19

멍텅구리 가정생활 29

도깨비 구경

옥매의 말에 용기를 내어

- 정신 좀 차려요! 이게 무슨 모양이에요?
- 어! 어! 어! 왜 그래요?

죽을 동 살 동 도깨비를 찾다가

- 그렇게 겁을 내면서 흰소리*는 뭐하러 해요?
- 예끼, 이놈의 도깨비 어서 나와!

* 흰소리: 터무니없이 자랑으로 떠벌리거나 거드럭거리며 허풍을 떠는 말

난데 없는 호통에 또 한 번 자빠지고

- 으아!
- 어이쿠

바람인 줄 안 뒤에 싱거운 소리

- 도깨비 구경 재미 있지?
- 아이그 면장 오라버니두!
- 예끼! 요 사람! 진작 한번 들러멧다 때릴 걸, 헤헹

도깨비 구경

독개비나오는집

《조선일보》 1925년 11월 16일자, '부내 팔판동에 독개비 나오는 집'

어느 날 저녁, 멍텅은 옥매에게 "팔판동으로 도깨비 구경 가자"며 제안한다. 둘을 속이려는 바람이 그들보다 앞서 팔판동 한 가옥 안에 숨어 시끄러운 소리를 내자, 옥매와 멍텅은 놀라 나자빠진다. 1925년 11월 18일 연재된 이 에피소드는 그즈음 경성부 팔판동(지금의 서울 종로구 팔판동)에서 벌어진 '도깨비 소동'을 배경으로 한 것이다.

문제의 집은 팔판동 74번지 김유동이라는 사람 소유의 텅 빈 기와집이었는데, 밤마다 도깨비 장난하는 소리가 난다는 소문이 인근 주민들 사이에 퍼져 화제가 되었다. 주민들에 따르면 김유동의 가족 중 한 명이 병을 앓다 죽은 뒤부터 집안 곳곳에서 '쿵', '쾅' 하는 장정들이 씨름하는 소리가 요란히 나고, 대문짝이 저 혼자 덜거럭거리는가 하면 모래가 날리기도 했다고 한다. 이 때문에 집주인은 문을 걸어잠가둔 채 도망을 가버렸으며 해가 진 뒤 인근에는 사람들이 왕래하지도 않는다는 소문이 돌았다.

그러나 이 도깨비 소동은 며칠 못 가 근거 없는 풍설로 판명난다. 관련 기사가 신문에 보도된 뒤 혈기왕성한 청년들이 수십 명씩 몰려와 자정이 넘도록 빈집을 지켰지만 아무 일도 일어나지 않은 것이다. 도리어 도깨비가 아니라 몰려온 청년들이 밤마다 시끄럽게 구는 통에 주민들이 더욱 골머리를 앓았다고 전해진다.

1925.11.20

멍텅구리 가정생활 30

좀도적

집에를 와서 좀도적을 보고

- 어멈이 자나? 어째 이리 조용해? 아이그 저! 도적이야!
- 응!?

바람으로 알고 둘러메었다가

- 예라 요 바람이 놈! 또 속을 줄 알고?
- 아야! 나는 정말 도적놈이오

놀란 김에 땅에 던지고

- 엉?! 도적놈?
- 아이크

달아나는 뒤를 쫓다가 움물*에 풍덩

- 찌놈!**
- 간다 봐라
- 어이쿠

* 움물: '우물'의 방언

** 찌놈: '나쁜놈'의 옛날 속어

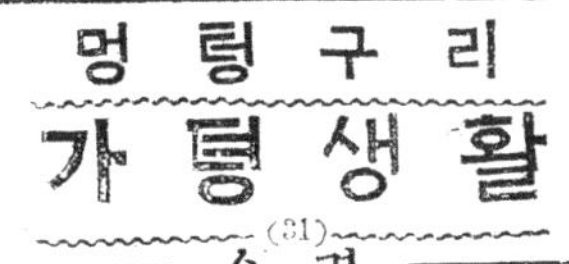

1925.11.21

멍텅구리 가정생활 31

순경*

* 순경(巡更): 밤에 도둑이나 화재 따위를 경계하기 위하여 돌아다님

옥매에게 손을 잡혀 움물을 나와

- 어떻게 됐어요? 에구머니 이게 웬일이야?!
- 에그!
- 손 좀 잡아줘! 그것 참

화풀이 겸하여 술을 먹고

- 추우신데 약주나 잡수세요. 모두 도깨비 탓입니다
- 요새는 밤술을 영 안 먹었더니

취한 김에 순경을 돌다가

- 이거 얼근-하다. 에헴, 도깨비 나오너라. 도적놈 나오너라
- 아이 배 아파

뒷간에서 나오는 옥매에게 작대기를 둘러메어

- 왜 안 주무… 아이구
- 엉? 그 누구야

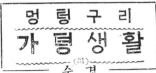

1925.11.22

멍텅구리 가정생활 32

험한 잠

다리를 얹어서 똘똘을 울리고

- 쿠쿠쿠쿠쿠.
- 으아! 으아!
- 아이그 이것 봐요

돌아 누워서 또 한참 자고

- 엉? 왜 그래. 어이구 고단해
- 큰일 나겠소! 잠도 험히 자! 공연히 아기를 간데 뉘ㅅ지!*

* 간데 뉘ㅅ지: 가운데 눕혔지

엎드려 자면서 잠꼬대

- 쿨쿨 찌놈 들러멧때려…*
- ?
- 색색

* 찌놈 들러멧때려: 나쁜놈, 둘러메쳐

일어나 앉으며 기지개

- 하하 다 밝았어요. 그만 잠꼬대 그만 두. 베개는 왜 안고 야단이시우?
- 엉? 어험!

1925.11.23

멍텅구리 가정생활 33

아이 아비

선잠 깨서 우는 똘똘을

- 아기가 선잠을 깨서 심술을 내요. 오오 아가
- 응? 왜 선잠을 깼어?

어깨에 얹고 이히히

- 그 굵은 다리를 아기 배 위에다 얹고선요, 뭘
- 어이구 저런! 내 똘똘아, 이히히
- 으으 으아

번쩍 처들어 반자*를 치받고

- 아이그 그러지 말아요
- 으아 으아!!!
- 똘똘아 아가-

* 반자: 지붕 밑이나 위층 바닥 밑을 편평하게 하여 치장한 각 방의 윗면

장난감 비둘기로 달래려 들어

- 오! 아가! 옜다, 울지 마라- 응?
- 그만둬요. 이까짓 게 그것 가질 줄 아나?
- 으아 으아

1925.11.24

멍텅구리 가정생활 34

여행 준비

옥매와 진주를 가려고 하다가

- 여봐 혜숙이, 갑갑한데 진주로 공진회* 구경 가. 응?
- 아기는 어떻게 하고요?

* 공진회(共進會): 각종 산물이나 제품들을 한곳에 많이 모아놓고 품평하고 전시하는 모임
진주 물산 공진회: 정식 명칭은 '진주군 외 11군 연합 중요 물산 공진회'. 416쪽 '멍텅구리 속 근대사' 참조

혼자라도 떠나려 할 때에

- 아 참, 혼자라도 가야지. 내 다녀올 테여. 곧 댕겨올게, 응
- 그럼 나는 정거장까지 전송갈 테야

경성역에서 구두를 닦기다가

- 여보, 내 구두 좀 번쩍번쩍하도록 응?
- 네- 염려 맙쇼
- 얼른 얼른!
- 좀- 조용히 계십시오

체통 적게* 맥없이 떨어져

- ?
- 어이쿠
- 저런

* 체통 적게: 체면 빠지게. 모양 빠지게

1925.11.25

멍텅구리 가정생활 35

보따리

진주에 기생이 많으니까 옥매의 주의 작별

- 부디 똘똘이 울리지 말고
- 우리 동무도 많지만 찾아다니지 마세요
- (부산행)

진주 기생을 차 안에서 우연히 만나

- 영감 어디를 가세요?
- 홍련인가? 자네 할머니 사당에 참배 가네

공진회보다도 논개 후손을 보려고

- 하하, 우리 할머니는 아직도 바늘귀를 끼고 계신데*요
- 히히, 저런 사람. 논개 말이야

* 바늘 귀를 끼고 계신데: 건강하게 살아 계신데

보따리라는 말에 좀 창피

- 응-! 서울 보따리 자랑*하러 진주 공진회에 구경 가시는군. 그럼 동행이야
- 무어!?

* 보따리 자랑: 돈을 헤프게 쓰는 것을 비꼬는 말

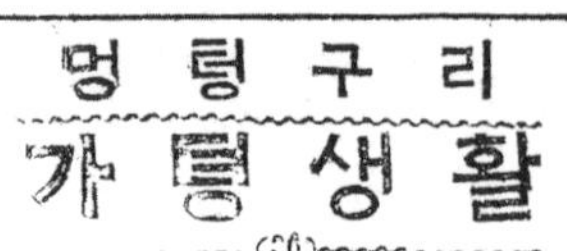

1925.11.26

멍텅구리 가정생활 36

식당차

홍련을 식당으로 인도하여

- 여보게, 식당에 가세. 내 한턱 할 터이니
- 아이구 우리 동생이 알면* 야단나게요. 어서 먼저 가이소
- (식당)

* 우리 동생 알면: 기생 동생 옥매가 알면

겨자로 봉박은* 비프를 먹인 탓으로

- 여기다가 이렇게 겨자를 잔뜩 넣어 놓아야지, 이히히
- 어서 자시게
- 내사 남사스럽게. 마치 내외간 가탑니껴? (같습니까?)

* 겨자로 봉박은: 봉을 막아넣듯 겨자를 잔뜩 뿌린

눈물과 재채기에 우습기는 하였으나

- 아이가! 와 이리 매부노! 액-취… 액-취… 아이가 겨자를 넣고만 (아이고! 왜 이리 맵나! 아이고 겨자를 넣었구만)
- 히히, 뭘 얼마나 맵다고

덕분에 자다가 차표를 잃어

- 남을 속였겠다! 오-요, 차표를 감춰라. 단단히 앙갚음을 해야지!
- 쿠쿠 쿨쿨

1925.11.27

멍텅구리 가정생활 36

걸상 밑에

• 11월 26일 36회 '식당차', 11월 27일 36회 '걸상 밑에' 연재 번호 중복. 편집 오류

차표를 잃은 멍텅이가

- 벌써 진주인가? 어이구 내 차표가 어디 갔나?
- 어이구머니 저 일을 어이 하노. 고만 저 걸상 밑에 숨기이소

걸상 밑에 엎드렸다가

- 응? 이렇게 말이야? 그럼 내려 보아서 아무도 없거든 일러줘
- 네- 걱정 말고 가만히 계셔요. 내 먼저 내릴 터이니

역부*에게 창피를 당하면서

- 자 두 장이오. 잘 받으소
- 엉? 이게 어이 된 일인게요

* 역부(驛夫): 철도역에서 안내 · 매표 · 개찰 · 집찰 따위의 일을 맡아보는 사람. 역무원

머리만 내밀고 엉?

- 또 한 분은 저기 있답니다. 아하하
- 아이고. 점잖은 양반이 왜 이렇게 하는게요?
- 엉?

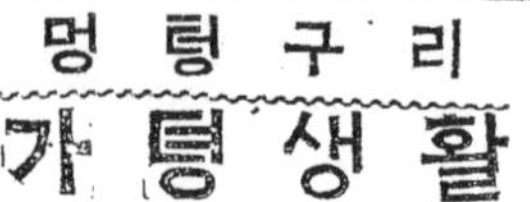

1925.11.28

멍텅구리 가정생활 37

공진회장

통영 소반*을 사기로 하고

- 해물이 제일 많고나. 지리산 목기** 다 그만두고, 이 통영 소반이 좋소그려. 자 값 받으시오
- 예- 저기 가서 말씀하이소

* 소반(小盤): 자그마한 밥상
** 목기(木器): 나무로 만든 그릇

계원*에게 흥정하다가

- 값은 받았지만 공진회 폐하거든 찾아가시오
- 엉? 그럼 나는 돈으로 찾아가겠소
- ?

* 계원(係員): 계 단위의 부서에서 일하는 사람

멍텅구리 본색이 드러나서

- 예-? 당신이 서울서 오신 멍텅구리제?
- 에헴, 내란 사람이 과연 멍텅구리요

들어밀리는 사람 속에서 비비고 나와

- 야! 이 사람들아, 와 이리 미노? 나도 멍텡구리 좀 볼라 한다
- 어이구 예익!
- 옥매는 어데 있노?
- 네- 우리 옥매는 서울 두고 왔소

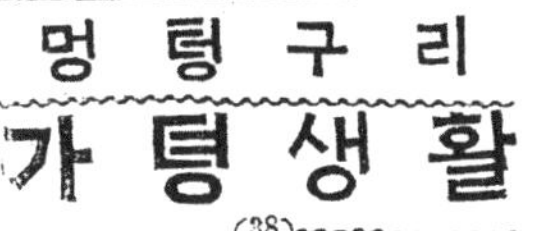

(一) 공진회에온 남해군수에게

(二) 그골특산 귤의선사를바더

(三) 감사하다고 나오는길에

(四) 아이떼에쫓기어 자동차로아ㅣ옹

1925.11.29

멍텅구리 가정생활 38

사선귤

공진회에 온 남해군수에게

- 여보, 노형이 멍텅구린가요? 나는 남해군수요
- 당신이 남해군수면 어쩌란 말이오?

그 골 특산 귤의 선사를 받아

- 아니, 그럴 게 아니오. 이 귤이 내 골 소산*인데 노형**이 하도 유명하니 이거 갖다가 옥매 씨한테 선사하시오
- 헤헴, 이건 너무 고맙습니다. 행건달***은 아니구려

* 내 골 소산: 우리 지방 특산품

** 노형(老兄): 처음 만났거나 그다지 가깝지 않은 남자 어른들 사이에서, 상대편을 높여 이르는 이인칭 대명사

*** 행건달: 날건달

감사하다고 나오는 길에

- 에라, 이 길로 논개 사당에나 가야지
- 멍텅구레
- 보이소, 옥매 영감요
- 똘똘이 즈그아베!*

* 똘똘이 즈그아베: '즈그'는 '저희'의 방언으로 여기서는 소유격의 뜻으로 쓰임. 똘똘이 아버지!

아이 떼에 쫓기어 자동차로 아-옹

- 에익, 자동차를 타야지. 어서어서 아-옹
- 아하하 우수부네*

* 우수부네: 우습네

진주 공진회

공진회(共進會)란 각종 산물이나 제품들을 한곳에 모아놓고 품평하고 전시하는 일종의 박람회이다. 멍텅이가 참석한 진주 물산공진회의 정식 명칭은 '진주군 외 11군 연합 중요 물산 공진회'로, 1925년 11월 20일부터 24일까지 5일간 진주에서 경상남도 각 군의 특산품 소개를 테마로 개최됐다. 진주 물산공진회는 나름대로 대성황을 이루었으며, 모여든 군중의 수가 10만여 명에 달했다. 여관이 포화 상태가 되어 길거리에서 노숙하는 군중이 매일 3000명에 이르렀고 사람들을 먹이기 위해 하루에 30마리의 소가 도살될 정도였다. (《조선일보》 1925년 11월 25일자)

1920년대는 일제강점기 중 박람회가 가장 자주 열린 시기였다. 총독부는 식민지 조선에서 공진회를 비롯해 전람회, 품평회 등 다양한 이름의 박람회를 개최해 일본 문물의 우수성과 한일 병합의 정당성을 홍보하고, 조선 국민의 상대적 열등성을 강조하고자 했다. 또한 국내와 일본의 생산품은 외국 수입품 등을 총망라해 전시함으로써 자본주의의 흐름 속 새로운 소비 계층으로서의 대중을 포섭하고 소비 창출을 유도했다.

1925.11.30

멍텅구리 가정생활 39

통곡 고인

- 논개 사당에서 통곡하는 일화를 통해 항일 정신을 해학적으로 표현

남강 위에서 홍련을 만나

- 날로 다시는 안 볼라고 했더니만요. 예서 다부쳐 뵙씹니더*
- 오- 홍련이 잔소리 말고 논개 사당이나 일러줘

* 예서 다부쳐 뵙씹니더: 여기서 다시 뵙습니다

논개 사당을 찾아가서

- 저게 저 비탈에 쬐맨한 집이 아닝게요*
- 아, 저기야? 아하-! 논개! 논개! 논개!

* 아닝게요: 아닌가요

곡절도 없는 일장통곡에

- 논개! 논개! 으흐 으흐. 엉엉 당신이 간 지 300여 년에 한번 뵐 길이 망연하구려. 으흐흐- 엉-엉
- 아이고 얄궂어라. 나는 가는고만.

순사가 와서 무슨 일이 있나

- 오이 오이 거기서 울어서 무싱 일이가 있나? 안 되겠소
- 엉?

1925.12.1

멍텅구리 가정생활 40

남강물

순사마저 간 뒤에

- 당신이 몬똥구리*까? 다룬 사람이 울어서 이리 있소**? 몬똥구리가 울어서 좋소?
- 예라이, 엿가래를 물려줄 친구

* 몬똥구리: 일본인의 한국어를 해학적으로 표현
** 이리 있소: 이렇게 있소

강변에서 놀던 멍텅이가

- 흥! 홍련이도 가고, 순사도 가고. 만판 놀다가… 에꾸 비탈이 대단하다… 이키!

귤봉*을 물 속에 빠치고

- 어이구, 저런 막 떠내려 간다. 가만 있거라

* 귤봉: 38회 '사선귤'에서 남해군수에게 받은 남해 특산품 귤 봉투

얼결에 옷을 벗고 풍덩실

- 어! 어! 아이구 깊다! 에푸에푸

1925.12.2

멍텅구리 가정생활 41

응급 처치

나와서 보니 양복은 간데 없고

- 흥! 이런! 옥매 줄 귤은 건졌지만 멍텅이 입을 옷이 있어야지! 금방 도적이 붙었담!

근처에 있는 물통의 밑을 빼여

- 옳지 되었거니, 거기 통이 있고나
- 옛차

응급 처치로 몸을 가리고

- 이히히, 이렇게 하고 막 들어간단 말이지. 어이구 추워

엉큼성큼 성내*로 들어가

- 에헤, 내 양복 좀 찾아줘
- 에구머니, 저게 뭐야? 어이구!
- ?!

* 성내(城內): 성안

1925.12.3

멍텅구리 가정생활 42

통세상

남이 웃는 것도 관계 않고

- 어이구 추워. 우리 살살이 여관을 이리 가지?
- 아- 이그! 무서워 문둥인*가 보다
- 아이구메!
- 응? 누구야? 단신 몬똥구리 아이고? 도도기 만났소까?(당신 멍텅구리 아닌가? 도둑 만났소?)

* 문둥이: 나병 환자. 한센인

통을 입은 채로 인력거를 타고

- 여보, 인력거. 맡긴 돈이 있으니 살살이 여관까지 태워다 주우
- 통은 벗고 타이소. 남들 윗씹니더!(웃습니다!)

큰 길로 내닫다가

- 잔말 말고 어서 가!
- ?
- 아이가 힘들어 몬 가겠고만!(아이구 힘들어 못 가겠구만!)

뚝 떨어지며 두 다리를 하늘로

- 아!
- 어이쿠

멍텅구리
가텽생활
(43)
대분개

1925.12.4

멍텅구리 가정생활 43

대분개

필경은 분개한 멍텅구리

- 사람이 귀찮어! 무슨 구경들인고? 에익
- 아이구메!
- 으아
- 오이야!!

통을 던지고 경찰서에 뛰어가

- 예라 비켜라. 멍텅구리 예 간다
- (경찰서)
- 히히
- 하하

들어 책상을 치며 엄중한 담판

- 귀하의 관내에서 대낮에 도적을 맞았으니 내 양복을 당장 찾아내시오
- 하이고 몬똔구리! 고마루*나!

* 고마루(こまる): 곤란하다

급한 소출*로 일복을 토색하여**

- 헤헹, 엉텅리도 부릴 일이여! 서장이 쩔쩔 매던데! 곰방대*** 한 개까지 생겼겠지

* 소출(所出): 논밭에서 나는 곡식. 또는 그 곡식의 양. 여기서는 '변통'의 뜻

** 토색하다(討索하다): 돈이나 물건 따위를 억지로 달라고 하다

*** 곰방대: 짧은 담뱃대

1925.12.5

멍텅구리 가정생활 44

환영회

온갖 사람이 다 모인 환영회에

- 히히 에헴
- 아하?
- 막 들어가는구나
- (멍텅구리 환영)

투쟁이냐? 멍텅이냐?의 환영사

- 예… 만일 투쟁의 제일선에 나서지 아니하려면, 차라리 멍텅구리 노릇이 좋을까 싶습네다…
- 히야 히야
- 아니오

세상 사람이 모두 멍텅구리라는 답사

- 에… 세상 사람이 나를 멍텅구리라고 놀리지만… 내가 보기에는 세상 사람이 모두 멍텅구리로 보입니다
- 으아 으아
- 히야 히야

멍텅을 선동한다는 경관의 해산 이유

- 에… 몬뚱구리를 선동할 염려가 이스무로 이에 해산을 명함. 다들 가!
- ?
- 으아
- 으아

1925.12.6

멍텅구리 가정생활 45

꿈자리

꿀같이 단 가정을 혼자 지키는 옥매

- 아가! 꿈자리가 어찌 그리 사나우니! 네… 아버지가 아마 진주 기생들에게 빠졌나 보다?

남편이 그리워서 바람을 청하여

- 여보! 여보! 거기가 관철동이오? 거기 윤 주사 계셔요? 아이! 저를 어쩌나! 들어오시면 신혜숙이가 찾더라구요!?

진주를 쫓아가라고 간청하다가

- 내가 꿈자리가 사나우니 어서 진주 가서 우리 영감 좀 데려오세요
- 논개나 살아 있다면 가지만

듣지 않는다고 방망이 찜질

- 나를 다시 아니 보랴오!? 어서 가요!
- 야! 아야! 데려온다는데! 때릴 것이 무엇이오?

1925.12.7

멍텅구리 가정생활 46

도처 낭패

바람이 말대로 불시에 진주를 떠나

- 어서 이걸로 떠나세. 옥매 누이가 곧 오라고 아주 안달을 하네
- 에이그 북새통에 남해군수의 선물도 잃고!
- (진주역)

삼량진에서는 차를 놓칠 뻔

- 삼량진 과실이 유명하겠다. 귤 대신 이거라도 사가야지, 이키!
- ?

천안에서는 갓을 잃고

- 예가 천안일세! 우리 집을 이루 가는데*! 에꾸 내! 갓!!
- (천안)

* 이루 가는데: 이리로 가는데

영등포에서는 기차에 갈릴 뻔

- 혜숙이 여기까지 왔어! 에꾸구
- 저저!!?
- 아!!?

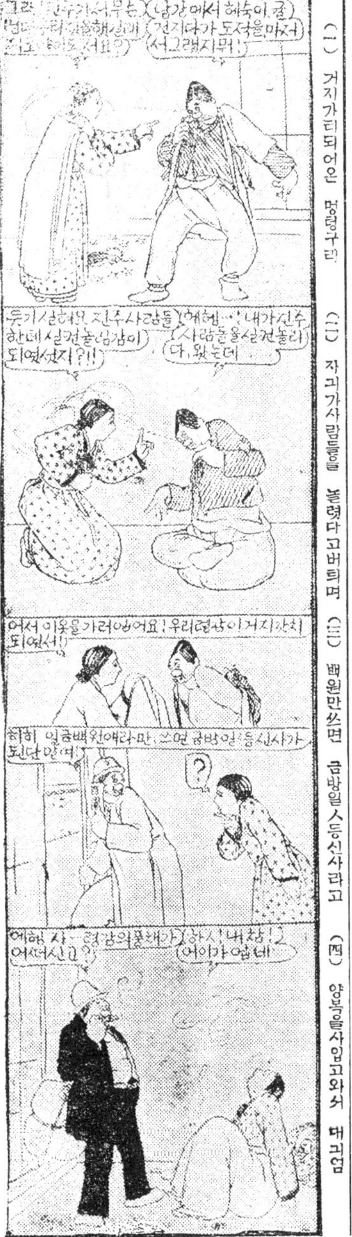

1925.12.8

멍텅구리 가정생활 47

일등 신사

거지 같이 되어온 멍텅구리

- 그래, 진주 가서 무슨 멍텅구리 짓을 했길래 저 모양이 됐어요?
- 남강에서 혜숙이 귤 건지다가 도적을 맞아서 그랬지 뭐!

자기가 사람들을 놀렸다고 버티며

- 듣기 싫어요. 진주 사람들한테 실컷 놀림감이 되었었지?!!
- 헤헴…! 내가 진주 사람들을 실컷 놀리다 왔는데

100원만 쓰면 금방 일등 신사라고

- 어서 이 옷을 갈아입어요! 우리 영감이 거지 같이 되었어!
- 히히 일금 100원짜리-만 쓰면 금방 일등 신사가 된단 말여!
- ?

양복을 사 입고 와서 대기염*

- 에헴 자- 영감의 풍채가 어떠신고?
- 핫! 내 참! 어이가 없네

* 대기염(大氣焰): 큰 불꽃처럼 대단한 기세

1925.12.9

멍텅구리 가정생활 48

양복 빨래

옥매 말로 비로소 헌 양복인 줄 알고

- 이 양복은 얼마나 주었어요? 드팀전*에서 사셨지요? 때가 이렇게 더덕더덕 하니…
- 응? 멀쩡한 새것인데?

* 드팀전: 예전에 피륙을 팔던 가게

주먹을 휘두르며 양복점에 가려다가

- 아! 이런 놈들 나를 속였고나! 당장에 가서 전방*을 부숴야지
- 그만두셔요! 점점 창피만 하지…!

* 전방(廛房): 물건을 늘어놓고 파는 가게

감쪽 같이 빨아내는 광경을 보고

- 휘발유에 때나 빨아야지
- 응? 휘발유? 그럭하면 되어?

휘발유 통 속에 들어가서 철퍽철퍽

- 이히히, 시원하게 고렇게 해버려…
- 아이그, 기가 막혀! 핫!

1925.12.10

멍텅구리 가정생활 49

똥 소나기

오랜만이라고 똘똘을 번쩍 들었다가

- 참 오랜만이다, 아가… 내 똘똘아
- 그러지 말아요. 놀란다니까

뉘어 놓고 입을 맞추고

- 이게 나를 꼭 닮았어. 응- 똘똘이
- 아기 숨 막혀요. 우악스럽기는

자빠져서 얼굴 위에 또다시 번쩍

- 그럼 이렇게 하지, 오- 아가…
- 아이구, 감기 들리겠네. 가뜩이나 요새 설사를 하는데

필경은 난데 없는 똥 소나기

- 이 더운 방에서 무슨 감기! 이키! 에푸푸!
- 에구머니, 저를 어쩌나!

1925.12.11

멍텅구리 가정생활 50

대실수

똥 소나기를 맞은 멍텅이가

- 아이구, 망측한 녀석! 그저 아버지 얼굴에 똥을 싸대!
- 에푸푸 에튀!

세수에 양치에 하다 못하여

- 퉈! 풀풀튀 푸푸!
- !
- 아- 그르르 아- 그르르

경충경충 목욕집을 가서

- 에 암만해도 얼른 가서 목욕을 하고 와야겠군

열고 보니 여탕이다. 다시 큰 실수

- (여탕)
- 응? 어이구!
- 애
- 여보, 문 닫아요!

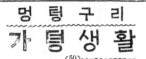

1925.12.12

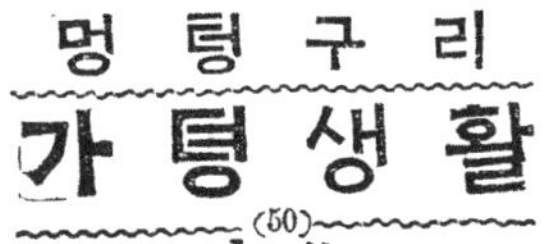

멍텅구리 가정생활 50

딴쓰

- 12월 11일 50회 '대실수'에 이어 12월 12일 50회 '딴쓰'로 연재 번호 중복. 편집 오류

팔자 좋게 드러누웠던 멍텅이

- 오늘은 꼼짝 말고 집에 있어야지. 아침부터 재수가 옴붙었겠지
- 그래요. 집도 적적하니

심심풀이로 청요리를 먹고

- 모처럼 먹으니까 청요리 맛이 썩 좋아. 카- 그 배갈* 독하다
- 너무 잡숫지 말아요

* 배갈: 고량주

배갈에 취한 김에 옥매를 끌고

- 에헤헤 이히히 얼근하다. 우리 딴쓰 좀 해봐 응?
- 아이그 또!

당다라당다. 되는 대로 딴쓰

- 당다라 당다 당디라 당도. 이히히. 어떻게 하는 게야?
- 아하하. 나는 싫어요. 맨바닥에서 이게 무슨 재미예요

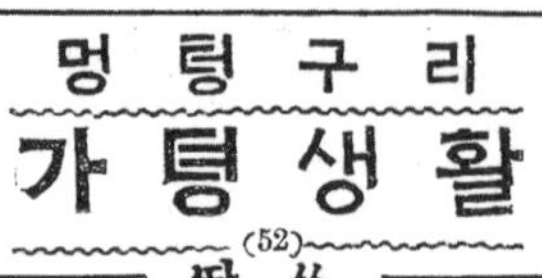

1925.12.13

멍텅구리 가정생활 52

딴쓰

맨바닥에 재미 없단 말에

- 맨바닥에서 무슨 재미? 가만 있어-
- ?

당장에 가서 피아노를 사다 놓고

- 야- 저 웃목으로 놓아! 피아노가 있어야 딴쓰를 한단 말인가?
- 아이그 온!

옥매의 반주로 딴쓰를 하다가

- 이왕이니 내 한 번 탈게. 딴쓰를 하세요
- (빵♪♩ 빵♪ 핑♪ 퐁♩ 퐁♪)
- 히히 요렇게 말이었다

도도한 흥김에 화로*를 엎질러

- 오르라잇 베리 베리 좋다**, 이키!
- 에구머니, 저 변 좀 봐!

* 화로(火爐): 숯불을 담아 놓는 그릇. 주로 불씨를 보존하거나 난방을 위하여 쓴다

** 오르라잇 베리 베리 좋다: all right very very 좋다

1925.12.14

멍텅구리 가정생활 53

정면 충돌

때마침 달려든 바람이

- 이놈! 네 괴악한 멍텅이 놈! 네 죄를 다 어찌할 터이냐? 엉! 내 너를 성토할 터이다
- 응? 왜 그래! 얘! 바람아?!
- 네 이놈, 네 아비가 모아놓은 돈 가지고 막 써버리고 딴쓰하다가 화로만 엎지르고, 엉!
- 에-헤헤, 난 또 무슨 큰일 났다구! 그래 어쩌란 말여?
- ?

호통을 하며 멍텅을 얼러서

- 면장 오라버니! 뭘 또 그러세요? 왜-! 이 어거지세요?
- 여러 말 말고 오늘은 한턱 단단히 쓰게, 응?

결국은 한턱을 먹기로 자동차를 몰다가

- 에이그, 결국 그 소리 하자고요
- 그래라, 오랜만이니 같이 가자. 그럼 자동차 불러
- 애햄

종로 한 거리에서 전차와 충돌

- 아차!
- 아이크
- 어이쿠
- 에구머니
- 아!

1925.12.15

멍텅구리 가정생활 54

안방 놀이*

* 안방 놀이: 요리를 시켜 안방에 술상을 차리고 마시는 것

멍텅의 일행은 중도에서 돌아와

- 아따 좋아! 꼭 요릿집에를 가야만인가
- 잔소리 말고 어서 한 잔 더해라
- ?

안방 놀이를 차리고 한참 먹다가

- 어이구, 팔목이야! 나는 혜숙이만 안 다치게 하노라고 팔목과 무릎을 막 다쳤어!
- 예라- 이 멍텅구리! 나는 안 다쳤다

말발 끝에 주먹이 왔다 갔다

- 예끼- 요! 너 때문에 모두 이 지경이다!
- 아! 이놈 봐라. 내게 위자*를 부린다!
- ?

* 위자(威姿): 위협하는 태도. 현대어 "유세 부린다"의 어감

옥매의 말 한 마디로 다시 헤헴

- 아서세요*. 그러다가 정말…
- 헤헴, 누가 뭐- 정말 골냈나!
- ?

* 아서세요: 그렇게 하지 말라고 금지할 때 하는 감탄사 '아서라'를 존댓말 투로 표현한 구어체

1925.12.16

멍텅구리 가정생활 55

분풀이

멍텅의 위자에 속이 체한 바람이

- 저 놈이 한턱을 한다고 위자를 부렸겠다!

분풀이로 항아리를 멍텅에게 씌우니

- 예익 이놈! 절름발이 같으니
- 어이쿠 코야!?
- 아!?

이번엔 멍텅이가 분풀이를 하려고

- 에잉!
- ?
- 아하하
- 에 요놈!

바람과 사이에 큰 승강이*

- 이놈이 여기 있나?
- 찌놈!
- 아하하

* 승강이: 서로 자기주장을 고집하며 옥신각신하는 일. 실랑이

1925.12.17

멍텅구리 가정생활 56

찌놈

질긴 멍텅이와 초라니*의 바람

- 이 질긴 놈이 그저 있나?

* 초라니: 하회 별신굿 탈놀이에 등장하는 인물의 하나. 양반의 하인으로 행동거지가 가볍고 방정맞다

쫓이락 쫓기락 승강하던 판에

- 찌놈! 인제도! 엥엥!
- 아야! 아야! 이놈아!
- !?
- 아하하

마침 오던 늙은 멍텅에게 첫인사로 찌놈

- 찌놈!
- 어!

의외의 소조*에 담뱃대를 들고 호령

- 어이쿠!
- 이 자식!

* 소조(所遭): 치욕이나 고난을 당함

1925.12.18

멍텅구리 가정생활 57

생글벙글

오랜만에 오신 시부에게 옥매가 절을 하니

- 응- 그래 잘 있었니?

손자의 손을 잡으며 할아비는 싱글벙글

- 어이구, 초이레* 안에 볼 때보다는 몰라보게 되었구나. 제 어미를 좀 닮지 않고 꼭 제 아비 멍텅이를 닮았구나, 에잇

* 초이레: 매달 초하룻날부터 헤아려 일곱째 되는 날. 여기서는 '태어난 지 7일'을 말하는 듯함

옥매는 괴임받고* 생글생글

- 어머님은 아니 오세요?
- 너의 시모가 맏손자의 백일 밥을 해주러 같이 가자고 하더니 아마 내일에나 오나보다

* 괴다: (예스러운 표현으로) 특별히 귀여워하고 사랑하다. 괴임받다: 사랑받다

멍텅과 똘똘까지 벙글벙글

- 약주 잡수세요
- 오냐, 가만 있거라 차차 먹지. 오, 이놈! 헤헤 벙긋벙긋 하는구나

1925.12.19

멍텅구리 가정생활 58

딴전

옥매가 타는 피아노 소리에

- 어머니 이것 좀 들어 보세요. 피아노 말씀이에요
- 응, 옳지. 내 한번 공주 감영에 갔다가 예수님 학교에서 봤더니, 예이 그 새 주워온?

시모도 칭찬, 시부도 좋아라고

- 퐁퐁 뽕부 뺑
- 얘, 그거 무엇이 똑 두루미 우는 소리 같으니

조용한 틈에 멍텅은 딴쓰를 청하다가

- 여봐 여봐! 이히히 수 났다. 혜숙이 우리 딴쓰 좀 하여 딴쓰

들키고 무색하여 동도 안 달는* 딴전

- 얘- 가리**를 가저 왔….
- 그러게 어서 나가서 팥떡 좀 삶으라니까

* 동 달다: 말을 덧붙여서 시작하다

** 가리: 갈비

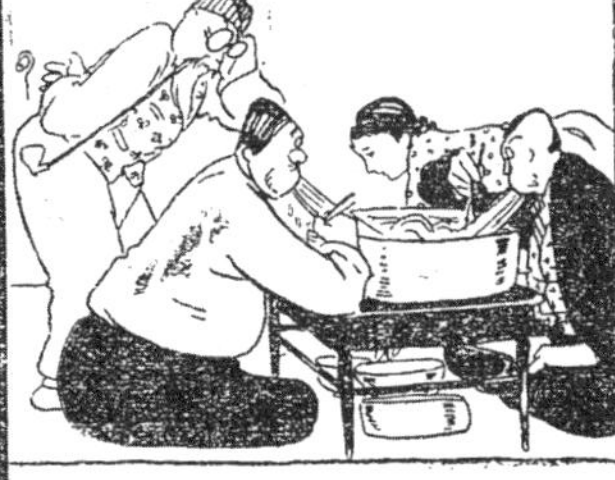

1925.12.20

멍텅구리 가정생활 59

똘똘의 백일

똘똘의 백일 밥은 어른으로부터

- 오- 그만둬라. 나 인저 밥을 먹어야겠다

그 다음에 멍텅은 떡 두 홉*을 다 먹고

- 오, 너희들도 어서 먹어라. 내가 좀 봐야겠다

* 홉: 부피의 단위. 곡식, 가루, 액체 따위의 부피를 잴 때 쓴다. 한 홉은 한 되의 10분의 1로 약 180mL에 해당한다

그 위에 냉면을 한 양푼을 다 먹다가

- 어이구 이것 참, 거량*이다. 떡을 두 홉을 다- 먹고 또 냉면을 한 양푼을 먹어?! 아비가 껄그렁** 베천***이나 하니까 말이지

* 거량(巨量): 매우 많이 먹는 음식의 분량

** 껄그렁: 부드럽지 못하고 껄껄한 느낌

*** 베천: 모시실, 베실 따위로 짠 천. '껄그렁 베천'은 '거친 옷감'의 뜻

늙은 멍텅의 웃는 소리에 모두가 싱글벙글

- 히히

1925.12.21

멍텅구리 가정생활 60

싸움 시초

마음이 놓인 멍텅, 그 밤으로 요릿집을 가서

- 부어라 먹자. 먹어라 막 먹어. 인저는 걱정 없다. 그렇지만 노인들이 잔뜩 지키고 앉았으니… 뭐. 뭐. 응? 그렇지 홍련이
- 아이구!
- 아이고 머리골치야! 너무 먹었다… 에-엑-

술이 억병*이 되어 개천에 뒹굴다가

- 에튀튀 어서 가자, 이놈아
- 오냐 오냐 아이크
- 이게 웬일이냐? 어이 추워. 어서 몰래 들어가거라
- 어이구 추워. 이게 어데냐? 얘 바람아, 큰일 났다!

* 억병: 한량없이 많은 술. 또는 그만한 술을 마신 상태나 그만한 주량

아비가 알까 봐 옥매에게 청을 하되

- 혜숙이 혜숙이 사람 죽겠네. 새 옷 좀 줘! 어서 어서
- 또 어떤 계집을 데리고 먹고 와서 이 야단이야! 저기 아버님 아직 안 주무시는데

바가지를 긁는 통에 뱃속이 틀려

- 여여, 아부지 아시면… 저. 저. 제발 좀 아무 말도 말아
- 내 참! 기가 막혀

1925.12.22

멍텅구리 가정생활 61

손수건

아침에 멍텅의 옷을 보고 놀란 옥매

- 이게 뭐야? 술 취한 걸 말씀 안 하랬더니
- 무얼 그려?

취중에 깜빡 잊고 주머니에 헛든 장물*

- 향내 나는 수건은 웬 거요?
- ?

* 장물: 강도, 사기, 횡령 따위의 재산 범죄에 의하여 불법으로 가진 타인 소유의 재물

만만한 윤바람을 팔다가

- ?
- 윤바람의 수건인 게지

손수건에 기생 이름이 탄로가 나서 대풍파

- 그런데 홍련이란 수를 놨어?
- 어이쿠

1925.12.23

멍텅구리 가정생활 62

크리스메리* 트리

* 크리스메리: '크리스마스'의 오기

옥매의 성을 풀어 주려고

- 내가 술취했더라고 여쭙지 말아, 응?
- 다시는 기생하고 놀지 아니한다고 해야지

크리스마스 선물을 사가지고

- 저 문 밖을 내다 봐. 크리스마스 선사*를 많이 사왔어. 히히

* 선사: 선물

방 안에 소나무를 심었더니

- 이리 들여다 놓게

기생만 보지 않으면 예수를 믿어도 좋다고

- 네 아버지가 예수를 믿나 보다. 똘똘아, 기생만 보러 다니지 않으면 돼

1925.12.24

멍텅구리 가정생활 63

부채 독촉

빚 재촉 오는 통지서를 연애 서간으로 보는 옥매

- 여기 편지 한 장 왔어요. 어떤 기생에게서 오지나 아니 하였소?
- 이리 좀 보세

빚 졸릴 생각에 고민하는 멍텅

- 한 1년 잘 지냈는데! 지금이 기한인가?

빚 독촉장을 연하장이라는 멍텅

- 웬 편지가 이렇게 많소!?
- 무어?! 이리 가져오. 연하장이 들어 오기 시작하는 게지

이번에는 돈벼락이 아니라 빚벼락

- 빚쟁이들이 돈만 달라는데! 아버지께 알릴 수 없고!… 나는 갚을 턱이 없는데!
- 편지 또 왔어요

1925.12.25

멍텅구리 가정생활 64

생명보험

생명보험 회사 외교원이 찾아온다

- 멍텅이는 생명보험에 들지 않고 나를 보면 피하니 오늘은 집으로 찾아가서 권유를 해야지

대문 밖에서 내외 싸움을 듣다가

- (최멍텅)
- 엊저녁에 또 어디 갔었어!?
- 빚에 졸리기 싫어 술 한잔 먹으러 갔었지!
- ?

문 밖으로 엎드러지며 쫓겨 나오는 멍텅을 보고

- 어이쿠.
- ?!

생명이 위험한 사람은 보험 아니한다고 도로 간다

- 나를 보러 오셨소?
- 아니오, 우리 회사에서 매맞아 죽기 쉬운 사람은 보험을 아니하오

1925.12.26

멍텅구리 가정생활 65

사랑 싸움

맞고 나간 멍텅이가 들어와서

- 네가 지각이 났느냐? 그럴 수가 있담!
- 그러면 그게 다 무슨 일이에요?

세간을 치기 시작하며

- 응? 아버지가 아셔도 할 수 없다! 이놈의 세간부터 때려 부수고 다 그만둬야지
- 왜 이리 야단이에요? 이야기 좀 해봅시다

옥매가 울고 법석하니

- 으- 으- 으흐흐. 이럴 줄은 뻔히 알면서…
- ?
- 이게 웬일들이냐?

늙은 내외가 마주 앉아서 걱정

- 아이그 쪽쪽 울고 웬 짓들이야?
- 에임, 그것들 뭘 또 그라노?

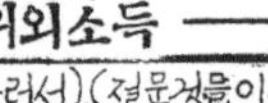

1925.12.27

멍텅구리 가정생활 66

의외 소득

멍텅이 부친이 듣다 못하여

- 에헴! 이것들을 불러서 준절히* 일러야지
- 젊은 것들이 사랑 싸움을 하는 게지. 알은체해서 뭘해요?

* 준절(峻截)히: 매우 위엄이 있고 정중하게

싸움을 말리러 가다가

- 모시 모시*. 광화문 1800원! 모시 모시. 광화문 1800원!
- 이 몬똥구리 1800원이 모야!?

* 모시 모시 (もしもし): 여보세요?

멍텅이가 빚 얻을 교섭하는 전화를 듣고

- 여보슈, 거 뻔뻔이 은행이오? 나는 최멍텅인데요. 수형*을 쓸 터이니 돈 1800원만 곧 돌려주시겠소**? 엉? 안 돼요?
- 아이구, 잘도 주겠소

* 수형(手形): '어음'의 예전 용어
** 돌려주시겠소: 빌려주시겠소

펄쩍 뛰며 호령

- 이 자식! 뭘 하러 빚을 1800원씩 얻느냐?
- 아!
- ?

1925.12.28

멍텅구리 가정생활 67

의외 소득

멍텅의 아버지는 호령을 막 하다가

- 나이 사십이 덜이*에 뜬** 자식이 아비의 손바닥만 핥고 있으며 또 빚은 내어 무얼 하니?
- ?!
- 안녕하십니까?

* 덜이: 일정한 값에서 얼마를 뺌

** 나이 사십이 덜이에 뜬: 마흔 살이 다 돼 가는

묵은 빚이 그만치 있는 것을 알고

- 멍텅이가 묵은 빚을 갚을 것이 그만큼 있답니다
- 묵은 빚? 뭘 하기에 빚을 져?!
- !

울고 있는 옥매를 어루만지며

- 저는 아무 죄도 없습니다. 석 달 동안에 50원씩 저금한 것밖에 없습니다
- 그렇지 그렇지. 네가 정말 알뜰하다

오냐 이번만이라고 갚아주기를 허락

- 오냐! 빚을 지고야 견디겠니? 이번 한 번만 또 갚아주마
- ?

1925.12.29

멍텅구리 가정생활 68

두 가지 값

빚쟁이로 저자를 이룬 멍텅의 문전

- 자- 요리값 요리값 또 요리값. 이거 요리값이 제일 많고 □□ 양복값 양복값 또 양복값. 헤헹, 똑 두 가지값으로 못살겠구나

화리* 떼먹고 산다는 고리대금 소개꾼

- 나는 꼭 고리대금 소개를 해주면 적어도 3할씩은 생기더니… 인저는 아마…
- 멍텅이도 인저 여간 띵띵해야지**

* 화리: 에누리의 방언. 여기서는 '중개수수료'의 의미

** 띵띵하다: 인색하다의 방언

쪼코랫트* 값이 100원이라는 패가** 할 놈의 말

- 흐흥, 쪼코랫트 값이 그래도 한 100원 남았겠지!
- 남들이 들어요!

* 쪼코랫트: 초콜릿

** 패가(敗家): 재산을 다 써 버려 집안을 망침

몰라요 핀잔 주는 쌀쌀한 옥매

- 1800원을 다 갚고서 꼭 200원이 남았어. 인저는 한 걱정 덜었네. 그렇지 혜숙이? 응? 응? 왜 요모양이여?
- 몰라요!

1925.12.30

멍텅구리 가정생활 69

줄변덕*

* 줄변덕: 계속 이어진 변덕

(一) 옥매의 웃는낫을 보려든멍텅

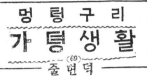

옥매의 웃는 낯을 보려는 멍텅

- 얘- 혜숙이가 요새 막 앵 거리고* 있으니 어쩌야 옳으냐?
- 그걸 하나 무마하지 못해?!

* 앵 거리다: 토라져 짜증을 내다

(二) 압흐로 업고 둥둥

앞으로 업고 둥둥

- 혜숙이, 요새 고생을 너무 시켜서 안 됐네. 이히히, 요것 밥은 많이 굶었어도 무게는… 둥둥둥둥둥둥
- 아이그! 이건 홍두깨 노적인가 방치 노적인가 줄노적인가? 놔요 좀

(三) 뒤로업고 집동팟동

뒤로 업고 집동팟동

- 노적이 뭐여? 변덕이란 말여? 이히히, 그 사투리 어디다 배워 먹겠나? 집동- 팟동- 헤헤
- 아이고 어지러! 아이고 배야! 대체 웬 변덕이에요? 놔요 좀!

털썩 주저앉으며 똘똘을 다쳐

- 이쿠
- 에구머니, 아기가 다쳤나 봐요?
- 으아으아

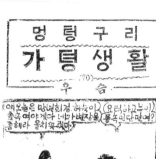

1925.12.13

멍텅구리 가정생활 70

웃음

간신히 옥매를 달랜 멍텅이가

- 얘, 오늘은 망년회 겸 혜숙이 좀 속여야겠다. 네가 변장을 좀 해라 옳지 꼭 같다
- 요럭하고* 누이를 속인단 말야?

* 요럭하고: 요렇게 하고

바람을 미인으로 변장시켜

- 에헴, 관계 없으니 이리 들어오슈
- ?

옥매를 한참 속인 끝에

- 당신이 누구인데 남에 집엘 막 들어와요, 엉?
- 이게 다 무슨 행세요?

변장을 벗고 나니 온 집안에 웃음

- 오호호, 무슨 챙견이에요*?
- 어허허허허
- 하하, 내 온 참**

* 챙견이에요: 참견이에요
** 내 온 참: 나 원 참

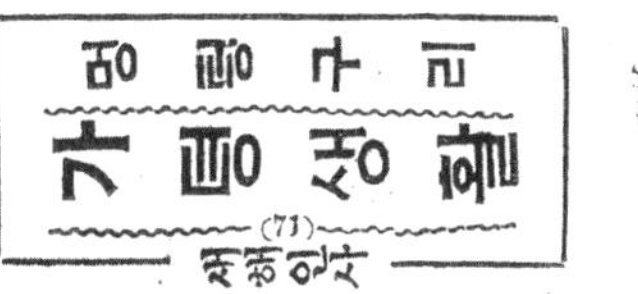

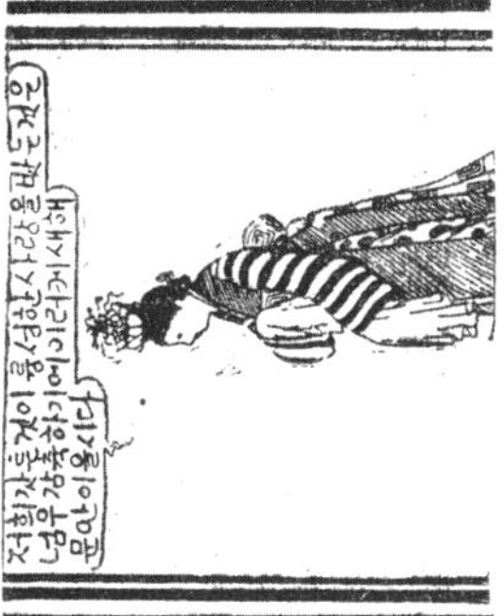

1926.1.1

멍텅구리 가정생활 71

새해인사

해가 가고 해가 갈수록 사람은 경험이 풍부하여지므로 지난해 동안 어리석은 일을 많이 뉘우치고 참된 사람 되어 온 세상과 같이 웃고 같이 걱정하기를 굳게 맹세하고 나선 멍텅

- 새해 안녕하십니까? 이번엔 이렇게 보옵니다. 여러분, 소원성취하옵소서

조선 화류계에 몸을 우연히 던져 화조월석*에 만천하 야유랑**의 웃음을 사던 신세로, 명성이 우주에 쟁쟁한 멍텅이와 백년의 언약을 맺고 이상적 가정을 이루어 담락***에 잠긴 옥매

- 저희 같은 것이 융성한**** 사랑을 받는 것은 너무 감축하기에 이렇게 새해 문안이올시다

* 화조월석(花朝月夕): 꽃 피는 아침과 달 밝은 밤이라는 뜻으로, 경치가 좋은 시절을 이르는 말

** 야유랑(冶遊郎): 주색에 빠져 방탕하게 노는 젊은이

*** 담락(湛樂): 오래도록 평화롭고 화락하게 즐김

**** 융성한: '융숭한'의 오기. 대우하는 태도가 정중하고 극진한

아직도 강보에 싸였으나 차차 장성하면서 누구보다도 부친 되는 멍텅이만치 유명한 사람이 꼭 되기를 소원하고 축복하며 그만한 자신을 가지고 싱글싱글 하고 나선 똘똘이

- 처음 색동저고리올시다. 이것이 장래희망이에요

염량세태*는 세력에 딸려 사복**만 채우려 하므로 이런 시대에도 다정한 친구를 위하여 희생적 태도로 자기 몸을 불구하고 친구 멍텅이를 위하여 노력하겠다고 굳게 결심한 바람

- 네- 해가 두 번째 바뀌어도 늘 요 모양이올시다. 새해에 새로운 복 새록새록 많이 받으십소서

* 염량세태(炎涼世態): 세력이 있을 때는 아부하고 세력이 없어지면 푸대접하는 세상 인심

** 사복(私腹): 개인의 사사로운 이익이나 욕심

1926.1.2

멍텅구리 가정생활 72

세뱃돈

새해에 바람을 만나서야

- 여보게, 자네 이름이 무엇인가?
- 새해가 되더니 정신이 어디로 줄행랑이야? 세배도 안 하고

양력설은 우리 설이 아닌 소리를 듣고

- 참 멍텅이로군! 우리 설을 치른 줄 아나? 우리 설은 따로 있네!
- 그럼 시골집에 안 갔어도 괜찮으이그려?!

똘똘이 세뱃돈 달라는 옥매에게

- 똘똘이가 세뱃돈 달래요
- ?
- ?

설도 모른다고 핀잔을 준다

- 참 멍텅구리 마누라일세. 바람더러 물어봐! 설도 안 돼서 세뱃돈이 다 뭐야?
- 하하

1926.1.3

멍텅구리 가정생활 72

연하장

- 1월 2일 72회 '세뱃돈', 1월 3일 72회 '연하장' 연재 번호 중복. 편집 오류
- 제목 오른쪽에서 왼쪽으로 표기

1 연하장이 산과 같이 들어오므로

- 나는 연하장을 한 장도 아니 보냈는데 자꾸 오니 참 딱하다!
- 지금 늦더라도 또 답장을 써야지요

2 옥매는 늦었어도 답장하라는 권고

- 마누라 명령이라면 시작해보지
- 새해부터 너희 아버지께서 내 말을 잘 들으신단다

3 눈코뜰 새 없이 썼으나 겨우 5만 8000

- 인제야 5만 8000장째야
- 진작 쓰셨으면 좋았죠~

4 기운이 탕진하여 그만 쓰러져

- 어이구 팔이야! 이제도 1만 5000장을 더 써야 되겠네

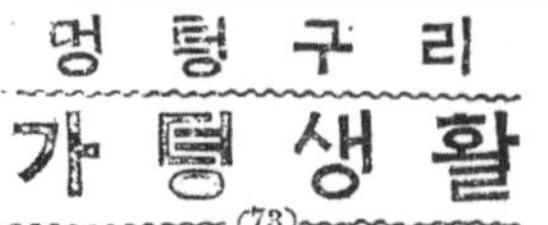

1926.1.4

멍텅구리 가정생활 73

연하장

7만 3000장의 연하장을

- 7만 3000장에 2전씩 부치자면 돈이 여러 10원 들겠네?
- 여러 10원이 뭐예요. 가만 계셔요. 아구- 1460원인걸요!

우편으로 보내다가는 못 살겠다고

- 예익, 이건 못 살판 났다. 가만 있어 내 다녀올게
- 또 어데를 가노?

비행기 위에서 훨훨 끼얹으며

- 자 보슈 여러 말씀 말고. 40원만 드릴 터이니 어서 뜹시다… <u>으흐흐</u> 이 바람 봐라
- 아이 조심하세요

천하 사람들은 만수무강하라고

- 예라, 떨어지는 놈은 떨어지고 날아갈 놈은 날아가고. 천하의 사내 계집 늙은이 젊은이 모두 만수무강들 하여라

1926.1.5

멍텅구리 가정생활 74

연하장

1 연하장을 허공에 뿌린 이유를 말하며

- 얼마나 추우셔요? 그런데 그 힘을 들여 써가지고 죄- 뭘하러 허공에다 뿌려요?
- 응 천하 사람이 다- 받으란 말이지

2 흥미가 도도하여 하는 멍텅이

- 천하 사람은 뭐, 바람에 다 휩쓸려 달아났지. 누가 알겠어요?
- 허허 그거는 노형*이 알 수 없는 문제이지

* 노형(老兄): 처음 만났거나 그다지 가깝지 않은 남자 어른들 사이에서, 상대편을 높여 이르는 이인칭 대명사. 여기서는 옥매를 농담조로 부르는 말

3 자기가 제법 웅장하다고

- 싱겁지요, 뭐! 영감하시는 일이!
- 헤헤 똑똑히기로는 내가 노형만 못하고, 웅장하기로는 노형이 또한 나만 못하여

4 옥매의 어깨를 어루만져 대기염*

- 그러기에 영감 배포가 다르시지요
- 그렇지 그렇지! 그렇다 뿐인가, 에헴

* 내기염(大氣焰): 큰 불꽃처럼 대단한 기세

1926.1.6

멍텅구리 가정생활 75

설경 구경

1 예전 이야기 끝에 눈 구경 생각이 나서

- 작년 겨울에 영감이 한창 반해 다니실 때 화계사* 가는 길에 눈 속에서 하루를 뒹굴었더니만…
- 옳지, 오늘 눈 구경을 가야겠군… 저 자동차를 불러야지

* 화계사(華溪寺): 서울특별시 강북구 수유동에 있는 절. 봉은사(奉恩寺)의 말사(末寺)

2 자동차를 타고 청량리로

- 이거 살림하는 사람이 눈 구경 다니고…
- 어서 서 청량리로 나갑시다

3 오줌고개를 급히 넘다가

- 오줌고개가 가까웠지요? 에그, 꼭 붙어 앉아야지
- 엉, 오줌고개? 뭘 어때요?

4 자동차가 덜컹 두 이마가 탁 부딪쳐

- 오줌고갭니다
- 이쿠
- 아이코

1926.1.7

멍텅구리 가정생활 76

제사

1 깜빡 잊었던 어머니 제삿날에

- 오늘이 선비*의 기고**인데, 어머니 제사란 말여. 작년에도 못 가고 올해도 깜빡 잊었지!
- 선비가 뭐에요? 식자가 우한***이오. 그 정신 가지고 제삿날이나 잊어버리지 마시지요

* 선비(先妣): 남에게 돌아가신 자기 어머니를 이르는 말

** 기고(忌故): 해마다 사람이 죽은 날에 제사를 지내는 일

*** 식자우환(識字憂患): 학식이 있는 것이 오히려 근심을 사게 됨

2 제수는 요릿집에 급히 주문

- 급하니 제수*는 요릿집에서 주문해오고, 윤바람이나 불러다가 같이 의논해 지내야겠군. 모시 모시
- 네네 장춘관이올시다. 오늘 저녁이 기고신데요? 네네 교자를 두 틀만요? 네네…

* 제수(祭需): 제사에 쓰는 음식물

3 의논하다가 윤바람을 청해서

- 이 사람아, 자네 어머니 제사에 나를 청해 뭘하나? 옳지 좋다. 제수는 장춘관서 오는구나
- 어쩌나! 이 사람, 그러기에 친구가 좋지

4 양복 까닭으로 한번 낭패

- 제사는 알랑하게* 지내겠네. 여태 양복도 벗지 못하고서**
- 아 참!

* 알량하다: 시시하고 보잘것없다

** 여태 양복도 벗지 못하고: 당시는 제사를 지낼 때 한복을 입었음

1926.1.8

멍텅구리 가정생활 77

제사

바람에게 입살*을 맞아 가며

- 저 거시기, 홍동백서 외탕내적** 하는 법이 있지?
- 아따 이 사람, 홍동지고 백서방이고*** 걱정 말고 어서 소세****나 하게

* 입살: 악다구니가 세거나 센 입심

** 홍동백서(紅東白西) 외탕내적(外湯內炙): 제사상을 차릴 때 붉은 과실은 동쪽에, 흰 과실은 서쪽에, 탕은 바깥쪽에, 구이는 안쪽에 두는 원칙

*** 홍동지고 백서방이고: 홍동백서를 희화화해 '홍씨 성을 가진 동지(同志)' '백씨 성을 가진 서방'이라고 언어유희한 표현

**** 소세(梳洗): 머리를 빗고 낯을 씻음. 세수

옥매와 함께 허둥지둥

- 누이도 참사하나?* 그래 두루마기라도 내어 입게그려
- 아이고, 나는 아무것도 모르는데! 어떡해요?

* 참사(參祀)하다: 제사에 참례하다

젯상 대신 테이블, 갓 대신 모자

- 별안간에 갓, 탕건이 있어야지. 할 수 없으니 모자를 써야지
- 그러게, 신식이 다- 좋으니

모자 쓰고 절하다가 엎드린 채로 엉?

- 아! 모자 쓴 채 절을 하나?
- 엉?!

1926.1.9

멍텅구리 가정생활 78

제사

잔을 올리면 멍텅식의 질문

- 바람이!… 우리 어머니께서 약주는 당초에 입에도 안 대셨다는데, 그래도 자꾸 잔을 올리나?
- 잔소리 말구 어서 올리게
- ?

제수를 쓰러트리는 데설*

- 이키, 이거 산자** 접시가 쓰러졌으니!!
- 에구머니

* 데설(데설데설): 성질이 털털하여 꼼꼼하지 못한 모양

** 산자(饊子): 찹쌀가루를 반죽하여 납작하게 만들어 말린 것을 기름에 튀기고 꿀을 바른 후 그 앞뒤에 튀긴 밥풀이나 깨를 붙여 만든 유밀과의 하나

절도할 바람의 신식 축문

- 유세차*- 작년- 풍년- 금년- 흉년- 짐작 상향-
- 엉? 무슨 축문이 그런가?
- ?

* 유세차(維歲次): '이해의 차례는'이라는 뜻으로, 제문(祭文)의 첫머리에 관용적으로 쓰는 말

별안간에 쏟아지는 울음 소리

- 아따, 이 사람아. 급히 지내는 제사에 그렇지야. 지금 곡을 할 차렐세… 아따, 잊어버릴 적보담은 큰 효성일세
- 애고 애고 엉! 엉!!
- 애고 애고

1926.1.10

멍텅구리 가정생활 78

멍텅의 조카

- 1월 9일 78회 '제사', 1월 10일 78회 '멍텅의 조카' 연재 번호 중복. 편집 오류

바람은 전도사의 아들이라고 자백

- 여보게, 인제 말이지 우리 아버지가 전도사라네. 우리 예배당 구경 가세
- 그리 할까?

멍텅이와 같이 전도를 들으러 예배당으로

- 여보게. 저기 저 전도하시는 노인이 우리 아버지일세

전도사가 형님이라는 끝에 멍텅이와 바람이 일어서

- 이중에서 예수 아니 믿는 형님이 계시면 일어서시오
- 내가 안 믿습니다
- 제가 안 믿습니다

멍텅이는 아우와 조카를 어떻다고 고집

- 이놈아, 네 어른이 형님을 찾으니까, 내가 일어섰는데, 너도 일어서니, 네가 네 아버지 형님이 어찌되니… 지금부터 나더러 백부*라고 불러라. 킬킬 히히
- 미친놈!

* 백부(伯父): 둘 이상의 아버지의 형 가운데 맏이가 되는 형을 이르는 말

1926.1.11

멍텅구리 가정생활 79

낮잠

어디 나갔다 들어오니까, 상노* 애놈이 잠을 잔다

- 요놈, 내가 어디를 나아가면 똑 이짓이야!
- 쿨쿨쿨

* 상노(床奴): 밥상을 나르거나 잔심부름을 하는 어린아이

사람이 되어 가라고 준절히 책망

- 요놈! 어린 녀석이! 요 모양으로 지내면 언제나 사람이 되겠니?! 내가 너와 같다면 내가 오늘 무엇이 되었겠니?
- 밖에 나가서 연이나 날리지요

일하러 보내는데 말대답은 여전

- 에라-! 요놈, 어서 나가 일해! 대낮에 어떻게 잔단 말이냐!?
- 꿈에 일을 했습니다

낮잠 못 잔다고 떠든 멍텅이가 쿨쿨

- 쿨쿨쿨쿨쿨쿨

1926.1.12

멍텅구리 가정생활 80

동부인

동부인 하고 설경 구경코자

- □□ 일기도 따뜻하니 문밖 설경 구경이나 갈까?
- 글쎄, 내 목도리가 어디 있누?

똘똘이는 어멈에게 맡기고

- 어멈, 아기 잘 보게. 울리지 말고
- 네-

길에서 비웃고 조롱하는 자를

- 킬킬, 저것 봐!
- 어떤 밀매음*을 달고 나섰니?
- 야- 괜찮다. 하이카라로군!
- ?
- ?

* 밀매음(密賣淫): 허가 없이 몰래 몸을 팖

뜨끔하게 두드려 주었다

- 이놈, 점잖은 내외가 산보하는데 뭐! 밀매음! 너 같은 야만이 있어 안 돼! 문명한 나라엔 남자 혼자 다니지 않는다! 개 눈엔 똥만 보인다고, 네 눈엔 밀매음뿐이냐?

1926.1.13

멍텅구리 가정생활 81

주머니 털림

매일 아침 상습으로 주머니를 뒤졌으나 텅텅

- 엊저녁에 화투를 했나? 어째 돈 한 푼도 없어!
- 쿨쿨쿨쿨쿨

자는 체하던 멍텅이는 얼른 일어나서

- 요새 마누라가 내 주머니 뒤지는 수에 사람이 못 견디겠어!!

돈 감추느라고 썼던 가짜 머리를 벗어

- 내가 이 가짜 머리를 잘 썼지

빼앗기지 않은 돈이 대견하여 센다

- 어디 돈을 좀 세어 보아야지

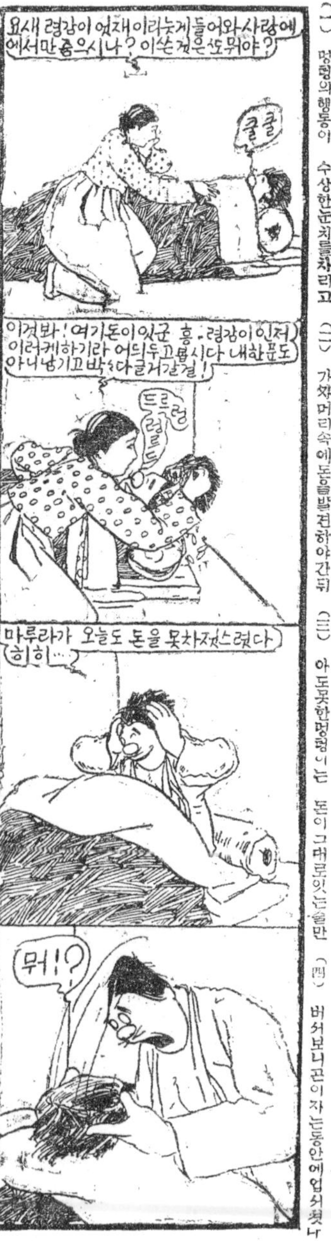

1926.1.14

멍텅구리 가정생활 82

계획이 실패

멍텅의 행동이 수상한 눈치를 차리고

- 요새 영감이 어째 이리 늦게 들어와 사랑에서만 주무시나? 이 쓴 것은 또 뭐야?
- 쿨쿨

가짜 머리* 속에 돈을 발견하여 간 뒤

- 이것 봐! 여기 돈이 있군. 흥- 영감이 인저 이렇게 하기라. 어디 두고 봅시다. 내 한 푼도 아니 남기고 박박 다 긁어 갈걸!
- 드르렁 렁르드

* 가짜 머리: 가발

알도 못한 멍텅이는 돈이 그대로 있는 줄만

- 마누라가 오늘도 돈을 못 찾았으렷다. 히히…

벗어 보니 곤히 자는 동안에 없어졌다

- 뭐!?

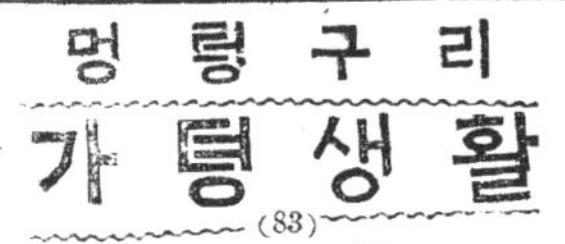

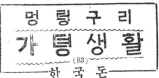

1926.1.15

멍텅구리 가정생활 83

한국돈

지성*으로 친구를 돕는 바람은

- 그것 웬 자룬가?
- 작년에 자네가 술이 취하였을 때, 내가 보관하였던 것을 가져왔네

* 지성(至誠): 지극한 정성

맡아 두었던 돈 전대*를 가지고 왔다

- 참 고마운 사람일세. 어젯밤에 마누라에게 돈을 다 도적 맞고, 지금 한 푼 없어 출입도 못하고 앉았던 차에 잘됐네
- ?

* 전대(纏帶): 돈이나 물건을 넣어 허리에 매거나 어깨에 두르기 편하도록 만든 자루

공돈이 생기므로 똘똘이 목도리를 사러 나가

- 돈 10원이나 되네그려? 똘똘이 외투나 사다 주겠다. 마누라에게 첨*을 드려야지. 히히
- 일찌거니 샀더면 연말 경품이나 뽑았지

* 첨(諂): 남의 환심을 사거나 잘 보이려고 알랑거림. 아첨

그 돈이 대한돈*이라 못 쓴다고 안 받는다

- 아이구, 전부 동전일세!? 이거 대한돈입니다! 안 됩니다
- -!?

* 대한돈: 대한제국 시대의 돈. 일제강점기에는 강제 통용력이 없었기 때문에 수취인이 인수를 거부하면 지불 수단으로 사용할 수 없었음

1926.1.16

멍텅구리 가정생활 84

은행에서

상점에서 퇴짜 맞고 은행으로 바꾸러

- 그럼 은행으로나 갈까? 옳지! 구(舊) 한국돈이니까, 일본은행으로 가보아야지

못 바꾼다는 은행원에게 폭행하다가

- 시긔가 지내수니가 지그무 이루 업소(시기가 지냈으니까 지금은 일없소*)
- 이놈아, 이건 쇠가 아니냐? 바꿔 내라면 냈지! 시기 지난 것은 다 뭐냐?
- ?

* 일없다: 소용이나 필요가 없다

은행 수위에게 발길 맛을 보고

- 미친놈이로군! 어서 가!
- 어이구!

길거리로 떨어지며 헤여진* 돈은 아이들 좋은 일

- 나도
- 나도

* 헤여진: 흩어진

1926.1.17

멍텅구리 가정생활 85

분풀이

은행 수위에게 부상한 뒤

- 자네 이거 웬일인가?
- 흥!

바람을 만나 분이 났던 차

- 요놈, 네가 쓸 데 없는 돈전대를 갖다주어 이 지경이다
- 그거 안됐네그려!

동설*로 팔(라는 말)을 조롱으로 듣고

- 아 이 사람, 돈을 못 쓰면 추렴**하는 사람에게 동설로 팔아도 동전은 내버리지 않는 것일세

* 동설(銅屑): 구리의 가루

** 추렴: 원문 표기는 '챠려'로 보임. 문맥상 '구리, 고물 등을 모으러 다니는 것'의 의미인 듯하며 그와 가장 비슷한 단어는 '모임, 놀이, 잔치 등의 비용을 마련하기 위해서 여럿이 얼마씩 돈을 거둠'을 뜻하는 '추렴'

동에서 맞고 서에 분풀이 하는 격

- 듣기 싫다, 요 재리* 같으니. 내가 다리는 상했지만 너 같은 물건은 열도 없앤다
- 아이크

* 재리: 매우 인색한 사람을 낮잡아 이르는 말

1926.1.18

멍텅구리 가정생활 85

강도 고발

- 1월 17일 85회 '분풀이', 1월 18일 85회 '강도 고발' 연재 번호 중복. 편집 오류

신문에 강도 소식만 보던 멍텅이가

- 요사이 강도가 많다는데 저런 놈인가 보다

수상스러운 자를 경관에게 고발

- 여보, 순사 양반. 지금 내가 험악히 생긴 놈 하나 보았소. 그 놈이 꼭 강도인 게요
- 정말 험악한 놈?

급히 쫓아갈 듯이 묻는 경관은

- 그래 어디로 갔어?
- 저 길로 빨리 갑디다

어슬렁어슬렁 가매 멍텅이는 어처구니가 없어

- ?
- 응 그래?

1926.1.19

멍텅구리 가정생활 86

공구경*

* 공구경: 공짜 구경

내가 저렇게 유명한가? 활동 사진을 다- 박이어

- (멍텅구리 헛물켜기 대대적 희극 상장)
- 야!-
- 표 내오
- 사-요-

이왕이면 공구경이나 하자꾸나 하고

- 옳지 (사요) 하면 표 없이도 들어가는구나

표 아니 내고 들어가는 형사 군호*를 엿듣고 "사요"

- 나는 사요
- 무슨 사요?

* 군호(軍號): 서로 눈짓이나 말 따위로 몰래 연락함. 또는 그런 신호. 구호

무슨 '사'인지 모르고 '괘사*'라고 했다가 대창피**

- 괘사요
- 뭐!?
- 어이쿠!
- 이놈아, 안 된다.

* 괘사: 변덕스럽게 익살을 부리며 엇가는 말이나 짓

** '형사'는 극장에 들어갈 때 표를 내지 않고 암호격으로 "사"라고 외치고, "무슨 사?"라는 질문에 "형사"라고 대답함. 멍텅이는 "괘사"라고 했기 때문에 대창피를 당한 것임

1926.1.20

멍텅구리 가정생활 87

괘사와 갱자

"사요" 하고 들어가는 줄만 알았다가

- 표 내오
- 자요
- 응? 군호가 다른 것을 모르고 그랬구나!

"자요" 하고 극장에 들어가려는데

- 나는 자-요
- ? ? ?

대답을 '신문기자'라고 하지 못하여

- 어보, 이 양반. 무슨 자요?
- 갱짜*-유-

* 갱짜: 몸 파는 여자와 성관계를 두 번째 가지는 일. 또는 그러한 사람

또 한 번 주먹 맛을 본다*

- 이놈아, 갱짜가 어디 있어
- 어이쿠

* '신문기자'는 극장에 들어갈 때 표를 내지 않고 "자"라고 외치고, "무슨 자?"라는 질문에 "신문기자"라고 대답함. 멍텅이는 "갱짜"라고 했기 때문에 주먹 맛을 본 것임

《멍텅구리》 영화 상영

출처: KMDb 한국영화데이터베이스

멍텅구리 시리즈의 첫 연재물인 〈헛물켜기〉는 한국에서 최초로 각색되어 영화화된 만화이다. 일제강점기판 웹툰 원작 영화인 셈. 영화는 연재 직후인 1925년 《멍텅구리》라는 제목으로 제작돼 1926년 서울 인사동 조선극장에서 상영되었다. 각색부터 기획, 제작과 촬영 등을 감독 이필우가 모두 담당했고, 이원규와 김소진이 각각 멍텅과 옥매 역을 맡았다. 이원규는 당대 최고의 대중극 배우였으며, 김소진은 실제로 조선권번의 기생 출신으로 승무와 신파극에 능했다. 영화는 〈헛물켜기〉의 세 주인공을 통해 당대 사회상을 익살맞고 우스꽝스럽게 묘사해 큰 인기를 끌었다. 이 때문에 《멍텅구리》에는 한국 최초의 코미디 영화라는 수식어가 붙기도 한다. 아쉽게도 이 영화는 사진 한 장과 《조선일보》 1926년 1월 10일자에 게재된 스틸컷 9장을 제외하고는 원작 영상이 보존되어 있지 않다.

당시의 활동사진관 풍경은 어땠을까? 당시 경성에는 새로 짓거나 기존 건물을 정비한 극장이 여러 동 설립되었으나, 당연히 냉난방 시설이 갖춰지지 않아 관객들은 영화를 보기 위해 추위와 더위를 참아내야 했다. 또 초창기에는 남녀가 분리되어 착석하기도 했다. 반면 90화의 세 번째 컷에서처럼 영화에 몰입해 깔깔 웃거나 슬퍼하고, 야유를 보내거나 감탄하는 등 소리를 내는 일에는 요즘과 달리 관대했다.

1926.1.21

멍텅구리 가정생활 88

금고 도적

옥매는 사랑에 나와 금고를 잠그고 들어갔다가

- 요새 강도가 흔하다니 단단히 잠가… 어서 안으로 들어가지
- 강도도 무섭고 영감도 의심나요

이상한 소리를 듣고 멍텅이가 좇아 나와

- 이크, 강도가 들었나 보다? 똘똘이 총 어디 갔어?
- 참?

장난감 육혈포*로 도적놈을 시켜

- 이놈, 네가 금고 열 줄 아니?
- 네~

* 육혈포(六穴砲): 탄알을 재는 구멍이 여섯 개 있는 권총

돈을 빼고도 옥매다려는* 도적 맞았다고

- 금고문 열고 돈은 다 꺼내서 나를 준 뒤에 곧 달아나~
- 네~

* 옥매다려는: 옥매더러는

1926.1.22

멍텅구리 가정생활 89

하직 편지

정처없이 가려던 멍텅이가

- 예라, 옥매에게 하직 편지나 하고 어디로든지 가겠다. 주머니에 돈이 두둑하니 무슨 걱정이냐?

옥매가 울고 있다는 바람의 말에

- 자네 어째 그동안 못 만났어?
- 지금 옥매에게서 기별이 왔는데 자네가 말도 없이 어디로 갔다고 자꾸 울고 있다네

금시에 가여운 생각이 복받쳐 나와

- 엉! 그러면 옥매가 나를 미워서 돈을 한 푼도 아니 주는 것이 아니로군! 곧 들어가야겠네
- 이 사람, 어서 가게. 또 만나세

하직 편지를 도로 내라고 체전부*에게 애걸

- 여보, 내가 지금 집어넣은 편지를 도로 주시오
- 왜 이 못난 소리야?

* 체전부(遞傳夫): '우편집배원'의 전 용어

1926.1.23

멍텅구리 가정생활 90

죽일놈

돈이 생김 긴에 활동사진관에 가니

- 점잖은 체에… 돈 주고 구경할 일이다!
- (멍텅구리)

의외에 무료로 들어가라고

- 표 한 장 주. 특상등으로
- 최 주사시오? 그대로 들어가십시오

흥 김에 사진을 보고 호령을 하다가

- 이상도 하다. 표 없이 들어가려고 할 때는 아니 들이더니!? 옳지, 외투로 얼굴을 가려서 나를 몰라 그랬구나
- 하하
- 히히

관중에게 머쓱하게* 호령을 들어

- 뭐-! 옥매는 옥매인데! 저! 어떤 놈과 노나? 이놈! 죽일 놈!
- 잡아 내라
- 떠들지 마라

* 머쓱하다: 무안을 당하거나 흥이 꺾여 어색하고 열없다

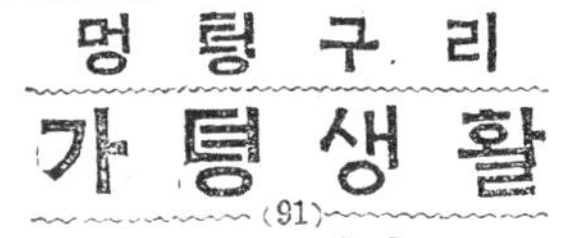

1926.1.24

멍텅구리 가정생활 91

삼십리 강자

활동사진에 분이 꼭두*까지 나서

- 그래! 어떤 놈하고 지내기야? 응!
- 이게 무슨 말이오? 영감! 똘똘이가 부끄럽지 않소!

* 꼭두: 정수리. 꼭대기

옥매를 잡아끌고 활동관으로

- 어서 나와. 증거를 대야지!
- 아, 놔요! 옷이나 갈아입게!…

알고 보니 헛물 켜든 시대의 사적*

- 저게 어떤 놈이야?
- 저 여자도 나는 아니오

* 사적(事蹟): 일의 흔적. 일의 족적

할 수 없이 명예훼손이라고 어물어물

- 뭐? 그럼 명예훼손으로 고소를 당장 제기하여야지. 저게 어디 우리가 처음 만나던 때 일이야?
- ?

1926.1.25

멍텅구리 가정생활 92

헛이사

도적을 핑계로 이사를 가서

- 인제는 우리가 마음 놓고 살겠지? 새로 이사를 와서
- 글쎄?! 그래야겠소
- 이로나라

마침 찾아온 이웃 노인에게

- 이웃사촌이라니 새로 이사를 오셨길래 인사 왔소. 그래, 어째 이리 오셨소?
- 네- 우리가 살던 집에는 도적놈이 자꾸 들어와서 이사를 하였습니다

그 집은 도적이 더 많이 든단 말을 듣고

- 하하 하하 하하하 호호 호호 호호호호
- 왜 이렇게 웃으시오?

어이가 없어 털썩 주저앉아

- 지금 최 주사 드신 집이 도적 많이 들기로 유명한 집이오. 이번에 이사 간 사람은 이삿짐까지 잃었다오
- 뭐요?!!

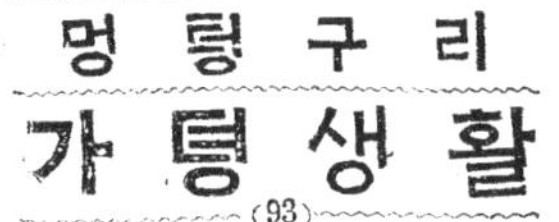

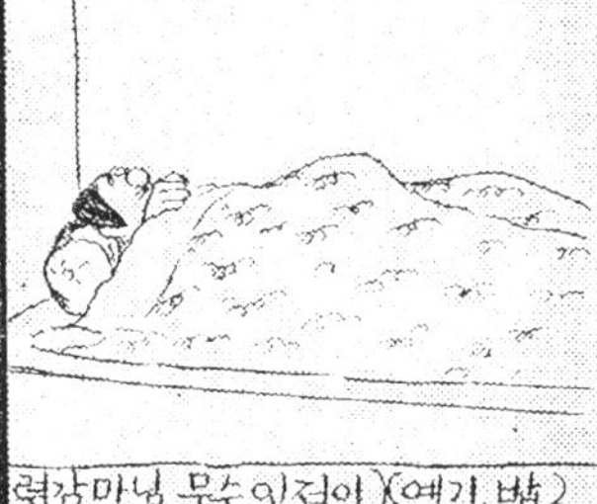

(一) 도적을직히려고 골러드린상노 (二) 그만하면걱정업나고 부부간의이약이 (三) 마음노코곤히 자는동안 (四) 뛰여들은상노에게 일어나며주먹다짐

1926.1.26

멍텅구리 가정생활 93

주먹다짐

도적을 지키려고 골라 들인 상노*

- 네- 소인 이름은 보돌이올시다
- 응, 그만하면 되었다

* 상노(床奴): 밥상을 나르거나 잔심부름을 하는 어린아이

그만하면 걱정 없다고 부부간의 이야기

- 새로 온 상노는 기운이 퍽 세어 봬요
- 일부러 골랐소

마음 놓고 곤히 자는 동안

- 아! 인제는 내가 발을 뻗고 자겠다. 큼직한 상노가 있으니 무슨 걱정이야

뛰어 들어온 상노에게 일어나며 주먹다짐

- 영감 마님, 무슨 인적이 있습니다. 겁이 나서 뛰어 들어왔습니다
- 예기, 밥 빌어먹을 놈

1926.1.27

멍텅구리 가정생활 94

집 이사

도적놈을 놀래려고 넝마전*에 가서

- 연극을 하시렵니까? 순사 복장을 찾으시고?
- 아니요, 우리집에 도적이 많으니까 가장을 좀 하여 놀래주려 하오
- (넝마전)

* 넝마전: 헌옷 가게

순사 복장을 사서 입고

- 똑 순사 같으십니다
- 골 밖으로 한 바퀴 돌아 보아야지

난데없는 총소리에 놀라

- 탕
- 에구?

그 동리를 급히 떠나 이사한다

- 얼른! 빨리 끌어!
- 어멈! 어서 나와

1926.1.28

멍텅구리 가정생활 94

빠사대회*

- 1월 27일 94회 '집 이사', 1월 28일 94회 '빠사대회' 연재 번호 중복. 편집 오류

* 빠사대회: bazar, 바자회

빠사-대회 구경을 가서

- (8 여학교 연합 자선시*)
- 빠사-라더니 자선시라고…?

* 자선시(慈善市): 자선 행사를 위한 시장

사람 나오는 길로 들어가려다 붙들리고

- (입구)
- 이것 봐요. 저리 들어가요
- 저곳으로는 사람이 많이 들어가니까 이리 가려 했소

똘똘이 쓸 물건을 사겠다 하다가

- 우리 똘똘이 옷이나 사서 줄까? 이것봐라 전부 예약인가?!
- 똘똘이가 누구야…?

군중에게 놀림감이 되었다

- 내 아들이오
- 그럼 당신이 멍텅 씨요?
- 히히
- 하하
- 킬킬

1926.1.29

멍텅구리 가정생활 95

경매소

싼 흥정을 하려고 경매소로

- (경매소)
- 무엇을 파누?

5전에 부친 물건을 55전에

- 5전 5전 10전 10전 30전… 50전
- 55전

속은 줄을 모르고 한아름 안아 와서

- 참 싼걸. 마누라를 갖다주면 좋아하겠지!

영리한 옥매에게 뿌옇게* 몰린다

- 이건 10전짜리도 못되는 물건들을 뭣하려고 이리 많이 사오셨어요?
- 뭐! 10전짜리도 못되다니?

* 뿌옇게: 심하게 꾸지람을 듣거나 추궁을 당하여 매우 열없고 어색하게

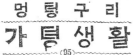

1926.1.30

멍텅구리 가정생활 95

호인나

- 1월 29일 95회 '경매소', 1월 30일 95회 '호인나' 연재 번호 중복. 편집 오류

모처럼 자동차로 청량리 소풍에

- 오늘은 날이 따뜻하니 자동차는 들여보내고 들어갈 때는 전차 타지
- 마음이 상쾌해요. 전차 타도 좋지요

자동차는 돌려보내고 돌아보니

- 호인나 호잇도*
- 나도 한번 합시다. 돈 10전에 1원씩 생겨
- ?

* 호인나 호잇도: 야바위 호객 소리

마루잇지 노름꾼*에게 톡톡 털리고

- 이것이 마지막 10전이오!

* 마루잇지 노름꾼: 야바위꾼의 일종

전차 탈 돈이 없어 어슬렁어슬렁

- 전차 삯이 있어야지. 걸어갈 수는 없고!
- 영감, 이런 변이 있소? 남이부끄러워*. 똘똘이나 안으시오. 그럼, 나도 걸어보게

* 남이부끄러워: 남세스러워

1926.1.31

멍텅구리 가정생활 96

세계일주 준비

비행학교를 졸업한 윤바람을 만나

- 자네, 어째 그동안 못 만났나?
- 그동안 비행학교를 졸업하고 왔네

세계를 한번 돌아보자고 의논

- 여보게, 됐네. 우리, 세계를 한번 돌아보세
- 그러려면 생명보험회사에 먼저 들게

사람이라는 것이 함부로 죽지 않는다고

- 염려 말게. 사내 자식이 세상 구경도 못 하고 죽어 쓰겠나
- 아!! 이 사람!

천하에 만유*하기를 굳게 결심

- 똘똘이와 옥매는 어떻게 하려나?
- 똘똘이는 아직 철 모르고, 마누라는 내가 아무것도 모른다고 항상 핀잔만 주는 터인즉, 세계일주 한다고 만류할 리 없지

* 만유(漫遊): 한가로이 이곳저곳을 두루 다니며 구경하고 놂

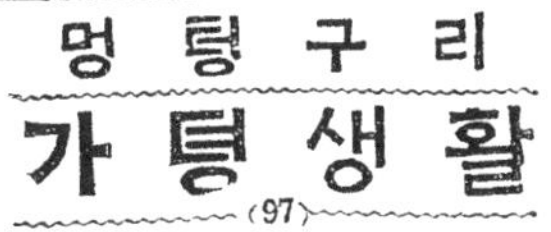

1926.2.1

멍텅구리 가정생활 97

옥매의 승낙

말솜씨를 내어 옥매를 달래며

- 여보게, 마누라. 그래 남자가 세상에 났다가 한번 우뚝 올라서보지 못하고 죽어서야 사람값*에 갈 수가 있나?
- 그래서요?

* 사람값: 사람으로서의 가치나 구실

세계일주 할 의사를 발표하였으나

- 윤바람이 비행기를 배우고 왔네. 그래서 나는 세계일주를 하여 볼 작정이야.
- 그동안 나는 궁금해서 어찌 견디라고요?

동량*이 넓은 옥매는 은근히 권장

- 내가 날아다니는 대로 매일 신문에 날 것이니
- 그럼, 영감의 이름이 세계에 날리겠구려

* 동량(棟梁): 기둥과 들보. 기동과 들보로 쓸 만한 재목

의외의 찬성을 듣고 날뛰는 멍텅

- 다- 그러니까 사랑하는 처자를 이별하고 떠나지. 에구 좋아, 세계일주. 히히
- 그러면 백이의* 나라에 가서 금강석 반지나 하나 사다주

* 백이의(白耳義): '벨기에'의 음역어

똘똘이의 꿈
1 멍텅이가땅을파고잇는데
2 똘똘이도 가티땅을팟다
3 깁히깁히 파들어가다가
4 똘코나와보니 미국땅이다
5 활동사진을 보는것가터
6 자동차도 타보고놀다가
7 미국독립긔념 탑새 지구경
8 그리고 미국대장성을가서
9 돈뎌미우에서 아버지생각
10 파수보던 흑인에게쫏기여
11 나온구녕으로 다시조선에
12 꿈에놀난 똘똘이는으아!
똘똘이의 꿈
똘똘아 이땅속에돌이하나도 엄고나
나도 돌하나 못봤서
땅이 말랑말랑해서파기가쉽다
우리 똘똘이가 병이낫나? 왜! 갑작이우나!?
아버지가너무우악스럽게 입을마초니까 그러치요

1926.1.1

번외편 똘똘이의 꿈…

• 3~11은 지구 반대편 이야기라는 효과를 살리기 위해 만화를 거꾸로 인쇄함

1 멍텅이가 땅을 파고 있는데

- 똘똘아, 이 땅속에 돌이 하나도 없구나
- 나도 돌 하나 못 봤어

2 똘똘이도 같이 땅을 팠다

- 땅이 말랑말랑해서 파기가 쉽다

3 깊이 깊이 파들어가다가

- 지구 덩어리 중간이 되었나 보다? 인제는 파올라 가야겠다

4 뚫고 나와본즉 미국 땅이다

- 예가 어디냐? 오, 미국이구나

5 활동사진을 보는 것 같이

- 똑, 활동사진 같다? 구경이 괜찮다!

6 자동차도 타보고 놀다가

- 자동차 타는 맛이 좋은데

7 미국 독립기념탑*까지 구경

- 독립기념이야! 응, 이 탑이 세계 각국 돌로 쌓았다지!!

* 미국 독립기념탑: 미국 워싱턴 D.C. 내셔널 몰에 있는 워싱턴 기념탑(Washington Monument). 총 높이는 170미터로, 153미터 지점에는 전망대가 있음

8 그리고 미국 대장성*을 가서

- (대장성)
- 여기 돈이 많다지. 좀 들어가 보아야지

* 대장성(大藏省): 재무부(Department of the Treasury)

9 돈더미 위에서 아버지 생각

- 내가 구멍을 더 크게 뚫고 아버지하고 와서 이 돈을 좀 가져가야지
- ?

10 파수 보던 흑인에게 쫓기어

- 요놈, 어린 놈이 일찍 돈 맛을 알았구나

11 나온 구녕으로 다시 조선에

- 이다음에 만납시다. 나는 집으로 가… 돈도 일이 없어!

12 꿈에 놀란 똘똘이는 으아!

- 우리 똘똘이가 병이 났나? 왜! 갑자기 우나!?
- 아버지가 너무 우악스럽게 입을 맞추니까 그렇지요

프로펠러 비행기 타고 세계로: 〈세계일주〉 편
(1926.2.2~1926.8.4: 총 148회 연재)*

* 연재 종료 번호는 145회이나 42회 연재 번호 누락, 51회, 75회, 77회, 82회 등 네 차례 연재 번호 중복 게재돼 실제로는 총 148회 연재.

멍텅은 바람의 비행기를 타고 세계일주를 떠난다. 운집한 군중의 만세 소리 배웅을 받으며 북쪽으로 비행한 두 사람은 '포은 선생의 혼'이 서려 있는 개성과 '똘똘이 외가' 평양을 거쳐 만주로 날아간다. 펑톈(奉天)에서는 '동북왕' 장쭤린(張作霖)을 만나고 서양 건물이 즐비한 톈진(天津) 조계지에서는 전 대총통 리위안훙(黎元洪)을 만난다.

옥매 없는 베이징에서 음력설을 맞아 고향 생각이 간절한 멍텅. 중화민국 임시집정 돤치루이(段祺瑞)도, 경극배우 메이란팡(梅蘭芳)도 멍텅을 반갑게 맞는다. 산속에서 마적 떼와 마주치고 난징(南京) 수비대가 쏘아올린 대포알을 피해 가며 겨우 도착한 상하이는 서양인지 동양인지 영 딴 세상이다. 멍텅과 바람은 탕사오이(唐紹儀)를 방문하고 다시 한참을 날아 홍콩에 도착한다. 똑딱선을 타고 광둥(廣東)에 다녀오다가 배 위에서 태풍을 만난다. 파도에 밀려 아무 섬에나 겨우 정박하고 한숨 돌리는 사이 식인종 떼가 몰려와 붙잡히고 마는데….

'짜바 미인' 안늬를 만나고 우여곡절 끝에 '야만국'을 벗어나 바다를 떠도는 세 사람. 며칠을 표류하다가 지나가는 기선에 극적으로 구조돼 네덜란드령 '짜바섬(자바섬)'에 도착한다. 멍텅과 바람은 홍콩으로 돌아가 비행기를 되찾고 눈물을 흘린다. 옥매가 그리워 어쩔 줄 모르는 멍텅은 옥매에게 애절한 사랑의 편지를 부친다. 태국에서 황제를 알현하고 베트남·미얀마·인도·아프가니스탄을 거쳐 이란 테헤란에 도착한다. 아라비아 사막과 수에즈 운하를 넘어 도착한 이집트에서 스핑크스의 귀에 실없는 소리를 속삭이고는 낄낄대는 멍텅과 바람.

모로코를 거쳐 도착한 스페인에서는 황제가 그들을 반긴다. 프랑스로 가는 길에, '세상에서 가장 작은 나라' 안도라에 들렀을 때 멍텅은 항공국장 감투를 쓸 뻔한다. 모나코·이탈리아·프랑스·독일·폴란드·벨기에를 거쳐 날아간 곳은 영국 런던. '영국 황제'는 이곳까지 무사히 온 공로를 치하하며 두 사람에게 훈장을 수여한다. 오슬로에서는 남북극을 발견하겠다며 수십 년을 떠도는 '노르웨이 멍텅구리' 아문센의 애인이 이들을 반긴다.

오로라를 건너 도착한 곳은 미국령 알래스카. 미국에서 사랑받는 만화주인공 머트(Mutt)와 제프(Jeff)가 멍텅과 바람을 맞는다. 샌프란시스코에서 찰리 채플린과 만나고 북미 한인회관에 들렀다가 옥매의 편지를 받고 눈물짓는 멍텅. '굼벵이 세계일주냐'며 귀환을 재촉하는 전보를 받은 멍텅과 바람은 과감히 태평양 횡단 비행에 도전한다. 하지만 망망대해에서 폭풍을 만나 비행기는 바닷속으로 침몰해 버리고 바람은 보드에

구조되지만 멍텅의 생사는 알 길이 없는데….

▶ 아시아, 아프리카, 유럽, 북미까지 꼼꼼히 훑고 다니는 멍텅과 바람의 세계일주는 그때까지 한국어로 창작된 그 어떤 서사에서도 찾아볼 수 없는 방대한 스케일로 펼쳐진다. 방문한 나라와 도시에 대해 정확한 정보를 담고 있을 뿐만 아니라 당대의 국제 정치 상황을 해학과 풍자 속에 담아 소개한다. 오늘날 여행 안내 책자로 쓰기에도 손색이 없다. 멍텅과 바람이 만난 황제, 정치가, 모험가, 혁명가를 통해 당대 세계사와 세계를 이끌어 가던 인물들을 날것 그대로 이해할 수 있다.

1926.2.2

멍텅구리 세계일주 1

떠나는 광경

옥매는 눈물 한 방울 보이지 않고 작별

- 똘똘아! 잘 있거라!

모인 군중의 만세 소리가 충천*

- 멍텅이 만세
- 바람이 만세

* 충천(衝天): 하늘을 찌를 듯이 공중으로 높이 솟아오름

공중에서 의기양양히 고별

- 여러분, 이다음 또 만납시다

만리붕정*에 축복하는 사람, 비웃는 사람

- 조선 사람을 웃기다 못해서 세계 사람을 모두 웃기려나. 참 멍텅이다

* 만리붕정(붕정만리:鵬程萬里): 산을 넘고 내를 건너 아주 멂

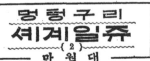

1926.2.3

멍텅구리 세계일주 2

만월대

160리*를 한숨에 날아

- 여보게, 저게 송악산일세. 좀 내려서 고려 왕궁터나 구경하세
- 여보게, 조심하게 떨어지리!

* 160리: 약 63킬로미터

선성*을 듣고 모여든 군중은 만세

- 멍텅이 만세
- 바람이 만세

* 선성(先聲): 어떤 일이 일어나기 전에 미리 알리는 소문. 또는 소식

선죽교로 가서 포은 선생을 추모

- 선생은 일본 사신도 되셨지만* 소생은 세계 사신의 길을 떠났습니다
- 미친놈 저 돌 위에 정포은** 선생의 흘린 피 흔적이나 똑똑히 보고 기억해 두게

* 선생은 일본 사신도 되셨지만: 1377년 정몽주는 왜에 사신으로 가서 고려와 왜의 현안을 해결한 바 있음

** 정포은(포은): 정몽주

송악산을 넘어 제일강산으로

- 윤바람아, 기계의 바람을 전속력으로 내게. 어서 평양 기생 구경을 하세. 그런데 송도* 사람이 영악하단 말이 공연한 말이야. 외국 사람의 상점이 별로 없으니 외국 사람의 돈을 어떻게 빼앗겠나?
- 예끼, 이 멍텅아

* 송도(松都): '개성'의 옛 이름

1926.2.4

멍텅구리 세계일주 3

평양 도착

대동강반*에 프로펠러를 쉬니

- 여보게, 똘똘이 외가에 좀 내려 주게
- 벌써 다 왔네

* 강반(江畔): 강가의 판판한 땅

기생 한떼가 에워싸서 헤어날 수가 없다

- 너희들 중에 제일 이쁜 기생은 아저씨를 부르자
- 아저씨
- 아저씨
- 아저씨

벌써 돈을 다- 없애고는

- 이것 큰일 났네. 평양서 좀 더 돈을 쓰고 가야 할 터인데 피천* 한 푼 없는걸
- 구경이나 다니지 돈은 왜 쓰나

* 피천: 매우 적은 액수의 돈

비행기를 잡으려다가 거절 당해

- 여보, 비행기를 잡고 돈 500원만 줘
- 비행기를 누가 잡는단 말이오?
- (전당포)

1926.2.5

멍텅구리 세계일주 4

평양까지

옥매는 별안간 돌아온 멍텅을 보고

- 벌써 세계일주를 했단 말이오? 영감, 웬일이셔요?
- 마누라가 보고 싶어 도로 왔소

깜짝 놀라 책망하고

- 그게 무슨 소리요? 장부가 세상 구경을 나섰다가 도로 오다니요
- 그런 게 아니라 돈이 모자라 왔네

평양까지 동행하여

- 나도 핑게 김에 친정 에나 다녀오겠소
- ?!!

비행기에 태워 놓고 작별

- 나는 곧 서울로 올라갈 터이니 어서 떠나쇼. 이런 좋은 곳에 와서 산천 구경은 아니하고 돈만 없애다니. 자- 어서….
- 자- 그럼 잘 있어, 응

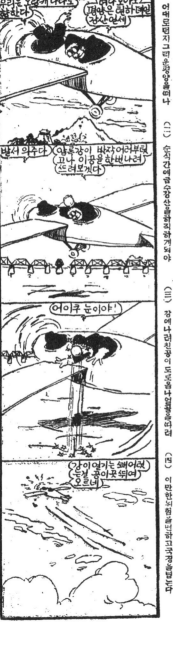

1926.2.6

멍텅구리 세계일주 5

압록강

어디로든지 그리운 평양을 떠나

- 능라도 모란봉아, 잘 있거라. 우리는 오랑캐 나라로 향한다
- 공중에서 내려다보아도 평양은 천하제일 강산일세

순식간에 금수강산을 하직하게 되어

- 벌써 의주다
- 압록강이 바짝 얼어붙었구나. 이 공을 한번 내려뜨려 보겠다

강에 내려친 공이 도로 올라 얼굴을 때려

- 어이쿠, 눈이야!

이만한 위험을 면하고 국경을 넘는다

- 강이 얼기는 꽤 얼었는걸. 공이 곧 튀어오르네

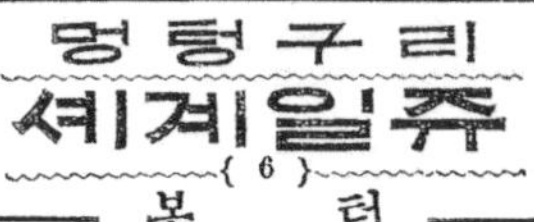

1926.2.7

멍텅구리 세계일주 6

봉천*

* 봉천(奉天, 펑톈): 오늘날 심양(瀋陽, 선양)

동삼성*의 수부**되는 봉천에 내려

- 만주 벌판이 꽤 넓구나
- 아마 이 아래가 봉천인가 보아?

* 동삼성: 만주의 둥베이3성(東北三省). 중국 동북쪽에 있는 지린성 · 랴오닝성 · 헤이룽장성 3성을 말함

** 수부(首府): 한 나라의 중앙 정부가 있는 도시. 여기서는 한 지역의 으뜸되는 도시

환영회에서 장작림*과 악수

- 나는 장작림이오. 추운데 얼마나 고생하셨습니까?
- 기운 어떠쇼? 나는 최멍텅이오
- (멍텅구리 환영)

* 장작림(張作霖, 장쭤린): 493쪽 '멍텅구리 속 근대사' 참조

비행대 조직하라는 요구를 거절

- 우리 비행대가 실하지* 못하니 좀 맡아 도와주시기 바랍니다
- 안 되지요. 내가 당신네 싸움에 관계가 있소? 또 우리 마누라가 그런 일은 반대할 것이오

* 실하다: 단단하고 튼튼하다

멍텅은 어서 떠나자고, 바람은 구경 더 하자고

- 바람, 어서 북경으로 가세. 봉천은 장작림이 보기 싫으이
- 그래도 북릉은 보고 가세

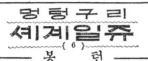

장쭤린(張作霖: 장작림)

출처: 위키피디아

장쭤린(張作霖, 1875-1928)은 1920년대 말까지 만주를 통치했던 펑톈 군벌의 초대 수장으로, 광활한 둥베이 3성을 호령하여 '동북왕(東北王)'이라는 별명을 얻었다. 청나라 말 가난한 농부의 아들로 태어난 그는 찐빵 장수부터 당나귀 수의사까지 안 해본 일이 없었다. 젊은 시절 병졸로 종군했던 청일전쟁이 끝나자 고향으로 돌아왔고, 그곳에서 보험대(保險隊)라 불리는 도적 집단을 꾸려 마을 자경단 역할을 시작했다. 당시 몰락해가던 청나라 조정은 수단과 방법을 가리지 않고 세력을 넓혀가던 장쭤린의 부대에게 펑톈성의 치안을 공식적으로 맡겼다. 뛰어난 수완과 거침없는 야심을 갖춘 장쭤린은 난세의 시운을 타고 빠르게 동북 지역의 지배자 위치에 올랐고, 막후에서 일본 제국의 물자 지원까지 받아 1926년에는 수도 베이징에서 대원수에 취임한다.

장쭤린은 자신의 야망을 위해서라면 친일도 마다하지 않았다. 그는 일본과의 우호적 관계를 위해 1925년 일본 경찰의 만주 활동을 허락하는 미쓰야 협정을 맺는데, 이는 주로 반일 활동가나 독립운동가를 체포하기 위한 목적이었다. 장쭤린 역시 만주 지역의 조선 독립군을 잡아서 현상금을 받는 방식으로 한국 독립운동 탄압에 주요한 역할을 했다. 펑톈 지역을 방문한 멍텅이가 바람에게 "어서 북경으로 가세. 봉천은 장작림이 보기 싫으이"(6화)라고 말한 이유 역시 이러한 배경에 기인한 것이다. 그러나 경솔하게 빌려 쓴 일본의 힘이 결국 그의 발목을 잡는다. 북벌운동을 시작한 장제스(蔣介石)의 국민혁명군에 패배한 장쭤린은 다시 동북으로 돌아가는 기차에서 일본 관동군의 폭탄 공격을 받아 권력을 아들에게 넘기겠다는 유언을 남긴 채 사망한다. 이 암살 사건은 몇 주 동안 철저히 비밀에 부쳐지는데, 뒤늦게 사망 사실이 알려지자 조선의 독립지사들은 몹시 기뻐했다고 전해진다.

1926.2.8

멍텅구리 세계일주 7

북릉*

* 북릉(北陵): 중국 랴오닝성 선양에 있는 청 태종의 능

안내자가 공손히 나와 맞아

- 이게 북릉이야?
- 제가 안내를 잘 하여 드리지요

섬돌에 큰 비취옥을 보고 옥매 생각

- 이 돌이 비취*올시다
- 뭐?! 그럼 우리 마누라 비녀나 하나 만들어 다오

* 비취(翡翠): 반투명체로 된 짙은 푸른색의 윤이 나는 구슬

안내자는 비녀를 모른다고 분개

- 비녀가 뭐예요?
- 예끼, 오랑캐 놈

구경시킨 값으로 명함 한 장을 준다

- 구경을 다 하셨으니 돈을 많이 주시오
- 내 명함을 줄 터이니 장작림에게 가서 받아라

1926.2.9

멍텅구리 세계일주 8

만리장성

공중에 높이 떠서 만리장성을 내려다보고

- 여보게, 저 아래 흰 것이 무엇인가?
- 이 사람, 통감*도 못 배웠나?

* 통감(通鑑): 책 이름. 중국 송나라의 사마광이 영종의 명에 따라 펴낸 중국의 편년서

옛날 진시황의 사업을 추억하다가

- 그럼 진시황의 장난이로군. 우리가 그때 이 모양으로 공중에 떠다닌다면 사람이 아니라 귀신이라고 하였을 것이지
- 여보게, 잔소리 말게. 떨어지리

부주의한 탓으로 떨어지고 말았으나

- 어이구

떨어진다는 것이 지나가는 미인을 놀래었다

- 예가 어디야? 내가 비행기에서 떨어졌소. 좀 살려주. 어이, 엉치*야!!
- 섬마?**

* 엉치: 엉덩이의 방언
** 섬마(什么: 선머): 무엇. 무슨. 뭐라고?

1926.2.10

멍텅구리 세계일주 9

도처춘풍*

* 도처춘풍(到處春風): 누구에게나 좋게 대하는 일. 또는 그런 사람을 비유적으로 이르는 말

바람은 멍텅을 찾으려고 장성 위에 하륙*

- 멍텅이가 죽지나 아니했나? 찾아가 보아야지

* 하륙(下陸)하다: 배, 화물차, 비행기 따위에 실었던 짐을 땅에 내려놓다

돌아다니다가 과히 상치 아닌 멍텅*을 발견

- 자네, 여기 있나? 천명으로 살아났네!
- 도처춘풍이라더니, 내가 떨어진 곳에 이런 미인이 있네

* 과히 상치 아닌 멍텅: 심하게 다치지 않은 멍텅

약대* 털이 쌓인 곳에 떨어져 살았다고

- 미인에 미친 사람! 어서 가세
- 참 천명일세. 떨어진다는 곳이 약대 떼가 놀았는지 바닥에 털이 많아서 푹신푹신하겠지

* 약대: 낙타

비행기를 타려고 성을 기어오른다

- 이왕이면 만리장성이나 한번 올라가 보세

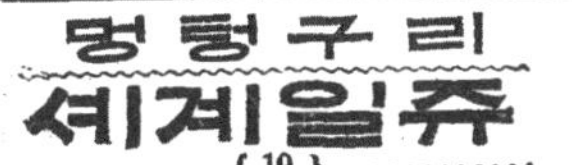

(一)떠러지던곳이 산해관인줄을 긔억하여두고 (二)서양건물이즐비한텬진조계에도착 (三)번창한시가지로촌계관텽과가티도라다니다가 (四)영국조계에은퇴생활하는려원홍을맛낫다

1926.2.11

멍텅구리 세계일주 10

텐진

떨어지던 곳이 산해관*인 줄을 기억하여 두고

- 알고 보니 이곳이 산해관이라는 데야. 그까짓것 우리가 중원을 정복하는 게야
- 자네는 가만히 앉아나 있게

* 산해관(山海關: 산하이관): 중국 허베이성 동북쪽 끝, 보하이만 연안에 있는 친황다오시에 속한 구. 만리장성의 동쪽 끝에 있는 관문으로, 예로부터 군사 요충지

서양 건물이 즐비한 텐진 조계*에 도착

- 우리가 벌써 서양엘 왔나? 저 아래는 서양집이 즐비하다
- 이 멍텅아, 여기가 텐진이야

* 조계(租界): 19세기 후반에 영국, 미국, 일본 등 8개국이 중국을 침략하는 근거지로 삼았던 개항 도시의 외국인 거주지

번창한 시가지로 촌계관청*과 같이 돌아다니다가

- 아, 좋다. 여기는 서양 같다
- 집만 크고 높으면 좋은가!

* 촌계관청(村鷄官廳): '촌닭을 관청에 잡아다 놓은 것 같다'는 뜻으로, '경험이 없는 일을 당하여 어리둥절하고 있음'을 이르는 말

영국 조계에 은퇴생활하는 려원홍*을 만났다

- 나는 려원홍이오
- 응, 당신이 대통령 지내신 이구려

* 려원홍(黎元洪, 리위안훙): 498쪽 '멍텅구리 속 근대사' 참조

리위안훙(黎元洪: 려원홍)

출처: 위키피디아

리위안훙(呂元洪, 1864-1940년)은 청나라의 군인이자 중화민국 초기의 중요한 정치 인물 중 하나로 두 차례 대총통을 지냈다. 해군 장교로 근무 중 청일전쟁을 겪었고 이후 일본에 파견돼 군사학을 공부하기도 했다. 그때까지도 그는 변발을 한 고색창연한 모습으로 반란 같은 것은 꿈꾸지도 원하지도 않는 인물이었다.

그러나 신해혁명의 불길이 그의 운명을 바꿔놓는다. 우창에서 봉기가 일어나자 리위안훙은 정부군의 일원으로 반란군 진압에 나섰는데, 줄줄이 겁을 먹고 도망간 상관들을 따라 자신의 첩(11화에 등장)의 집에 몸을 숨긴다. 그러나 혁명파 병사들은 침대 밑에 숨은 리위안훙을 찾아내, 그의 머리에 총구를 겨누고 반란군을 지휘해달라고 요청한다. 그는 처음에는 거절했으나, 이내 변발을 자른 뒤 혁명파에 합류한다. 청나라의 내각총리대신이자 훗날 혁명 정부의 초대 총통에 오르는 위안스카이(袁世凱)는 리위안훙을 반란군 대장으로 인정하고 협상 파트너로 삼았다.

그는 중화민국 대총통 자리를 시차를 두고 두 번 역임한 것으로 유명하다. 1916년 위안스카이 사망 후 대총통 자리에 올랐으나 제1차 세계대전 참전 문제로 국무총리 돤치루이(段祺瑞)와 갈등을 겪었고, 병력까지 동원되면서 1년여 만에 첫 번째 임기를 마무리했다. 1922년 맡은 두 번째 총통직 역시 여러 정치적 압박을 견디지 못하고 1년 만에 사퇴하게 된다. 11화에서 리위안훙에게 식사 대접을 받던 멍텅이가 "각하는 어째서 대통령을 하다 말고, 하다 말고 하십니까?"라 물었던 것은 이같은 리위안훙의 과거에 대해 농담을 한 것이다.

두 번의 대총통 재임에도 실질적인 정치적 안정을 이루지는 못했지만, 리위안훙의 말년 삶은 편안했다. 영어와 일본어 등 외국어에 능통했던 그는 말년에 톈진 조계에 머무르면서 사업으로 큰 재산을 거머쥐었다. 경마 관람 도중 쓰러져 향년 64세로 사망했고, 중화민국 정부는 국장을 거행했다.

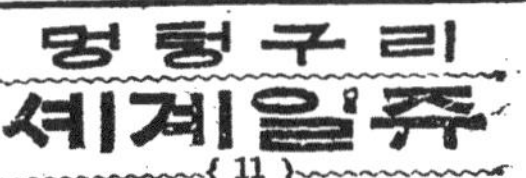

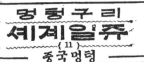

1926.2.12

멍텅구리 세계일주 11

중국 멍텅

꽃 같은 제2부인*이 나와서

- 이 사람이 내 제2부인이오… 저 조선서 오신 최멍텅 씨와 윤 비행사요
- 세계일주를 하신다니 장하십니다

* 제2부인: 첩

꽃다발을 두 사람에게 주고

- 이 꽃이 변변치 않습니다
- 네네, 감사합니다
- 네, 감사합니다

만찬회가 열린 자리에

- 얘, 이 요리가 서울 청요릿집 음식보다 썩 좋구나
- 잔소리 말아, 멍텅이

멍텅식으로 은근한 문답

- 각하는 어째서 대통령을 하다 말고 하다 말고 하십니까?*
- 그러기에 나는 중국 멍텅구리지요. 허허허

* 각하는 어째서 대통령을 하다 말고 하다 말고 하십니까?: 리위안훙이 중화민국 대총통에 두 차례 추대되고, 두 차례 쫓겨난 이유를 묻는 질문

1926.2.13

멍텅구리 세계일주 12

북경 도착

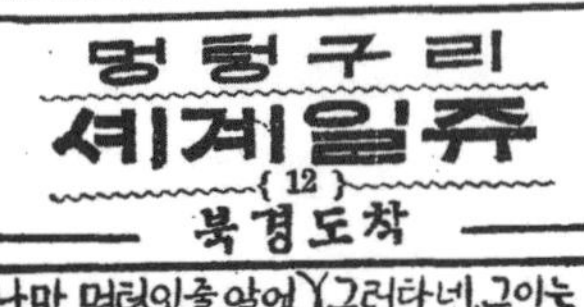

철도를 따라서 북경에

- 나만 멍텅인 줄 알았더니 대통령 지낸 이도 멍텅이로구나
- 그렇다네. 그 이는 멍텅이 짓 한 번에 대통령 한 번이라네

태행산*을 바라보며 쑥스런 이야기

- 히히, 그럼 우리 옥매도 까딱하면 대통령 제2부인이 되게
- 잔소리 말아. 이 너른 들에 처음으로 태행산이 보이네그려

* 태행산(太行山: 타이항산): 허베이성과 산시성의 접경지에 위치한 산. 남북 600킬로미터, 동서 250킬로미터에 달하는 광대한 협곡이 유명하며 동양의 그랜드 캐년으로 불림

천단*의 높은 집을 끼고 돌아서

- 얘, 참 좋으이그려. 저건 무슨 집인고?
- 그게 천단의 영당**이라네.

* 천단(天壇): 중국에서, 천자가 하늘에 제사 지내는 데 쓰던 제단

** 영당(靈堂): 신불을 모신 당. 그림에 보이는 건물은 베이징 천단공원 안에 있는 기년전(祈年殿: 풍년을 기원하는 전각)

완쉐* 소리에 싸여서 착륙하는 광경

- 완쉐
- 완쉐

* 완쉐(万岁): '만세'의 중국어

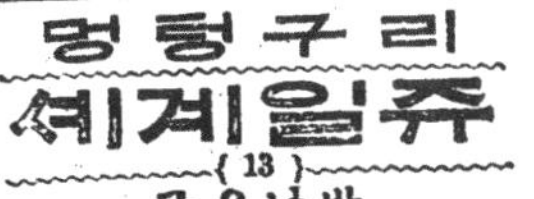

1926.2.14

멍텅구리 세계일주 13

그믐날 밤

호텔에서 한그믐*을 지내는 두 사람

- 바람이, 오늘이 섣달 그믐날일세 그려. 북경이 퍽 뒤숭숭한데
- 그러게 말이야. 밤이 깊어도 잠도 잘 생각도 안들 하네그려

* 한그믐: '섣달그믐', 음력으로 한 해의 마지막 날을 말하는 듯

고향을 생각하고 꿈에 들었다가

- 에라, 잠을 자야 꿈이나 꾸지. 쿨쿨
- 응, 어서 잠 들어. 옥매나 꿈꾸게… 허 그새 코를 곤다

폭죽 소리*에 놀라 일어나

- 옥매, 내가 비행기에서 떨어져서…
- 탕탕 톡톡 땅땅 탕탕
- 엉, 폭발탄?
- 싱거운 사람! 폭죽 소리를 가지고

* 중국에서는 지금도 폭죽을 쏘면서 새해를 맞는 풍속이 있음

뛰어내닫다가 미인과 부딪혀

- 이키
- 아!! 뿌싱아?*

* 아! 뿌싱아(不行啊: 부싱아): 아! 안 돼

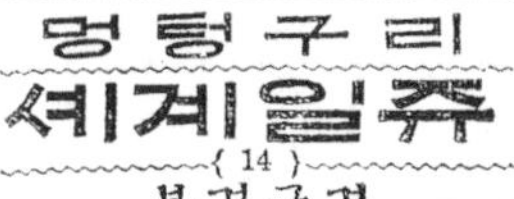

1926.2.15

멍텅구리 세계일주 14

북경 구경

자동차를 몰아

- 북경에 음력 설은 아직도 여간이 아닐세
- 글쎄, 볼만한데

시가를 한 바퀴 돌아서

- 아이그, 중국 사람은 부지런도 하다. 저 구루마꾼들 보게
- 참, 약대 구루마를 다 보겠네

서태후 당년*에 유명하던 만수산**을 들어가

- 여기가 만수산이란 말이야? 서태후 당년에 막 흥청거리던 곳이었다
- ?
- 쩌거- 완수싼 완수싼라***

* 당년(當年): 일이 있는 바로 그해

** 만수산(万寿山: 완서우산): 베이징 교외에 있는 산. 청 왕조의 이궁(離宮)이 있으며 경치가 아름답기로 유명

*** 쩌거(这个)– 완수싼 완수싼라: 이거 만수산, 만수산이다

예와 같이 멍텅식의 말대답

- 여보게, 그럴 것 없이 옥매 누이를 데리고 와서 셋집 살림을 하게그려
- 아이구, 그 수리비를 다 어찌 당하고!?

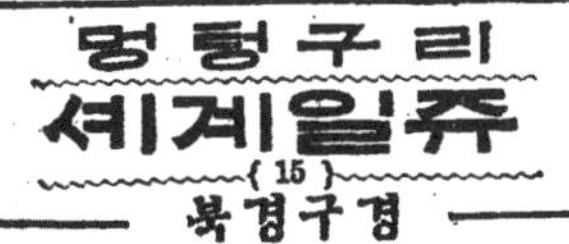

1926.2.16

멍텅구리 세계일주 15

북경 구경

북경의 하늘에 높이 떠서

- 비행기 위에서 내려다보아도 증양문* 네 문루가 무던한**걸

* 증양문(正阳门: 정양먼): 베이징 내성(内城)의 남문(정문). 톈안먼 광장 남쪽에 있으며 높이 42m

** 무던하다: 정도가 어지간하다

중양문과 자금성을 눈앞에 보고

- 흥, 자금성 안에는 궁년*이 담뿍** 찼구나

* 궁년: 궁녀를 저속하게 표현한 듯

** 담뿍: 넘칠 정도로 가득하거나 소복한 모양

단 집정의 정중한 악수에

- 나는 단 집정*이오. 아, 얼마나 수고하셨소?

* 단 집정: 중화민국 임시집정을 지낸 단기서(段祺瑞: 돤치루이)를 가리킴. 504쪽 '멍텅구리 속 근대사' 참조

매란방*과 자글자글**한 인사

- 메란팡아
- ?
- 오, 매란방이 참 남중일색***일세

* 매란방(梅兰芳: 메이란팡): 505쪽 '멍텅구리 속 근대사' 참조

** 자글자글: 걱정스럽거나 조바심이 나거나 못마땅하여 마음을 졸이는 모양

*** 남중일색(男中一色): 남자의 얼굴이 썩 뛰어나게 잘생김. 또는 그런 사람

돤치루이(段祺瑞: 단기서, 단 집정)

출처: 위키피디아

돤치루이(段祺瑞, 1865~1936)는 중화민국 안휘 군벌의 수장으로 여러 차례 중화민국의 국무총리를 지냈다. 1924년부터 1926년까지는 초대 임시집정으로 재임하기도 했다.

1916년 위안스카이가 사망하자 국무총리에 임명되어 리위안훙(당시 대총통)과 함께 정부를 이끌었다. 그러나 제1차 세계대전 참전 문제를 둘러싸고 두 사람은 '부원지쟁(府院之争)'이라 불리는 갈등을 겪는다. 이것이 군사적 긴장으로까지 이어지며 리위안훙은 총통 자리에서 내려오고, 정권을 잡은 돤치루이는 참전을 강행함으로써 국제사회에서 중국의 입지를 강화하려 했다.

그러나 그의 정책은 많은 비판을 받았다. 1920년 직예 군벌과의 권력 투쟁에서 패하면서 돤치루이는 정치적 영향력을 상실하게 된다. 1924년 베이징 정변 후 임시집정으로 재기하면서 잠시 권력을 잡았으나, 이후의 정치적 혼란 속에서 서서히 중앙 정계에서 퇴장했다. 그는 남은 생애를 주로 톈진에서 보내다가 1936년 병으로 사망했다. 돤치루이의 생애는 북양군벌의 흥망성쇠와 중국의 근대사 격동을 담고 있다는 평가를 받는다.

메이란팡(梅兰芳: 매란방)

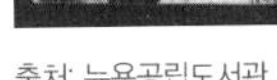
출처: 뉴욕공립도서관

출처: 핀터레스트

메이란팡(梅蘭芳, 1894~1961)은 중국 경극의 전설적인 배우로 경극이라는 예술을 세계에 알린 인물이다. 베이징의 경극 배우 집안에서 태어나 8세부터 경극을 배웠다. 어린 시절부터 보인 천부적인 재능을 바탕으로 11세에 무대에 데뷔해 빠르게 명성을 얻었다.

메이란팡은 경극에서 여성 역할을 전문으로 하는 남배우인 '단각(旦角)'으로 활약했다. 섬세한 연기와 아름다운 목소리, 우아한 몸짓으로 관객을 사로잡아 "마누라를 얻으려면 메이란팡 같은 이를 얻고 싶다(讨老婆要像梅兰芳)"는 말을 들을 정도였다. 그는 전통을 지키면서도 무대 연출과 의상, 분장에 새로운 시도를 도입하며 경극의 예술적 수준을 한층 높였다. 동시에 사회적 하층민으로 취급받던 경극 배우에 대한 인식을 개선하는 역할을 하기도 했다.

1920년대에 이후부터는 일본, 미국, 유럽 등지에서 공연을 펼치며 경극을 국제 무대에 소개하는 데 힘썼다. 그러나 중일전쟁이 발발하자 은둔하며 수염을 길러 공연하지 않겠다는 뜻을 밝혔다. 전쟁이 끝난 후 무대에 복귀해 65세까지 직접 무대에 올랐다. 다양한 예술 단체에서 활동하며 후진 양성과 경극 부흥에 힘썼다. 많은 예술적 유산을 남기고 1961년 베이징에서 사망했다.

1926.2.17

멍텅구리 세계일주 16

도적 떼

상해로 가는 길에

- 북경아, 잘 있거라. 강남으로 나는 간다
- 이번엔 단참*에 상해로 대야지

* 단참: 중도에 쉬지 않고 곧장 계속함

길을 잃고 산속에 들어가

- 예가 산이 높고 바람이 세서 큰 탈 났네그려
- 얘, 여기가 산동성 마적* 많던 곳인가 보다?

* 마적(馬賊): 말을 타고 떼를 지어 다니는 도둑

마적 떼의 습격을 받으면서

- 탕탕
- 저것들이 뭐냐?
- 이 사람, 어서 타세. 큰일 났네. 마적들이다

이담에 보자고 풀풀 날아

- 이담에 봅시다
- ?!!

1926.2.18

멍텅구리 세계일주 17

남경 통과

양자강의 넓은 물과

- 이게 바다란 말이냐? 여간 넓지 않구나!
- 양자강이다. 남경성이 가까웠으니 살짝 치떠서 구경하며 가세

남경성의 옛 전장에

- 얘 프로펠러 소리가 난다. 장작림의 정탐대가 오느냐? 대포에 알을 박아라

무정하게 쏘아내는 대포 소리를 들으면서

- 에꾸! 이거 도처에 낭패로구나!
- 어이구?!!
- 꽝

주먹을 뽐내어 큰 호기를 부려

- 아, 조선의 최멍텅이가 세계일주 하는 줄도 몰라? 이 오랑캐들아!
- 또 이 멍텅구리 짓이야?

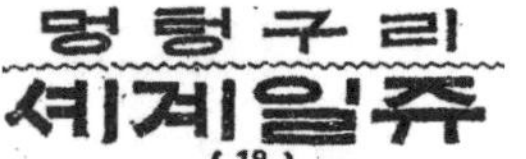

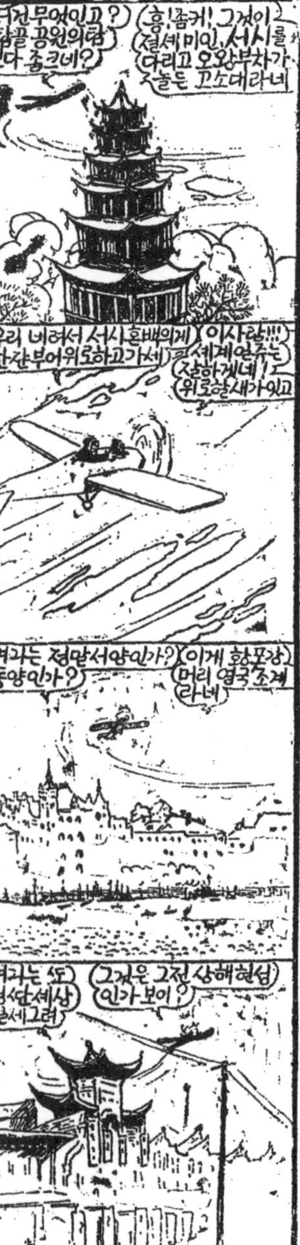

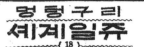

1926.2.19

멍텅구리 세계일주 18

상해까지

구름 새로 고소대*를 보고

- 저건 무엇인고? 탑골공원의 탑보다 좀 크네?
- 흥! 좀 커! 그것이 절세미인 서시**를 데리고 오왕 부차***가 놀던 고소대라네

* 고소대(姑蘇臺): 오왕 부차가 장쑤성 고소산에 지은 대. 날마다 미인 서시와 이곳에서 즐기다가 월나라의 침략을 받아 멸망함

** 서시(西施): 중국 춘추 시대 월나라의 미인. 오나라에 패한 월나라 왕 구천이 부차에게 보낸 여인

*** 오왕 부차(吳王 夫差): 춘추 시대 오나라의 제7대 군주이자 마지막 왕

오왕과 서시의 꿈자취를 조상하며*

- 우리 내려서 서시 혼백에게 한잔 부어 위로하고 가세
- 이 사람!! 세계일주는 잘 하겠네! 위로할 새가 있고

* 조상(弔喪)하다: 남의 죽음에 대하여 슬퍼하는 뜻을 드러내어 상주(喪主)를 위문하다. 조문하다

다다르니 황포강 위의 기선*과 벽돌집

- 여기는 정말 서양인가, 동양인가?
- 이게 황포강 머리 영국 조계라네

* 기선(汽船): 증기 기관의 동력으로 움직이는 배를 통틀어 이르는 말

서양인가 하였더니 의연한 동양

- 여기는 또 정 딴세상일세그려.
- 그것은 그전 상해 현성*인가 보이?

* 상해 현성(县城): 상하이현을 둘러싸고 축조돼 있었던 성. 예원(豫园), 성황묘(城隍庙) 등 전통 건축물이 유명한 지역

1926.2.20

멍텅구리 세계일주 19

상해

만국공원에 착륙하니

- 만세 만세
- 완쉐
- 완쉐

조선 동포와 중국 사람들이 환영

- 여보, 멍텅 씨가 세계일주를 하다니 어려운 결심이오그려. 대관절 옥매 씨를 어찌 작별하였소?
- 헤헹, 악수하고 작별했지요. 그리고 마누라가 퍽 찬성해유

수십 층 집이 들어선 대마로*를 지나

- 여기가 대마로라지?
- (뿡뿡)

* 대마로(大馬路:오늘날 난징중로): 19세기부터 말이 다니는 길 중 가장 큰 도로라고 하여 붙은 이름

정원이 넓다란 사처*로 들어가

- 아따 널찍하여 좋다

* 사처(私處): 개인이 사사로이 거처하는 곳

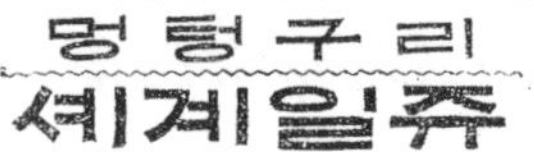

(一) 인도순사에게 길을뭇다가

(二) 당소의씨집을 차저가서

(三) 쏫가티어엽븐 두딸을보고

(四) 다릴사위노릇이 소원이라고

1926.2.21

멍텅구리 세계일주 20

상해

인도 순사에게 길을 묻다가

- 여보, 당소의* 씨 댁이 어딘가요?
- 우리끼리 찾아가세
- 아이 돈 노. 아이 돈 노(I don't know. I don't know.)

* 당소의(唐紹儀: 탕사오이): 511쪽의 '멍텅구리 속 근대사' 참조

당소의 씨 집을 찾아가서

- 나는 당소의요. 내가 귀국에 갔다 온 지가 30년이오그려. 요새는 형편이 어떤가요?
- 흥, 요새는 설놀이가 한창이지요

꽃같이 어여쁜 두 딸을 보고

- 이 사람들은 다 내 딸이오
- 객고*가 어떠십니까?

* 객고(客苦): 객지에서 고생을 겪음

데릴사위 노릇이 소원이라고

- 아이구, 세계일주도 다 그만두고 여기서 데릴사위 노릇이나 할까보다
- 예라, 빈충맞은 것*
- 히히 내 가슴이 아주 써늘한걸 뭐

* 빈충맞다: 빙충맞다의 방언. 똘똘하지 못하고 어리석으며 수줍음을 타는 데가 있다

탕사오이(唐紹儀: 당소의)

출처: 위키피디아

탕사오이(唐紹儀, 1862~1938)는 중화민국의 초대 총리를 역임한 중국의 정치가이다. 어렸을 적 관비유학생에 선발돼 미국 유학을 다녀왔고, 학업을 이어가던 중 조선에 외교 고문으로 파견되는 묄렌도르프를 수행하라는 명을 받는다. 탕사오이는 갑신정변이 벌어졌을 때 총을 들고 묄렌도르프의 집을 지킨 일로 인해 위안스카이의 이목을 끌어 출세의 길로 들어선다. 1898년 부친상으로 본국에 돌아갈 때까지 10년이 훌쩍 넘도록 용산 세관장, 주조선 청국영사 등을 역임하며 승승장구했다. 장씨 성을 가진 조선 여인을 부인으로 맞이한다.

그의 귀국 직후인 1900년 의화단의 과격한 외세 배척 운동이 벌어진다. 각국의 대사관과 톈진 조계지는 의화단의 공격을 받게 되고, 탕사오이와 그의 가족도 국외 거주자 지역으로 몸을 피했으나 떨어진 포탄에 아내와 넷째 딸이 사망한다. 20화에 등장하는 탕사오이의 상하이 집에 살고 있는 두 딸은 이 사건에서 살아남은 자녀로 추정된다.

1912년 위안스카이와 혁명당의 협상 완료 후 중화민국이 건국되고, 탕사오이는 초대 국무총리로 임명된다. 그러나 위안스카이와의 지속적인 의견 충돌로 무력함을 느낀 그는 사퇴하고 톈진으로 물러난다. 위안스카이 사망 후 정세가 혼란스러워지자 쑨원(孫文)의 호법운동에 참여하기도 한다.

1930년대 후반에는 정계를 떠나 골동품 수집을 즐기며 상하이에 칩거한다. 그러나 중일전쟁이 벌어지고, 일본군은 중국 내 영향력 있는 인사들을 회유하려는 전략을 펼친다. 탕사오이가 일본과 내통했다는 의혹이 제기된 1938년, 그는 자택 거실에서 골동품 상인으로 위장한 조사통계국(국민당의 정보기관) 요원에게 암살당해 생을 마감한다.

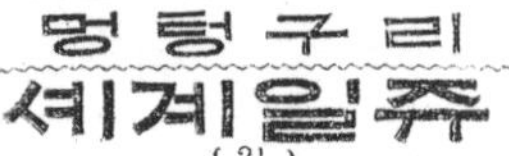

1926.2.22

멍텅구리 세계일주 21

계집 난리

인도 순사에게 다시 길을 묻다가

- 여보 오마로*를 어디로 가오?
- 아이 돈 노. 아이 돈 노!(I don't know. I don't know.)

* 오마로(五馬路): 오늘날 광둥로

돈 노라 한다고 무정한 책망

- 예라이 오랑캐, 어제부터 길은 가르쳐 주지 않고 "아이 돈 노"란 소리만 해!? 왜 "어른 돈 노*"는 아니냐?
- 하하
- 어이쿠

* 어른 돈 노: "I"를 한국어 '아이'로 본 해학

결국은 가다가 계집 난리를 만나

- 래래*
- 래래
- 어이구, 이거 큰일 났구나, 히히
- 호호

* 래(來): 와. 오세요

멍텅과 바람이가 모조리 봉변

- 요건 내 차지다
- 아이그, 이건 또 웬일인가, 호호
- 히히

1926.2.23

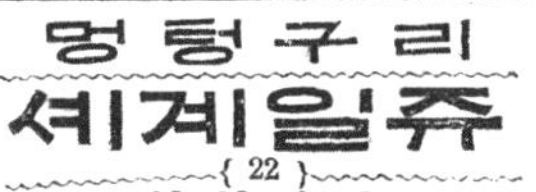

멍텅구리 세계일주 22

향항*까지

* 향항(香港): 홍콩

호심정*을 뒤로 두고 상해를 떠나

- 바람이, 우리 이 길로 서울에 가서 옥매 한번 만나고 오세
- 흥, 가만 있게. 지남철**을 거꾸로 놓고 북으로만 가세

* 호심정(湖心亭): 상하이 예원(豫園) 안에 있는 차루(茶樓)

** 지남철(指南鐵): 남북을 가리키는 자성(磁性)을 가진 물체. 나침반

여산의 향로봉은 먼 빛만 보며

- 여기가 어디냐? 강색이 참 좋다
- 어이구, 이렇게 가면 우리 옥매하고 점점 멀어지지?

광동의 시가를 그대로 지나

- 광동도 듣던 것보다는 볼 게 없네그려
- 그러기에 그대로 향항까지 가세

만리의 행정*을 향항까지

- 얘-! 보던 중에 화려하기론 향항이 제일일세그려
- 글쎄, 영국이 전력을 들여서 만든 곳이니 그렇다뿐이겠나

* 행정(行程): 멀리 가는 길

1926.2.24

멍텅구리 세계일주 23

향항·광동

열대가 가까운 향항에서

- 아이구, 여기는 퍽 덥네. 춘복*을 입어도 덥네그려
- 그러나 산을 깎아서 시가를 짓다니 매우 재미있는 고장일세

* 춘복(春服): 봄철에 입는 옷

똑딱선을 타고 광동에

- 예서 똑딱선을 타면 잠깐 광동까지 간다네
- 여기를 떠나면 영 색다른 나라로 가는 판이니 어디 한번 갔다 오세

뗏목 위에 집 짓고 사는 기괴한 현상을 구경하고

- 어허 우습네. 여기는 뗏목 위에 집을 짓고 사는구나
- 뗏목집에 사는 사람이 30만 명이라니. 이야깃거릴세

혁명당의 명사 왕조명*과 악수

- 예- 나는 왕조명이오. 귀국 친구를 많이 압니다
- 네- 나도 언제 당신 말씀을 들은 법합니다

* 왕조명(汪兆銘: 왕자오밍): 515쪽의 '멍텅구리 속 근대사' 참조

왕자오밍(汪兆銘: 왕조명)

출처: 위키피디아

왕자오밍(汪兆銘: 자는 징웨이精衛, 1883~1944)은 중화민국의 정치가이다. 중국 국민당의 일원으로 쑨원의 후계자로 여겨질 만큼 가까웠으며, 한때 장제스와 대립하는 중국 내 라이벌이었다. 광둥성에서 태어난 그는 청나라의 지원을 받아 일본 유학길에 오르는데, 도중 쑨원의 중국혁명동맹회에 가입해 암살 운동을 이끄는 등 적극적으로 활동한다.

그러나 1925년 쑨원이 사망하자 왕자오밍의 정치적 입지는 급격히 허물어지고 만다. 국민당의 북벌에 반대하며 우한에 정권을 세우기도 했으나 약한 군사력 탓에 오래가지는 못했다. 1930년대 초반부터 나치 정권과 동맹 관계를 맺으려고 노력했고, 중일전쟁이 발발하자 본격적으로 독일 및 이탈리아의 파시스트 정권과 연합을 꾀했다. 이후 일본의 후원 하에 난징에 괴뢰 정권을 세우고 그 정부의 수장으로 활동했다. 그는 이것이 중국의 생존을 도모하는 길이라고 주장했지만, 그의 정권은 사실상 일본군의 꼭두각시나 다름없었다. 이로 인해 중국의 대표적인 '매국노'(漢奸, 한간)로 불리게 되었다. 한국에서 이완용에 해당하는 인물이 중국에서는 왕자오밍인 셈이다.

왕자오밍은 일본 패전 직전인 1944년 골수암으로 사망했다. 유언에 따라 쑨원의 곁에 안장되었으나, 종전 후 장제스의 지시에 따라 그의 무덤은 다이너마이트로 폭파되었다.

1926.2.25

멍텅구리 세계일주 24

초풍*

* 초풍: 까무러칠 정도로 깜짝 놀람. 여기서는 '태풍', '강풍'을 말하는 듯

향항으로 돌아가는 길에

- 아이구, 어서 향항으로 가야 할 텐데 이거… 노을이 떠서 재미 없네
- 아이고 대탈*났다. 이 근처에 유명한 태풍이 일어나는구나

* 대탈(大頉): 큰 탈. 또는 매우 큰 사고

남해에 유명한 태풍(회오리바람)을 만나

- 인저*는 죽는구나. 여태 떠 있는 것만 천명일다**
- 어림***이 벌써 몇 천 리나 초풍을 해여 왔나보다

* 인저: '이제'의 사투리
** 천명일다: 천명(天命, 타고난 운명)이다
*** 어림: 대강 짐작으로 헤아림

기지* 없이** 물나라로 떠달아나다가

- 이 섬이 어디냐? 우선 내려 놓고 보자
- 윽- 윽- 아이구 속이 훌떡 뒤집혔다

* 기지(機智): 경우에 따라 재치 있게 대응하는 지혜
** 기지 없이: 뾰족한 대책 없이

섬에서 내려보니 야만 떼가 몰려와

- 어이구, 사람 잡어. 야만 인종들인가 보다. 옥매! 나는 죽네

1926.2.26

멍텅구리 세계일주 25

야만국

야만들에게 잡혀 가다가

- 어허, 이거 눈은 떴는데 아주 축 늘어졌다. 이놈 이놈
- 어이구, 마음대로 해라. 손끝 하나 못 쳐들겠다

최후의 결심으로 격투를 시작하여

- 에익! 이놈들! 좀 견뎌 봐라! 엥엥!

단총으로 쏘면서 쫓아가다가

- 향항에서 새로 사서 여태 못 써보았다
- 탱 탱 탱 탱
- 아!! 참 진작 이럴 일이지

함정에 빠져서 다시 절망

- 에꾸, 함정이다
- 걸음아 나 살려라
- 아이그, 인저는 그만이다
- 으아으아
- 으아

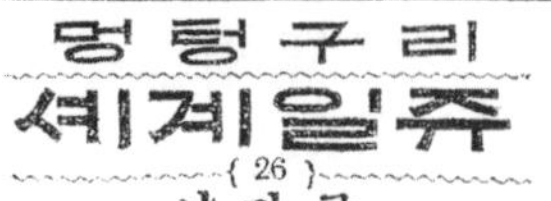

1926.2.27

멍텅구리 세계일주 26

야만국

함정에 빠진 채로 단총만 쏘다가

- 죽지 않으면 살기다. 막 쏘아라
- 그래라
- 탱
- 탱
- 이키
- 이키
- 아!

탄알은 떨어지고 기운은 지쳐

- 어이, 탄환이 떨어졌다. 만사는 운명에 맡겨라
- 이런 제기- 허리에 탄환이 있건만 꺼낼 도리가 없구나!!

결박진 채로 끌려가니

- 영치기다, 영치기. 고삿감이다*. 피 내지 말아라
- 어이구
- 아이그

* 고삿감이다: 고사 지낼 때 쓸 재물이다

승리한 야만들은 춤추며 노래

- 에-위
- 에위
- 좋다
- 좋다

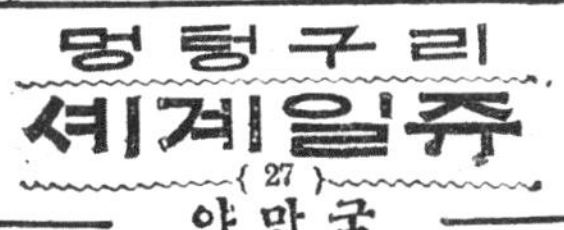

1926.2.28

멍텅구리 세계일주 27

야만국

추장한테로 떠메고 가는 길에

- 추장님한테로 가자. 어-야-어-야-
- 이놈들이 또 어디로 끌고가?

외나무 다리에서 떨어지고

- 에꾸

돌미륵 앞에 제물로 바쳐서

- ?
- ?
- 오호, 좋은지고

칼날 아래에 목숨이 실낱 같다

- 이놈이 살쪘다. 먼저 잡아라
- 에구! 에구!
- 아이그
- 꼼짝 마라!

1926.3.1

멍텅구리 세계일주 28

야만국

잡혀오는 사공을 쫓아간 사이에

- 뭐-?
- 저기 또 잡아 온다
- 좋구나
- 야-
- 으아

최후의 용기로 결박한 줄을 끊고

- 응!
- 나 좀 끌러 주게

창을 잡아서 닥치는 대로 죽인 뒤에

- 죽자꾸나, 에잉!
- 죽자꾸나, 에잉!
- 아
- 아!
- 에구
- 에구

야만의 굴은 벗어났으나 갈 길은 어디인가?

- 산에 올라가 달아날 곳을 알아보세
- 어이구, 배고파!
- 으아

1926.3.2

멍텅구리 세계일주 29

야만국

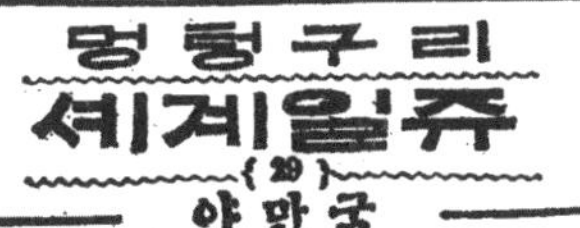

산꼭대기에서 땅을 멀리 바라보고

- 어허! 저기 땅이 실만큼 보이는데 빠져나갈 계책이 없네그려
- 가! 가!
- 배에 기름이 꽤 많이 남았으니 한참 달아날 수는 있소

빠져 달어날 길을 찾아가다가

- 어이구, 바윗돌하고 물소리가 여간이 아닌데
- 지껄이지 말고 살금살금 가세

다른 야만 떼의 습격을 만나

- 쉬! 쉬! 가만들 있어. 저기들 온다

바람과 사공은 되잡히고 멍텅은 달아나

- 으아 으아
- 예라, 빠져나가고 보자

1926.3.3

멍텅구리 세계일주 30

옥매의 꿈

빈방을 지키는 옥매가 꿈을 꾸니

- 아이그, 너희 아버지가 어찌 되셨는지 내 마음이 다 산란하다*

* 산란하다: 어수선하고 뒤숭숭하다

멍텅이가 비행기에서 떨어져 뵈고

- 엉! 엉! 저런! 영감이 비행기에서 떨어지네. 응- 응!

악마에게 덥썩 물려도 보이므로

- 에구머니, 저게 뭐야? 저 뿔! 저- 이빨! 영감을 덥석 물고 달아난다

잠결에 놀래어 악을 쓰며 일어나

- 으아! 아! 아아!
- 응아
- 으아 으아!
- 아이그, 꿈자리가 왜 이리 사나워? 똘똘아, 너도 꿈자리가 사나우냐? 왜 자꾸 우니?

1926.3.4

멍텅구리 세계일주 31

야만국

멍텅이가 해변에서 짜바* 미인을 만나

- 당신이 나를 구해가지고요. 우리 짜바 나라로 같이 갑시다
- 어이구, 당신도 잡혀 왔나요?

* 짜바: 인도네시아의 '자바섬'

떡나무 열매를 먹으면서 정다운 이야기

- 네, 그렇답니다. 이것이 떡나무 열매인데요. 잔뜩 먹읍시오
- 어이구, 좋아. 당신이 옥매는 아니겠지요?

빼앗겼던 단총까지 다시 찾고

- 그리고 이것이 당신들의 것이지요? 내가 야만굴에서 훔쳐 왔어요
- 인저는 됐다. 여기 탄알은 많으니까!

동무를 구하러 가며 서로서로 부탁

- 여기 숨었다가 우리가 오거든 배 옆으로 쫓아오… 야, 갔다 오겠소
- 얼른 다녀와요!

1926.3.5

멍텅구리 세계일주 32

야만국

야만들이 바람과 사공을 잡아다가

- 아하, 그 커다란 놈은 놓치고, 요 조그만 놈들만 잡혔겠지

시렁*에 매어 달고

- 불을 피워라. 당장에 구워서 한 밥 먹자

* 시렁: 물건을 얹어 놓기 위하여 방이나 마루 벽에 두 개의 긴 나무를 가로질러 선반처럼 만든 것

장작불에 구워 먹으려고 하는 판에

- 아이그, 하필 지독한 야만에게 또 걸렸구나!
- 아이구 뜨거! 인전* 죽는구나!

* 인전: 인저는, 이제는

단총을 쏘면서 짓쳐드는* 멍텅

- 응! 이놈들!! 세계일주하는 최멍텅이 왔다. 응! 앵! 앵!
- 으아
- 으아
- 대장이 왔구나
- 탱 탱

* 짓쳐들(어오)다: 세게 몰아쳐 들어오다

1926.3.12

멍텅구리 세계일주 33

야만국

두 사람을 구해낸 멍텅이

- 대관절 이 단총은 어떻게 찾았나?
- 차차 말하지. 어서 저- 모래펄로 나가세. 겁나네
- 어이구, 엉덩이를 데였나 보다. 어이구, 쓰려!!

배에 와서 짜바 미인의 종적을 찾다가

- 여기 떡나무 열매는 많이 있는데 짜바 미인은 어디로 갔나?
- 짜바 미인이고 뭐고 어서 벼락 같이 떠나세
- ?

아야 소리를 듣고 뛰어 내달아

- 아야- 아
- 아야- 아
- 옳다. 저기서 아야 한다! 구해야지 자바 미인!

화살을 무릅쓰고 야만의 굴에

- 이끼! 살대 봐라*! 죽으면 죽었지 나 혼자는 못 가겠다. 예라 이놈들, 콩알 하나 먹어라
- 탱 탱
- 으아
- 아아

* 살대 봐라: 화살 날아드는 것 봐라

1926.3.13

멍텅구리 세계일주 34

야만국

기절한 미인을 구해내어

- 어이구, 죽었느냐? 기절을 했느냐? 옳지, 가슴은 따뜻하구나!

후리쳐 안고 달아나와

- 야- 바람아! 쫓아와 한 방 쏘아라!

바람의 응원으로 배에까지

- 이놈들, 사잣밥*을 먹어라**
- 탱 탱
- 어이구, 몸은 상한 데가 없는데 기절을 했구나

* 사잣밥(使者밥): 초상난 집에서 죽은 사람의 넋을 부를 때 저승사자에게 대접하는 밥

** 이놈들 사잣밥을 먹어라: 이놈들 죽어 봐라

화살의 선물을 받으면서 너른 바다로

- 애- 용아*! 제발 오늘은 풍랑을 일으키지 말아다오!!!
- 참! 오늘은 물결조차 고요하고 만판** 좋다
- 으아
- 으아

* 용(龍)아: 바다의 풍랑을 관장하는 용아

** 만판: 마음껏 넉넉하고 흐뭇하게

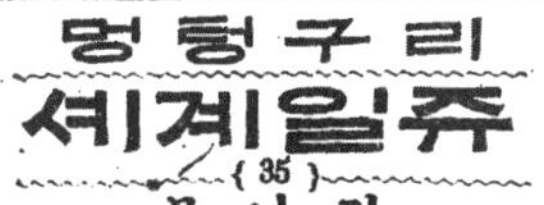

1926.3.14

멍텅구리 세계일주 35

물나라

야만국을 벗어나니 물나라에

- 아이그, 짜바 미인. 대체 이게 웬일이오? 이름은 무엇이오? 히히
- 안늬*예요
- ?

* 안늬: 짜바 미인의 이름

짜바 미인을 누이고 꿀같은 이야기

- 호호호, 우리가 살아난 것이 안늬 씨의 덕분이라지요. 좀 기운을 차리시오
- 그럭하다가 정들겠네. 그거 아주 연애를 해버리게

해와 달을 북쪽으로 보며 기지 없이 가다가

- 아하- 여기서는 해와 달이 북편으로 뵈네그려
- 글쎄, 그 편이 참 북쪽일세그려

헤아릴 수 없는 운명에 또다시 한탄

- 여보, 탈 났소! 기름은 다 됐는데 여태 땅은 향방*을 못하겠소!
- 이런 제기- 아직도 생사를 모를 운명이로구나!! 어이구!! 안늬!!!
- 아이그!! 또 큰일 났구나!!!

* 향방(向方): 향하여 나가는 방향

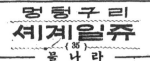

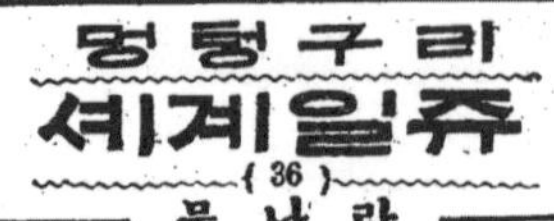

1926.3.15

멍텅구리 세계일주 36

물나라

물나라에서 물 걱정

- 물, 물! 목말라. 저. 저 물나무 열매 구멍을 좀 뚫어줘요
- 엉? 이렇게. 옳지. 참 희한한 일이다

달을 바라보고 하염없는 탄식

- 저 달 봐. 벌써 이틀 밤째 이 꼴일세
- 여기가 대체 어디여? 물하고 하늘만 뵈네그려

나는 고기와 몰려 닫는 고래 떼에

- 어이, 저게 뭐여? 으흐흐
- 대양에 뜨면 날아다니는 고기가 있다더니…

한없이 솟아오는 타향의 근심

- 이꾸, 저건 또 뭐야?
- 쉬- 쉬- 아무 말 말아요! 고래 떼예요
- 어이그

1926.3.16

멍텅구리 세계일주 37

물나라

바다 위에 돋는 해를 보고 통곡

- 지긋지긋한 밤이 새고 해가 또 돋는구나! 어이구 엉엉
- 아이 참!!
- 히, 야만굴에서는 아니 울더니 예서 우네그려

고개를 내미는 거북에게 놀래고

- 어이고 무서워. 저게 또 뭬가?
- 거북님, 그저…
- ?

구름가에 떠오는 백학을 보고 반가워하며

- 옳다! 저기 새가 날아온다. 땅이 멀지 않은가 봐?
- 글쎄
- 하하
- 행여 올라

비바람과 벼락을 만나 대공황

- 아이그, 이 비바람. 인저는 고만…
- 에구구, 벼락맞아 죽나 보다

1926.3.17

멍텅구리 세계일주 38

어데로 가요

턱을 괴이고 앉아 슬픈 노래하던 옥매

- 한숨에- 무너진♬ 스을픔-의 집으로♪ 혼저 우는- 어두은 밤♪ 또 다-시 왔고-나 !!!! 아! 벌써 새로* 1시일세!!

* 새로: 12시를 넘어 하루의 시각이 시작됨을 이르는 말

바다에서 두 사람이 악어에게 먹혀 보이고

- 응응! 에구머니, 저를 어째!! 저저!

구름에 싸여 하늘에 올리어 보임으로

- 에구머니, 영감! 오빠! 어디로 가세요!

어디로 가세요! 놀란 끝에 청수*를 떠놓고 빌어

- 하나님 전(前) 비나이다! 그저 우리 부처님 같은 대주** 최씨 건명***, 오라버니 윤씨 건명, 세계일주하는 길에

* 청수(淸水): 의식에 쓰는 맑은 물

** 대주(大主): 여자가 자기 집의 바깥주인을 이르는 말

*** 건명(乾命): 축원문에서, '남자'를 이르는 말

1926.3.18

멍텅구리 세계일주 39

물나라

비 갠 뒤에 찬란한 무지개

- 어이구, 그새 또 덥네. 추운 나라에서 이 지경이면 벌써 큰일이 났겠다
- 저 무지개 좀 봐- 참 볼만하다

기층* 관계로 비쳐 보이는 공중누각

- 아하, 저게 웬일인가? 우리가 참 딴세상에 왔네그려!
- 아마 죽을 때가 가까워서 저승이 뵈이나 보이!?

* 기층(氣層): 대기의 층

하늘가에 나타난 기선을 보고 기뻐한 것도 헛일

- 아! 배!!! 배!!!
- 옳다!! 사람 살려!
- 저 뺑글뺑글 돌아오는 것이 또 뭐일까?

구원이 오기 전에 절망의 참극

- 으흐흐, 예 와서 죽는구나!
- 아구구
- 아그
- 아아!

1926.3.19

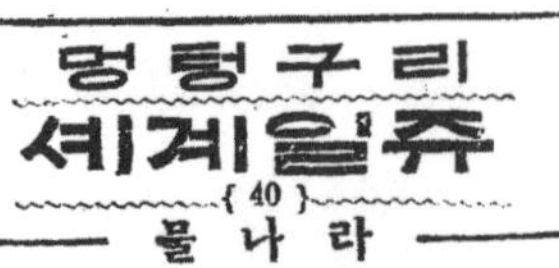

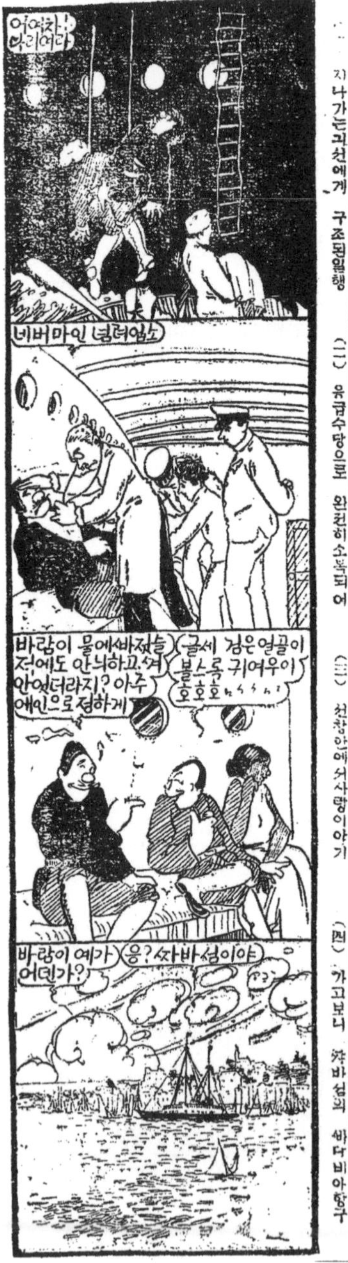

지나가는 기선에게 구조된 일행

- 어여차! 다리어라*

* 다리어라: 당겨라

응급 수단으로 완전히 소독되어

- 네버 마인(Never mind) 염려 없소

선창 안에서 사랑 이야기

- 바람이 물에 빠졌을 적에도 안늬하고 껴안았더라지? 아주 애인으로 정하게
- 글쎄, 검은 얼굴이 볼수록 귀여우이 호호호 호호호호호

가고 보니 짜바 섬의 바다비아* 항구

- 바람이 예가 어덴가?
- 응? 짜바 섬이야

* 바타비아(Batavia): 1942년까지 사용된 자카르타의 옛이름

1926.3.20

멍텅구리 세계일주 41

짜바에서

청인*이 채를 잡은** 화란***의 짜바

- 여기가 화란국 영토라네그려
- 히히, 화란이여? 그런데 청인이 더 많으이

* 청인(淸人): 청나라 사람. 중국인
** 채를 잡다: 주도적인 역할을 하거나 주도권을 잡고 조종하다
*** 화란(和蘭): '네덜란드'의 음역어

어디를 가든지 눈에 뜨이는 일본의 낭자군*

- 아, 쪼이또 아나다**
- 히히, 우리를 일본 사람으로 알은게지. 왜갈보***는 도처에 있네

* 낭자군(娘子軍): 여자들이 지어 이룬 무리
** 쪼이또 아나다(ちょいと 貴下): 이봐요 여보
*** 갈보: 남자들에게 몸을 파는 여자를 속되게 이르는 말, 왜갈보는 일본 갈보

청인의 꽁무니를 쫓는 조선 인삼 장수

- (고려 인삼)
- 에그, 조선 인삼 장수가 예까지 왔구나
- ?
- 참
- 예, 나는 제주 사람인데 상해로 해서 예까지 왔소

이별을 어이 하나. 서로 켜는 사랑의 한 줄*

- 내가 당신의 나라까지 찾아갈 테예요
- 이! 이! 정말 꿈 속에서 깬 것 같아. 여보 안늬!!!

* 서로 켜는 사랑의 한 줄: 서로 사랑의 현악기를 켠다는 뜻인 듯

1926.3.21

멍텅구리 세계일주 43

향항으로

- 3월 20일 41회 '짜바에서' 3월 21일 43회 '향항으로' '42회' 건너뜀. 편집 오류

싱가파*를 잠깐 들러

- 단번에 향항에를 못가고 싱가파에를 왔겠지
- 어이, 우리 옥매는 어찌 됐는지 퍽 궁금해

* 싱가파: 싱가포르

더운 바다 번뜻 지나

- 이 길로 향항까지 사흘 동안 간다지? 여간 덥지 않은데
- 여기는 가끔 해적선이 나타난다네

월남국*의 빈 산을 바라보고

- 저기가 월남국이라지? 산이 왜 그렇게 말쑥한가
- 법국** 놈들이 다 깎아 먹은 게지

* 월남국: 베트남

** 법국(法國): 예전에 '프랑스'를 이르던 말

향항에 돌아와 비행기를 만지며 통곡

- 어이, 비행기! 너 잘 있더냐? 어이구구
- 히히, 옥매 본들 이보담 더 반가운가

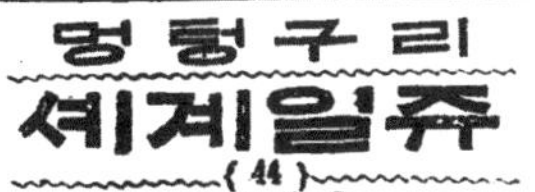

1926.3.22

멍텅구리 세계일주 44

갈까 말까

옥매가 그리워 집으로 가자고

- 바람이, 우리 그만 고국으로 가세. 옥매가 보고 싶어. 꼭 은결병*이 나겠네
- 싱거운 사람, 그럼 나는 안늬한테로 가야 하겠네

* 은결병: 은결들어(남모르게 속이 상해) 생긴 병. 문맥상 '상사병'

어림이 없는 꿈 이야기

- 허이고 이 사람! 어젯밤에 꿈을 꾸니까, 옥매가 판장집*에 들어 누웠데. 아마 병이 났나 봐?!!
- 호호호 멍텅구리 누가 지금 꿈을 믿나?
- 왜들 그러시오?

* 판장(板牆): 널빤지로 친 울타리. 판장집: 널빤지로 울타리를 친 집

17년 방랑하는 청년 지사를 만나

- 당신은 누구요? 뭘 하러 여기 와 계신가요?
- ?
- 네- 나는 경술년*에 고국을 떠나서 집 소식 모른 지가 17년이오

* 경술년: 1910년. 경술국치가 있었던 해

마음을 돌린 대신에 편지를 차작*하여 달라고

- 어이구, 그럼 나는 세계일주를 마쳐야 하겠는데. 우리 옥매한테 차작 편지 한 장만 써 주슈
- 흥, 차작 편시요? 그럼 사정 이야기를 하오

* 차작(借作): 남에게 시문(詩文)을 대신 짓게 함. 또는 그린 글

멍텅구리 세계일쥬

(45)

련애편지

1926.3.23

멍텅구리 세계일주: 연애편지 45

- 어떻게 꼭 내 속에서 나온 듯이 차작을 하셨어요?
- 그리하다가 욕하시리다

멍텅으로부터 옥매에게

(오래간만에 편지) 그립고 그리운 옥매에게

구름 아래에 그대를 두고 그리운 한양성을 작별한 지 어느덧 두 달이 되었나이다. 길지 않은 동안에 그지없는 풍상(風霜)을 겪고 지친 몸, 시달린 넋이 오히려 꿈속에 오는가 의심나나이다.

장성(長城)[1]에서 비행기에 떨어지고 산동(山東)에서 마적을 만난 것은 도리어 호강이었지오. 광동(廣東)의 바다 위에서 폭풍을 만나 가랑잎 같은 작은 배로 정처 없이 불려간 지 나흘 만에 먼바다 외로운 섬 야자수 우거진 남쪽 나라에 닿았었나이다.

야만의 떼에게 잡혀가기 여러 번에 지긋지긋하게 고생하던 정경[2]은 생각하매 가슴이 막히나이다. 칼 아래 놀란 넋이 그것들의 제물이 될 뻔하고 불길 위에 굽는 몸은 그것들의 먹이가 되다 말았나이다. 호젓한 골[3] 내리 쏟아지는 폭포 가로 자옥자옥 마음을 졸이면서 죽음의 나라를 빠져나오던 일을 생각하면 지금도 간장이 다 녹는 듯합니다. 그곳에서 안늬를 만나 네 사람이 바다에 뜨니 물과 하늘이 마주 닿은 바람의 나라에 실낱같은 목숨이 이슬같이 나부끼더이다. 해와 달을 북쪽으로 바라보며 나는 고기, 몰려 닫는 고래 떼에 한없이 솟아오는 타향의 근심은 한숨조차 내쉴 길이 없이 그저 다만 이 몸이 불탈 뿐이더이다.

이러한 지 닷새 만에 천행[4]으로 배를 만났으나 구원이 오기 전에 먼저 물결 속에 잠긴 몸이 되어 하마터면 천만 길 깊은 바닷속에 다시 돌아오지 못할 길을 밟을 뻔하였나이다. 그러나 이 목숨이 칼 아래에 죽지 않고 물결 속에 쓰러지지도 않고 오히려 오늘날 고국에 있는 그대에게 두어 장 하소하는[5] 글을 부치게 되니 그는 참 천명이지요- 아니, 사랑하는 그대의 아름다운 마음이 밤낮으로 나를 위하여 근심하여 주는 그늘이겠지요.

아아, 옥매여 나를 위하여 이와 같이 근심하여 주는 그대가 있는 줄을 생각하니 나는 비로소 세상이 적막하지 않고 얼마나 행복인지 모르나이다. 향항(香港)에 온 뒤에 만사가 마음에 없어 그길로 곧 고국에 돌아가서 그대와 함께 그리운 한양의 봄빛을 맞이하고 싶지마는 이곳에서 한 분을 만나니 그는 곧 나와 같은 청년이라. 고국을 떠난 지 17년에 집안 소식이 전연히 끊겼으되 간절한 일편단심 가실 줄이 없어 하니 내 비록 용렬하나 이 일을 보고서야 차마 중도에 돌아갈 수 없나이다.

지금부터는 가는 앞길 인물 풍토가 온통으로 달라지며 나라가 멀고 소식이 더디어져서 그대의 안부를 들을 길이 없으리니 돌아서서 북천(北天)을 바라보고 그지없이 마음을 달릴 뿐이외다. 걱정은 말아 주시오. 평안히 계시오. 아아 나는 지금 떠나나이다. 앞길이 질번한[6] 수륙 10만 리의 멀고 먼 길을 서슴지 않고 나는 떠나나이다.

3월 22일 향항에서 멍텅

- 빨리빨리 가거라

1 장성(長城): 만리장성
2 정경(情景): 사람이 처하여 있는 모습이나 형편
3 호젓한 골: 후미져서 무서움을 느낄 만큼 고요한 골짜기
4 천행(天幸): 하늘이 준 큰 행운
5 하소하다: 억울한 일이나 잘못된 일, 딱한 사정 따위를 말하다
6 질번하다: 아주 많이 널려 있다

멍텅구리 세계일주 46

섬라국*

* 섬라(暹羅)국: 시암국. 태국

남해 바다 얼른 지나

- 어이, 저 지긋지긋한 바다
- 이 근처가 중국 남해섬*이라든가

* 남해섬: 해남(海南)섬. 하이난섬

월남산맥 훨훨 넘어

- 월남국에 대관령이란 말인가? 그 산 넘기 장히* 어려워
- 산 넘고 물 넘어 가고 또 가는구나!

* 장히: 매우

다다르니 섬라국 서울

- 섬라국의 대궐은 아주 딴판일세
- 와, 저리 뾰족집이 많은고?

세계에 유명한 파라문 교당

- 얘, 그건 참 세계에도 드물겠다!
- 이게 파라문교*인가 파라 먹는 교인가 하는 절 집일세

* 파라문교: '바라문교(婆羅門教)'의 다른 이름. 여기서는 방콕 '왓 이룬'(새벽 사원)을 말하는 듯

1926.3.25

멍텅구리 세계일주 47

섬라국

처음으로 황제를 폐현한* 멍텅

- 귀국과 짐의 나라와는 천여 년 동안 친밀한 관계가 있었는 줄 생각함
- 헹! 뭐라고 대답할고?…
- !?

* 폐현(陛見)하다: 황제나 황후를 만나뵈다

여배우의 연극에 정신이 황홀

- ♩♪♬♬♪♩♩
- ?
- 한양을 떠난 후 이런 재미는 처음인데

옛 서울 별궁에서 흥미겨운* 선유**

- 이것이 섬라국 옛 서울의 별궁이라네
- 달밤에 옥매하고 선유하면서 노래 가락 한 마디 들었으면…

* 흥미겨운: 흥미롭고 흥겨운

** 선유(船遊): 배를 타고 노는 놀이. 뱃놀이

코끼리의 등 위에서 똘똘이 생각

- 자네 흥이 도도하네그려
- 에헴, 이놈 한 필 사다가 똘똘이를 태우면 좋겠다

1926.3.26

멍텅구리 세계일주 48

안남국*

* 안남(安南)국: 베트남

비행기를 급히 날려서

- 갈 길이 바쁘네. 전속력으로 월남을 한 바퀴 도세
- 걱정 말게. 벌써 월남의 메콩강을 왔네

안남미의 본고장도 구름 아래에 구경하고

- 안남미는 이 사이공* 항구에서 다 우리나라로 간다네그려
- 안남미 일없어. 그대로 하노이까지 가세

* 사이공: '호찌민'의 옛 이름

안남총독부 앞에서

- 옳거니, 여기가 총독부여
- 재작년에 멜랑인가 별란인가 하는 법국* 총독이 조선에도 왔더래

* 법국(法國): 프랑스

덕국*의 횡포도 분개하였다

- 아! 이 사람이 월남 황제를 법국에 데려다 뒀다네그랴
- 흥! 그럼 법국 놈도 발가락을 쨀 놈들이게?

* 덕국(德國): 독일. 여기서는 '법국'의 오기인 듯

1926.3.27

멍텅구리 세계일주 49

안남국

사이공의 옛 대궐을 구경하다가

- 여기가 옛날 대궐이구나
- 옳지, 그런 모양이다

촌락으로 나가서 풍속도 구경하고

- 여기서는 길을 닦는구나
- 어째 징역꾼*들 같으냐, 하하

* 징역꾼: 징역형을 선고받고 복역하였거나 복역 중에 있는 죄수

농사일 하는 것도 보고

- 이것 봐라. 안남미 타작을 하는구나
- 딴은* 되었어. 이렇게 하면 흩어지지는 않으렸다

* 딴은: 남의 행위나 말을 긍정하여 그럴 듯도 하다는 뜻을 나타내는 말

조선과 같다고 감탄

- 여기서는 농군들이 저녁밥을 먹는구나
- 우리나라 시골 생각이 난다

멍텅구리 세계일주 50
서화 전람회

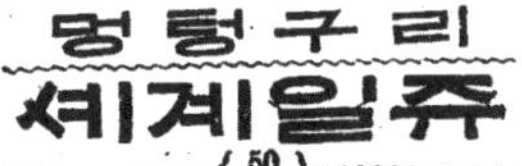

장안 사람들이 몰려가는 전람회 구경을 가는 옥매

- 똘똘아, 요사이는 너희 아버지가 아무 연고 없이 다니시나보다. 내 마음이 퍽 좋다… 오늘은 너를 데리고 서화협회전람회를 구경이나 가겠다

그림 한 장 달라는 말로 때때로 소리만 치는 똘똘이

- 웬 사람이 이리 많을까? 어디 구경을 하겠나!
- 때때때때때
- 여보게, 얼굴은 멍텅인지 몰라도 그림은 참 잘 그렸네
- 재는 멍텅이 아들인 것일세
- 참! 네가 똘똘이지? 멍텅이를 알아보니… 하하

똘똘이의 때때 소리를 통역하는 여학생

- 너의 아버지 아니다
- 아이구, 여기는 사람이 더 많으이!…
- 때 때 때 때
- 당신이 옥매 씨 아니오? 어머니가 아이 말도 못 알아들으시오그려. 저 그림을 달라는 말이오
- ?

구경터에 와서 영감 생각이 더 간곡

- 응- 내것이야! 어쩌면 그렇게 똑똑한구? 그렇지, 너의 아비지가 게시면 그 사진만 사-주시겠니? 동서양화를 모두라도 사시지

1926.3.29

멍텅구리 세계일주 51

호랑이

호랑이 많은 안남에 간 김에 사냥을 나서

- 이왕 우리가 안남에 왔으니 호랑이 사냥이나 하여 보세
- 자네 말이면 무엇이든지 듣지

큰 호랑이를 한 마리 잡아놓고 노인을 부른다

- 저 호랑이를 잡기는 하였으나 가지고 갈 도리가 없네
- 탕. 탕
- 인부를 불러옴세

돈맛에 떠메고 왔으나 앙화*를 받을까 겁이 나서

- 돈을 주시니 호랑이를 가져오기는 하였지만 인제는 호신**께 가서 빌어야겠습니다
- ?
- ?

* 앙화(殃禍): 지은 죄의 앙갚음으로 받는 재앙

** 호신(虎神): 호랑이를 신령으로 여겨 이르는 말

떠메이고 온 죄를 용서하여 달라고 비는 노인

- 여보게, 우리나라도 미신이 없지는 않지만 이놈들처럼 미신은 첨* 봤네

* 첨: 처음

1926.3.30

멍텅구리 세계일주 52

청혼 거절

남편* 나라의 미인 떼를 만나

- 저기 안남 여자가 한 떼가 가네. 어디 그중에도 미인이 있나 보세

* 남편: 남쪽

멍텅의 코가 유명하여졌고

- 당신이 웬 양반이오?
- 네- 나는 조선 최멍텅이오
- ?
- 나는 서양 사람인 줄 알았지요. 참 당신의 코는 훌륭도 합니다
- 히히 내 코가 좋다고?
- 이놈… 귀염* 막 받는구나

* 귀염: 귀여움

그 나라 풍속으로 여자가 청혼하여

- 실례올시다마는 나와 결혼합시다. 나는 평생에 코가 굵고 탐스런 남편이 소원인데… 서양 사람은 재미가 없어요
- 뭐요?!
- ?

남자도 절조가 있어야 한다고 거절

- 혼인이요. 우리나라에서는 여자가 먼저 청혼을 한답니다
- 맘에는 과히 싫지 않으나 우리 옥매가 있어서 안 돼요

1926.3.31

멍텅구리 세계일주 53

면전국*

* 면전국(緬甸國): 미얀마

안남 미인을 피하야 면전으로 급행

- 여보게, 바람이. 어서 왼고동*을 틀어** 빨리 가세. 안남 미인이 코코하니 암만하여도 나의 코를 떼어 갈가베-
- 다른 데 가서도 그런 일이 있으면 어떻게 하나. 코를 한 반쯤 베여 버리고 가세

* 고동: 작동을 시작하게 하는 기계 장치. 왼고동(왼쪽 고동)

** 고동을 틀다: 시동을 걸다

세계에서 가장 큰 쌀나라의 큰 항구로

- 여기가 란 공항일세
- ?

유명한 면전의 절 구경으로

- 이게 무슨 집이 하릴없이 종 엎어 놓은 것 같다?
- 이것이 면전에 제일 유명한 쉐다곤* 절이라네

* 쉐다곤: 미얀마 양곤의 랜드마크 사원. 쉐다곤 파고다

기이한 건축은 모조리 순회

- 면전에 옛 절인데 전부 나무로 새겨 만든 집이라데
- 참!.. 좀 내려 구경하고 가세

1926.4.1

멍텅구리 세계일주 51

면전 풍속

- 3월 29일 51회 '호랑이' 이후 2회 더 연재 이후 4월 1일 51회 '면전 풍속'으로 연재 번호 돌아감. 편집 오류

일곱 살 먹은 아이가 머리 깎으러 절로 가는 광경

- 얘, 요놈 높직이 앉았다
- 우리나라 남여* 같으이

* 남여(藍輿): 의자와 비슷하고 뚜껑이 없는 작은 가마

어른 아이가 모두 담배를 빤다

- 여기는 염생이* 나란가? 어른 아이가 모두 담배야
- 궐련이 너보다 더 크구나

* 염생이: 염소

어떤 곳에는 여자가 다리에 무수한 고리

- 이것이 또 뭐냐? 오- 다리에 고리를 수백 개 달았군
- ?
- ?
- ?

황소 부리듯 끌고다니는 약대*

- 어이구, 다리야. 좀 타고 가세
- 나도 다리가 아파 못 견디겠네

* 약대: 낙타. '코끼리' 그림을 낙타로 잘못 표기

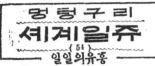

1926.4.2

멍텅구리 세계일주 54

일일의 유흥

더위를 못 견디어 가자고 재촉

- 여보게, 빨리빨리 가세. 이 근방은 더워서 지낼 수가 없네
- 여보게, 낮잠이나 한소곰* 자고 가세

* 한소곰: 한숨의 방언

보물 소리만 들어도 옥매 생각

- 인도에는 보물이 많다는데 어서 가보세
- 여보게, 같이 가세. 우리 옥매 가락지 비녀 만들어야지

피곤이 심하여 본색이 탄로

- 가만히 있게. 이 나라에 기생이 많으니 우리가 여행에 피곤도 하니 하루 놀고 가세
- 우리 길 떠난 후로 처음 자네의 똑똑한 말 들어 보네

옥매와 몇 만 리 격하여* 맘 놓고 논다

- 좋다
- 얼씨구

* 격(隔)하다: 시간적으로나 공간적으로 사이를 두다. 떨어지다

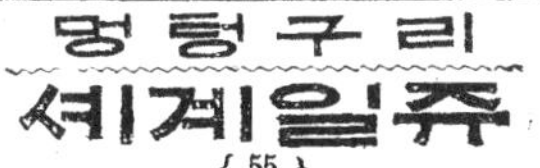

1926.4.3

멍텅구리 세계일주 55

옥매의 마음

독수공방하는 옥매에게

- 너는 독수공방이고나. 너의 남편은 요새 난봉*이 났다는데?
- 그게 무슨 말이냐?

* 난봉: 허랑방탕한 짓

멍텅이가 놀아났다고 불지르는 동무

- 얘- 면전인가 하는 나라에서 흥청그려 막 뚱땅대인다*더라
- 뭐야! 그럴 리가 있다구?!

* 뚱땅대다: 여러 가지 악기나 단단한 물건 따위를 세게 쳐서 울리는 소리가 잇따라 나다. 흥청망청 놀다

기가 막힌다고 느껴 운* 끝에

- 얘야 사내 맘은 알 수 없단다
- 애구 기막혀! 흑흑흑흑흑흑

* 느껴 울다: 흐느껴 울다

남편 있는 곳을 가리키고 있는 옥매의 마음

- 면전이 어딘고? 좀 찾아나 보자
- ?
- (멍텅구리 비행 약도)

1926.4.4

멍텅구리 세계일주 56

정말* 비행기

* 정말(丁抹): '덴마크'의 음역어

면전을 떠나 인도로 향한다

- 면전에서 너무 뛰고놀아서 오늘은 현기가 나네
- 잔소리 그만두어… 벌써 여기가 인도 캘커타 항구일세

일본 가는 정말 비행사를 만났다

- 네- 당신이 일본 가는 길이오? 우리는 세계일주 하는 길이오
- 참, 장하신 사업이오

서양 사람과 재담하다가 무안 보았다*

- 그런데 어떤 나라는 거짓말 나라란 말이오- 귀국 이름은 정말이라니요?
- 하하하. 그것은 귀국 말로 번역을 해서 그렇습니다. 우리나라 말로는 '덴마크'요

* 무안 보다:무안한 꼴을 당하다

정말 비행기가 아니라고 깔깔

- 여보게, 그 사람들이 정말 비행기를 탄 줄 알았더니 알고 본즉 정말이 아니라고*
- 유람도 할 것일세. 자네가 재담을 다하니

* 정말 비행기~정말이 아니라고: 진짜 비행기인 줄 알았더니 진짜가 아니라 덴마크 비행기라고

1926.4.5

멍텅구리 세계일주 57

인도 멍텅이

인도 동쪽에서 서쪽으로 간다

- 여보게, 대륙 횡단을 하여 봄베이*로 가세
- 봄베이 가서 빠파솔라와 뻠가라** 두 노인을 만나자는 말이지

* 봄베이: 뭄바이의 옛 이름

** 빠파솔라, 뻠가라: 550쪽 '멍텅구리 속 근대사' 참조

'봄베이' 시민 대환영

- 조선 멍텅이 만세
- 조선 윤바람 만세

'빠파솔라' '뻠가라' 두 인도 노인

- 나는 조선 최멍텅이오
- 네- 우리 아들의 편지를 보고 알았소. 나는 인도 멍텅이의 아버지요
- ?
- 나는 인도 윤바람의 아버지요

자기 아들을 대면한 듯이 반긴다

- 우리 아들이 귀국에서 대환영 받았다고요?
- 과부의 서러움은 과부가 안다고 우리도 당신네를 환영합니다
- ?
- ?

빠파솔라, 뱀가라

두 인도 청년의 한국 도착을 알리는 《조선일보》 1926년 2월 25일자 기사

멍텅이와 바람이가 57회에서 만난 인도 노인들의 아들 '빠파솔라'와 '뱀가라'는 자전거를 타고 세계일주를 다닌 인도 청년들로 1926년 2월 조선을 일주하고 중국으로 떠났다. 이들은 아라비아 반도와 북아프리카를 거쳐 이탈리아, 미국, 일본을 지나 856일 만에 한국에 도착했는데, 이는 멍텅과 바람의 세계일주 경로와 유사하다.

2월 23일 이들이 인천에 도착하자 수백 명의 시민들이 환영했다. 당시 한국에서는 이 두 청년의 방한 일정에 큰 관심을 보여 이들이 거쳐가는 도시마다 열렬한 환영식과 함께 세계일주 경험을 나누는 강연회가 열렸다. 이중 서울의 종로청년회관에서 열린 강연회의 참가비는 성인 50전, 학생 30전이었으며 수익금은 그들의 여행 경비로 제공되었다.

강연 속기록에는 "여기 와서 들으니 조선 멍텅구리와 윤바람은 비행기 하나로 세계일주를 한다 하옵디다만은 우리는 자전거 하나로 세계를 일주하는 인도의 멍텅구리와 윤바람입니다(청중 웃음)"라는 구절이 기록되어 있다. 이들은 고국을 떠나 조선까지 들어오면서 몇 번이나 죽을 고비를 넘긴 경험을 털어놓고, "조선 사람 중에도 자신들과 같이 세계를 일주하는 사람이 있다면 꼭 인도를 찾아와달라"고 당부하기도 했다.

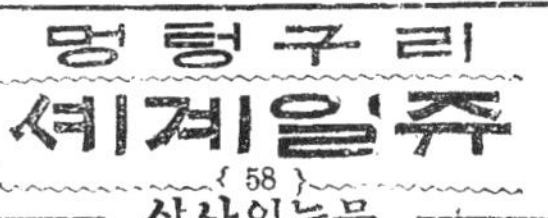

1926.4.6

멍텅구리 세계일주 58

상사*의 눈물

* 상사(相思): 서로 생각하고 그리워 함

처자가 있느냐고 물어보는 말에

- 그래, 처자나 있소?
- 네- 옥매가 내 마누라 이름이고, 똘똘이가 내 아들의 이름이올시다

옥매 생각이 더욱 간절

- 허허, 참 반가운 소리요. 내 아들은 약혼만 하고 세계일주를 떠나서 아직 손자가 없소
- 나도 세계일주 할 줄 알았다면 혼인을 아니할걸… 그랬어요. 옥매 생각에 잠이 아니 와요

인도 멍텅의 애인을 만나

- 제가 며느리 될 여자요
- ?
- 그러면 인도 옥매 씨요? 참 반갑소이다. 흑흑흑흑

걷잡을 수 없는 상사의 눈물

- 왜 우세요?
- 우리 옥매 생각이 나서 그럽니다. 엉엉

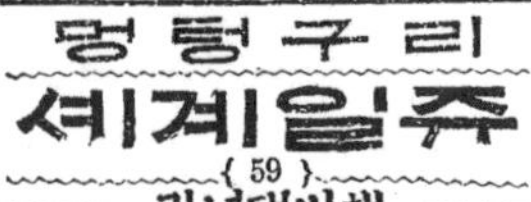

1926.4.7

멍텅구리 세계일주 59

기념 대비행

남인도의 큰 도시 마도라쓰*의 10층 되는 절집**

- 여기가 어디라고 했는지?
- 글쎄, 인도의 특색을 발휘한 마도라쓰의 유명한 절이래요

* 마도라쓰(Madras: 마드라스): 인도 동남부 도시 첸나이(Chennai)의 옛 이름. 인도에서 4번째로 큰 도시

** 마도라쓰 10층 절집: 카팔레스와라 사원(Kapaleeshwarar Temple)

북인도의 거룩한 서울 베나레쓰*의 장관

- 이 베나레쓰라 하는 데는 절-걸려서 어디 살겠나
- 머? 절이 1800채라고?

* 베나레쓰(Benares: 베나레스): 인도 북부 갠지스강 중류에 위치한 도시 바라나시(Varanasi)의 옛 이름. 연간 100만 명 이상의 순례자가 찾아오는 힌두교의 대성지

석가여래의 처음 설법하던 부다가야*의 영탑**

- 얘, 여긴 정말 극락 세계가 가까운 곳인가 보이
- 석가여래가 처음으로 설교를 시작하던 부다가야의 영탑이라네

* 부다가야(Buddha Gaya): 인도 동부의 마을로 석가모니가 보리수 아래서 성불을 한 불교 최고 성지

** 부다가야 영탑: 마하보디(Mahabodhi) 사원

장엄하기로 유명한 아그라의 성전*

- 헤! 참 좋네. 우리 이리로 이사와서 살아보세
- 아따, 그럭하다가는 명승지 한 군데도 안 남겠네

* 아그라(Agra)의 성전: 타지마할

1926.4.8

멍텅구리 세계일주 60

다음은 어찌

놀기 좋은 북인도를 떠나

- 아무리 놀기 좋은 남쪽 나라래도 내 시골만 못하이
- 여기는 기후가 향항 근처와 걸맞나*보이

* 걸맞다: 비슷하다

지나는 곳에 풍경이 절승*

- 기후도 좋거니와 강산 풍경이 절승하이
- 에그- 기계에 고장이 생겼네. 어디 널찍한 벌판이 없나?

* 절승(絶勝): 경치가 비할 데 없이 빼어나게 좋음

내려서 보니 만자천홍*

- 어이, 여기는 봄이 한참일세. 저것은 다 무슨 꽃인고?
- 이 사람 꽃보담 이 기계를 어서 고쳐야 하겠네

* 만자천홍(萬紫千紅): 울긋불긋한 여러 가지 꽃의 빛깔

즐거움 끝에 닥쳐오는 근심

- 어이구, 저 호랑이!! 제법 어실렁어실렁 내려온다!!!
- 에구, 더뜨리지* 말고 어서 뜨세

* 더뜨리다: 노염이 일어나게 하다

1926.4.9

멍텅구리 세계일주 61

다음은 어찌

아홍 소리를 치며 들어 덤비는 호랑

- 앙- 앙- 으르렁
- 으흐흐, 인도 호랑인 무섭네 한방 뺄가?

불소리에 놀라 재주를 펄럭

- 탱
- 엉!

헛불*에 성이 나서 뛰어 덮치므로

- 앙- 앙- 으르렁
- 어이구

* 헛불: 사냥할 때 짐승을 맞히지 못한 총질

겁결*에 껴안고 늘어진 멍텅

- 애 바람아, 쫓아와서 한방 쏘아라
- 아-! 아! 멍텅아!!

* 겁결: 갑자기 겁이 나서 어쩔 줄 몰라 당황한 판. 또는 그런 기색

1926.4.10

멍텅구리 세계일주 62

다음은 어찌

풀밭에서 데굴데굴

- 에구구, 이놈 봐라?
- 응! 저런 이거 어떡하나?

죽을힘 다 써서 엎치락뒤치락

- 얘, 한방 쏘아라. 이거 놓치겠다
- 엉! 으르렁

두 귀를 움켜잡고 등 위에 둥덩실

- 에잉! 이놈한테 나 죽는다! 옳다
- 엉!

뛰어닿는 형세대로 천리의 강산

- 어이구, 바람아!

1926.4.11

멍텅구리 세계일주 63

다음은 어찌

비행기를 날리어 뒤를 쫓는 바람

- 아! 지금 시각이 바쁘게 쫓아가야겠구나!

넓은 벌판을 번개 같이 건너가는 호랑

- 이놈! 음!
- 저! 저! 저런!

수림* 속으로 종적을 감추어서

- 으흐흐!

* 수림(樹林): 나무가 우거진 숲

깊은 구름 우거진 숲에 어디서 찾을는지

- 아이그! 비호*라더니… 벌써 어디로 갔나?

* 비호(飛虎): 나는듯이 빠르게 달리는 호랑이

1926.4.12

멍텅구리 세계일주 64

다음은 어찌

태산의 절정에서 지친 호랑

- 이놈의 호랑이가 인제 지쳤구나

필경*은 절벽으로 굴러떨어져

- 으흐흐, 예가 어디냐?
- 엉! 엉!

* 필경(畢竟): 끝장에 가서는

호랑은 달아나고 멍텅은 땅에 늘어졌는데

- 우움!

바람은 히말라야산에서 애쓰고 찾아

- 이런 제기, 여기까지는 아니 왔을 터인데 중간에서 죽었나 보다

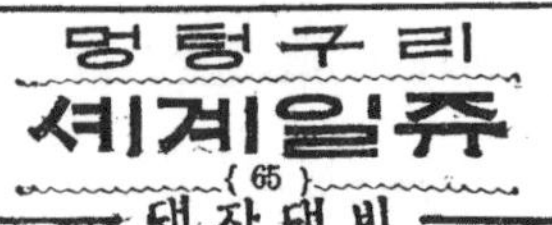

1926.4.13

멍텅구리 세계일주 65

대자대비*

* 대자대비(大慈大悲): 넓고 커서 끝이 없는 부처와 보살의 자비

산중의 도승이 멍텅의 늘어진 것을 보고

- 나무아미타불. 이거 웬 인생이 심산궁곡*에 와서 기절하고 있노?

* 심산궁곡(深山窮谷): 깊은 산속의 험한 골짜기

깨워 일으켜 연유를 물은 뒤에

- 당신이 누구시온데 웬 까닭으로 이 지경이오?
- 네, 나는 세계일주 하는 조선의 최멍텅인데 호랑일 만나서…

초막으로 인도하여 조리*를 시키는 중

- 이 초막이 누추하지만 예서 쉬면서 당신의 친구를 기다립시다
- ?

* 조리(調理): 건강이 회복되도록 몸을 보살피고 병을 다스림

산 설고* 물 선 곳에 바람은 찾아다녀

- 아이구, 산 설고 물 선데 이 사람이 어디로 갔나?

* 설다: 익숙하지 못하다

1926.4.14

멍텅구리 세계일주 66

행방이 묘연

생불*이 흰 기를 둘렀으나**

- 어이구, 신임***의 은덕이 태산 같습니다
- 아니!… 기를 가지고 이렇게 신호를 해봅시다. 비행기가….

* 생불(生佛): 살아 있는 부처라는 뜻으로, 덕행이 높은 승려를 이르는 말

** 둘렀으나: 휘둘렀으나

*** 신임: '스님'의 오기인 듯

바람은 아니 오고 영국 경관

- 당신이 어데 사람인데 뭘하러 여기 와서 잠복하고 있소?
- 아니오, 여보 나는 세계일주 하는 최멍텅이오

혁명 선동자라고 끌려가

- 인도 사람에게 혁명을 선동하는 사람은 아니오? 경찰서까지 같이 갑시다
- 혁명? 혁명이 뭐란 말이오? 어디든지 갑시다
- 나무아비타불!!!

바람은 찾지 못하고 한숨만 쉰다

- 하! 이거 참, 며칠을 두고 찾아도 기척도 없으니

1926.4.15

멍텅구리 세계일주 67

경관의 취조

영국 경관에 끌려간 멍텅이가

- 그대가 조선의 멍텅이라고? 관헌의 눈을 피하여서 지방으로 비밀히 돌아다니며 인도의 혁명을 선동하였지?
- 당신이 숭한* 멍텅구리요. 우리 옥매가 있는 동안에는 천하사가 다 틀려도 나는 일이 없소!**

* 숭하다: 흉하다의 방언. 생김새나 태도가 보기에 언짢거나 징그럽다

** 천하사가 다 틀려도 나는 일이 없소: 세상일이 다 잘못돼도 나는 관계치 않는다

혁명 선동은 한 일이 없다고

- 옥매라니? 조선 일이 더 급하다는 말이겠지?
- 아니! 아니! 어째 그렇게 모른단 말이오? 옥매는 내 마누라요

변명을 하여도

- 하하, 당신은 내시하*에 사시구려. 그럼 여기는 어떻게 왔소?
- 우리 옥매의 찬성을 얻어가지고 왔지요

* 시하(侍下): 부모나 조부모를 곁에서 모시고 있는 처지. 또는 그런 사람. 내시하(內侍下): 안시하. 아내 시하. 공처가

경관은 곧이 듣지를 않고 더욱 위협

- 그게 될 말인가? 멀쩡하니 혁명을 선동하여 놓고, 이제 본색을 감추려고 공연히 그러지
- 아니오, 내란 사람이 영국 사람을 겁낼 줄 아우? 우리 아버지도 무섭지 않은데!!

1926.4.16

멍텅구리 세계일주 68

의외 상봉

바람은 인도 총독을 보고

- 예가 델리라는 데인가? 총독부를 찾아서 멍텅이 사건을 교섭해야지

공판에 있는 말을 듣고

- 우리가 세계일주 하는 도중에 맹수를 만나서 멍텅이가 부지거처*로 되었는데 각하가…
- 아! 멍텅 씨요? 오늘 공판 중에 있는 귀국 양반 말씀이오?

* 부지거처(不知去處): 간 곳을 모름

재판정에서 만나

- 아하, 이게 웬일이여? 무슨 일로 공판인가?
- 이런 멍텅구리 같은 친구들이 나더러 뭐! 인도 혁명을 선동했다고…
- ?

재판장에게 큰소리

- 오! 아이 엠 쏘리. 용서하시오
- 에익! 코보*놈들의 하는 짓이라는 게…

* 코보: 코주부. 코가 큰 사람을 놀림조로 이르는 말

1926.4.17

멍텅구리 세계일주 69

간디

인도의 성인 간디를 만나

- 나는 마하트마 간디라고 합니다. 이번에 의외의 횡액*을 당하셔서 매우 미안합니다
- 뭘요 에에, 아이그, 엳구리야

* 횡액(橫厄): 뜻밖에 닥쳐오는 불행

만세 소리가 천지 진동

- 얘- 조선 멍텅구리가 온통 익살이다. 만세 만세
- 여기는 만세 불러도 괜찮은가 보이

동병상련

- 안녕질서를 방해할 염려가 있으므로 군중의 해산을 명함
- 으아
- 으아

인도를 하직

- 에라, 떠나자. 잘들 게시오

1926.4.18

멍텅구리 세계일주 70

아프가니스탄

인도를 하직하고 아프가니스탄으로

- 이곳이 이왕 돌궐*이란 오랑캐가 인도로 가던 길이라네
- 약대 떼가 굉장하이

* 돌궐(突厥): 튀르키예

하마터면 산지기에게 사격을 당할 뻔

- 좀 높이 뜨게, 총 맞으리
- 탕
- ?

그 나라 서울 카불에 도착

- 이 높은 나라에도 집은 꽤 높다

서양 사람을 미워하는 그들은 대환영

- 멍텅이 만세

1926.4.19

멍텅구리 세계일주 71

가정방문

아프가니스칸 가정을 방문

- 멍텅 씨가 아니면 우리나라에는 못 들어오
- 어쩐 말씀이오?
- ?

비행기 아니면 들어갈 수 없는 나라

- 우리나라 사람은 세상에 제일 무섭고 외국 사람을 특별히 미워하나 멍텅 씨는 같은 동양인이요. 또 비행기를 탔으니 파수병이 어찌하오?
- ?
- 네?

형제 같다고 내외*를 타파

- 조선도 내외를 하신다니 우리와 똑같은 풍속이오. 형제 같으니 우리 마누라와 인사나 하오
- 안녕하십니까?

* 내외(內外)하다: 남의 남녀 사이에 서로 얼굴을 마주 대하지 않고 피하다

여자만 보면 옥매 생각

- 당신 부인 오죽 애를 쓰시겠습니까?
- 네, 그래서 내 맘은 늘 우리 마누라에게 가 있습니다

1926.4.20

멍텅구리 세계일주 72

파사*국으로

* 파사(波斯): '페르시아'의 음역어

회회교*가 왕성한 파사국으로

- 파사 나라 회회교당은 괜찮다

* 회회교(回回敎): 이슬람교

그 나라 서울 남대문

- 이리 들어가면 파사 서울 테헤란이라네

세계 유명한 담요

- 이것 하나 사시오
- 가만히 계시오. 내가 집으로 갈 때 만납시다

지나가는 미인 떼

- 이건 무슨 도깨비냐?
- 미인도 모르냐? 파사 미인이야

1926.4.21

멍텅구리 세계일주 73

선거전

선거장에 갔다가

- 오늘 웬 사람이 저렇게 많으냐?
- 오늘이 이 나라에서 대의사*를 선거하는 날이란다. 우리 구경 가자

* 대의사(代議士): 국회의원. 일본의 경우 중의원 의원을 부르는 속칭

싸우는 모양을 보고

- 저게 웬 싸움이냐?
- 선거 경쟁으로 그런단다

겁이 나서 쫓겨가며

- 얘- 이 나라 대의사라는 것은 싸움꾼이냐?
- 대의사라는 것은 의회에 가서 연설도 하고 법률도 만드는 사람이란다

여기의 의회도 일본 의회와 같이 싸움을 잘하나 보다고 걱정

- 그러면 이 나라 의회도 일본 의회 모양이로구나
- 흥, 도처 일반이지 어디라고 낫겠나

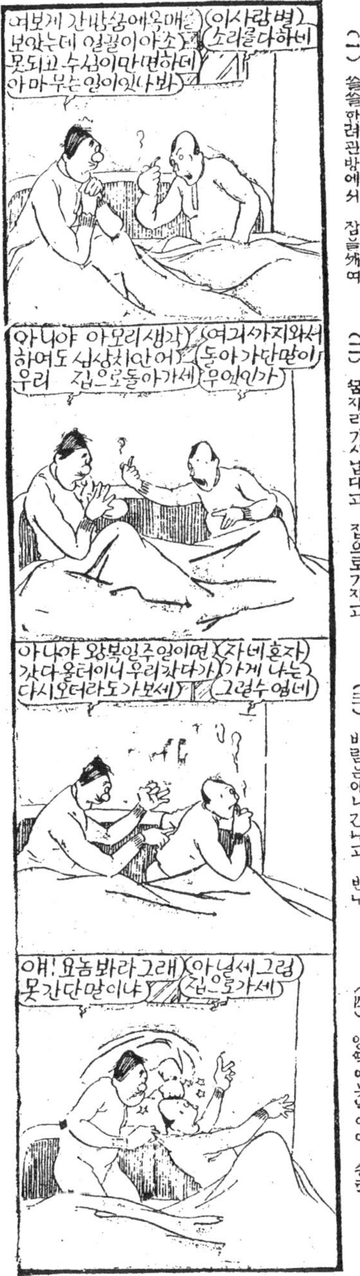

1926.4.22

멍텅구리 세계일주 74

집생각

쓸쓸한 여관방에서 잠을 깨어

- 여보게, 간밤 꿈에 옥매 보았는데 얼굴이 아주 못되고 수심이 만면하데*. 아마 무슨 일이 있나 봐
- 이 사람 별소리를 다 하네

* 만면(滿面)하다: 얼굴에 가득하게 드러나 있다

꿈자리가 사납다고 집으로 가자고

- 아니야, 아무리 생각해도 심상치 않아. 우리 집으로 돌아가세
- 여기까지 와서 돌아간단 말이 무엇인가?

바람은 아니 간다고 반대

- 아니야, 왕복 일주일이면 갔다 올 터이니, 우리 갔다가 다시 오더라도 가보세
- 자네 혼자 가게. 나는 그럴 수 없네

양떡*에 못 이기어 승낙

- 얘! 요놈 봐라. 그래 못 간단 말이냐?
- 아닐세, 그럼 집으로 가세

* 양떡: 빵 구타를 하면 '빵' 소리가 난다고 하여, 일제강점기 '구타'를 뜻하는 속어로 사용됨

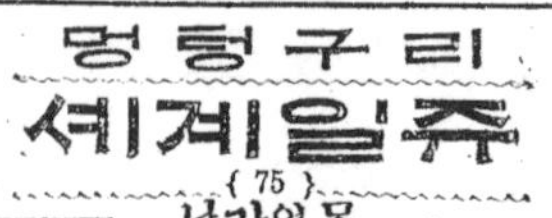

1926.4.23

멍텅구리 세계일주 75

남가일몽*

* 남가일몽(南柯一夢): 꿈과 같이 헛된 한때의 부귀영화를 이르는 말

강제로 바람을 끌고 나아가

- 요놈, 집으로 가자
- 자네 하자는 대로 함세

한 시간에 1500마일 속도로

- 좀 더 빨리 가!
- 이 사람아, 한 시간에 1500마일 속도일세

허공에서 떨어진다

- 어이구
- 옥매는 이다음 만나세

바람의 주먹맛에 깨고 보니 꿈

- 이 사람아, 남의 잠을 왜 깨나? 나는 복날인 줄 알았네. 개 잡는 소리를 하길래. 늦었으니 어서 여관으로 가세. 낮잠에 잠꼬대까지 좀 과한걸
- ?

1926.4.24

멍텅구리 세계일주 75

파사 풍속

- 4월 23일 75회 '남가일몽', 4월 24일 75회 '파사 풍속' 연재 번호 중복. 편집 오류

연자매*도 구경하고

- 파사 사람은 팔 기운이 없는 모양일세. 절구질 아니 하고 애꿎은 당나귀 수고를 시키네

* 연자(研子)매: 마소가 돌리는 커다란 맷돌을 쓰는 방아

나무 장수도 구경하고

- 나무 장사는 우리나라와 같으이

진흙을 발라서 쌓은 집도 보고

- 집은 벽돌로만 짓고 이 벽돌은 흙을 빚어 볕에 말린 것이오
- ?
- ?

족장* 때리는 구경도 하였다

- 요놈, 공부를 좀 잘하지
- 히- 나는 장가나 가야 족장을 맞는** 줄 알았더니, 이 나라는 죄를 지으면 벌을 맞네

* 족장(足掌): 발 아래쪽이, 땅을 밟는 편평한 부분

** 족장 맞다: 혼인식날 신랑이 거꾸로 매달려 친지들에게 발바닥을 맞다

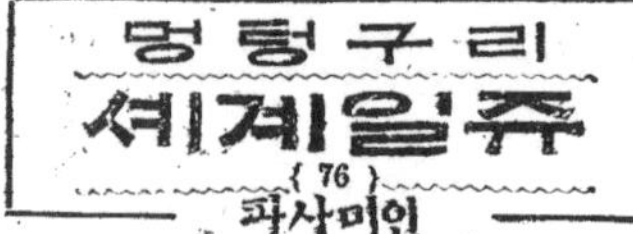

1926.4.25

멍텅구리 세계일주 76

파사 미인

얼굴 가리지 않은 미인을 보고

- 얘-! 괜찮다!

미인이 가는 대로 눈이 따라가

- ?
- !!!
- ?

몸을 돌릴 사이도 없이 목만 돌아가

- ?
- !!!!!!!!!
- ?

바람의 구원이 아니더면 목이 부러질 뻔

- 어-허!
- 이 사람, 목 부러지네

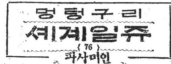

1926.4.27

멍텅구리 세계일주 77

애급*으로

* 애급(埃及): '이집트'의 음역어

집 생각이 간절하건만

- 우리가 이곳에서 너무 오래 묵었네. 어서 가세
- 나는 집으로 도로 간다 해도, 자네 때문에 도무지 재미가 없네

아라비아 사막을 횡단

- 이 아래가 아라비아 사막일세

수에즈 운하를 넘어

- 이 아래는 '수에즈' 운하일세

5000년 묵은 금자탑*까지 왔다

- 벌써 애급일세

* 금자탑(金字塔): '金' 자 모양의 탑이라는 뜻으로, 피라미드를 이르던 말

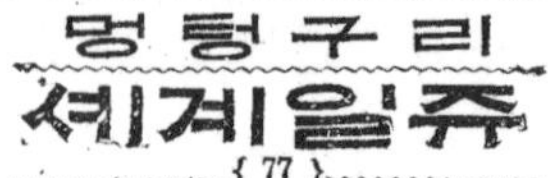

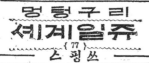

1926.4.28

멍텅구리 세계일주 77

스핑크스

- 4월 27일 77회 '애급으로', 4월 28일 77회 '스핑크스' 연재 번호 중복. 편집 오류

금자탑과 스핑크스를 보고

- 이 사람 왜 웃나?
- 5000년 전에도 멍텅이가 있던 모양이야. 무덤을 이렇게 튼튼히 하면 시체가 부지할* 줄 알았지만 저 속엔 텅 비었다네

* 부지(扶持)하다: 상당히 어렵게 보존하거나 유지하여 나가다

농담 섞어 재미있는 이야기

- 저 사람은 5000년을 두고 말을 않고 있으니 자네 말 좀 시켜보게

멍텅은 스핑크스의 귀로 다녀나와

- 흥흥!

그럴듯하게 음흉스러운 대답

- 그래 뭐라고 하던가?
- 세상 사람이 말이 너무 많은 까닭에…. 나를 닮아서 말을 좀 적게 하라고

1926.4.29

멍텅구리 세계일주 78

의외의 사변

아프리카 사막을 향하는 길에

- 인젠 아프리카 한복판을 둘러 날아 보세
- 요놈, 조그만 놈이 어른을 끌고 천하에 조리를 돌리는* 모양이냐?

* 조리돌리다: 죄를 지은 사람을 벌하기 위하여 끌고 돌아다니면서 망신을 시키다

불시착륙을 하려다가

- 불시착륙(不時着陸)일세. 그대로 날아갈 수 없네
- 이 사람, 맹수가 많은 곳에 내리면 어떻게 하나?

비행기가 엎어져서

- 사람 살려주

두 사람이 땅 위에 떨어져

1926.4.30

멍텅구리 세계일주 79

대모험

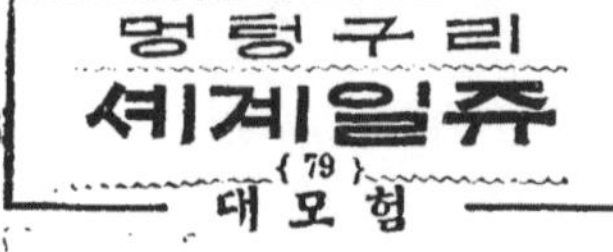

두 사람이 땅에 떨어진 뒤에

- 어구머니
- 아이그

바람이가 코끼리에 감겼는데

- 아! 바람아!
- 인젠 죽는다!

멍텅은 기를 쓰고 단총을 놓아서

- 이 놈의 똥구멍에다가 한방 쏘아야지

코끼리는 넘어지고 바람은 살아

- 탕 탕
- 그러면 그렇지, 장부가 짐승에게 죽다니

1926.5.4

멍텅구리 세계일주 80

따르르

두 사람은 비행기를 끌고내려와

- 어서 끌게 벌판까지 가고 볼 일이 아닌가?
- 아이그, 허리야. 비행기가 얼마나 상했나?

기계를 고치고 있는 동안

- 옳다, 기계는 상한 데가 없으니 도리어 다행일세
- 어서 고치게. 또 맹수를 만나면 어찌 하나?

별안간에 쫓아오는 사자

- 아무 일 없네, 안심하게
- 어이구, 저 사자!!
- 우~

간다 봐라 하고 따르르

- 따르르
- 우-우

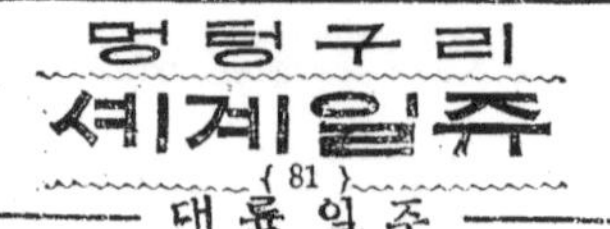

1926.5.5

멍텅구리 세계일주 81

대륙일주

맹수에 겁이 나서

- 어서 어서 가세. 희망봉이나 구경하세

한숨에 아프리카 남쪽 끝까지

- 이 아래가 희망봉이야

그리고 다시 서쪽 해안을 거쳐

- 이 아래는 아프리카 서쪽 해안일세

모로코에 도착

- 벌써 모로코에 왔네

1926.5.6

멍텅구리 세계일주 82

앱델 크림*

* 앱델 크림(Abd el-Krim: 아브드 엘크림): 578쪽의 '멍텅구리 속 근대사' 참조

모로코 대장 앱델 크림을 만나

- 멀리 오시기에 고생도 많이 하셨소. 나는 앱델 크림이오
- 네- 장군의 존함은 신문지상으로 많이 봬 왔소

장군과 담화를 시작하여

- 진작 오셨드면* 우리에게 도움이 되셨겠는데
- 네- 나도 마음으로는 당신네 지프** 민족을 돕고자 하나

* 진작 오셨드면: 프랑스와 스페인 연합군에 항복하기 전에 오셨더라면

** 지프(리프): 모로코 북부 지역 이름

대답하기 어려워서 옥매 핑계

- 그래서요?
- 우리 옥매가 위험한 일은 하지 말라고 하였어요

모로코까지 가서도 판판* 자랑

- 옥매가 누구요?
- 내 마누라요
- 하하

* 판판: 아주. 완전히. 전혀

아브드 엘크림(Abd el-Krim: 앱델 크림)

출처: 위키피디아

아브드 엘크림(Abd el-krim, 1882-1963)은 모로코 리프 지역 출신의 베르베르 지도자이자 혁명가로, 20세기 초 스페인과 프랑스의 식민지 군대에 맞서 싸운 중요한 인물이다. 게릴라의 천재로 명성을 날렸으며 그의 전술이 호찌민, 마오쩌둥, 체 게바라 등에 영향을 주었다 한다.

그는 학업을 마친 후 교사와 번역가, 기자 등으로 활동하다가 1914년 스페인 정부에 고용돼 스페인의 자치 도시 멜리야의 법관이 된다. 그러나 제1차 세계대전 기간 독일과의 연루 의혹으로 스페인 당국에 의해 잠시 투옥을 당하는데, 석방 후 부족의 독립을 위해 스페인 군대에 대항하기로 결심한다.

1921년 리프 공화국을 세우고 주요 전투에서 많은 승리를 거두었다. 특히 1921년 아누알 전투에서 스페인군에 큰 패배를 안겼다. 그러나 1926년 프랑스와 스페인 연합군의 끈질긴 협공에 결국 항복하고 만다. 체포 후 유배 생활을 하다가 카이로로 이주해 여생을 보냈는데, 이곳에서 사망할 때까지 아랍 마그레브족의 독립을 위해 힘썼다.

1926.5.7

멍텅구리 세계일주 82

서반아*

- 5월 6일 82회 '앱델 크림' 5월 7일 82회 '서반아' 연재 번호 반복. 편집 오류

* 서반아(西班牙): '스페인'의 음역어

서반아로 향하는 길

- 이번엔 서반아만 가서 쉬세

지브롤터 해협*의 영국군 함대

- 저 군함 보게. 영국기를 달았네

* 지브롤터 해협: 이베리아반도 남쪽 끝과 아프리카 대륙 서북쪽 끝과의 사이에 있는 해협. 지중해와 대서양을 잇는 군사 요충지

군함에서 어느 나라 정탐 비행기인 줄 알고 방포*

- 여보게, 어서 공중으로 올라가. 요놈, 여기서 대포에 맞아 죽으면 옥매를 다시 못 보게

* 방포(放砲): 포나 총을 대놓고 쏨

무사히 마드리드에 도착

- 인제야 살았다. 이곳이 서반아 서울이야

1926.5.8

멍텅구리 세계일주 83

서반아 미인

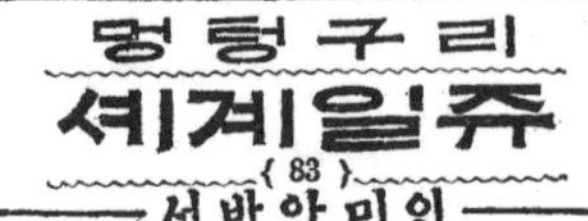

서반아 황제께 폐현

- 멍텅 씨요?
- 네- 외신*은 폐하께 한번 알현코자 하였습니다

* 외신(外臣): 한 나라의 신하가 다른 나라의 임금을 상대하여 자기를 이르던 일인칭 대명사

황제의 초대로

- 멀리 오셨으니 우리 구경이나 갑시다

소싸움을 구경

- 귀국에서 못 보시던 구경이 아니오?
- 폐하 은덕으로 좋은 구경을 합니다

옥매가 무서워서 미인을 거절

- 우리나라에는 미인이 많기로 세계 제일이오. 소개를 하나 하오?
- ?
- 황공하오나 외신은 아내가 있어 자유의 몸이 못 됩니다
- ?

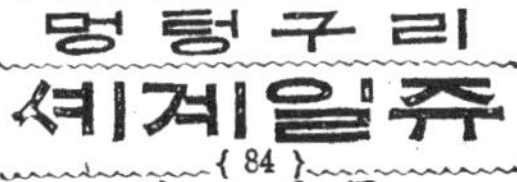

(一) 서반아에서 불란서로 가는길

(二) 세계뎨일작은 공화국안도라에들러

(三) 항공국장의 벼슬을할번

(四) 선전해달라는 부탁을 밧는다

1926.5.9

멍텅구리 세계일주 84

안도라*국

* 안도라(Andorra): 프랑스와 스페인의 국경, 피레네 산맥 가운데 있는 작은 내륙국

서반아에서 불란서로 가는 길

- 대통령과 국회의원 스물네 사람이 우리를 환영하네
- ?

세계 제일 작은 공화국 안도라에 들러

- 멍텅 씨는 대국 양반이오. 우리나라는 사방 50리*밖에 안 되고 인구가 6000명이오
- ?
- 여보게, 우리나라 작은 고을 만한 데가 독립한 나라라네

* 50리: 약 20킬로미터

항공국장의 벼슬을 할 뻔

- 우리 군대는 한 600명 되지만 비행기는 없으니 멍텅 씨가 우리나라 항공국장이 되시면 어떠시오?
- 국장 맛은 좋지만 옥매가 이런 산골 속에서 살겠다고 아니할걸요?

선전해달라는 부탁을 받는다

- 허락을 아니하시면 다시 말씀할 것 없고 우리는 세계의 제일 작은 나라이지만 정치 잘한다는 선전이나 하여 주시오
- 내가 세계일주 하는 동안에 제일 재미있는 이야깃거리를 얻었습니다

1926.5.10

멍텅구리 세계일주 85

배달부

하룻밤을 편히 쉬고

- 산중 나라가 돼서 공기 좋네
- 아흠?
- 신문 들어가오

대통령 겸 배달부가 신문을 분전*

- 아! 대통령 각하께서 신문을 손수 가져오십니까? 황송합니다
- 아니오, 우리나라 정사는 할 일이 별로 없고 내가 배달부 노릇도 하지요

* 분전(分傳): 물건, 서류, 편지 따위를 여러 곳에 나누어 전함

깜짝 놀라 넘어져

- 네-!!?
- 놀라지 마시오. 나라 월급을 먹고 그도 아니하겠소?

정부 대관*도 근육 노동

- 여보게, 이 나라에서는 대통령이 배달부 노릇까지 한다네
- 자네가 항공국장이 되면 똥통도 쳐 가야 하네

* 대관(大官): 높은 벼슬

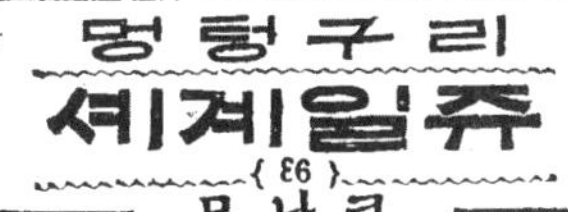

1926.5.11

멍텅구리 세계일주 86

모나코

노름꾼의 나라로 유명한 모나코

- 지금은 안도라국보다 조금 큰 나라로 가세
- 모나코 말인가? 그곳에서 노름이나 좀 해보세

돈을 따겠다고 덤벼들었다가

- 어디 돈이나 좀 따서 옥매 금강석 반지나 사 보내야지
- 이 사람 껍질 벗으리. 나는 여기서 기다림세

톡톡 털리고 껍질 벗은 멍텅

- 톡톡 털리다 못해 껍질까지 벗겼네
- 에익! 그렇다니까. 여관비도 없으니 어서 이태리로 가세

속옷 바람으로 이태리국에

- 딴은 창피하이. 이곳에 점잖은 사람은 유할* 곳이 못 되네. 노름을 정부에서 시키네그려
- 그런 줄을 인저 알았나?

* 유(留)하다: 머물러 묵다

1926.5.12

멍텅구리 세계일주 87

노름꾼의 설움

의복을 빼앗기고 추워서

- 여보게, 저기 촌락이 보이네그려. 좀 내려서 옷이나 한 벌 얻어 입어야지 얼어 죽겠네
- 구라파* 거지가 되었나?

* 구라파(歐羅巴): '유럽'의 음역어

이태리 촌락에 내려

- 비행기 위에서 바람이 몹시 불어 옷이 벗겨져 떠나갔으니 옷 한 벌만 주시오
- 하하 여보, 의복이 벗겨지려면 사람은 떠나가지 않겠소? 참 멍텅구리 소리구려

헌 옷 한 벌을 구걸

- 내 이름이 멍텅이오
- 하여간 추울 터이니 영감의 삼* 양복이나 줍시다
- 아무려나

* 삼: 거칠고 긴 마섬유가 채취되는 식물을 통틀어 이르는 말. 대마, 아마, 저마, 마닐라삼 따위가 있다

곤경에 빠질수록 옥매 생각

- 어디든지 부인네가 동정을 많이 해…! 그렇기 때문에 내가 옥매를 못 잊지…

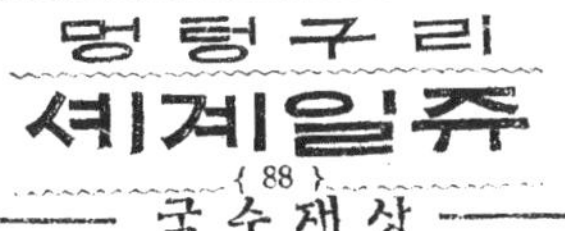

1926.5.13

멍텅구리 세계일주 88

국수 재상

이태리 재상 무솔리니 씨가 비행기로 영접

- 멀리 오시기에 오죽 고생이 되셨겠소? 나는 이태리 무솔리니오
- ??

국수당*의 수령이라니까 온면이냐 냉면이냐고

- 조선 양반은 처음 뵈옵니다. 귀국 지도만 보아도 이태리와 같은 감이 많아 매우 반갑게 뵈입니다
- 각하는 국수 재상이라니 냉면인가요? 온면인가요?

* 국수당(國粹黨): 무솔리니의 '국가 파시스트당(Partito Nazionale Fascista)'의 번역어

국수를 좋아하니까 국수당이라고

- 그것은 귀국 말로 번역한 소립니다. 냉면이고 온면이고 귀국에도 국수당이 생겨야겠소
- 나도 국수는 꽤 좋아하지요
- 해해

걸인이 많은 이태리에서 도망

- 한 푼 주
- 한 푼 주
- 비렁뱅이가 너무 많으니 어서 다른 나라로 가세

베니토 무솔리니(Benito Mussolini)

출처: 위키피디아

베니토 무솔리니(Benito Mussolini, 1883-1945)는 이탈리아의 정치가이자 파시스트 독재자로, 1922년 총리직을 맡아 제2차 세계대전까지 20여 년간 이탈리아를 이끌었다. 젊은 시절 사회주의 활동에 참여했으나, 제1차 세계대전을 겪은 후 파시즘으로 전향한다.

1922년 무솔리니와 국가 파시스트당은 '로마 진군'으로 불리는 쿠데타를 통해 권력을 잡는다. 그는 독재 정권을 수립하고 철저한 통제와 선전으로 이탈리아를 통치했다. 무솔리니의 통치 기간 이탈리아는 강력한 군사력과 제국주의적 확장을 추구했다. 그는 최고 통치자를 뜻하는 '두체(Duce)'라는 칭호를 사용해 스스로를 신격화하고 독재자로서 권위를 공고히 했다.

추축국의 일원으로 제2차 세계대전을 일으켰고 1943년 연합국에 패배한 뒤 실각했다. 이후 도주해 이탈리아 북부 도시 밀라노에 괴뢰정부를 세우고 독일의 지원으로 잠시 권력을 되찾았으나 1945년 저항군에게 체포돼 총살되었다.

1926.5.14

멍텅구리 세계일주 89

파리 미인

경치 좋은 서서*의 '알프스' 산을 넘어

- 서서국은 경치 좋기로 세계의 유명한 곳이오. 시계를 발명한 나라이니 우리 내려서 구경도 할 겸 시계나 한 개 살까?
- 경치 아무리 좋다 해도 우리나라 금강산만 하겠나? 어서 불란서 서울로 가세

* 서서(瑞西): '스위스'의 음역어

화려한 불란서 '파리'에 도착

- 예가 파리란 말이지?
- 그래

파리 미인 떼에 싸인 멍텅

- 멍텅 씨
- 멍텅 씨
- 히히히히

다른 곳으로 아니 가고 살겠다고

- 여보게, 바람. 나는 여기서 살겠다. 파리 미인의 선성*은 많이 들었지만 와서 보니 괜찮으이

* 선성(先聲): 전부터 알려져 있는 명성

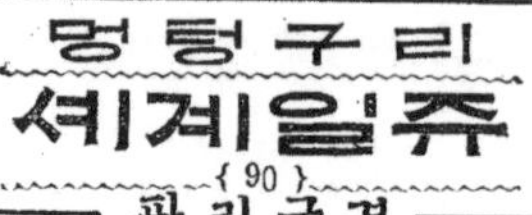

1926.5.16

멍텅구리 세계일주 90

파리 구경

나파륜* 무덤에서

- 아이고 아이구… 나파륜이 죽지 않은 사람들 묻힌 곳에 묻혔다니까, 아직도 살아 있는 줄 알았더니… 으흐흐 어이구 어이구
- 이 사람, 명예가 죽지 아니했단 말이야

* 나파륜(拿破崙): '나폴레옹'의 음역어

남의 친환*에 단지하는** 격

- 옛날 사람을 생각하면 눈물이 저절로 나네, 흑흑…
- 남의 초상에 단지하겠네!

* 친환(親患): 부모의 병환

** 단지(斷指)하다: 예전에 가족의 병이 위중할 때에 그 병을 낫게 하기 위하여 피를 내어 먹이려고 자기 손가락을 자르거나 깨물다

자기 설움으로 운다는 변명

- 과부가 왜 우는지 아나? 죽은 남편을 생각하고 우는 것이 아니라 자기가 남편 없는 여자가 돼서 운다네
- 잔소리 말고 연극장 구경이나 가세

파리 연극장에서

- 어서 가자. 너같은 아이는 이런 것 보면 안 돼. 동양 같으면 사진도 못 팔게 할 터인데, 차마 바라볼 수가 없네

1926.5.17

멍텅구리 세계일주 91

독일

독일로 향하여

- 독일로 가긴 가지만 내 동무가 없어져서… 가이제루* 말일세
- 가이제루가 독일 멍텅이란 말인가?

* 가이제루(カイゼル): 카이저. 독일 황제의 칭호. '빌헬름 2세'(1859~1941: 재위 1888~1918)를 가리키는 경우도 있음

베를린 시가를 한번 돌고

- 예가 베를린일세

포츠담의 공원에

- 싼시스 이궁*일세. 세계 멍텅이는 모두 포츠담의 싼시스 공원에 온다네
- 요놈아, 그래서 나를 이곳으로 끌고 왔니?

* 이궁(離宮): 임금이 나들이 때에 머물던 별궁

라인 강반*에서 옥매 생각

- 어허!! 옥매가 있었더면…!!!

* 강반(江畔): 강가

상수시 궁전(Sanssouci Palace: 싼시스 이궁)

포츠담에 있는 프리드리히왕의 여름 궁전. 정치와 전쟁의 근심을 잊고 걱정 없이 살기 위해 지은 별궁. 드라마 〈눈물의 여왕〉(2024)에 소개돼 관심을 끌었다.

"싼시스 이궁일세. 세계 멍텅이는 모두 포츠담의 싼시스 공원에 온다네." 바람이 포츠담의 명물로 소개한 '싼시스 이궁'은 100여 년 후 〈눈물의 여왕〉(3화. 에필로그)에서 홍해인(김지원)과 '아내 바보' 백현우(김수현)의 대화에서 다음과 같이 소개된다.

"여기가 걱정이 없는 곳이라고?"
"상수시가 프랑스어로 걱정이 없다는 뜻이래."
"네이밍 사기네. 어떻게 걱정이 없는 곳이 있을 수 있어?"
(……)
"행복한 왕자가 살았던 집이 이 궁전이래."

바람이 말한 상수시 궁전에 몰려드는 '세계 멍텅이'는 '걱정 없는 곳에 살고 싶은 사람'을 말한 것일까, '행복한 왕자'처럼 도움을 필요로 하는 사람에게 자신이 가진 모든 것을 아낌없이 주는 사람을 말한 것일까?

1926.5.18

멍텅구리 세계일주 92

파란*

* 파란(波蘭): '폴란드'의 음역어

파란의 난리를 구경

- 파란에 요사이 혁명이 났다*니 구경이나 가세
- 그래 보지

* 파란에 요사이 혁명이 났다: 1926년 5월 유제프 피우수트스키가 주도한 쿠데타

비행기 타고 도망가는 내각원*

- 우리는 파란 내각원으로, 지금 도망가는 길이오
- 어서 잘 가소. 우리는 구경 가오

* 내각원(內閣員): 내각 구성원

총알이 사방으로 탕탕

- 여보게, 총에 맞아 죽겠네. 얼른 올라가든지 내려가든지 하세
- 탕 탕 탕 탕 탕

필경 비행기 날개가 부러져

- 인젠 볼일 다 보았다!!

1926.5.19

멍텅구리 세계일주 93

죽을 뻔

파란 보초병에게 잡혀

- 이놈, 머리가 왜 까맣냐? 그렇게 변형*하면 정탐인 줄 모르나

* 변형(變形): 변장

군법 재판으로 사형 언도

- 너는 적국의 군사 정탐*이니 사형에 처한다

* 정탐(偵探): 드러나지 않은 사정을 몰래 살펴 알아내는 사람. 밀정

포살하려는 순간

- 하나 둘 셋
- ?
- 잠깐 가만 있소

유명한 최멍텅으로 판명

- 이 사람은 세계일주 하는 최멍텅이오
- 아! 그렇습니까? 안 됐습니다*

* 안 됐습니다: 잘못했습니다. 미안합니다

1926.5.20

멍텅구리 세계일주 94

천하절색*

* 천하절색(天下絕色): 세상에 드문 아주 뛰어난 미인

코가 커서 좋은 때 좋지 못한 때가 있어

- 멍텅 씨는 코가 크고 키가 커서 꼭 서양 사람인 줄로 알았소이다
- 그래서 어떤 나라에서는 여자가 꼭 반한 일도 있지요

과붓집 똥넉가래* 내시듯** 번쩍하면 옥매

- 그래도 확실한 증거를 내보이시오
- 네, 우리 옥매와 아들 똘똘이 사진을 보여 드리지오

* 똥넉가래: 똥을 치는 데 쓰는 넉가래처럼 생긴 나무 기구

** 똥넉가래 내시듯: 대단하지도 않은 일을 걸핏하면 들먹여 내세우는 모양

옥매의 사진만 보고

- 하하, 참 천하절색이오
- 딴은 그래요. 세계를 절반이나 다녀도 우리 옥매 같은 미인은 못 보았어요

비행기까지 고쳐주어

- 당번 병정, 얼른 나아가서 멍텅 씨 비행기를 고쳐드려라
- 네…

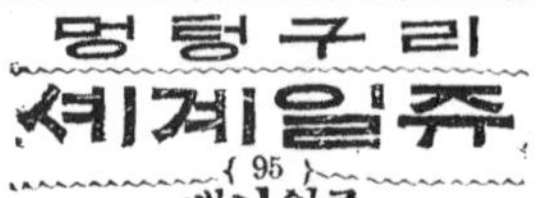

1926.5.21

멍텅구리 세계일주 95

백이의*로

* 백이의(白耳義): '벨기에'의 음역어

비행기 날개를 여전히* 고쳐

- 파란 사람이 퍽 친절하이. 비행기를 고쳐까지 주고
- 당연한 일이지. 남의 비행기 깨치고 그도 안해?

* 여전(如前)히: 전과 같이

큰 걱정이 하나 생겨

- 지금은 백이의로 가네
- 큰일 났네

돈이 없어 금강석을 못 사게 돼

- 또 무슨 일이 큰일인가?
- 그런데 모나코에서 노름을 하다가 껍질을 벗고 돈이 있어야 금강석 반지*를 사지

* 〈가정생활〉 **97**화에서 옥매는 "백이의 나라에 가서 금강석 반지나 하나 사다주"라고 당부했음

바람에게 또 핀잔

- 예끼 미친 사람! 우리가 반지 사러 세계일주를 하나!!! 예가 벌써 백이의 서울일세

1926.5.22

멍텅구리 세계일주 96

만록*총중**

* 만록(萬綠): 여름철의 온갖 숲이 푸른 모양. 또는 여름철의 푸른 숲

** 총중(叢中): 떼를 지은 뭇사람

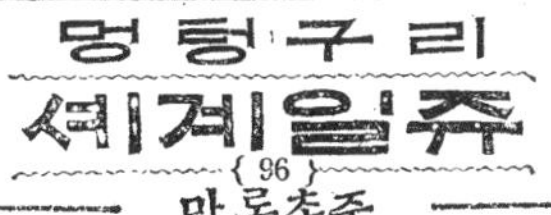

떼로 몰려 환영하는 백이의 색시들이

- 멍텅 씨요? 참 기이한 일이오.
  조선서 여기를 공중으로 왔으니요?
- ?
- ?

기념으로 반지까지

- 기념으로 이 반지나 한 개 드리지요
- 옥매 있는 줄은 모르네

줄뛰기를 하며 아양을 떨며

- 저것들 봐
- 멍텅 씨요, 우리 재주도 당신 비행기 타는 이만 하죠?

똘똘이 생각이 날 만큼 아이를 업고 나서

- 흥, 백이의 여자도 아이를 업네.
  우리 똘똘이가 있으면 저렇게 업어 보겠다

1926.5.23

멍텅구리 세계일주 97

영국으로

영국으로 가는 길에

- 웬 비행기가 이렇게 많으냐?

하늘에 가득한 비행기 틈으로

- 이상스러운 비행기다
- 저건 신식이다
- 어떤 멍텅이가 저런 비행기를 탔나?
- 왕

환영하는 소리를 들으면서

- 멍텅이 만세

풀풀 날아서 런던까지

- 10분만 더 가면 런던이오

1926.5.24

멍텅구리 세계일주 98

훈장

멍텅이와 바람이 영국 황제께 폐현하니

- 멍텅 씨를 기다린 지 오랬소
- 폐하의 천은*으로 외신이 이곳까지 무사히 왔습니다

* 천은(天恩): 임금님의 은덕

황제는 멍텅이와

- 짐이 그 위대한 공로를 생각하여 훈장을 드리겠소
- 황공하옵니다

윤바람에게 훈장을 주었다

- 윤바람 씨도 훈장을 드립니다
- 황공하옵니다

멍텅은 훈장을 받고 집 생각부터

- 히히 여보게, 집에 가지고 가면 옥매와 똘똘이가 좋아하겠나?
- 나는 보일 사람도 없으니까 그런 걱정도 않네

1926.5.25

멍텅구리 세계일주 99

놀위*국

* 놀위(놀위이): 노르웨이

북극을 너머 미국을 가려고

- 여보게, 영국서 미국으로 곧 가면 재미가 없으니 우리도 북극을 너머 미국으로 가세
- 아문센* 나라로 먼저 가세

* 아문센(Roald Amundsen): 599쪽의 '멍텅구리 속 근대사' 참조

놀위 서울 '오슬로'로

- 예가 놀위이 서울인가베

아문센의 애인이 따라나와

- 나는 이상스러운 비행기가 오니까, 우리 애인이 나와 결혼하러 오는 줄 알았습니다
- ?
- 당신 애인이 누구요?

40년을 두고 기다린다는 이야기

- 아문센 씨지요. 40년 전 우리 소학교 시대에 남극 북극을 발견하고 나와 결혼하자는 약속이 있었지요. 그런데 요사이 북극을 발견하셨으니 내가 신부될 날이 며칠 아니 남았어요. 그래서 매일 비행기만 보면 우리 애인이나 오나 하지요
- 흥, 그 신부는 머리가 하얗다

아문센(Roald Amundsen)

출처: 위키피디아

로알드 아문센(Roald Amundsen, 1872-1928)은 노르웨이의 탐험가로, 1911년 인류 역사상 처음으로 남극점에 도달한 것으로 유명하다. 원래는 북극 탐험을 계획했으나, 로버트 스콧과의 경쟁에서 승리하기 위해 남극 탐험으로 계획을 변경했다. 그의 탐험대는 개썰매와 방한복을 비롯한 치밀한 준비 덕분에 성공적으로 남극점에 도달할 수 있었다.

99화 '놀위국' 게재 2주 전인 1926년 5월 11일부터 5월 14일까지 비행선을 타고 북극점의 상공을 통과해 알래스카에 무사히 착륙했다. 이 탐험으로 노르웨이 국왕으로부터 최고 훈장을 수여받았다. 1928년 조난을 당한 이탈리아 탐험가 움베르토 노빌레를 구조하기 위해 수색에 나섰다가 행방불명되었다.

1926.5.26

멍텅구리 세계일주 100

놀위 멍텅

대체 남북극 발견하면 무대는 겐고*

- 당신이 조선 멍텅이오? 우리 멍텅이는 아문센이란 사람이오. 대체 북극이니 남극이니 떠돌고 다녀 발견해야 무엇을 하는 게요?
- 아문센의 나라에도 저런 멍텅이가 있네

* 무대는 겐고: '뭐하는 겐고'인 듯

부족 여론

- 당신 같은 노인은 북극이 어찌 생겼는지 아시지 아녀도 관계 없소이다. 어… 천당으로 가실 준비나 하시오
- 응…

북극 발견할 준비

- 그린란드로 가세
- 가만 있게. 털옷을 장만해야지

두툼이 입고

- 우리가 인제는 에스키모 인종 같으이

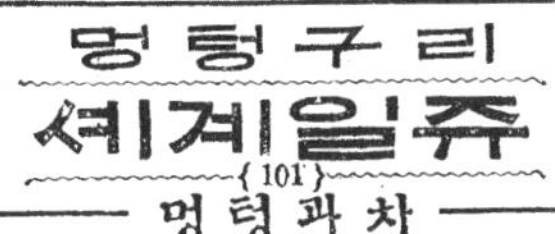

1926.5.27

멍텅구리 세계일주 101

멍텅 과차*

* 과차(過此): 이곳을 지남

아문센이 지나간 북극에 가서

- 애- 저기 기가 꽂혔으니 북극인가 보다. 아문센이 지나갈 때 무서워서 내리지 못하고 기만 꽂았다더라

결사의 태도로 착륙을 하여서

- 하- 좋은 수가 있네
- 무어? 좌우간 죽든지 살든지 내려나 보세

눈을 뭉치어 멍텅을 만들고

- 눈으로 멍텅이 동상이 이만하면 이 세계는 멍텅의 세계일세
- 가만 있게. 한 가지 빠진 것이 있네

써 가로되 멍텅과차

- 자 어떤가
- 됐다 됐다
- (1926 멍텅과차)

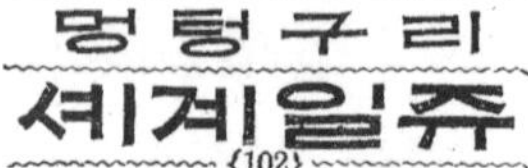

1926.5.29

멍텅구리 세계일주 102

세계 주인

신관*이 좋았던 것을 만족

- 히히 코가 커야 부자가 된다더니, 내가 인저는 부자가 되었네
- 어떻게?

* 신관: '얼굴'의 높임말

지구 임자가 되어 부자가 됐다고

- 요런! 소견 없는 놈! 내가 지구 임자가 되었지
- 지구 임자가 되기로 부자될 것이야 무엇 있나?

그 방법은 각국에 사글세*를 받아

- 너같은 맹추는 천생 고 모양이다. 그런즉 각국에서 내 세상에서 살지 않니? 각국에 사글세만 받아도 얼마냐 돈이?
- 딴은 그런걸

* 사글세(貰): 집이나 방을 다달이 빌려 쓰는 일. 또는 그 돈

'알래스카'로 향한다

- 고만 지껄이고 아문센이나 보러 알래스카로 가세
- 북극 광선*은 볼수록 재미가 있는걸

* 북극 광선: 오로라를 말하는 듯

1926.5.30

멍텅구리 세계일주 103

신문 호외*

* 호외(號外): 특별한 일이 있을 때에 임시로 발행하는 신문이나 잡지

각국 도시에 호외 소리가 쟁쟁

- 호외!! 호외!!!
- 호외
- 호외

제각기 다투어 사본즉

- 호외
- 나도
- 나도

세계 주인이 생겨 각국에 사글세를 받는다고

- 호외
- '놈*' 알래스카 무선전보
- 멍텅의 북극 점령. 멍텅은 북극을 발견하고 곧 세계를 점령한 후 각국에 대하여 사글세를 받겠다고 발표하였다더라

* 놈(Nome): 북아메리카 알래스카주 서부에 있는 항구 도시. 중요한 공군 기지가 있다

각국 대표는 국제연맹에서 난상협의

- 이것은 큰일이 났고 예산 밖에 세금이 또 오를 모양이니 선후책을 의논합시다
- (국제연맹회장)

1926.6.15

멍텅구리 세계일주 104

'멋'과 '졔프'

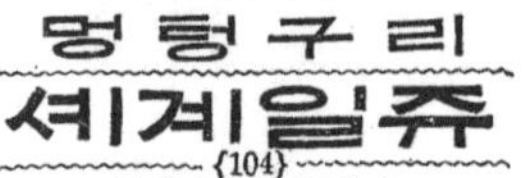

미국 멍텅이와 바람이

- 우리가 북극을 갔던 일이 있는데 요새 신문을 보니까 멍텅이가 발견했다네그려
- 그놈이 원숭이 입내* 내듯 하네

* 입내: 소리나 말로써 내는 흉내

쓰레기통을 선사하려

- 우리 좋은 수가 있네. 저 쓰레기통을 싣고 환영을 가서 선사해 보세
- 하하

종이로 잘 싸가지고

- 종이로 잘 싸야지

조선 멍텅이 환영을 간다

- 놈, 알래스카로

머트와 제프(Mutt and Jeff)

출처: 위키피디아

"미국 멍텅이와 바람이" '머트와 제프(Mutt and Jeff)'는 1907년에 만화가 버드 피셔(Bud Fisher)가 창작해 오랫동안 연재한 미국 신문 만화 시리즈이다. 피셔는 1932년까지 직접 그렸으며, 그 후에는 여러 작가들이 이어받아 연재를 지속했다. 이 만화는 신문 연재 외에도 책, 영화, TV 쇼 등 다양한 매체로 확장되며 시대별로 변화하는 유머를 반영해 사랑받았다.

두 인물의 캐릭터 및 관계성은 실제 멍텅이와 바람이와 유사한 점이 많다. 머트는 키가 크고 멍청한 경마 도박꾼으로, 멍텅이처럼 아내와 아들이 있다. 그는 경마에 대한 관심을 계기로 키가 작고 대머리인 친구 제프를 만나게 된다. 두 인물은 머트의 엉뚱한 돈벌이 계획에 초점을 맞춰 좌충우돌 일상을 이어간다.

이 시리즈의 특징 중 하나는 주인공들이 스포츠 인물, 배우, 정치인 등의 유명인사와 상호작용하는 에피소드를 반복적으로 포함한다는 점이다. 이를 통해 만화는 다양한 사회적 상황과 개그 요소를 접목시키고 독자들에게 즐거움을 제공했다.

1926.6.16

멍텅구리 세계일주 105

쓰레기통

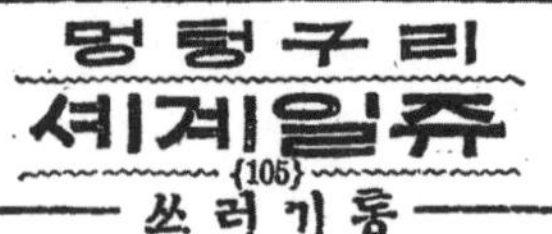

두 나라 멍텅이와 바람의 인사

- 우리도 비행기를 타고 멍텅 씨 환영을 왔소. 나는 멋이오
- 나는 쩨프올시다
- ?
- ?

멀리 가져온 선물

- 먼 길에 수고가 많으시고 또 북극 발견을 하셨다니 매우 갸륵하십니다
- 우리가… 변변치 못한 선사품을 가져왔습니다

잠깐 서로 작별

- 이렇게 염려를 하시니 오히려 감사합니다
- 안녕히들 가시오
- 굿 바이

풀고 보니 선사가 쓰레기통

- 무어! 이 망할 땅개비* 같은 놈이, 쓰레기통을 선사품이라고!!!
- 킬킬

* 땅개비: '방아깨비'의 방언

1926.6.19

멍텅구리 세계일주 106

금강석 핀

쓰레기통을 추어 보니

- 여보게, 그 양반들이 쓰레기통만 가져올 리가 없으니 하여간 쓰레기를 쏟아 보세
- 탐색 일 왜 피우니?*

* 탐색 일 왜 피우니?: '탐색하느라 법석은 왜 피우니?' 같음

금강석 넥타이 핀이 나왔다

- 여보게, 이것 꽂게 금강석*이야
- 뭐! 그렇다면 모르거니와

* 꽂게 금강석: 다이아몬드로 만든 꽂게. 여기서는 다이아몬드 넥타이핀

심술난 구경을 왔던 미국 멍텅이가

- 우리 또 가서 멍텅구리 심술난 것을 보세
- 매나 맞게?

뜻밖에 이것을 보고 배를 앓아

- 또 오셨습니까? 좋은 선사를 주셔서 잘 꽂았으나 가락지더면* 우리 옥매를 줄 것을 그랬소
- 뭐!!!
- 복 좋은 놈, 엎드려져도 코가 아니 깨지네

* 가락지더면: 가락지였더라면

1926.6.20

멍텅구리 세계일주 107

채플린

미국 멍텅이가 조선 멍텅을 청하야

- 이왕 미주에 오셨으니 우리나라 구경이나 하고 가시오
- 해롭지 않소

상항*으로 간다

- 상항으로

* 상항(桑港): '샌프란시스코'의 음역어

뜻밖에 채플린이 환영

- 멀리 오신 말씀을 듣고 환영 나왔습니다. 나는 이름을 말하지 않아도 얼굴만 보고 아시겠지요?
- 네- 당신이 채플린 씨요?

괘씸히 여긴 '멋'은 주먹질

- 요놈이 여기를 다 온다
- 아이크

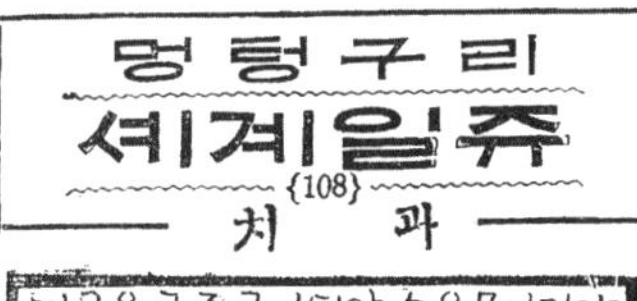

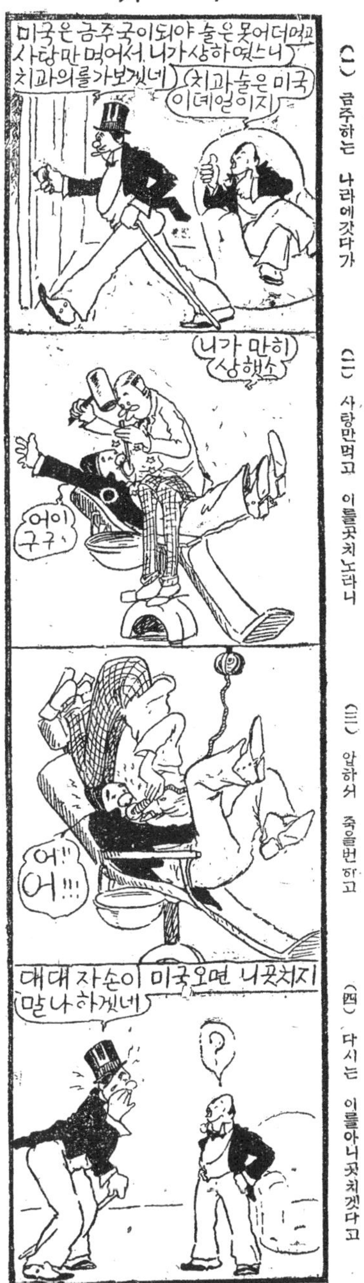

1926.6.21

멍텅구리 세계일주 108

치과

금주하는 나라에 갔다가

- 미국은 금주국*이 되어 술은 못 얻어 먹고 사탕만 먹어서 이가 상하였으니 치과의를 가보겠네
- 치과술은 미국이 제일이지

* 금주국: 금주법(National Prohibition Act) 시행으로 1920년부터 1933년까지 미국 전역에서 술 판매가 금지됨

사탕만 먹고 이를 고치노라니

- 어이구구
- 이가 많이 상했소

아파서 죽을 뻔하고

- 어!!
- 어!!!

다시는 이를 아니 고치겠다고

- 대대 자손이 미국 오면 이 고치지 말라 하겠네
- ?

(一) 찰플린이독신으로 지낼수가업서

(二) 마누라덕을 보랴고

(三) 의긔를뽑내고 가더니

(四) 일이틀녀서 공원 의자에누엇다

1926.6.22

멍텅구리 세계일주 109

결혼할 뻔

채플린이 독신으로 지낼 수가 없어

- 오늘 2시면 내가 걱정이 없네

마누라 덕을 보려고

- 어디를 가시오?
- 네- 내가 오늘 2시에 결혼을 할 터이오

의기를 뽐내고 가더니

- 그런 경사가 계시면 어서 가서 보시오. 신부는 누구요?
- 발바닥을 좀 맞아?*
- 과자회사 감독 되는 미인이라오

* 발바닥을 좀 맞아?: 결혼식 날 신랑의 발바닥을 때리는 우리나라의 '족장 치기' 풍속을 말함

일이 틀려서 공원 의자에 누웠다

- 1시 전에 혼인하러 간다 하지 않으셨소?
- 네- 내 아내 될 사람이 일자리를 떨어졌다오. 내가 어떻게 먹여 살리겠소? 그래서 그만두었소
- ?

멍텅구리
셰계일쥬
{101}
해수욕장

(一) 첩플린은 해수욕장으로안내

(二) 미국풍속에물에 빠진사람을건지면

(三) 누구턴지 혼인을한단말에

(四) 헷물만 켯다

1926.6.23

멍텅구리 세계일주 110

해수욕장

채플린은 해수욕장으로 안내

- 우리 해안에 구경갑시다

미국 풍속에 물에 빠진 사람을 건지면

- 물에 빠진 사람을 건지면 어떤 사람이든지 혼인을 해야 된다지?
- 그렇고말고
- 저 여자들의 말이 물에 빠지면 건져 남편을 삼는다고
- 응!! 내가 물에 빠져야지

누구든지 혼인을 한단 말에

- 어이구

헛물만 켰다

- 헛, 빠졌네. 그 물은 얕아서 죽지 않네
- 히히
- 사람 살리우
- 오늘은 어째 조수*가 들어오지 아니한다

* 조수(潮水): 아침에 밀려들었다가 나가는 바닷물

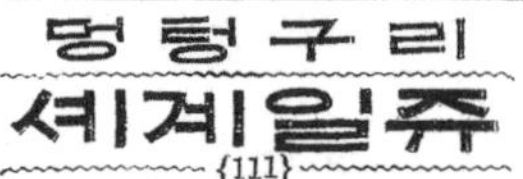

(一) 채풀린과 작별하고

(二) 돌아오는길에 톄뎐부를맛나

(三) 본국에서편지가 왓단말을듯고

(四) 옥매편지라고 대구리를가방속에

1926.6.24

멍텅구리 세계일주 111

옥매 편지

채플린과 작별하고

- 나는 활동사진 박을 시간이 되어 가보겠소
- 굿 바이

돌아오는 길에 체전부*를 만나

- 당신 얼굴을 보니 멍텅 씨 같소. 나도 조선 사람으로 미국 문화가 유치할 때 건너왔소
- 네 그러십니까?
- 일찍 찾아뵙지를 못해서 죄송하오

* 체전부(遞傳夫): '우편집배원'의 전 용어

본국에서 편지가 왔단 말을 듣고

- 참 반갑소. 이곳을 오신다는 소문을 듣고 매일 비행기만 바라보지만 비행기가 하도 많아서 어떤 비행기로 오시는지 몰랐소
- 그래요 미국은 비행기가 많아요?

옥매 편지라고 대가리를 가방 속에

- 혹 벌써 오셨는지 몰라서 지금 찾아 다니는 길이오. 두 분을 만나도 뵈려니와 본국서 편지가 와…
- 뭐, 옥매 편지나 아닌가요?
- 하하

1926.6.25

멍텅구리 세계일주 112

옥매 편지

최멍텅 씨라는 성명을 읽으며

- 최멍텅 씨

옥매 편지라고 피봉*에 키쓰

- 어이구 우리 옥매의 편지로구나

* 피봉(皮封): 봉투의 겉면

떼여 보니 얼토당토 않은 편지

- 여보, 멍텅 씨. 세계일주가 너무 더디어요. 옥매의 마음이 돌아서면 탈이 아닌가요? 나는 옥매 씨와 연애할 생각이 간절하오. 서울 일 부랑자*

* 부랑자(浮浪者): 일정하게 사는 곳과 하는 일 없이 떠돌아다니는 사람. '일(一) 부랑자'는 그런 부랑자 중 한 사람

땅에 내던지고 침 뱉고 짓밟아

- 응?!! 이게 무슨 소리여! 에익, 퉤, 퉤. 나는 꼭 옥매의 편지인 줄만 알았더니, 에잉…

1926.6.26

멍텅구리 세계일주 113

옥매 편지

상항에 있는 한인회관에 가서

- (북미* 한인회관)
- 아! 여기가 한인회관이야

* 북미(北米): 일본은 미국을 표기할 대 '아름다울 미(美)자'를 쓰는 한국과 달리, '쌀 미(米)자'를 씀

모여 있는 동포를 찾아

- 당신들이 한국 사람인가요?
- 네네, 그렇습니다. 당신 누구시오?

본국에서 온 편지와 사진을 보고

- 나는 최멍텅인데요. 혹시 본국서 편지 온 것이 없어요?
- 아! 하하 그렇습니까? 당신이 최멍텅 씨라고요?
- 왜요? 옥매 편지 왔을까 봐요? 여기 사진까지 왔습데다

아이들을 떠밀며 어서 줘요

- 이히히, 어서 줘요
- 으아
- 어이쿠
- 으아
- 엄마

1926.6.27

멍텅구리 세계일주 114

옥매 편지

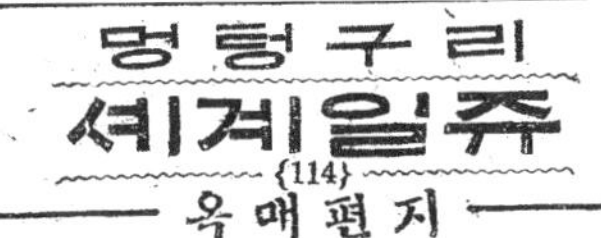

깃옷* 입은 옥매 사진 보고 이히히

- 애- 바람아, 옥매의 깃옷 입은 맵시가 여간이 아닐세, 이히히

* 깃옷: 선녀나 신선이 입는다는 새의 깃으로 만든 옷

나도 좀 보자고 매달리는 계집애

- 나도 봐요
- 아이 참, 퍽 예뻐요
- 나도 좀 봐요

애태우는 편지의 첫 장을 보고

- 보세요. 영감께서 후리쳐 떠나신 지 벌써 얼마이신가요. 고적하던 생각이 슬퍼가고 단단히 먹었던 마음도 병 되어 갑니다. 한숨의 집을 지키고 있는 제가 돌아오시는 영감을 뵈올는지 앞길이 아득할 뿐이에요

다음 장 볼 새도 없이 털썩 주저앉아

- 어이구, 그럼 요것이 탈이 났단 말이냐?
- 오호호, 또 그 다음 장을 보기나 해라

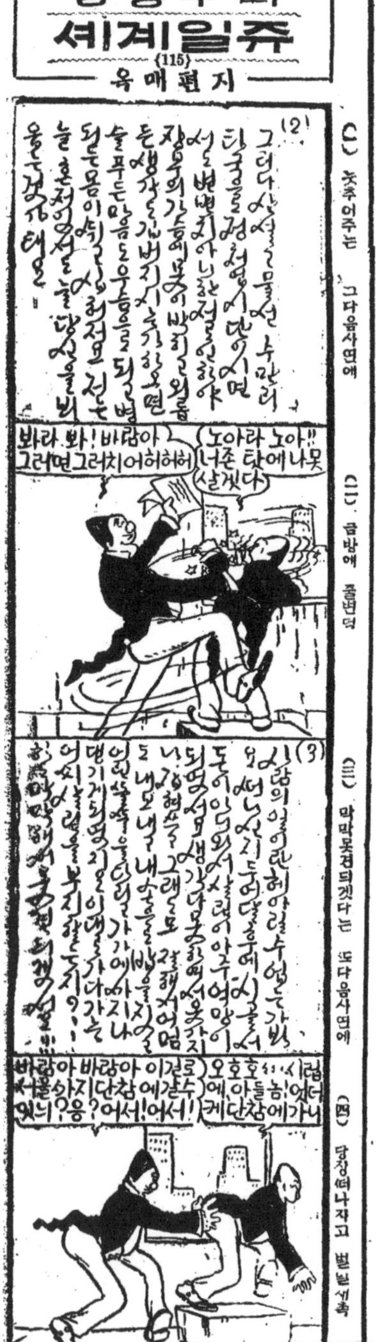

1926.6.28

멍텅구리 세계일주 115

옥매 편지

늦추어 주는 그 다음 사연에

- 그러다가 산 설고 물 선 수만 리 타국을 정처없이 다니시면서도 변변치 아니한 저로 인하여 장부의 가슴에 못이 박이고 외롭던 생각도 깊어지시는가 하오면 슬프던 마음도 웃음으로 되고 병 되던 몸이 뛰고싶어져요. 저는 늘 혼자 있어도 늘 당신을 뵈옵는 것 같아요

금방에 줄변덕

- 봐라 봐! 바람아, 그러면 그렇지 어허허허
- 놓아라 놓아!! 너 좋은 탓에 나 못살겠다

막막 못 견디겠다는 또 다음 사연에

- 사람의 일이란 헤아릴 수 없는가 봐요. 떠나신 지 두어 달 후에 시골서 돈이 아니 와서 살림이 아주 엉망이 되었어요. 생각다 못하여서 옷가지나 잡혀 쓰고 그래도 모자라서 어멈도 내보내고 내 손으로 밥을 짓고 어린 똘똘을 데리고 가가*에까지나 댕기게 되었지요. 이대로 가다가는 어찌 살림을 부지할는지?! 하도 막막해서 못 견디겠어요!!!

* 가가(假家): '가게'의 원말. 작은 규모로 물건을 파는 집

당장 떠나자고 벌일 재촉

- 바람아 바람아, 이걸로 서울까지 단참*에 갈 수 있니? 응? 어서! 어서!
- 오호호호호, 시러베아들놈**! 어떻게 단참에 가니?

* 단참: 중도에 쉬지 않고 곧장 계속함. 단숨

** 시러베아들: 실없는 사람을 낮잡아 이르는 말

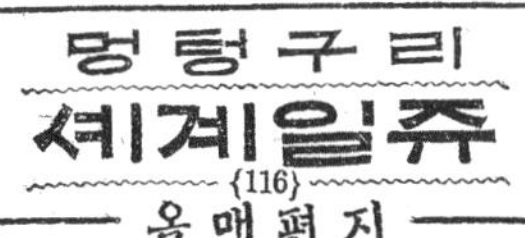

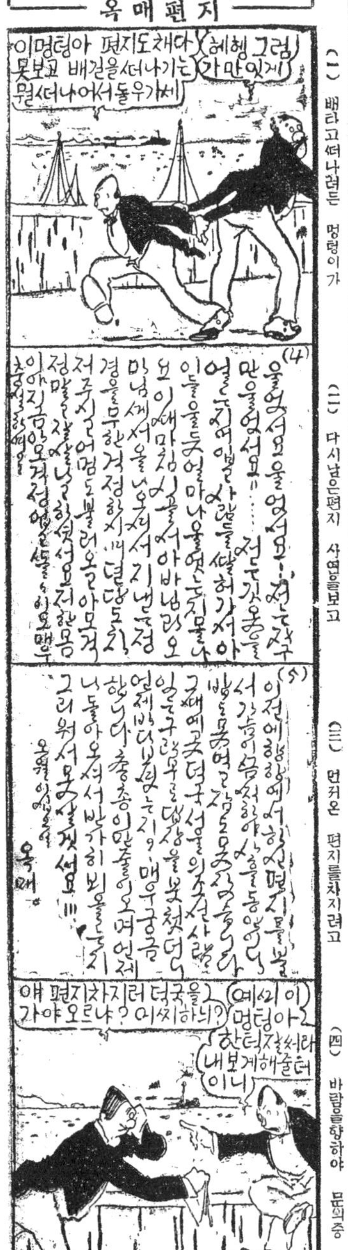

1926.6.29

멍텅구리 세계일주 116

옥매 편지

배 타고 떠나려던 멍텅이가

- 이 멍텅아, 편지도 채 다 못 보고 뱃길을 떠나기는 뭘 떠나. 어서 도로 가세
- 헤헹, 그럼 가만 있게

다시 남은 편지 사연을 보고

- 울었어요. 울었어요! 저는 자꾸만 울었어요!!… 저는 깃옷을 얼른 지어 입고 사람들 따라가서 아이들 울듯 얼마나 울었는지 몰라요. 이때 마침 시골서 아버님과 어머님께서 올라오셔서 지내던 정경을 무한 걱정 하시며 전당도 찾아 주시고 어멈도 불러오고 아무 걱정 말고 잘 살라고 하셨어요. 저 한몸이야 지금 아무 걱정 없고 똘똘이도 매우 충실하여요

먼저 온 편지를 찾으려고

- 이전에 항항에서 하신 편지를 보고서 가슴이 끔직하여 사흘 동안이나 밥도 못 먹고 잠도 못 잤습니다. 그때에 곧 덕국 서울의 조선 사람 있는 구락부*로 답장을 부쳤더니 언제 받아보셨는지? 매우 궁금합니다. 총총 이만 줄이오며 언제나 돌아오셔서 반가히 뵈올는지 그리워서 못 살겠어요!!!
  5월 25일, 옥매

* 구락부(俱樂部): '클럽'의 음차어

바람을 향하여 문의 중

- 얘, 편지 찾으러 덕국을 가야 옳으냐? 어찌 하니?
- 예끼, 이 멍텅아. 한턱 잘 써라. 내 보게 해 줄 터이니

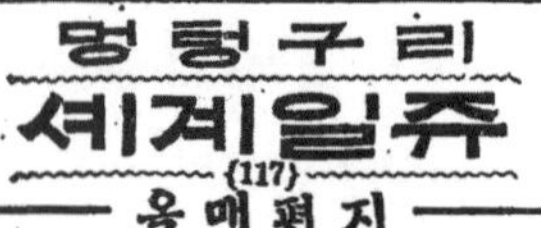

1926.6.30

멍텅구리 세계일주 117

옥매 편지

멍텅에게 추켜들린 바람

- 요놈, 그러면 네가 옥매 편지를 집어 넣었니? 어서 내놓아라
- 아니다, 내 지금 곧 덕국으로 비행을 하겠다. 놓아 다오

앙가피*로 멍텅을 비행기에서 시달리고

- 호호호, 이놈 덕국을 뭘 하러 가니? 내 답답한 판에 120번 재주를 넘을 터이다… 11번… 14번…
- 아서라, 얘! 정신이 핑핑 돈다. 제발 좀 내리자. 내 한턱 쓸 터이니

* 앙가피: 앙갚음

한잔 먹은 끝에 욕하며 달아나가

- 이놈, 이까짓 게 턱이라고? 나는 편지 안 내놓겠다, 호호
- 찌놈
- ?

공원에서 귀부인과 충돌

- 요놈
- 아이크
- 오-으 멀씨*!?

* 멀씨(Merci): 감사합니다. 괜찮습니다

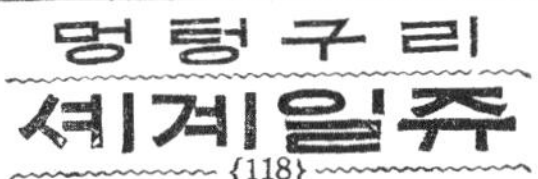

1926.7.2

멍텅구리 세계일주 118

판관*의 후회

* 판관(判官): 과거 아내 지배하의 남성을 놀려 일컫던 말. 공처가(恐妻家)

부인들과 딴쓰를 한 뒤에

- 오라잇, 딴쓰를 썩 잘하시구려
- 딧다라 라라
- 헤헹, 우리 옥매하고 가끔 해봤지요

멍텅은 귀를 끄들리고

- 딴쓰를 더 해요. 자정이 좀 지났는데
- 아야! 왜 남의 귀를 잡아당겨요?

옥매 사진을 구경시키다가

- 히히, 고것 맵시 있다
- 오오, 그게 당신의 부인이에요?

판관 소리를 듣고 후회막급

- 나는 일이 없소, 당신 판관
- 애 참, 귀를 잡아당기는 것은
  연애하잔 말이라지, 여봐요?

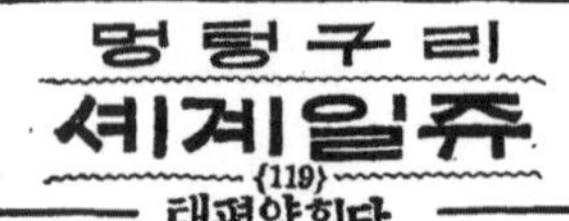

1926.7.3

멍텅구리 세계일주 119

태평양 횡단

뜻밖에 한 장 전보

- 전보! 전보요!
- 엉? 전보라니?
- 무슨 전보인고?

멍텅의 떠나기를 재촉

- 하하
- (멍텅 비행, 세계일주인가, 굼벵이 일주인가? 기다리기 답답. 지급* 출발 여부 즉답. 조선 일 유지)
- 딴은 그래

* 지급(至急): 매우 급함

분김에 사생결단으로

- 예라, 우리 한번 세계에 없는 태평양 횡단(橫斷) 대비행을 하여 보세
- 그래라, 수틀리면 물속에서 둘이 만나자

태평양 횡단 비행을 떠나

- 떠난다
- 굿바이
- 굿바이

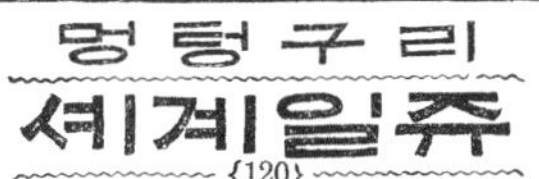

1926.7.4

멍텅구리 세계일주 120

태평양 횡단

쨍쨍한 볕발 미창*으로

- 볕이 쨍쨍 나도 더운 줄은 모르겠네

* 볕발 미창: 햇발이 드는 미닫이 창

뭉게뭉게한 구름 위로

- 아이! 웬 구름이 금방 턱 엉기네그려

와직근 뚝딱 벼락치는 틈으로

- 에끼, 이것 또 잘못 만났구나
- 남양 바다에서 배 타고 고생할 때와 비슷하이

모진 바람에 불려가면서

- 이 바람 보아라
- 하하! 휘발유도 거의 다 되어가는데 또 탈난 일일세

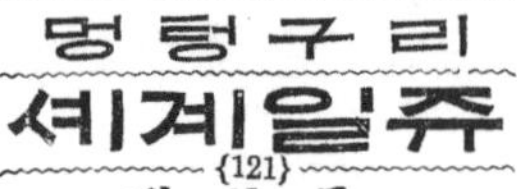

1926.7.5

멍텅구리 세계일주 121

대참극

하늘을 치받는 사나운 물결 속에

- 허허! 배 부린 지 수십 년이라도
  이런 풍랑은 처음 보았네
- 아이구구

난데없이 떠내리는 빙산

- 에구머니, 저 빙산(氷山)이
  웬일이야?
- 으아
- 으아!

산같은 기선도 여지없이 침몰

- 으아
- 으아

때마침 비행기도 바다 속에 떨어져

- 으아, 저 비행기!!
- 아! 봐–라
- 죽을 작정을 해라

1926.7.7

멍텅구리 세계일주 122

대참극

뽀트에 구조되는 바람이

마지막으로 물속에 잠기는 기선

- 으아
- 하나님!

달 아래의 처참한 광경

- 무선 전신으로 신호는 다 되었는데
- 멍텅아! 멍텅아!

멍텅아, 너는 어디로 갔느냐?

- 흐라!
- 흐라.
- 기선이 온다
- 아! 멍텅이는 어디로 갔나, 으흐흐

1926.7.8

멍텅구리 세계일주 123

대참극

갑판 위에서 절망하고 있는 바람

- 멍텅이! 할 수 없구나

구조된 남녀들의 울음과 웃음

- 나는 엊그제 결혼하고 신혼여행 가는 중인데 신랑을 이별했어요
- 영감, 우리 둘 중 하나가 없어졌더면 어쩔 뻔하였어요?

구조되지 못한 바다 위의 멍텅

- 사람 살려, 저런 제기. 저기서만 헤매다가 가나?

뱃장*을 얻어타고 정처없이 밀려

- 아! 운명 속이다. 배가 오고서도 나 혼자 빠지다니!

* 뱃장: 목선(木船)의 안쪽 바닥

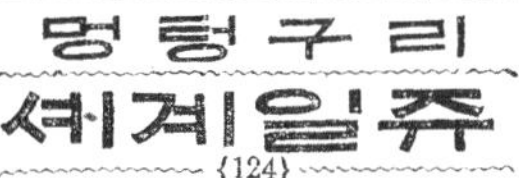

1926.7.9

멍텅구리 세계일주 124

넋두리

한강 일대에 빠져 죽은 영혼을

- 우리 영감이 객지에 오래 계신데요. 복을 비는 셈으로 수해에 빠져 죽은 고혼*들을 지성으로 천도**해줘요
- 네, 염려 맙시오

* 고혼(孤魂): 의지할 곳 없이 떠돌아다니는 외로운 넋

** 천도(薦度): 죽은 사람의 넋이 정토나 천상에 나도록 기원하는 일. 불보살에게 재(齋)를 올리고 독경, 시식(施食) 따위를 한다

만신* 불러 천도하는 옥매

- 얼시구나 절이시구, 지어자자 좋다. 조리시구 닐닐 닐리리 쿵다쿵
- 똘똘이 덥겠네. 그늘에 가만히 데리고 있게

* 만신: '무녀'(巫女)를 높여 이르는 말

뱃머리에 서서 지성으로 빌고

- 그저! 용왕님! 집에 있다 죽은 이, 배타다가 죽은 이, 떠내려가 죽은 이… 모두 시왕전*으로 가십시사

* 시왕전: 저승에서 죽은 사람을 재판한다고 하는 열 명의 왕(王)을 모신 법당

배 속에 앉아서 가지가지 축원

- 길가다 죽은 이 파선해 죽은 이 의지가지 없어 떠돌아 다니는 영혼들은 그저 다 극락세계로 가십소사

멍텅구리
세계일쥬
{125}
옥매의발상

外號

大正十五年七月九日發行

[상항칠일발뎐보] 미국상항을떠나기 오백마일되는바다우에서 승객을잔뜩 실은긔선「타이거」호는밤중에 돌연빙산(氷山)과충돌한결과삽시에침몰되엇는데 승객은대부분이 빠저죽엇고세계일주하는조선의 비행가최멍텅씨도 행방이불명하다더라

별보 조선비행가최멍텅씨는조난중에구조되지못하고빠저죽은줄로판명되엇더라

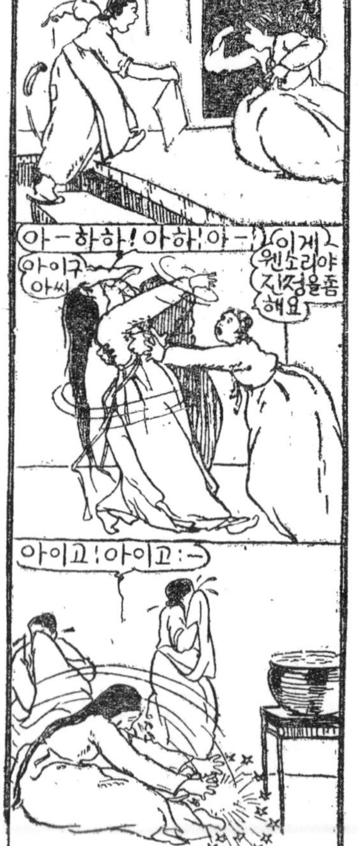

(一) 멍텅의부음을뎐하는 상항뎐보

(二) 의외의소식에 놀래인옥매

(三) 미친듯이 소리치며 날뛰다가

(四) 청수를떠놋코 호텬통곡

1926.7.10

멍텅구리 세계일주 125

옥매의 발상

멍텅의 부음을 전하는 상항 전보

조선일보 호외

대정(大正) 15년* 7월 9일 발행

[상항 7일 발 전보]
미국 상항을 떠나기** 500마일 되는 바다 위에서 승객을 잔뜩 실은 기선 '타이거'호는 밤중에 돌연 빙산과 충돌된 결과 삽시에 침몰되었는데 승객은 대부분이 빠져 죽었고 세계일주하는 조선의 비행가 최멍텅 씨도 행방이 불명하다더라.

별보
조선 비행가 최멍텅 씨는 조난 중에 구조되지 못하고 빠져 죽은 줄로 판명되었더라

* 대정(大正) 15년: 1926년

** 떠나기: '떠나다'의 명사형. '떠나서'의 뜻

의외의 소식에 놀란 옥매

- 아씨! 저! 저! 저기 영감 타신 배가 파! 파선을 해서… 아이구 어떡해요!
- 뭣이야?

미친듯이 소리 치며 날뛰다가

- 아-하하! 아하! 아-!
- 아이구 아씨
- 이게 웬소리야? 진정을 좀 해요

청수*를 떠놓고 호천통곡**

- 아이고! 아이고!-

* 청수(淸水): 맑고 깨끗한 물

** 호천통곡(呼天痛哭): 하늘을 우러러 부르짖으며 목 놓아 욺

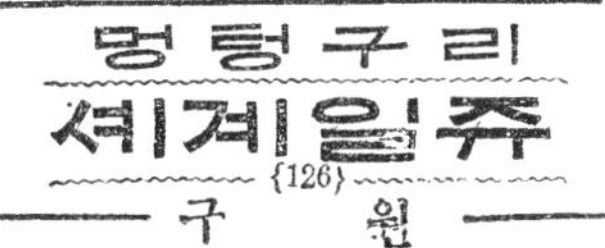

1926.7.12

멍텅구리 세계일주 126

구원

파나마 운하로 가는 미국 군함이

- 파나마 운하에 내일이면 닿겠지?
- 지금도 얼마가 남았다고… 낼 모레나 닿네

물 위에 떠다니는 멍텅의 꼴을 보고

- 저기 물결 위에 뜬 것이 파선 당한 사람이 아닌가? 엉!? 자세 좀 봐!
- 네, 분명합니다. 구조해야지요

구조하여 응급 주사를 한 후

- 아이구 이게 아마 '타이거' 호의 승객이었던 모양인데. 기절한 지 반 시간은 넘었나 봐요
- 걱정 없어, 주사를 놓아라

깨어난 후에 물어보니 대답은 다만 '코레아'

- 당신이 누구요?
- 코레아! 코레아!
- 엉? 코레아?

1926.7.13

멍텅구리 세계일주 127

슬픔의 집

늙은 멍텅 부부를 보고 울던 옥매

- 그래, 상항이라는 데가 어디란 말이냐? 기선도 파선하는 법이 있니? 어이구
- 에구머니, 저는 몰라요
- 아이구…

우는 시모를 도리어 위로

- 미국을 가자면 물고개*가 있다더니 그래 객사를 했어, 에구구
- 어머니, 좀 진정하세요

* 물고개: 커다란 물결

우는 시모가 또 옥매를 위로

- 아이구, 똘똘아!
- 얘, 너무 그러지 말아라. 그러면 쓸 데 있니? 아가 똘똘아!

하와이로 간다는 옥매를 붙잡는 늙은 멍텅

- 저는 '하와이'로 가서 시체나 찾아 봐요
- 아! 네가 거기를 어찌 간단 말이냐?

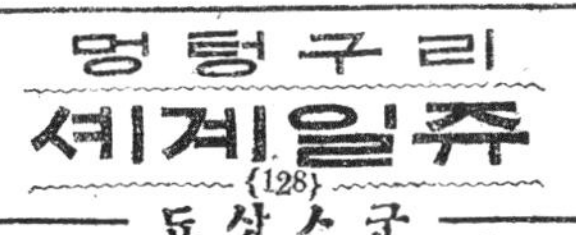

1926.7.14

멍텅구리 세계일주 128

조상*꾼

* 조상(弔喪): 남의 죽음에 대하여 슬퍼하는 뜻을 드러내어 상주(喪主)를 위문함

젯밥에만 마음이 있는 어중이떠중이

- 멍텅 씨가 죽다니 온 세상이 쓸쓸하게 되었네. 어이- 어이
- 어이 어이. 이 사람, 조상은 않고 곁눈질만 하네그려. 어어이
- ?

기생들의 노고지리* 울음

- 아이가! 아이가! 옥매 언니가 팔자 좋기로 유명하더니. 아이가! 아이가! 그새 혼자 되더니! 아이가, 아이가~
- ?
- ?
- ?
- ?
- 흑흑흑흑

* 노고지리: '종다리'의 옛말

양복 맛에 사는 듯한 구경꾼

- 애, 저봐라. 기생들이 막 몰려온다. 좋구나
- 히히 좋다
- ?

사절당하고 뒤통수 치는 작자

- 황송하오나 오시는 손님을 사절하옵니다. 옥매
- 어허! 낭패로군! 글씨도 외양같이 똑따게* 썼구나

* 똑따다: 꼭 맞아떨어지게 알맞다. 예쁘다

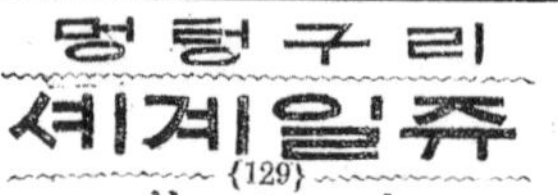

1926.7.15

멍텅구리 세계일주 129

흰소리*

* 흰소리: 터무니없이 자랑으로 떠벌리거나 거드럭거리며 허풍을 떠는 말

비행가라고 흰소리 한 까닭에

- 나, 코레아, 최멍텅, 엉? 비행기, 이렇게, 이렇게 했어
- 아! 당신이 조선 비행가이지요? 어디 오늘 비행 좀 해 보오

할 수 없이 서투른 비행

- 오늘 바람도 잔잔하니… 예라, 죽거나 살거나 어이구
- 흐라 흐라 코레아

옆구리 아픈 탈*을 하고

- 비행기에서 떨어진 뒤로 옆구리가 아파서 비행을 못하겠소… 아이구구
- 하하! 그러면 병원에서 치료를 하시오
- 히히

* 탈(頉): 몸에 생긴 병

치료를 위하여 병원으로

- 아-웅!
- ??

1926.7.16

멍텅구리 세계일주 130

단발미인

초혼제* 차리는 옥매 집에

- 노들**에 나가서 초혼제를 지낼 터인데 좀 깨끗하게 차리게

* 초혼제(招魂祭): 전사하거나 순직한 사람의 혼령을 위로하는 제사

** 노들: 서울 한강 남쪽 동네의 옛 이름. 예전의 과천 땅으로, 지금의 노량진동이다

들어밀리는 편지

- 편지요… 편지 받우… 편지 받아요
- 무슨 편지가 하루 열두 번씩 오노?
- 웬 편지가 그리 오노?!

같이 살림하자는 부랑자의 청구

- 최멍텅이 망인 옥매 씨에게, 여보시오, 옥매 씨. 인생이 꿈결 같은데 독수공방한들 하릴없겠지요*? 우리 새로 사랑을 이뤄 쓸쓸한 세상을 따뜻하게 지냅시다
- 아이그! 망측스러워. 세상도, 온**!!!

* 하릴없다: 달리 어떻게 할 도리가 없다

** 온: '원'의 방언. 뜻밖의 일을 당하여 놀라거나 기분이 언짢을 때 내는 말

야속하다고 삼단 같은 머리채를 잘라

- 아! 내 이런 야속한 세상에서… 차리리 단발미인의 조롱을 듣지…
- 에구구! 아씨. 저게 웬일이에요

멍텅구리 세계일쥬 (132) 단발미인

1926.7.18

멍텅구리 세계일주: 단발미인 132

- 7월 16일 130회 '단발미인' 이후 7월 18일 132회 '단발미인' 7월 19일 132회 '초혼제'로 131회를 건너뛰고 132회 중복. 편집 오류

- 엇그제 문안 편지를 쓰던 붓으로

유(維)[1] 병인(丙寅)[2] 6월 8일에 미망인 옥매는 삼가 주과(酒果)를 베풀어

최부군(夫君)[3]의 영(靈) 앞에 드리나이다. 님께서 금강의 상류에 계시고 내 모란봉의 그늘에 자라나서 성기(盛氣)[4]가 일찍 통하지 못하고 신세가 서로 외로웠나이다. 내 어려서 부모를 여의고 고단한 몸이 청루(青樓)[5]에 잠기게 되어 굴러 한양에 들어온 지 10년에 골고루 뜬세상의 풍상을 겪고 짓밟힌 몸과 변해 버린 마음이 아름다운 청춘으로 문뜩 개천에 떨어진 꽃을 지었으니 이때에 있어 캄캄한 앞길이 다시 인생의 광명을 바랄 수 없었나이다.

님께서 또한 어머니를 이별하시고 쓸쓸한 마음이 저절로 방탕한 데 빠지사 한양에 노신 지 두어 해에 애꿎은 조롱과 업신여김을 받으시니 님께서 나를 사랑하심이 한결같았으되 나는 실로 님을 저버리려 하였나이다. 뒤에 내가 님에게 감동한 바 있어서 인(因)하여 백년의 가약을 맺사오니 웅성(雄性)[6] 굳고 너그러우신 님의 천품은 비로소 남의 장부 노릇하시기에 합당하신 줄 깨달았나이다. 기꺼운 마음으로 깊이 의탁하여 뫼옵고 일생을 함께할 결심을 하오매 캄캄하던 인생이 밝아지고 슬프던 세상도 즐거워서 새로이 사람 노릇 할 결심이 그때부터 굳었었나이다.

슬하에 혈육이 생기고 정의(情義)[7]가 더욱 도타워서 두 사람의 생애가 갈수록 미더웠을 적에 님께서 돌연히 세계일주의 길을 떠나시려 하니 장부(丈夫)의 하시는 대사(大事)[8]에 내 간섭할 길 없는지라, 구름 위에 떠나시는 님을 작별하옵고 홀로 공규(空閨)[9]를 지킨 지 반년에 주소(晝宵)[10]로 사모하는 마음이 일찍 님의 신상을 떠나지 않았나이다.

수륙 10만 리 멀고 먼 길이 무심치 않으사 고이 다녀 반가이 돌아오실 줄 믿었삽더니, 불행히 오늘날에 흉보(凶報)[11]를 만리의 밖으로 받아서 나로 하여금 간장이 다 슬어지게 하시니, 슬프다, 참인가 거짓인가 나는 진정할 길 없나이다. 살아서 만리의 나그네가 되고 죽어서 또 만리의 외로운 혼을 지으시니 밀리고 밀리는 태평양의 물결에 외로운 혼이 뉘에게 의탁하오리까. 슬프다, 가신 님이 다시 오지 않고, 끊긴 인연을 고쳐 살릴 수 없으니, 한 번 뵘이 기약이 없고, 백 몸을 바쳐도 바꿀 수 없도다.

아아, 슬프다. 죽고 삶이 비록 다르나 정리(情理)[12]에 변할 줄이 없도다. 평생에 즐기시던 대로 귤병(橘餠)[13]과 설고(雪餻)[14]를 만들고 손으로 한 잔을 올리오니 님의 영혼이 고국에 오셨으면 아무쪼록 어여삐 받아주소서. 전에는 항상 대면(對面)하여 잔을 잡았더니 이제 만리를 격(隔)하여 고혼(孤魂)을 제사하니, 슬프다, 이 무슨 비극이리오? 하루의 이별에도 방안에서 시름하고 며칠만 못 뵈오면 세상이 다 적막하였더니 이제 영결(永訣)을 당하오니 애통함이 그지없나이다.

이 몸을 한강물에 던져서 님 가신 뒤를 좇고 세상의 근심을 잊음이 나에게 마땅하지마는 님께서 끼치신 혈육이 있사오니 내 어찌 고생을 사양하리오. 차라리 머리를 자르고 단장을 폐하고[15] 거울을 깨치고 패물을 팔아서 남은 생애를 보내겠나이다. 아아 백년이 얼마런고. 내 저 생애 가서나 님을 찾겠나이다.

---

1 유(維): 제문(祭文)의 첫머리에 관용적으로 쓰는 말. 유세차(維歲次)

2 병인(丙寅): 병인년. 1926년

3 부군(夫君): 남편

4 성기(盛氣): 기운이 번쩍 오름. 또는 한창 번성하는 기운

5 청루(靑樓): 창기(娼妓)나 창녀들이 있는 집

6 웅성(雄性): 수컷의 성질

7 정의(情意): 따뜻한 마음과 참된 의사를 통틀어 이르는 말

8 대사(大事): 다루는 데 힘이 많이 들고 범위가 넓은 일. 또는 중대한 일

9 공규(空閨): 오랫동안 남편이 없이 아내 혼자서 사는 방

10 주소(晝宵): 낮과 밤을 아울러 이르는 말

11 흉보(凶報): 사람이 죽었다는 통보

12 정리(情理): 인정과 도리를 아울러 이르는 말

13 귤병(橘餠): 설탕이나 꿀에 졸인 귤

14 설고(雪餻): 밀가루에 설탕, 달걀, 물엿 따위를 넣고 반죽하여 오븐에 구운 빵

15 단장을 폐하고: 화장과 꾸밈을 그만두고

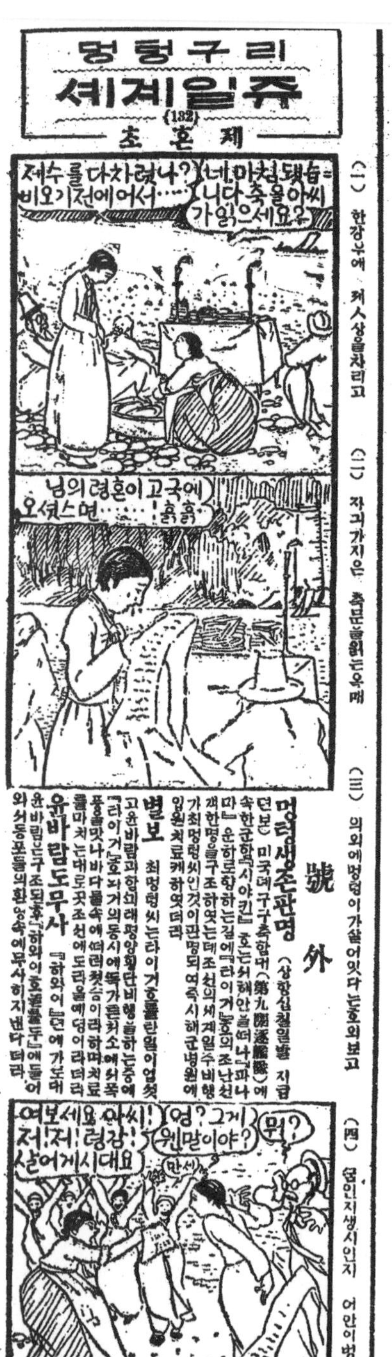

1926.7.19

멍텅구리 세계일주 132

초혼제

한강 위에 젯상을 차리고

- 제수를 다 차렸나? 비 오기 전에 어서…
- 네, 마침 됐습니다. 축*을 아씨가 읽으세요?

* 축(祝): 제사 때 읽어 신명(神明)께 고하는 글

자기가 지은 축문을 읽는 옥매

- 님의 영혼이 고국에 오셨으면…! 흑흑

의외에 멍텅이가 살아있다는 호외 보고

호외

멍텅 생존 판명(상항 17일 발 지급 전보)

미국 제9 구축함대에 속한 군함 '시야킨'호는 서해안을 떠나 '파나마' 운하로 향하는 길에 '타이거'호의 조난 선객 한 명을 구조하였는데, 조선의 세계일주 비행가 최멍텅 씨인 것이 판명되어 즉시 해군 병원에 입원 치료케 하였더라.

별보

최멍텅 씨는 타이거호를 탄 일이 없었고, 윤바람과 함께 태평양 횡단 비행을 하는 중에 '타이거'호와 거의 동시에 똑같은 처소에 폭풍을 만나 바닷물 속에 떨어졌음이라 하며, 치료를 마치는 대로 곧 조선에 돌아올 예정이라더라.

윤바람도 무사

'하와이' 전(傳)에 가로되 윤바람은 구조된 후 '하와이 호놀룰루'에 들어와서 동포들의 환영 속에 무사히 지낸다더라.

꿈인지 생시인지 어안이 벙벙

- 여보세요, 아씨! 저! 저! 영감! 살아계시대요
- 엉? 그게 웬말이야?
- 만세
- 뭐?

1926.7.20

멍텅구리 세계일주 133

대웅변

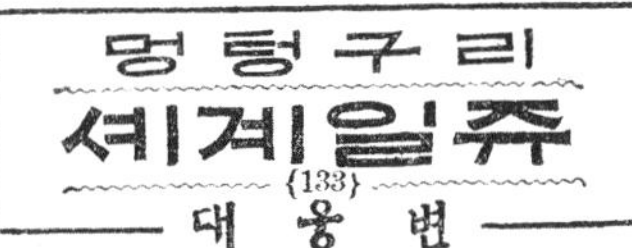

미국 장관들의 환영회에

- 아무쪼록 일로 평안하게 돌아가시기를 비옵니다
- 헹, 나는 뭐라고 말할꼬?
- 생각나는 대로 하슈

멍텅식의 어림없는 연설

- 에, 내가 조선 있을 적에 우리 옥매하고 퍽 재미있게 지냈지요
- 에, 내가 조선에 있어서 자유의 나라 미국을 한번 방문하려고 퍽 별렀었습니다

통역의 덕분에 웅변가 노릇

- 내가 만일 돌아가서 이런 이야기를 하면 우리 옥매가 퍽 고맙게 생각하겠소
- 내가 만일 돌아가서 자세한 보고를 하면 조선 동포들이 미국민과 명예있는 미국 해군에게 깊은 감사를 표할 줄 압니다

뭣도 모르고 의기양양

- 아이구, 비행가로서 당신 같은 웅변가는 처음 봤소
- 헤헹, 서양 사람은 마누라 이야기만 하면 웅변가라고 하는가 보이

1926.7.21

멍텅구리 세계일주 134

하와이

바람과 다시 만난 멍텅이

- 이 멍텅구리야, 너하구 나하구 또 만나보는구나
- 엉? 어이구 요 바람!

옥매의 눈물 겨운 전보를 보고

- 이 전보 좀 보게
- 엉? 무슨 전보여?
- (근조 멍텅 상사(喪事) 서울 김)
- (가군* 영별 생불여사** 옥매)

* 가군(家君): 남에게 자기 남편을 이르는 말

** 생불여사(生不如死): 살아 있음이 차라리 죽는 것만 못하다는 뜻으로, 몹시 어려운 형편에 있음을 이르는 말

옥매가 죽었을까 대낭패

- 어이구, 그럼 우리 옥매가 살았나? 죽었나?
- 해해
- 히히
- 그렇기도 할게여!

24시간 기다리는 것이 큰 걱정

- 아! 이 배가 24시간을 예서 지체해요? 어이구
- 그러지 말고 하와이 구경이나 천천히 하시고요

1926.7.24

멍텅구리 세계일주 135

하와이

인종 박람회 같은 각국 사람

- 어허, 인종 박람회가 열렸나, 저게 다 웬 사람들인고?
- 여기 40여 나라 사람이 모여 산답니다

조선 사람의 학교와 유치원

- (유치원)
- 아하, 참 오랜만인데. 우리 똘똘이도 어서 자라면 유치원에를 보내야지
- 예서는 이것도 큰 사업이지요

조선사람 회관과 신문사

- (국민보*사)
- 배 시간이 바빠서 그만 갑니다
- !

* 국민보(國民報): 1907년에 창간되었던 재미교민 단체 주간신문

떠나는 동포를 전별*하는 애정

- 히히, 감사합니다
- 참 섭섭합니다
- 옥매 부인께도 내 문안해주세요

* 전별(餞別): 잔치를 베풀어 작별한다는 뜻으로, 보내는 쪽에서 예를 차려 작별함을 이르는 말

1926.7.25

멍텅구리 세계일주 136

춥고 아파

인력거를 바삐 모는 옥매

- 어서 가요… 어서 빨리…
- 네 네

잔돈이 없다고 삯전으로 5원

- 옛소. 잔돈이 없으니 어서 가지고 가오
- 아이구, 고맙습니다. 고맙습니다
- (5원)

참말이냐고 뛰어다니다가

- 그래, 참말이에요?
- 저런 좋은 일이 또 어디 있어요?
- 세상에 원!
- 글쎄, 아이그 참

춥고 아프다고 살평상* 위에

- 아이그, 오슬오슬 춥고 몸이 아파요
- 아이그, 맥이 풀어져 그렇지요

* 살평상: 바닥에 좁은 나무오리나 대오리의 살을 일정하게 사이를 두고 박아 만든 평상

1926.7.26

멍텅구리 세계일주 137

유언의 약속

기쁨 끝에 슬퍼진 옥매에게

- 아이그, 내가 악에 바쳐서 세상에 다 야속하더니
- 아씨가 회심*이 되시는 게지

* 회심(回心): 마음을 돌이켜 먹음

기쁨을 또 말하는 시부모

- 오-으, 그래 얼마나 좋으냐? 내 집안 운수가 아직 괜찮다
- 세상의 희한한 일도 있지

머리 자른 것이 안타까워라고

- 모두 사람 나름이지… 괜히 머리만 잘랐구나!… 가엾어라
- 헤에 헤에, 내 집 운수가 좋아서 네가 내 며느리가 되었구나

죽을 때에 유언할 것까지 약속

- 제가 최씨댁 선영* 아래에 묻힐 결심을 했습니다
- 오-으 ,그렇지 그렇지. 그렇다뿐이냐. 내 유언하고 죽으마

* 선영(先塋): 조상의 무덤

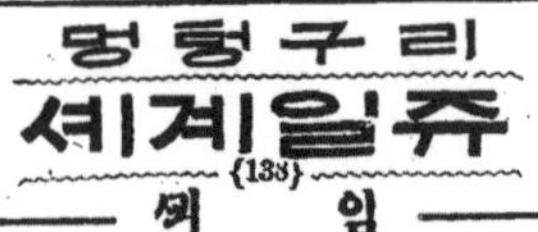

1926.7.27

멍텅구리 세계일주 138

꾀임

노(老)멍텅이 양장한 단발 미인을 보고

- 여보, 머리 자르면 모자 써야 하는 법이오?
- 아이그, 참! 히히

그 길로 백화상점에 들어가서

- 여보, 머리 깎은 여자 쓰는 모자하고 양복하고 내노. 돈은 많이 줄 터이니
- 네, 머리 안 깎은 이 쓰는 것도 있습니다
- 히히, 늙은 멍텅인가?

부인 양복과 모자를 사가지고

- 별 세상도 다 있다. 여편네가 갓을 써야 하고
- 지금은 그게 개명*한 표랍니다

* 개명(開明): 지혜가 계발되고 문화가 발달하여 새로운 사상, 문물 따위를 가지게 됨

옥매에게 주면서 빙글빙글

- 얘! 이것 봐라. 머리 자른 사람은 이런 것을 써야 한다더라
- 하! 참. 그건 왜 사오셨세요?

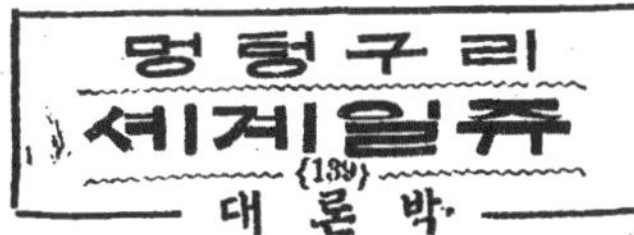

1926.7.28

멍텅구리 세계일주 139

대논박*

* 논박(論駁): 어떤 주장이나 의견에 대하여 그 잘못된 점을 조리 있게 공격하여 말함

처음으로 양장한 옥매

- 아하, 우스워라. 아주 딴 맵시가 나네
- 아주 꼭 어울립니다

탑골공원으로 라디오를 들으러 가서

- 탑골공원 와 본 지도 퍽 오랬네
- 백구야 펄쩍 날지…

단발미인이라고 놀리는 자들에게

- 저저 옥맬세. 참 깎더니 더 미인인데
- 여보, 단발미인, 단발미인. 히히

쌀쌀한 성질대로 대논박

- 왜요! 나 좋아 단발하였는데 무슨 참견들이에요!?

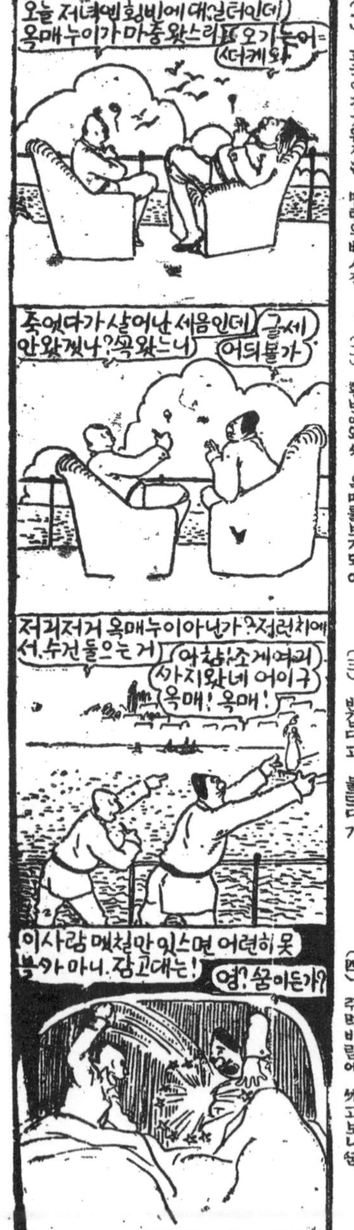

1926.7.29

멍텅구리 세계일주 140

꿈이던가

고국이 가까워지는 멍텅의 뱃길

- 오늘 저녁엔 횡빈*에 대일 터인데 옥매 누이가 마중 왔으리
- 오기는 어떻게 와

* 횡빈(橫濱): 요코하마

횡빈에 와서 옥매를 보게 되어

- 죽었다가 살아난 셈인데, 안 왔겠나? 꼭 왔느니
- 글쎄, 어디 볼까

반갑다고 부르다가

- 저기 저거, 옥매 누이 아닌가? 저런 치에서 수건 돌리는 거
- 아 참! 저게, 여기까지 왔네. 어이구, 옥매! 옥매!

주먹 바람에 깨고 보니 잠

- 이 사람, 며칠만 있으면 어련히 못 볼까마니, 잠꼬대는!
- 엉? 꿈이던가?

1926.7.30

멍텅구리 세계일주 141

핀잔

횡빈에 내린 멍텅의 일행

- 멍텅이, 옥매 누이가 정말 왔네그려. 저기 양복 입고 오잖았나
- 어데? 어이구, 퍽 같으이

옥매와 비슷한 미인을 만나

- 당신이 누구시유? 뭘 하러 여기를 오셨슈?
- 미국 가는 배를 기다려요
- (목단옥 여관)

기념으로 과자 선물

- 여깄습니다. 당신이 꼭 우리 마누라 하고 같으니 기념으로 드립니다
- !?

핀잔 받고 뒤통수 털어

- 누가 그런 말씀 하랬어요! 싫어요
- 아! 조금 같으단 말이지요

1926.7.31

멍텅구리 세계일주 142

부산 도착

멍텅의 일행이 부산에 와서

- 부산 와 본 지도 퍽 오랬네
- 아이, 저 웬 사람들이 저렇게 모였나?

모여드는 사람의 환영을 받고

- 멍텅이 만세
- 만세
- 바람이 만세
- 나도 멍텅구리 좀 볼란다
- 야 이 사람, 와 이카노!

거리로 나오다가

- 감사합니다
- 빈몸으로 돌아오니 면목이 없나이다

단발한 옥매를 만나 깜짝 놀라

- 아이구, 영감
- 엉? 어째 이렇게 됐어!?

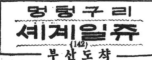

멍텅구리
셰계일쥬
{143}
아깃자깃

1926.8.1

멍텅구리 세계일주 143

아기자기

기쁨에 우는 옥매에게

- 그래, 내가 죽었다는 전보를 보고 머리를 잘랐어? 어이구 요요…

머리 자른 치사

- 남들이 흉봐요!
- 헤헹, 그러지 말아

애끊는 그때 일 생각하고

- 엉? 한강에서 초혼제를 지내는데 살았다는 전보가 왔어? 어이구 까딱하면 못 볼 뻔했지!

껴안으면서 아기자기한 마음

- 놓아요! 껴안기가 이렇게 급해서….! 차 속에서…
- 남들이 흉봐도 할 수 없어

1926.8.2

멍텅구리 세계일주 144

만난 길로

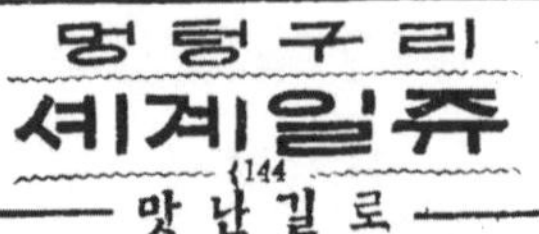

우는 옥매에게

- 왜 울어? 내가 이렇게 살아 왔는데 뭘하러 울어?
- 흑흑

어리광부리듯 하는 멍텅

- 아니에요, 괜히 그랬지요
- 히히, 만나보니까 슬프던 생각이 나?

딴쓰를 청하다가

- 우리 그럼 다 잊어 버리고 딴쓰한다고, 엉?
- ? ? ? ? ? ? ?

핀잔 맞고 탄식

- 놓으셔요! 만나는 길로 줄변덕이 다 나오네!
- 헹, 고 성미가 여전하이

1926.8.4

멍텅구리 세계일주 145

경성역

군중에게 싸인 멍텅과 바람

- 네 네
- 멍텅 바람 만세

어버이의 눈물에 따라서 눈물

- 멍텅아! 그래 잘 다녀왔니? 흑흑…
  바람이도, 흑흑…
- 어이구 그래, 흑흑
- 네, 흑흑

군중의 동정에 기운 차려

- 아기 보세요
- !
- ?
- 멍텅 울지 말게. 우리가 모두 동정을 하네

자동차를 몰아서 사랑의 집

- 헤헹, 감사합니다

돌아온 멍텅의 '탈아입구(脫亞入歐)': 〈꺼떡대기〉 편

(1926.8.14~1926.9.12: 총 19회)*

* 마지막 연재 번호는 26회. 8월 14일 첫 연재를 시작한 뒤 9회가 한 차례 중복 게재됨. 16회 '에헴'(8월 31일) 이후 24회 '특별한 일'(9월 9일)까지 8회차 연재분 신문 데이터베이스에서 유실돼 확인 불가. 26회 '모주회장'(9월 12일) 이후 신문 데이터베이스에서 유실돼 확인 불가.

세계일주를 마치고 돌아와 어깨에 힘이 잔뜩 들어간 멍텅. 자리를 가리지 않고 '세계일주 다녀온 썰'을 자랑한다. 초청 연사로 나선 만찬회에서는 영국 황제, 태국 황제를 만났다는 흰소리로 우쭐대고, 기생을 붙잡고 자기도 몇 마디 할 줄 모르는 영어와 독일어를 가르쳐 주겠노라 꺼떡대는가 하면, 한국에서 파는 서양요리는 현지에서 먹던 맛과 딴판이어서 맛이 없다며 투덜댄다. 황제, 총통, 대통령, 각국의 유명인사, 세계적인 연예인들과 교류하고 돌아온 멍텅에게 일본인 서장이나 조선총독쯤은 만만하게 보인다.

뭐든지 신식, 서양식이 최고라 생각하게 된 멍텅. 절하는 옥매를 일으켜 신식으로 팔을 흔들어 악수하고 길에서도 서양 사람들처럼 옥매 허리를 껴안다가 핀잔을 듣는다. 조선옷은 치렁거려 불편하고 조선 음식은 양분이 적어 배탈이 난다며 조선 것이라면 모두 열등하다고 비하한다. 하지만 바닥에서 잘 노는 똘똘이를 해먹에 앉히다 떨어트리고 익숙지도 않은 오토바이를 타고 달리다가 다리 아래로 떨어지는 등 신식 흉내 내기가 마음먹은 만큼 쉽지 않다. 음악회 무대 위에 올라서는 두 마디쯤 아는 영어 노래 뒤에 경기 민요 양산도를 이어 부르다 짜증 난 청중들에게 쫓겨나기도 한다. 그래도 만족 못한 멍텅. 돌연 구들장을 다 뜯고 서양식 마루를 놓겠다고 공사를 시작했다가 옥매에게 된통 혼이 난다.

▶ 조선 것은 열등하고 일본 것, 서양 것은 위대하다. 근대 이후 100년 가까이 한국인의 의식 깊숙이 각인된 관념이었다. 이런 관념은 일본도 크게 다르지 않았다. 1930년대 말 '근대 초극론', '대동아공영론'이 등장하기 전까지 '탈아입구(脫亞入歐)', '아시아에서 벗어나 유럽으로 들어가자'는 메이지유신 이후 반세기 가까이 지속된 일본의 지상과제였다. 마찬가지로 한국에서도 경제성장과 이어진 한류 열풍으로 '국뽕'이라는 정반대의 관념이 등장하기 전까지 서양과 서양인에 대한 열등감과 '울렁증'이 사회 전반을 지배했다.

영어, 독일어, 프랑스어 등 서양 언어를 한두 마디 할 줄 알고 유학, 취직, 이민 등을 사유로 미국과 유럽에 거주한 경험이 있는 사람은 물론 해외로 단기 여행을 다녀온 사람조차 만나는 사람마다 '외국 물 먹고 온 썰'을 풀며 '꺼떡대기'에 여념이 없었다. 그러한 의미에서 멍텅구리의 꺼떡대기는 '외국 물 먹고 돌아온 사람들'의 꺼떡대기를 경외감을 지니고 우러러볼 수밖에 없었던 나라 잃고 못 배우고 가난하던 시절 한국인의 슬픈 자화상은 아닐는지.

1926.8.14

멍텅구리 꺼떡대기* 1

환영회장

* 꺼덕대다: 분수없이 잘난 체하며 매우 경망하게 자꾸 행동하다

경례하는 이에게 양식 악수

- 아! 멍텅 씨인가요?
- 노, 노, 어떠시오?

마중 나왔던 분이냐고 의기양양

- 에헴, 여기 정거장까지 나오셨던 분들도 많이 계시겠지요? 참 감사합니다

황제를 만나 보았다고 흰소리*

- 이번 세계일주에는 영국 황제, 섬라** 황제, 그 외에 유명한 사람을 다 보았지만 모두 시들하여요

* 흰소리: 터무니없이 자랑으로 떠벌리거나 거드럭거리며 허풍을 떠는 말

** 섬라(暹羅): '시암'의 음역어. 태국

안쫑다리* 된다고 앉지 않아

- 멍텅 씨, 좀 편히 앉아 이야기하시오
- 천만에! 교의**가 없어서 그대로 앉으면 안쫑다리가 되게요…. 사람이란 박람할*** 것이지요

* 안쫑다리: 안짱다리. 두 발끝이 안쪽으로 휜 다리

** 교의(交椅): 사람이 걸터앉는 데 쓰는 기구. 의자

*** 박람하다: 책을 두루 많이 읽다. 사물을 널리 보다

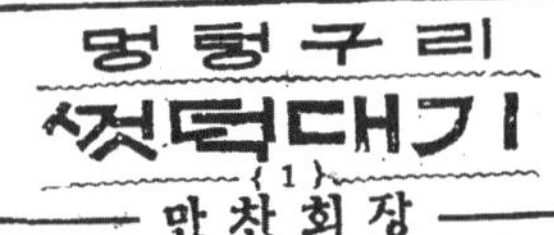

1926.8.15

멍텅구리 꺼떡대기 2

만찬회장

미국 요리 맛 좋더란 자랑

- 에잉, 이거 말만 서양요리지…
  미국서 먹던 요리와는 딴판이여
- 숫제 맛이 없어 좌우 두 볼이
  터지도록 먹는군!
- 저 멍텅이가!…

웅변가라고 칭찬받은 자랑

- 에, 오늘 저녁에 바쁘신 중 여러분이
  이렇게… 히히 저- 거시기, 미국에서
  나보고 큰 웅변가라고 해요
- 하하
- 그것 참 재미있다!
- 히히

기생 붙들고 영어 쓰기

- 뚜 유 스픽 잉글리쉬?… 네가
  영어를 아느냐 말이야!
- 해해, 나는 몰라요

백작 부인하고 악수한 이야기

- 내가 영국 런던에서 백작 집의
  만찬회에 갔다가 그 부인하고
  악수를 했지요, 허허
- 놈! 꺼떡대기는

1926.8.16

멍텅구리 꺼떡대기 3

경찰서에

경의를 표하려고 서장을 찾아

- 에, 서장 영감, 만난 지 오래요. 경의를 표하러 바쁘지만 잠깐 왔소… 에 더워!
- 하하, 못 가뵈어서 황송합니다. 세계일주 참 장하고 갸륵하시오

유치장 사람을 내어 놓으라고

- 여보, 요새 사람을 많이 검거하였다지요? 게 다 내놓으시오… 더운데… 원!!!
- 아이고 몬똥구리! 그건 안 되겠소

핀잔 맞고 쫓겨나와

- 얘, 이 손님 발끝이 땅에 안 닿도록 내오셔라
- 하이(はい)
- 하이(はい)
- ?

분김에 총독부로

- 예라, 총독부로 가자. 이까짓 서장하고 말을 하자니까…

1926.8.17

멍텅구리 꺼떡대기 4

총독부에

왜장터*로 가자고 옛날 이야기

- 여보, 어째 왜성대**로 가잖고 어디로 가!?
- 옛날 이야기 마시오. 경복궁으로 갑시다

* 왜장터: 왜성대의 다른 이름

** 왜성대: 서울시 예장동의 옛이름. 1885년 도성 내에 일본인의 거류가 허용되자 일본인들이 남산 주변 지역에 정착하면서, 임진왜란 때 이 지역이 일본군의 주둔지였었기 때문에 왜성대로 부름. 1926년 경복궁으로 이전할 때까지 '조선총독부 청사'가 이곳에 있었음

없는 총독을 있느냐고

- 아하! 어느 틈에 이사를 했나? 여보, 총독이 어디 계시오?
- 네, 무슨 일로 그러십니까?

면회의 목적은 엄중 담판

- 경의도 표하고 또 내가 엄중하게 담판할 일이 있소
- 장난의 말씀 마오. 총독은 동경 갔어요

있지 않다는 말 듣고 어림없는 짐작

- 히히, 그것들이 겁이 나니까 떠는 모양이지 두고보자!

조선총독부 청사

왜성대 조선총독부 청사(출처: 위키피디아)

경복궁 조선총독부 청사(출처: 위키피디아)

일본 제국의 조선 식민 통치를 위한 행정 관청인 조선총독부는 1910년 한일합병조약 체결부터 1945년 광복까지 여러 건물을 거쳐갔다. 총독부 설치 직후에는 1907년 건립된 남산 왜성대의 통감부 청사를 사용했다. 그러나 일본은 한국인들에게 지배력을 과시하기 위해 대규모의 새 총독부 청사를 건립할 필요성을 느끼고 1911년부터 계획을 세우기 시작했다.

신청사 부지로는 여러 후보가 거론되었으나 초대 총독 데라우치 마사타케의 주장으로 조선 궁궐 중 가장 오래된 경복궁의 흥례문 구역이 선정됐다. 설계를 거쳐 1916년 착공, 무려 10년에 걸친 공사 끝에 1926년 완공되었다. 건축 과정에는 연인원 200만 명의 조선인 노동자가 동원되었다.*

신청사는 경복궁 전체 면적의 20%에 해당하는 수백 칸의 전각을 밀어내고 조정한 부지 위에 당시 최신 건축 기술이 총동원돼 시공된 동양 최대의 근대식 건물이었다. 특히 이 과정에서 총독부는 광화문이 신청사를 가린다는 이유로 좌우 벽을 모두 헐고 건춘문 북쪽으로 옮겨버렸다. 새로 지어진 총독부 건물은 식민지 조선의 역사와 문화를 억압하고, 일

* 김정동, 《남아있는 역사, 사라지는 건축물》, 대원사, 2001, 193쪽

본의 근대화된 기술력과 경제력을 과시하는 상징적 존재였다. 특히 북한산에서 내려다보면 신청사 건물들이 '日'(날일자)로 늘어서서, 마치 서울 시내에 커다란 '日'자 도장을 찍어 놓은 것 같았다.

해방 이후, 조선총독부 청사는 국립중앙박물관으로 사용되다가 김영삼 정부 때인 1995년, 광복 50주년을 맞아 철거가 결정됐다. 1996년 철거가 완료되어 경복궁 복원 사업이 진행됐다.

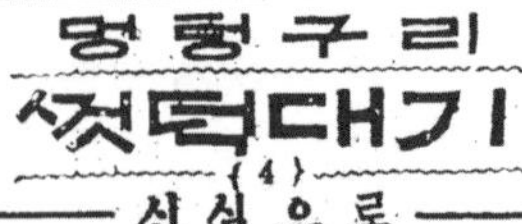

1926.8.18

멍텅구리 꺼떡대기 4

신식으로

• 연재 번호 5회를 4회로 잘못 표기. 편집 오류

지레 짐작에 코가 높아서

- 어딜 갔다 오세요?
- 이번에 검거한 사람들을 놓아 주라고 하려고 총독을 면회하러 갔더니 겁이 나는지 막따….

호기 있이 물어 온 멍텅이

- 어쩌자고 그러우. 어림 반푼 없이!!
- 에헴, 그는 어쨌든지, 우리 오늘 저녁엔 갱혼*식 한다고?

* 갱혼(更婚): 결혼을 연장함

개혼식*을 한다고

- 갱혼이라니요? 죽었다 살아났으니 다시 결혼식을 해여요? 자- 내 먼저 절…
- 에익, 그런 구식을…

* 개혼식(改婚式): 결혼을 고쳐 다시하는 의식(이런 풍속이 있는 것은 아님)

옥매 손을 잡고 절레절레!

- 이렇게 하는 게야
- 아야, 신식하다가 팔 떨어지겠소! 놓아요!

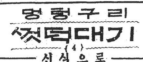

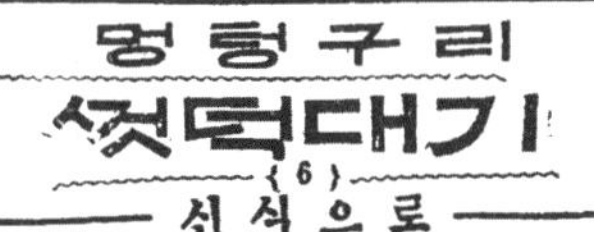

1926.8.19

멍텅구리 꺼떡대기 6

신식으로

오랜만에 부부 산보

- 여보 혜숙이, 산보 갑시다
- 오랜만이니 가 볼까?

신식이라고 허리를 껴안다가

- 신식으로는 이렇게 끼고 다니는 법이야
- 아이구, 신식은 다 뭐예요

덥다는 옥매의 핀잔에

- 더워요 좀! 신식도 철이 다 있지요
- 어이쿠

동도 아니 닿는* 설명의 말

- 저 사람들 좀 봐요. 요새 누가 껴안고 다니나!
- 헹! 그건들 서양 사람인게지

* 동 닿다: 조리가 맞다

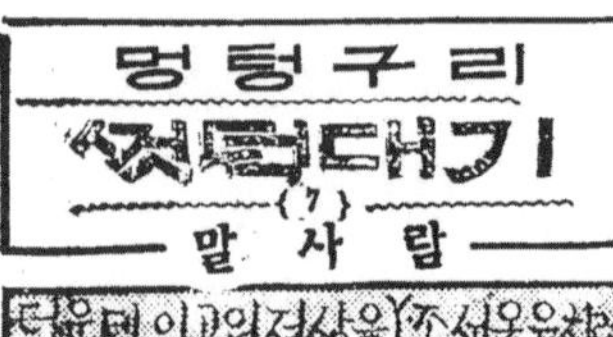

1926.8.20

멍텅구리 꺼떡대기 7

말사람

조선옷을 타박 주고

- 더운데 이 고의적삼*을 입고 나가세요
- 조선옷은 치렁거려서 못 입어. 양복이 좋아

* 고의적삼: 여름에 입는 홑바지와 저고리

인력거꾼 보고는 말사람이라고

- 어허 '호쓰맨*' 보게. 말사람이란 말야
- 뭐요?

* 호쓰맨(horseman): 승마인. 기수. 여기서는 인력거꾼을 '말 역할하는 사람'이라고 비하하는 말

그러고도 꺼떡대다가

- 어째 말사람이란 말이오? 멀쩡한 사람 보고!
- ?
- 아! 말이나 차를 끌지, 사람이 누가 차를 끈담!

죽이라는 바람에 헐레벌떡

- 예라, 저 양복쟁이 죽여라
- 어이구

1926.8.21

멍텅구리 꺼떡대기 8

조선음식

밥을 먹다가 배탈이 나서

- 어이구, 가슴이야. 어이구, 배야. 조선음식이 속에 맞지 않아서 가슴이 자꾸 아프이
- 아이고 야단도 스러워요

조선음식 탓을 하며

- 아니야. 조선음식은 양분이 적어서 배탈이 나는 법이야
- 법도 많기도 해!

병원에 갔다가

- 서양 요리를 몇 해나 자셨는데 그렇게 뱃속이 다 변했나요?
- 네- 댓 달도 더 되었지요!

의사에게 구박 맞고 정신이 얼떨

- 예이, 여보. 댓 달쯤에 뱃속이 변해요!? 나는 모르겠소
- 엉!? 그럼 횟배*가 동했나**?

* 횟배(蛔배): 회충으로 인한 배앓이

** 동하다: 나아지거나 나았던 병이 도로 심해지다

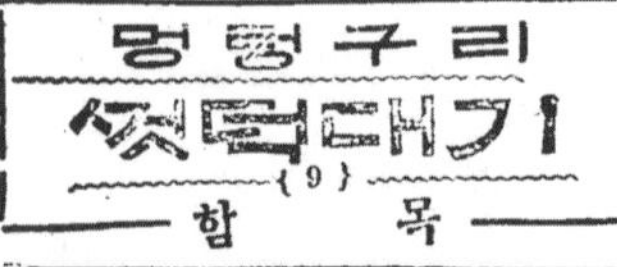

1926.8.22

멍텅구리 꺼떡대기 9

함목*

* 함목(hammock: 해먹): 기둥 사이나 나무 그늘 같은 곳에 달아매어 침상으로 쓰는 그물

잘 노는 똘똘이를

- 오-! 똘똘아! 퍽 더웁겠다
- 가만히 놓아둬요! 제멋대로 놀게

함목에 담아 놓고

- 아니, 서양 사람들은 이럭해*
- 또 무슨 신식이오?

* 이럭해: 이렇게 해

함부로 뒤흔들다가

- 야! 야! 야! 똘똘아 시원하냐? 히히
- 아이그, 어질뜨리겠어요*

* 어질뜨리다: '어지럼증을 일으키다'의 뜻인 듯

날벼락을 맞혔다

- 이키!
- 으악!
- 내 참, 어떡해요

1926.8.23

멍텅구리 꺼떡대기 9

모터싸이클

- 8월 22일자 9회 '함목'과 연재 번호 중복. 편집 오류

서투른 자동 자전거를 타고

- (판독 불가)

방향 없이 달려가다가

- 히히 시원하다
- 탁탁 탁탁

사람을 치운다* 난간을 부신다

- 탁탁
- 에구머니
- 으아
- 아!

* 치운다: 친다

다리 아래 떨어져 대봉변

- 어이쿠, 사람 살려라

1926.8.24

멍텅구리 꺼떡대기 10

덕국* 사투리

* 덕국(德國): 예전에, '독일'을 이르던 말

요릿집에서 한잔 먹으며

- 바람이 오랜만이니 한잔 먹세
- 가다가 처음 사람 같은 짓일세. 어서 부어라. 우선 한잔 먹고 보자

기생에게 독일말

- 리벤지미히*? 얘! 쏠강아, 리벤지미히?
- 그게 무슨 말이에요? 독일말이에요?

* 리벤지미히(Lieben sich mich?): 나를 사랑하세요?

나를 사랑하느냐고 묻다가

- 그래 리벤지미히? 네가 나를 사랑하느냐 하는 말인데 사랑하면 "야*" 그리고 응? 싫으면 "나인**" 그……
- 네- 잘 알았습니다

* 야(ja): 예

** 나인(nein): 아니오

싫어요 소리에 머쓱해져

- 리벤지미히?
- 나인!
- 해해

1926.8.26

멍텅구리 꺼떡대기 11

서양 창가

음악회에 가서

- 에, 이번에는 세계일주 하신 최멍텅 씨가 서양 창가를 합니다
- ?

두 마디쯤 아는 영어 창가

- 이쓰 롱 웨이 투 디 페라다이쓰 로롱 웨이 투 꼬 으…(It's long way to the paradise. Long long way to go…)
- 하하, 저런 멍텅구리

매기 노래 하다가 양산도*

- 옛날에 금잔디 동산에 매기, 아이그 또 잊었지… 내 양산도나 한 마디 하지요… 에어이에~~
- 저놈이 미쳤나?
- 괜찮다
- 히히

* 양산도(陽山道): 경기 민요 선소리의 하나. 세마치장단에 맞추어 부르는 삼박자의 흥겨운 노래이다

청중에서 쫓겨 빵소니

- 저 놈, 집어치워라
- 으아
  으아
- 어이구

1926.8.27

멍텅구리 꺼떡대기 12

딴쓰

무도대회에

- 거시기, 오늘 무도대회가 있는데 나더러 딴쓰를 하래여
- 또 양산도 하듯 하려구요?

옥매와 함께 가서

- 내가 딴쓰를 어떻게 잘 하는데
- 그럼 나도 가볼까?

자랑 겸 탱고 딴쓰

- 이건 10년 전에 유행하던 탱고 딴쓰였다

반주하는 여자의 옆구리를 차 버려

- 이키
- 아이구 옆구리야!

1926.8.28

멍텅구리 꺼떡대기 13

양식 마루

옥매의 몰아주는 말에

- 글쎄, 어쩌잔 말이에요? 번번이 봉변만 하시고요!
- 왜? 사내가 그렇기도 예사이지

담배만 피우고 누웠다가

- 뭐가 그래요? 인저 내 말대로 집에만 꼭 계세요
- 흥, 서양 사람이 워낙 마누라 말은 잘 듣는 법이지

돌연히 뛰어나가서

- 휘! 곰팡내. 이거, 장마 끝에…
  에잉…

사람을 불러다가 방바닥을 뜯어

- 여봐, 방에 구들장을 다 뜯고 양식으로 마루를 놓아!
- 네네
- 하! 참

1926.8.29

멍텅구리 꺼떡대기 14

양식 마루

옥매의 시비에

- 방을 뜯고 마루를 놓으면 겨울에 추워서 어떡해요?
- 에- 그래도 온돌방은 위생에 해로워

담배만 머쓱해진 멍텅이

- 위생은 무슨 위생! 얼어 죽어도 위생이야! 여보 그만두고 가! 좀!
- 네? 나는 아무 죄 없소

양실* 꾸밀 포부를 말하다가

- 알지도 못하면서 공연히 사람을 쫓아보내. 양실을 꾸밀 터인데
- 예라, 도끼가 어데 있노!

* 양실(洋실): 서양식으로 만든 실

옥매의 야료*에 찌름을 당해

- 이놈의 조선 것은 다 짓두들겨 부숴야지
- 어이구 그만두어. 저거 깨져

* 야료(惹鬧): 까닭 없이 트집을 잡고 함부로 떠들어댐

1926.8.30

멍텅구리 꺼떡대기 15

유성기

유성기를 틀어 놓고 우는 옥매

- 살수록 괴롭고 갈수록 험하…
- 흑흑

멍텅이가 들어와 보고

- 엉, 그게 무슨 곡조인데 울며 듣고 앉았노?
- 사의 찬미예요

우는 곡절을 들은 뒤에

- 쓸데없이 뭘하러 쪽쪽 울어?!
- 사람이 늙어 죽을 맛은 없어

유성기를 메어부친다고* 야료

- 에익 이년의 유성기를 메어부쳐야지
- 아이그

* 메어부치다: 메어붙이다, 어깨 너머로 둘러메어 바닥에 힘껏 내리치다

유성기와 '사의 찬미'

《조선일보》 1929년 9월 1일자, '집집마다 기미고히시' 당시 유행했던 일본 노래를 유성기를 통해 따라부르는 사람들의 모습이 그려져 있다.

1877년 개발된 유성기는 1920년대를 기점으로 식민지 조선 사람들의 일상에 자리잡았다. 경성에서는 유성기가 돌아가는 카페와 댄스장이 성업했고, 사람들은 유성기가 있는 집에 모여 함께 음악을 감상했다. 특히 1926년 발표된 윤심덕의 〈사의 찬미〉는 유성기를 통해 널리 퍼지며 큰 인기를 끌었다. 조선 최초의 대중가요로도 불리는 이 곡은 당시 사람들의 감수성과 정서를 깊이 자극했다. 또 1930년대에 들어서면 1만 장 이상 팔리는 히트곡이 나오는 등 음악 시장이 크게 성장했다. 이 시기의 인기 음반으로는 명창 이화중선과 임방울의 판소리 앨범 등이 있다.

유성기는 일본 음악과 함께 서양의 댄스·블루스·재즈를 유행시키며 '모던보이'와 '모던걸'들의 마음을 사로잡았다. 당시 신문에는 너저분한 집에서 배고픔을 참으면서도 비싼 유성기를 사들여 놓고 음악을 즐기던 그 시대 사람들의 모습이 우스꽝스럽게 그려져 있다. 요컨대 유성기와 외국 음악은 그 시대 사람들의 심리적·문화적 도피처이자, 가난한 식민지 조선의 현실과 근대를 향한 열망이 착종된 상징물이었다.*

---

* 이소영, 〈모던 걸과 모던 보이의 대중문화 수용〉, 우리역사넷

1926.8.31

멍텅구리 꺼떡대기 16

에헴

유성기 탓으로

- 왜 그러세요? 유성기가 무슨 죄라고!
- 그런 짓을 말아!

낡은 싸움

- 죽는 것이 소원이란 말이여?
- 누가 소원이랬어요? 할 수 없으면 죽기도 하는 법이지

일장의 설명 말씀

- 예라요! 천생… 죽은 뒤에 송장을 끌어다 공동묘지에 파묻고 남의 조롱이나 받으면서 시원할 것 많겠다
- ?

굴복하는 옥매에게 에헴

- 해해, 정말 그렇겠어요?
- 에헴

1926.9.9

멍텅구리 꺼떡대기 24

특별한 일

• 17~23회. 신문 데이터베이스에 해당 일자 자료 유실

까닭 붙은 새 전화

- 꼭 탁상전화*로 머리맡에 놓고 쓰기 좋도록 매줘요
- 네네

* 탁상전화(卓上電話): 책상 따위의 위에 놓아 마음대로 옮길 수 있는 전화기

사랑*에 따로 매는 멍텅

- 안에 전화가 있는데 또 전화를 매어서** 뭘해요?
- 흥! 요새 특별한 일이 생겨서

* 사랑(舍廊): 집의 안채와 떨어져 있는, 바깥주인이 거처하며 손님을 접대하는 곳

** 전화를 매다: 전화를 설치하다

알고 보니 기생 조합에 특별한 일

- 이 사람, 노는 놈이 전화는 둘씩 매서 어따가 쓰나?
- 히히, 요새 기생 조합에 전화할 일이 생겨서 그래
- ?

옥매에게 들켜 일장풍파

- 아따, 요새 특별한 일 많구려. 전화 둘씩 일 없어요
- 어어! 저! 저-

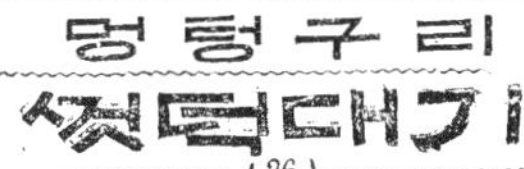

1926.9.12

멍텅구리 꺼떡대기 26

모주*회장

- 25회. 신문 데이터베이스에 해당 일자 자료 유실

* 모주(母酒): 탁주. 혹은 술을 늘 대중없이 많이 마시는 사람을 놀림조로 이르는 말

모주회에 회장을 뽑히어

- 에- 오늘날 우리 모주회 발기 총회가 이와 같이 성황으로 되었으니…
- 좋소. 임시회장은 최멍텅 씨로 천거하였소
- ?

뒤떠드는 중에

- 모주회는 이름이 흉해 못 쓰겠소
- 아니오
- 회장 재개의 했소
- 모주는 동이로 먹고 밥은 한술도 먹지 말기로 동의요

어리둥절하고 있다가

- 그렇지 그렇지 암 그렇지
- 규칙위원부터 뽑읍시다
- 아니오. 선언서를 만들어야지요

싸움 만나 실금실금*

- 이놈, 네가 명색이 뭔데?
- 아 퇴장시켜라
- 여여 에라, 회장의 명령도 아니 듣고!

* 실금실금: '슬금슬금'의 방언

쫄딱 망한 멍텅구리, 맨손으로 일어서기: 〈가난살이〉 편

(1926.10.??~1926.12.11: 총 35회)*

* 〈꺼떡태기〉 연재 중이었던 9월 12일부터 10월 27일까지는 《조선일보》 아카이브에 지면이 보존되어 있지 않음. 따라서 〈꺼떡대기〉 연재 마무리와 〈가난살이〉 연재 시작은 확인할 수 없음. 현재 확인할 수 있는 가장 앞선 〈가난살이〉는 13회 '전당포로'(1926.10.28)임. 마지막 연재 번호는 51회이나, 그 사이에도 여러 건(14회, 15회, 20회, 48회) 누락되어 현재 확인 가능한 연재는 총 35회분임.

연재 앞부분이 유실된 탓에 무슨 이유인지는 알 수 없지만 쫄딱 망한 멍텅은 다 해진 양복을 입고 동네 아이들 놀림을 받으면서 전당포에 옷을 잡히러 간다. 거지꼴을 한 멍텅의 행색을 보고는 길에서 마주치는 사람 모두 코웃음 친다. 멍텅은 장독대에 있는 간장마저 팔아먹으려다 애꿎은 간장독만 깨 먹는다. 옥매는 더는 못 참겠다며 집을 뛰쳐나가 보지만, 똘똘이가 마음에 걸려 주저앉는다. 옥매는 물을 긷고 멍텅은 장작을 팬 후 잠이 들었는데, 잔뜩 쌓인 장작을 보고 돈 많은 집이라고 여긴 강도가 허탕 치고 나가기도 한다. 시래기죽 먹고 체해도 약 지을 돈조차 없는 멍텅.

오랜만에 찾아온 바람이 옥매에게 용돈 10원을 건네자 멍텅은 그것마저 가로채려고 옥매와 실랑이를 벌인다. 멍텅은 바람이를 따라 동네 과부 집에 돈을 꾸러 가 보지만 과부를 얕잡아 보고 희롱하는 말을 해대다가 빈손으로 쫓겨난다. 배추 장사에게 외상을 하려다가 창피, 기생 쏠갱이네 집에 들렀다가 돈이 없어 또 창피다. 빈집을 지키던 옥매는 추운 달을 바라보며 똘똘과 눈물짓고, 같은 시간 가장으로서 면목이 없는 멍텅도 기찻길에 앉아 탄식한다.

멍텅은 기차에 뛰어들어 자살하려다 실패하고 잠시 까무러치는데, 거기서 우연히 예전에 알던 사람과 마주친다. 3년 전에 그가 죽었다는 거짓말에 그의 아들에게 조의금 100원을 쥐어주었던 것을 떠올린 멍텅이 그에게 돈 갚으라고 성화를 하자 그는 원금의 3배를 돌려준다. 멍텅이 돈 번 비결이 무엇인지 물어보니 그는 호기롭게 멍텅도 한때 발 들여본 적 있던 인천미두취인소(〈연애생활〉 187~189회)에서 큰돈을 벌었다고 귀띔한다. 그 길로 인천으로 향한 멍텅은 미두 시세를 직접 지켜볼 재간도 없이 돈만 던져 두고 절벽에 서 있다. 멍텅이 돈을 땄다고 미두중매점 주인이 외치는 소리를 멍텅은 돈 잃었단 말로 잘못 알아듣고 바닷물에 뛰어든다.

▶ 쫄딱 망한 멍텅. 이제야 돈 귀한 줄 알게 된다. 만나는 사람마다 모두 그를 놀리고 무시한다. 시래기죽 한 그릇 얻어먹기조차 힘들다. 군색이 가져다 준 굴욕이 자기에게만 그친다면 어떻게든 견뎌 보련만, 옥매와 똘똘이는 무슨 죄로 헐벗고 굶주리고 추운 방에서 떨면서 지내야 한단 말인가.

멍텅의 가난살이는 식민지 경성의 화려한 네온 불빛 아래 감춰졌던 가난한 서민들의 시리도록 처절한 일상을 풍자와 조소로 고발하는 기막힌 블랙 코미디이다. 하지만 식민지 조선인들의 궁핍하고 처절한 삶에 가슴 아프다가도, 그런 가난살이일망정 '내 집 한 채'는 남아 있는 멍텅 가족의 모습에서 소위 선진국에서 살아가는 오늘날 서울 사람들보다 '주거 안정성' 면에서는 오히려 형편이 나아 보여 쓴웃음을 짓게 된다.

멍텅은 흥청망청 쓸 때는 몰랐던 돈의 소중함을 약 지어 먹을 돈 30전마저 남지 않았을 때에야 비로소 깨닫는다. 돈 잃고 자살하려고 인천 바다에 뛰어들었다가 가까스로 구조돼 병원에서 깨어난 멍텅의 첫 마디는 "어! 어! 돈! 돈! 돈!"이었다. 가난하게 살아보지 않은 사람은 결코 알 수 없는, 사람을 살리기도 하고 죽이기도 하는 돈의 무시무시한 위력 앞에 멍텅이 무릎 꿇는 순간이었다.

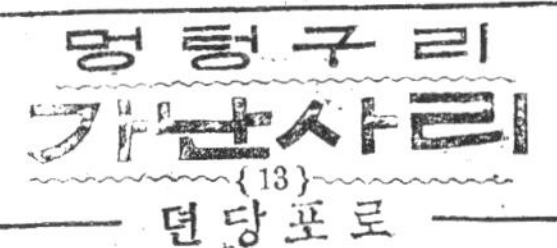

1926.10.28

멍텅구리 가난살이 13

전당포로

- 1926년 9~10월 신문 보존 상태 불량. 9월 9일, 12일, 10월 28일 등 3일을 제외한 다른 날짜의 자료는 유실돼 데이터베이스에서 누락되었다. 세계 일주를 다녀와 한껏 '꺼떡대던' 멍텅이가 왜 쫄딱 망해 가난해졌는지는 아쉽게도 알 길이 없다

홑두루마기*를 싸들고

- 홑두루마기 한 벌에 얼마나 주노?

* 홑두루마기: 홑겹으로 지은 두루마기

몽당양복*으로 전당국에

- 아, 저럭하고 어딜 가요?
- 헤헹, 걱정을 말아!

* 몽당양복: 몹시 해진 양복

아이들이 뒤를 쫓는 통에

- 헤헹
- 얘, 저것 봐라!
- 글쎄, 쫓아가 보자!
- 거지도 아니고 뭐냐?

견디다 못하여 경정경정*

- 어이 귀찮아

* 경정경정: 긴 다리를 모으고 가볍게 자꾸 내뛰는 모양

1926.11.1

멍텅구리 가난살이 16

부끄러워

춥다고 전차로

- 어이 추워. 집으로 가야겠다
- 히히

여러 사람은 코웃음

- 얘, 저 멍텅이 아니냐? 어째 저렇게 되었니? 히히
- 글쎄, 피!
- ?

옹이에 마디*로 친한 미인

- 아이그, 영감. 남사스러워라! 웬일잉게요?
- 엉, 나는 누구라고, 어이

* 옹이에 마디: 어려운 일이 공교롭게 계속됨을 비유적으로 이르는 말

뛰어내리다가 아이쿠

- 아이쿠

1926.11.2

멍텅구리 가난살이 17

괜찮다

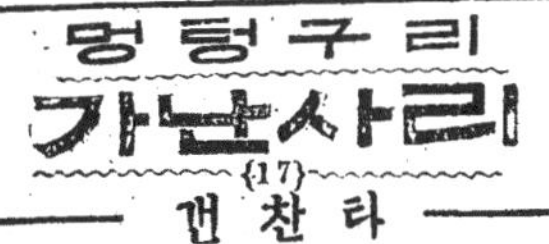

장타령* 하라고 쫓아다니는 아이들

- 각설이다. 각설이 타령이나 해
- 예라, 이놈들, 에헴
- 글쎄, 돈 한푼 줄게!

* 장(場)타령: 동냥하는 사람이 장이나 길거리로 돌아다니면서 구걸을 할 때 부르는 노래

엉터리 만나서 헛기염

- 아, 멍텅인가? 왜 이 꼴이 되었나?
- 오! 엉터리세그려. 에헴, 어떠신가? 내님의 풍채가?

꾼 돈 내놓으라고 족쳐서

- 참 잔말 말고 꾼돈 50원이나 내어라!
- 글쎄, 마침 돈 50원이 있나?

50원을 찾으니 괜찮다

- 에헴, 괜찮다

경성의 '밑바닥 세계'

1940년 경성 부근의 토막 가옥. 1940년 봄, 경성제국대학 의학부 학생들이 경성 부근의 토막민들의 현황과 위생 실태를 조사하는 과정에서 촬영되었다. (출처: 국사편찬위원회)

1920년대 경성은 겉보기에 근대화와 도시 발전이 두드러졌지만, 그곳에 사는 조선인들의 생활은 궁색하기 짝이 없었다. 특히 대다수의 조선인이 극심한 주거난에 시달렸다. 열 평 남짓한 집조차 구하기 어려워 많은 이들이 여관을 전전했고, 일부는 토굴이나 허술하게 지은 움막에서 살아가는 등 불안정한 생활을 견뎌야 했다. 이러한 사람들을 당시에는 '토막민(土幕民)'이라 불렀다.

1929년 6월의 경성부(京城府) 조사에 따르면 1300명의 빈민들이 토막 속에서 살고 있었다. 이들은 "날이 밝으면 토굴로부터 기어나와 시가지를 돌아다니면서 쓰레기통에서 밥알을 주워다가 연명"(《조선일보》 1929년 5월 18일자)했는데, 당국에서는 이주 지원금을 지급하거나 간이 주택을 짓겠다고 말만 하고 아무런 대책을 시행하지 않아 원성을 샀다.

상황은 더욱 나빠져 다음 해 2월 추가로 시행된 조사에서는 경성부 내 토막민이 무려 2000여 명 증가한 3300여 명으로 집계됐다(《조선일보》 1930년 2월 16일자). 1930년대 이후 불황이 지속되면서 서울 주변의 청량리, 왕십리, 성북, 동묘 일대에는 조선인들의 토막집이 대거 분포했다.

일자리 시장 역시 매우 협소해 많은 사람들이 실업 상태에 놓여 있었다. 때문에 "돈 없이 전차를 타려거든 남보다 먼저 차에서 내리되 그저 손만 번쩍 들어라. 그러면 차장은 그 뒤에 있는 사람이 차료를 낸다는 의미로 알고 그냥 통과를 시킬 것이다" (《별건곤》 1930년 6월호)와 같은 '투빈비법(投貧秘法)', 즉 가난과 싸우는 요령이 돌아다니기도 했다.*

* 최병택 · 예지숙, 〈가난의 시대, 소외의 시대〉, 《경성리포트》, 시공사, 2009, 180–246쪽

1926.11.3

멍텅구리 가난살이 18

김치 단지

집에 와 보니 문이 걸렸고

- 어, 어째 문이 걸렸네… 히히 요까짓 것 뭐, 혜숙이!

들어가 보니 텅텅 빈집

- 어허, 아무도 없네. 달아나 버렸나… 아이 배고파!

단지째 들고 김치로 요리

- 에헴, 어디들 갔을꼬? 그래도 장김치*는 있단 말이지. 얌얌

* 장김치: 무, 배추, 오이 따위를 잘게 썰어서 간장에 절이고 미나리, 갓, 청각, 파, 마늘, 고추, 생강 따위의 온갖 고명을 더한 뒤에, 간장과 꿀을 탄 국물로 담근 김치

툭 내려져서 와지끈

- 이키, 이런 재수 봤나!

1926.11.6

멍텅구리 가난살이 19

장독대

소꿉놀이 같은 장독대

- 애개개, 요게 겨우 장독대여!

가난 중에도 줄변덕

- 아이구, 간장 단지하고 간장 사려. 진간장이오, 히히

변덕 끝에 낭패

- 아이구구, 하마터면 아이가

옥매한테 들켜서 에헤헹

- 뭘 그러셔요!
- 엉, 헤헹

1926.11.8

멍텅구리 가난살이 21

놓아요

• 11월 7일 20회 신문 데이터베이스에 해당 자료 유실

속썩이다 못한 옥매

- 놓아요. 나하고는 영 이별이에요, 흑흑
- 어이 가만 있어. 가만 좀 있어

영 이별이라고 야단

- 엄마!
- 여봐, 이 돈 가지고 세간도 사고 어서 들어와
- 다 그만둬요. 성가셔요, 좀

뿌리치고 가는 발자국도

- 왜 가지도 못하게 이래요? 영 이별이에요!
- 으아!
- 아! 아! 왜-

똘똘아 하고 멈추어

- ?
- 똘똘아!

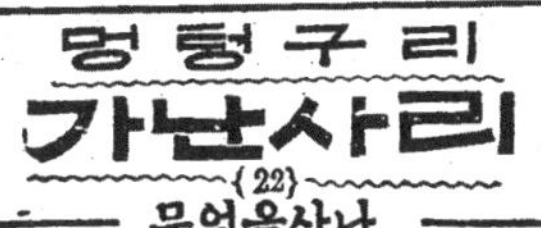

1926.11.9

멍텅구리 가난살이 22

무엇을 사나

쌀쌀스러운 옥매에게

- 똘똘아, 엄마 없으면 너 혼자 못살겠니? 응?
- 헤헹, 이 돈을 가지고 뭣뭣을 할꼬?

한 번 의논 두 번 의논

- 똘똘아, 너희 할아버지께서 너도 안 보러 오시는구나!
- 아! 이야기 좀 해요

양복에 만또*에 사올 걱정

- 어떡하라고 그러세요?
- 에, 내 양복도 찾고 혜숙이 만또도 찾아오고. 에에 또 뭘 사올꼬?

* 만또(マント): 망토. 소매 없는 외투

옥매의 핀잔에 오직 헹*

- 아! 집세는 안 주고요? 장작은 어떡하고요? 쌀 가마니나 들여다 두어야지요! 누가 만또 찾아오래요?
- 헹

* 오직 헹: '헹 소리만 하고 있다'는 뜻

1926.11.10

멍텅구리 가난살이 23

나 여기 있네

싸움 뒤의 정다운 판에

- 똘똘아- 응, 너희 어머니가 퍽 암상스럽지*?
- 뭐, 내가 공중** 암상을 피나!?

* 암상스럽다: 보기에 남을 시기하고 샘을 잘 내는 데가 있다

** 공중: 공연히

이로나라* 찾는 손님

- 이로나라! 멍텅구리 씨 계시오?
- 누가 찾습니다
- 또 빚쟁이가 왔남? 없다고 그래요, 없다고…

* 이로나라: 이리 오너라

빚쟁인가 뚝다세다가*

- 영감 안 계십니다. 어제 나가셔서 여태 안 들어오셨어요
- 허허, 이거 오래간만에 저녁 한번 먹으러 가자고 그랬더니, 에

* 뚝다세다: '뚝딱대다'인 듯. 갑자기 놀라거나 겁이 나서 가슴이 계속 뛰다

솔깃한 소리에 나 여기 있네

- 엉? 그 누구야! 엉터린가? 어멈은 괜히 그래요. 나 여기 있는데
- 아하! 이 사람!

1926.11.11

멍텅구리 가난살이 24

자네가 한턱

엉터리와 건넌방으로

- 마침 잘 왔네. 어서 들어오게
- 아, 이거 참, 오붓한 살림일세

이마를 부딪혀 아이쿠

- 이게 내 방일세. 좀 들어 앉게
- 왜 이리 어두운가? 이쿠!

결국은 멍텅의 턱을 먹자는 뱃심

- 그래 오늘은 저녁 한턱을 쓴다니, 큰 마음을 먹었네그려
- 이런 멍텅구리, 50원 가지고 자네가 한턱 내란 말이여!

이런 천하에 흉한 엉터리

- 예끼, 이 천하의 흉한 엉터리 같은 이
- 어이구 이런!

1926.11.12

멍텅구리 가난살이 25

장작패기

어멈이 없는 까닭에

- 어멈이 저희 일가집을 간다더니
- 내가 똘똘이를 안아 주지

옥매는 물을 긷고

- 그만두고 장작이나 좀 뻐개세요*
- 장작?

* 뻐개다: 크고 딴딴한 물건을 두 쪽으로 가르다

멍텅은 장작을 패다가

- 에차! 에차! 이까짓 장작
- 살살 뻐개요!

뛰는 토막에 볼치*를 맞아

- 엿차! 이쿠!
- 아이코

* 볼치: '볼따구니'의 방언. '볼'을 속되게 이르는 말

1926.11.13

멍텅구리 가난살이 26

방 더우라고

엄마를 부르는 똘똘

- 오-으 착하지! 맘마 주깨에*
- 엄마! 엄마아!

* 맘마 주께에: 맘마 줄게

필경은 울고 부르짖어

- 아이, 왜 그리 우니?
- 앙! 앙, 으아앙

대신 불 때는 멍텅

- 히히, 똘똘이 젖이나 먹여. 내 불 땔 테니
- 조금씩 넣으셔요

방 더우라고 장작 있는 대로

- 귀한 장작을 뭐하러 한 아귕이*씩 넣으셔요?
- 방 더우라고 그랬지 뭐!

* 아귕이. '아궁이'의 방언

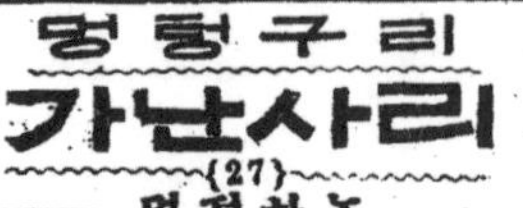

1926.11.14

멍텅구리 가난살이 27

멀정한 놈

두 내외가 잠들려 할 제

- 혜숙이, 잠 들었어?
- 어서 주무셔요. 밤 깊었으니

강도가 침입하여

- 얘, 이놈에 집이 오막집이라도 장작가리* 보아라
- 글쎄, 의외에 재수 터졌나 보이

* 가리: 단으로 묶은 곡식이나 장작 따위를 차곡차곡 쌓은 더미

위협과 수색이 모두 헛일

- 이놈아! 돈은 다 어디 두었니?
- 돈이라고는 피천* 한 푼 없어!

* 피천: 매우 적은 액수의 돈

욕설로 분풀이 허탕만 쳤다

- 예라이, 멀쩡한 놈에 집!
- 예끼, 이 도적년! 대가리를 깎아서 비녀 한 개도 없구나

1926.11.15

멍텅구리 가난살이 28

고기 전골

시래기죽 먹은 멍텅

- 아니, 쌀 가마니나 들여왔는데 뭘 하러 시래기 죽을 쑤었어?
- 고생 좀 하셔야지요. 좀 좋아요?

고기만 먹었다고 흰소리*

- 꺼륵, 오늘 고기 전골하고 밥을 잔뜩 먹었더니 아이 배불러
- 당신 호강하시구려

* 흰소리: 터무니없이 자랑으로 떠벌리거나 거드럭거리며 허풍을 떠는 말

돌연히 토증*이 나서

- 아이 속 거북해! 으악!
- 이쿠!

* 토증: 구토증. 메슥메슥한 느낌이 나며 토하고 싶은 증세

본색이 나타나 우세*

- 웬 시래기만 이렇게 토했소? 하하
- 어이 고기는 벌써 다 삭았나?

* 우세: 남에게 비웃음과 놀림을 받게 됨. 또는 그 비웃음과 놀림

1926.11.16

멍텅구리 가난살이 29

모자 두고

가슴이 아프다고 약국으로

- 아이, 가슴 아파. 약 좀 지어다 먹어야지
- (은당약방)

약값이 없어서

- 이 약을 자슈. 값은 30전이오
- 아이 참, 잔돈이 없는데…

이 핑계 저 핑계

- 그럼 큰돈을 주시오. 바꾸어 드릴 터이니
- 헤헴, 한 푼도 없소

모자는 빼앗기고 약첩*으로

- 여보, 모자나 두고 가오
- 그래라, 히히

* 약첩(藥貼): 주로 '약첩이나'의 꼴로 쓰여, 얼마간의 약을 뜻하는 말

1926.11.17

멍텅구리 가난살이 30

양복만 보고

돈 달라고 쫓아오던 거지

- 영감 마님, 돈 한 푼 적선* 합쇼. 영감 마님
- 히히 돈?

* 적선(積善): 동냥질에 응하는 일을 좋게 이르는 말

큰집 앞에서 더욱 졸라

- 돈이 없다닝게?
- 영감 마님, 한 그릇 값만 줍시오. 네? 어서요. 종일 굶었습니다

움막집에서 멍텅을 잃고

- 히히, 한 푼도 없는데 뭘하러 쫓아와!
- ?

날피*놈에게 헛물켰다고

- 피이, 양복만 보고. 멀쩡한 날피놈을… 엥

* 날피: 가난하며 말이나 행동이 실답지 못한 사람

1926.11.18

멍텅구리 가난살이 31

내 차지다

오랜만에 온 윤바람이

- 뭘하느라고 비뜩*도 아니하나?
- 예라, 요 재리** 같으니, 궁해지니까 발그림자도 안 하는구나

* 비뜩하다: '얼씬하다'의 방언

** 재리: 매우 인색한 사람을 낮잡아 이르는 말

과자는 똘똘에게

- 이 사람, 원통한 소리 말게. 전방*을 떠날 새가 있나
- 아이, 아저씨 오신다

* 전방(廛房): 물건을 늘어놓고 파는 가게

일금 10원은 옥매에게

- 아이, 뭘…
- 이거, 과자! 아저씨?
- 누이, 용돈, 어려운데…

내 차지다. 하하 놓아요

- 헤헹, 내 차지다
- 하하, 놓아요. 진장하게요*

* 진장(珍藏)하다: 진귀하게 여겨 잘 간직하다

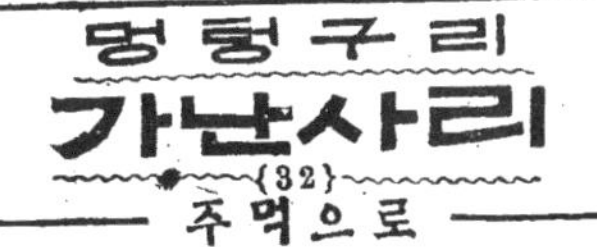

1926.11.19

멍텅구리 가난살이 32

주먹으로

밖에서 찾는 손님을

- 이로나라!
- 거, 어떤 작자가 왔노?
- 또 엉터리 놈인 게지

엉터리로 알고 날뛰는 멍텅

- 이로나라!
- 엉터리 목소리다. 이놈을 주먹으로 한번?
- 히히, 왜 그러냐?

잠긴 문을 열자마자

- 이로나라아! 원, 도난계도 아니하고*… 문은 왜 잠갔어

* 도난계도 아니하고: (27회 '멀쩡한 놈'에서 도둑이 든 사실을) 경찰에 '도난 신고' 하지 않고

냅다 치고 보니 순사

- 아이코
- 엉터리야? 어이구!

1926.11.20

멍텅구리 가난살이 33

알고 두 번

너스레 놓는 멍텅에게

- 아하하, 노형*인 줄은 몰랐소. 나는 엉터리란 놈이라구. 그래, 다친 데는 없소? 어허허
- 이건 왜 이리 엄벙하여**?

* 노형(老兄): 처음 만났거나 그다지 가깝지 않은 남자 어른들 사이에서, 상대편을 높여 이르는 이인칭 대명사

** 엄벙하다: 말이나 행동이 착실하지 못하고 과장되어 실속이 없다

볼쥐어지르는* 순사

- 어이쿠 어이쿠
- 이놈아!

* 볼쥐어지르다: 볼을 쥐어지르다. 볼을 주먹으로 힘껏 내지르다

알고 두 번 친 것이 죄목

- 그래, 나는 꼭 한 번, 모르고 때렸는데, 너 왜 알고서 두 번이나 때렸니? 엉?
- 왜 도난계도 안 하고 사람을 치니?*

* 왜 도난계도~치니?: 얼마전(27회 '멀쩡한 놈') 도적이 들었다는 도난 신고는 하지 않고, 조사하러 온 경찰을 치느냐?

마음 먹고 또 한 번에

- 예끼, 벽창호 같은 작자. 도적놈이 잘못 알고 들어왔지 뭐. 내 집에 찾아왔니, 엉?
- 어이쿠!

1926.11.21

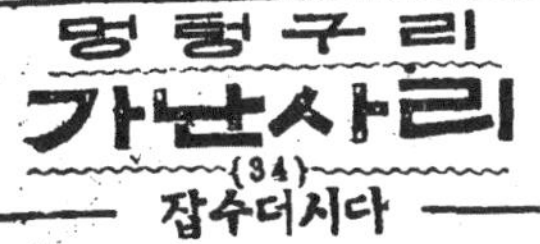

멍텅구리 가난살이 34

잡수더시다

밥하라고 조른 끝에

- 아이, 배고파. 왜 여태 밥을 안 해요?
- 밥은 뭐? 무슨 일했습니까?

팥죽이나 사오기를

- 헹, 왜, 전에는 일 아니해도 밥만 잘 하더니만
- 딱한 양반도, 팥죽이나 사다 잡숴요

삽시* 낼름, 뚝배기가 거꾸로

- 애개, 요까짓 것만 먹으라고? 히히
- 맘마! 맘마!

* 삽시(揷匙): 매우 짧은 시간

턱을 쓰다듬으며 속 편한 소리

- 헤헹, 영감이 팥죽을 잡수더시다*
- 평생 늙지는 않겠어요

* 잡수더시다: '잡수시더라'의 옛말

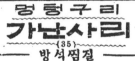

1926.11.22

멍텅구리 가난살이 35

방석찜질*

* 방석찜질: 방석에 앉아 폭행하는 것을 말하는 듯

팥죽 먹은 길로 부자 친구에

- 아! 영감 계신가?
- 네, 지금 큰 사랑에 계십니다

인사 끝에 팥죽 먹는 이야기

- 아! 요새 어떻게 지내시나?
- 에, 팥죽을 먹고 지내지요

불통사정*하는 주인의 말에

- 하하, 별식을 해 먹는군. 동지도 멀었는데 팥죽은 왜?
- 동지 팥죽?

* 불(不)통사정: '안타까운 형편을 들으려 하지 않음'의 의미인 듯

불뚝골*로 방석찜질

- 예끼 여보, 돈 꿔 달라니까. 아니, 딴청은?
- 이쿠, 이게 웬짓?

* 불뚝골: 갑자기 불끈하고 성을 내는 기운

멍텅구리 가난살이 36

일이 없어요*

* 일이 없어요: '일없다'를 말하는 듯. 소용이나 필요가 없다

돈을 얻어 쓰려고

- 여보게, 바람이. 돈 조금만 얻어 주게
- 과부의 돈도 괜찮은가?

바람이와 과붓집으로

- 헤헹, 내가 언제 과부의 돈은 싫댔나? 어서 가세
- 그래, 나만 따라오게

과부가 젊었다고 시룽대다가*

- 그래, 저 양반이 누구신가요?
- 히히, 저 거시기, 나는요… 아니 그런데 당신, 히히, 퍽 젊으시구려

* 시룽대다: 경솔하고 방정맞게 까불며 자꾸 지껄이다

창피당하고 퍼흐

- 뭐예요? 껄렁껄렁하게~ 일이 없어요
- 싱거운 사람
- 퍼흐!

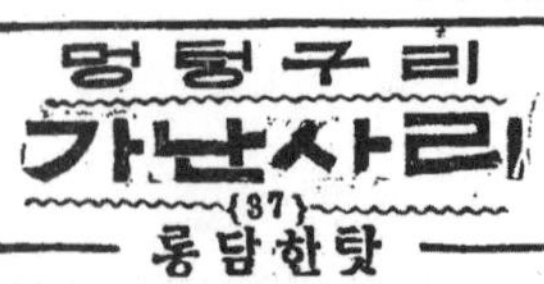

1926.11.24

멍텅구리 가난살이 37

농담한 탓

수형*을 쓰면서도

- 지불 장소를 내 집으로 해주어요
- 네, 무엇이든지 당신 좋아할 일은 다 해주겠소

* 수형(手形): '어음'의 전 용어

쓸데없는 농담

- 무슨 말이에요. 당신 어째 신용 못하겠소
- 헹, 우리 아버지도 만석꾼이 말 듣소

필경은 말썽이 되어

- 바람이, 나야말로 나이 지긋한 마누라 하나 얻어 살림하고 싶네
- 킥

돈도 못 쓰고 대창피

- 누가 그런 소리 듣고 싶댔어요? 수형 두고 가요! 나 원!
- 어이구!

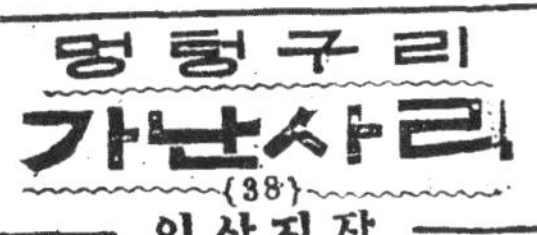

1926.11.25

멍텅구리 가난살이 38

외상 진장*

* 진장: '김장거리'를 말하는 듯

생각다 못한 멍텅

- 허허 이것, 돈도 못 얻고 집에를 어떻게 들어가나?
- 열 단- 열다섯 단-

진장을 한 바리*나 받아 놓고

- 예라… 여보, 내가 그 무하고 배추하고 한 구루마나 써야겠소
- 네. 무는 열 단에 30전씩, 배추는 100통에 5원씩이올시다. 세으랍시오**?

* 바리: 마소의 등에 잔뜩 실은 짐을 세는 단위

** 세으랍시오: 셀까요? 셈을 할까요?

외상으로 달라고 하다가

- 네. 무, 배추 합해서 값이 모두 9원 60전이올시다. 마저 구루마 삯까지 줍시오
- 에에, 외상은 안 되나요?

창피당하고 말아

- 이런 제기, 당신이 어쩐지 멍텅구리 낯짝을 닮았습디다
- ?

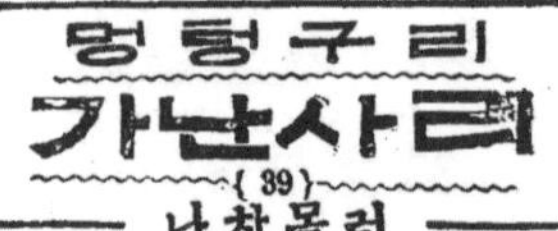

1926.11.26

멍텅구리 가난살이 39

나 참 몰라

홧김에 쏠갱의 집으로

- 쏠갱이, 집에 있나?
- 어쩐 일이세? 사람도 오래 살고 볼 것이라군요

오랜만에 달콤한 이야기

- 헹, 하도 궁금해서 왔지
- 좀 틀렸기로, 어쩌면 그렇게 무정하세요

돈 문제에 까닭이 붙어서

- 그런데 노름도 없고 나 오늘 장안사에 구경이나 갈 테예요
- 그럼 나는 어서 집으로 나가야겠군

거기서도 대창피

- 네기*, 누가 구경값 쓰랄까 봐서…… 당신이 기생집 다니는 규칙이나 아슈?
- 나 참, 몰라?

* 네기: 몹시 못마땅하여 욕으로 하는 말. 제기랄

1926.11.27

멍텅구리 가난살이 40

이별

빈집을 지키던 옥매

- 모란봉이 변하여 대동강수가 될지라도 ♩♪♬♩

추운 달 아래 이별 노래

- 가노라 가노라 너를 두고 나는 가네 ♩♪♬

똘똘을 데리고

- 똘똘아, 너희 아버지가 팥죽을 자시고 나가더니 이틀째나 안 들어오시는구나
- 아바아지?

눈물 섞은 이별 이야기

- 너도 에미 따라 달아날래? 흑흑
- 애-

1926.12.2

멍텅구리 가난살이 41

철도 자살

달 아래에 탄식하던 멍텅

- 헤헤, 내가 집에서 나온 지 벌써 며칠인고? 집에 갈 면목도 없고

기차를 보고 자살할 결심

- 그래라, 앞길이 막막하다. 죽자꾸나 죽어… 아이구, 옥매! 똘똘아!

선로에 뛰어 들어가

- 오냐! 철도 자살이다! 으흐흐

빗떨어져서 까물쳐*

- 웅

* 빗떨어져서 까물쳐: 비껴 떨어져서 까무러쳐

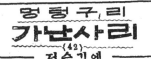

1926.12.3

멍텅구리 가난살이 42

저승길에

깨어난 멍텅이

- 휘, 여기가 저승인가? 어째 꼭 우리 세상과 같아

저승인 줄만 알고 빈 들로

- 이런 제*, 극락세계가 어디란 말이냐? 갈 대로 가보자!

* 이런 제: 이런 적에. 이런 때에

마주치고 보니 죽었다던 친구

- 아이구! 코야!
- 이쿠! 이마야!

으흐흐 저승에서 부자가 되었나?

- 그 누구야? 으흐흐, 당신은 저승에 와서 부자가 됐소그려?
- 엉? 멍텅구리?

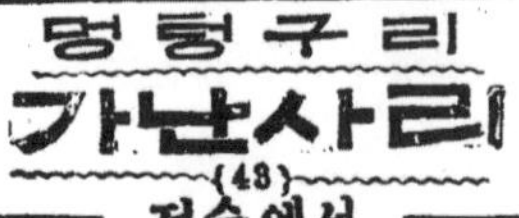

1926.12.4

멍텅구리 가난살이 43

저승에서

저승으로만 아는 멍텅

- 그래 여보, 사람이 한번 죽고 보니 외롭기가 짝이 없소그려
- 에헤 이 사람, 또 나를 놀리는군!

초상부비* 치러주던 이야기

- 엉? 그때 당신이 죽었다고 아들이 와서 울기에 초상 치르라고 한 손에 100원을 주었소
- 하! 부끄럽네!

* 초상부비(初喪扶費): 초상 치를 때 도와주는 돈

속고 지낸 꿈이 그제서 깨어

- 그러면 여기가 저승이 아니란 말이오?
- 킥킥

분풀이로 볼치 올려*

- 예끼, 그럼 당신이 내 돈 속여 먹었소그려!
- 어이쿠!

* 볼치 올려: 뺨을 올려 쳐

1926.12.5

멍텅구리 가난살이 44

저승에서

저승이 아닌 것을 깨달은 멍텅

- 그래, 대관절 우리가 아직 죽지는 않았소그려 엉?
- 죽기는 왜? 여기가 노량진 옆인데

추워 배고파의 줄변덕*

- 아하하, 그러면 내가 까물쳤다 깨어 났군. 아이 추워. 아이 배고파. 아이 어깨야
- 헤헤, 이런 줄변덕

* 줄변덕: 계속되는 변덕

그리고 꾼 돈 어서 내라고

- 그럼, 내 돈을 주어야 하잖소?
- 여러 말 말고 내 집으로 가!

꼭두잡이*로 메여 처

- 어이쿠!
- 예끼, 돈 낸단 말은 안하고

* 꼭두잡이: 꼭뒤잡이. 뒤통수를 중심으로 머리나 깃고대를 잡아채는 짓

1926.12.6

멍텅구리 가난살이 45

미두*장에

* 미두(米豆): 현물 없이 쌀을 팔고 사는 일. 실제 거래를 목적으로 하는 것이 아니고 쌀의 시세를 이용하여 약속으로만 거래하는 일종의 투기 행위

300원 돈을 받은 멍텅

- 흥 300원? 3년에 세 곱절이여? 괜찮다
- 내가 미안했네

돈 번 곡절부터 물어 알고

- 그대 대관절 무슨 짓을 해서 돈을 버셨소?
- 인천 가서 미두를 했네

시각이 바쁘게 미두장으로

- 그렇다, 그래여! 미두다, 미두
- 이 사람 앉게 아서!

붙드는 친구 떼쳐 버리면서

- 예끼, 당신 혼자만 부자 노릇 하려고?
- 어이쿠

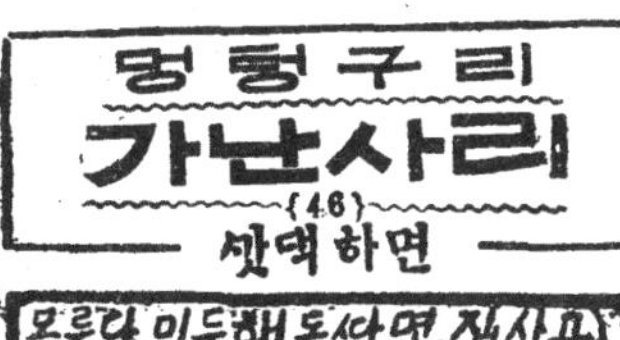

1926.12.7

멍텅구리 가난살이 46

까딱하면

인천 해안의 멍텅

- 모른다. 미두해 돈 따면 집 사고 쌀 사고 몽땅 잃으면 나는 빠져 죽고…

죽거나 살거나 한바탕 노름

- 아! 영감이슈? 몇 해 만이오?
- 여보, 그런데 응? 톡톡 털어서, 막 붙으슈. 옥관도사* 일이 없소

* 옥관도사: 점을 쳐서 미두 시세를 알아주겠다며 미두꾼의 재산을 편취한 유명한 미두 사기꾼

어찌되었는지 좀이 쑤시어

- 따거든 소리만 쳐요. 잃으면 물귀신이다. 물귀신!
- 왜 이리슈?

땄느냐 땄느냐 부지*를 못해

- 땄느냐? 땄느냐? 빠져 죽으랴?

* 부지(不知): 알지 못함

1926.12.8

멍텅구리 가난살이 47

물 속으로

앵머구리* 끓듯**하는 미두장

- 고가이, 고가이
- 상야리, 상야리, 고야리***

* 머구리: '개구리'의 방언
** 앵머구리 끓듯: 개구리 떼가 개굴거리 듯
*** 고가이 상야리 고야리: 미두 거래 용어인 듯

말을 비뚜루만 듣는 멍텅

- 여보, 멍텅구리 씨! 막 땄어요, 막 땄어!
- 엄? 잃었어?

알지도 못하고 바닷물로

- 여보, 어서 와요. 땄어요, 따
- 엉? 잃었어? 예라, 마지막이다

땄다고 하여도 딴소리만

- 아이 여보, 땄다니까. 저게 웬일이오!
- 엉? 물귀신이다 물귀신!

1926.12.9

멍텅구리 가난살이 49

이게 누구

- 12월 8일 47회 이후 12월 9일 48회를 49회로 잘못 표기. 편집 오류

추수 싣고 들어온 노멍텅

- 이 사람들, 저기 양복 입은 자가 빠졌네. 종선*을 내리게
- 아이, 추워요

* 종선(從船): 큰 배에 딸린 작은 배

배 위에서 종선을 내리어

- 아따, 사람을 구하지 않다니 된 말인가
- 네네, 염려 맙시오

빠진 사람을 구해 올려 보니

- 저! 저! 그 누구람. 어! 어서!

뜻밖에 내 아들 놀라지 않을쏘냐

- 어이구! 이게 웬 재변*이란 말이냐
- 으흐흐!

* 재변(災變): 재앙으로 인하여 생긴 변고

1926.12.10

멍텅구리 가난살이 50

절처봉생*

* 절처봉생(絕處逢生): 오지도 가지도 못할 막다른 판에 요행히 살길이 생김

병상에 쫓아온 노멍텅의 말에

- 네가 세계일주를 하였다길래, 그만 영양은 차릴 줄* 알았지… 엉?

* 영양 차리다: '밥은 먹고살다'의 뜻인 듯

일루* 희망이 도는 판에

- 아비의 돈이 네 돈이지… 내 앞에서 네가 죽어!?

* 일루(一縷): 한 오리의 실이라는 뜻으로, 몹시 미약하거나 불확실하게 유지되는 상태를 이르는 말

뒤쫓아 온 미두장이가

- 여기가 최멍텅구리 씨 병실인가요?
- 네, 그리 가세요

돈을 땄다고 또 기별

- 엉? 땄어?
- 아이 여보, 그렇게 땄다고 악을 써도 왜 부득부득 물로 뛰어들어요?

1926.12.11

멍텅구리 가난살이 51

돈돈돈

병상에서 꿈꾸는 멍텅

- 으흐흐, 끙. 끙

미두 해서 딴 돈이 5000원

- 한 손에 5000원 땄소. 자, 받으슈

추수해 작전*한 것이 온통으로

- 오냐, 내 생전에야 굶겠니? 추수 판 돈 다 가져가거라!
- 어! 어! 돈! 돈! 돈!

* 작전(作錢): 물건을 팔아서 돈을 마련함

돈 소리 지르다가 놀라 깨어

- 어이구! 액쉐
- 에잉! 용렬하게*! 돈에 미쳤구나!

* 용렬(庸劣)하다: 사람이 변변하지 못하고 졸렬하다

멍텅구리의 기상천외 감투 소동: 〈사회사업〉 편

(1926.12.12~1927.2.18: 총 49회)*

* 마지막 연재 번호는 43회이지만, 1927년 1월 1~4일에는 〈새해 맞는 멍텅구리〉라는 신년 특별 에피소드가 총 3회 연재되었고, 한 차례 누락(19회)과 네 차례 연재 번호 중복(26회, 27회, 30회, 34회)으로 총 연재 횟수는 49회

아버지가 큰 집을 사 주자 멍텅은 옥매를 찾기도 전에 피아노, 옷걸이, 살림살이부터 잔뜩 들여놓는다. 막상 평양에 가서 이 사실을 알리자 기뻐할 줄 알았던 옥매는 매몰차기만 하다. 멍텅의 멍텅구리 짓에 진절머리가 난 옥매. 살림도 돈도 하다못해 사회사업 하겠다는 멍텅의 다짐도 그녀의 마음을 돌리지 못한다. 이번에도 옥매는 세 가지 조건을 꺼내 든다. 첫째, 무엇이든 자기와 의논할 것. 둘째, 밖에 애인 두지 말고 11시 전에는 귀가할 것. 셋째, 돈 회계는 자기에게 다 맡길 것. 멍텅은 세 번째 조건에 당황스러워하지만 옥매 마음을 돌리려면 받아들이는 수밖에 없다.

우여곡절 끝에 옥매와 함께 경성에 돌아온 멍텅이 기껏 고른 첫 사회사업은 '기생조합 총고문'. 날마다 기생조합에 드나들 것은 물론이고 돈까지 든다는 소리에 옥매는 기가 막힌다. 엉뚱한 단체 '바지사장' 노릇에

재미를 붙인 멍텅은 정체불명의 종교단체 '청청교 총령', 공처가(恐妻家) 모임 '판관회 총재' 등 제2, 제3의 감투를 쓰고 명함에 적고 낄낄댄다.

"총고문님" "총령님" "총재님" 하며 회원들이 떠받드는 재미에 푹 빠진 멍텅. 그러나 정작 단체 운영은 '감투 값'을 못한다. 기생들을 불러 판관회 회원들과 어울려 놀 때는 '양머리' 신식 부인들이 쳐들어와 "남의 가정 망친다"고 난동을 부리고 청청교에서 배운 귀신 쫓는 주문을 외운 뒤에는 자그마한 고양이를 보고도 도깨비라도 본 것처럼 대경실색한다.

그래도 감투 욕심을 버리지 못하는 멍텅. 집으로 동냥 온 거지에게 은전 한 푼 줬다가 졸지에 '각설이회 총접주' 감투를 쓰고, 바람의 꾐에 넘어가 옥매의 도장을 위조해 1만원 저금을 찾아서 신문사를 차리고는 '색기일보 총장' 명함을 판다. 그러나 얼마 가지 않아 옥매에게 위조 도장으로 저금을 찾은 일을 들키고 신문사 직원들은 멍텅의 멍텅구리 짓에 혀를 내두르며 총장 불신임을 결의한다.

▶ 국회의원, 대표이사, 대학총장 같은 거창한 감투가 아니라, 시골 이장, 조기축구회 총무, 줄반장 같은 감투만 써도 괜히 어깨가 으쓱해지고, 고개가 뻣뻣해지는 게 인지상정. 멍텅구리라고 어찌 '감투 맛'을 모를쏘냐? 그러나 '기생조합 총고문', '판관회 총재'라도 뭐라도 할 줄 알아야 '고문 대접', '총재 대접' 받을 것인데….

하지만 멍텅은 기상천외한 감투가 줄줄이 적힌 명함 보는 것만으로도 마냥 흐뭇하고 즐겁다. 남보다 높은 자리에 앉아 거들먹거리고는 싶은데, 조직을 이끌어갈 비전, 능력, 헌신, 책임감 따위는 '내 알 바 아닌' 멍딩. 몸에 맞지 않는 옷, 감당할 수 없는 자리를 쫓고 또 어쩌다 그런 옷, 그런 자리를 얻게 되면 옷이야 찢어지건 자리야 없어지건 옷에 취하고 자리에 취해 거울과 명함만 보고 제멋에 젖는 인간이 비단 그 시절 멍텅구리뿐일까?

1926.12.12

멍텅구리 사회사업 1

큰 집부터

큰 집을 사게 된 멍텅

- 그래, 이 집만 하면은 실컷 살겠지?
- 헹, 사랑채가 가까워서…

자동차 타고 다닐 걱정부터

- 대문 앞도 과히 좁지 않고. 꼭 맞췄다
- 저, 거시기. 자동차 들어오기가 불편하겠어유

꾸중하는 아버지 앞에

- 에익, 그것! 언제나 지각이 나!?
- 헉!

옥매는 평양 갔다고 어리둥절

- 네 아내와 자식은 어찌하느냐?
- 네! 저저 평양에 가 있다는…

1926.12.13

멍텅구리 사회사업 2

세간부터

안방 도배를 제일 잘하라고

- 여. 여. 안방 도배를 제일 잘하여야 하는 것이여, 엉?
- 네, 이거 또 판관*을 만났군

* 판관(判官): 과거 아내 지배하의 남성을 놀려 일컫던 말. 공처가(恐妻家). 안주인이 거처하는 방인 안방 도배를 참견해서 '판관' 소리를 들은 듯

의걸이*가 들어온다

- 자! 깨트려지니 조심해. 저, 저, 거울!
- 네. 네

* 의(衣)걸이: 내부에 긴 횃대를 설치하여 옷이 구겨지지 않게 걸어둘 수 있도록 만든 옷장

피아노가 들어온다

- 에끄, 피아노라구! 아직 대청에 놔둬!
- 어서 올라가
- ?

참다못해 호령하는 노멍텅

- 에익, 도무지 세간이 급한가! 사람을 찾아와야지!
- 네, 킥!

1926.12.14

멍텅구리 사회사업 3

옥매 찾아

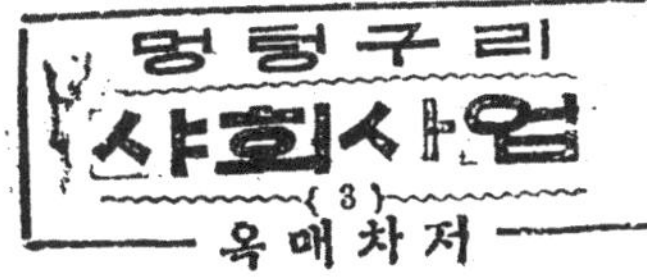

인력거를 몰아 정거장으로

- 히히, 털목도리를 대니까
  뜨뜻하다… 저, 경성정거장…
- 네. 네

평양 가는 차 안에서 갖은 생각

- 옥매가 나를 보면 또 암상*을 필까?
  어이 고것 성미가…
- ?

* 암상: 남을 미워하고 샘을 잘 내는 잔망스러운 심술

퍽 좋아하겠다고 퍽 소리부터

- 아이, 큰 집도 사고, 의걸이, 피아노
  모두 사 놓은 이야기를 들으면… 퍽!
- ?

짓궂은 동행에게 놀림을 받아

- 여보, 별안간에 퍽이 왜요?
- 네?

1926.12.15

멍텅구리 사회사업 4

옥매 찾아

평양에 내려서 차관리*로

- 여, 차관리로 가!
- 네

* 차관리: 평양의 지역명. 기생집이 밀집해 있었다

더켄모켄*의 사투리

- 다알 논다**. 더켄모켄으로 가야 하누만!
- 차관리랭이, 일루 가디, 뭐***

* 더켄모켄: '저쪽'을 뜻하는 평안도 방언인 듯

** 다알 돈다: 잘 돈다

*** 차관리랭이, 일루 가디, 뭐: '차관리랑은 이리로 가지 뭐'인 듯

노처녀 나오는 신선달래집*에

- 이보오, 이 아근**에 신선달래집이 어드멘가요?
- 저기 노처녀 나오는 집이외다

* 신선달래집: 집 나온 옥매가 평양에서 친정처럼 머무는 기생집 이름인 듯

** 아근: 가까운 부근이나 곳. 근처

이로나라 찾다가 아하하

- 에헴, 이로나라! 아하하!
- 웬일이세요!

1926.12.16

멍텅구리 사회사업 5

옥매 찾아

똘똘을 안아본 뒤

- 오-으 내 똘똘아- 응
- 어흐흐, 아바-지?

옥매에게 이야기 개시

- 그래, 웬일이세요? 나는 다시 안 뵐라고 했는데요
- 헹, 뭐하러 남몰래 봇짐을 쌌어?

다짜고짜로 서울 가자

- 봇짐은 네기 가난살이에 며칠씩 사람 구경도 못 하고. 어떻게 지내요?
- 그러나 저러나 어서 서울로 가!

싫어요 일없어 또 잡아떼어

- 싫어요. 일 없어요!
- 엉?

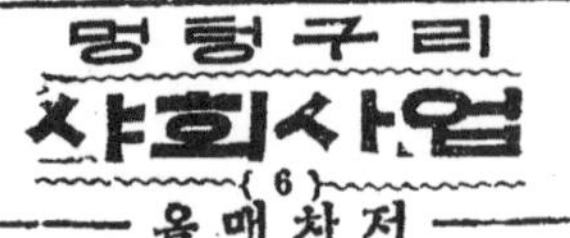

1926.12.17

멍텅구리 사회사업 6

옥매 찾아

큰 집과 세간도 일이 없소

- 여봐. 인제는 심평*이 피었어. 의걸이 피아노를 큰 집에 잔뜩 사들이고…
- 일없어요. 또 경매나 부르라고요?

* 심평: 셈평. 생활의 형편

돈을 마음대로 써도 일이 없소

- 허이. 이런… 아버지가 돈을 마음대로 쓰라고 하셨는데…
- 고만둬요. 그렇게 해서 돈이 한강물이면 당하나요?

사회사업은 더욱 괴로워

- 아! 내가 인제 멍텅구리 폐업을 하고 사회사업을 할 테여
- 아이고. 또 꺼떡댈라고요? 나는 말재* 할아버지 댁으로 가요!

* 말재: '말이지'의 준말인 듯

다 그만두고 웃묵잠*이나 자우

- 아! 일껏 찾아오니까?
- 그럼, 오늘 저녁엔, 웃묵잠이나 자고 가요!

* 웃묵잠: 윗목잠. 온돌방에서 온기가 들어오는 아랫목과 달리 윗목은 한기가 들고 차가움. '윗목잠'은 손님을 박대하는 의미를 내포함

1926.12.19

멍텅구리 사회사업 6

세 가지 다짐

• 12월 17일 6회 '옥매 찾아' 12월 19일 6회 '세 가지 다짐' 연재 번호 중복. 편집 오류

옥매의 세 가지 조건

- 그러면 내게 세 가지 다짐을 해요
- 세 가지가 뭐여?

첫 조건은 문제도 안 되어

- 첫째는 무엇이든지 나하고 먼저 의논해 하시고요
- 엉? 쉽지. 그까짓 건

둘째 조건도 우선 그러지

- 둘째는 새로 애인 두지 말고 밤 11시 안에는 꼭 들어와 자고요
- 헹 그러지. 누가 또 애인 뒀나?

셋째 조건은 허이고

- 셋째는요. 돈 회계는 나를 꼭 맡기고요. 허튼 용*을 써서는 안 되겠어요!
- 허이고!

* 허튼 용: 허튼 용도. 불필요한 용도

1926.12.21

멍텅구리 사회사업 8

어느 절 승*

* 어느 절 승(僧): 어느 절 스님

할 때 봐야 안다는 사회사업

- 그래, 사회사업이라니, 뭘 한단 말이에요?
- 엉! 그건 할 때 봐야 알지

멍텅구리 폐업은 못 했느냐?

- 이런, 멍텅구리 폐업은 오늘도 못 하셨수그려
- 아야 아야, 옛날 옥매가 또 왔나?

오랜만에 줄변덕

- 그러나저러나 우리 거울 좀 봐 아이구. 내가 늙었지 늙어?
- 아아, 또 줄변덕이에요?

쪽*이 떨어져 또다시 승**

- 아이고, 이것 좀 봐요
- 헤헹, 어느 절 승인가요?***

* 쪽: 시집간 여자가 뒤통수에 땋아서 틀어 올려 비녀를 꽂은 머리털. 또는 그렇게 틀어 올린 머리털

** 승: 노엽거나 언짢게 여겨 일어나는 불쾌한 감정을 뜻하는 '성'의 방언.

*** 어느 절 승인가요?: 옥매가 쪽이 떨어져 '승'(성)을 내니까, 멍텅이 농담으로 '어느 절 승(스님)'이냐고 되묻는 상황

1926.12.22

멍텅구리 사회사업 9

산보 가서

차 시간이 남은 탓에

- 차 시간도 멀었고 우리 산보나 가리까!
- 이 추운데 산보는?

단장*을 들르며** 산보를 하는 중

- 그만둬. 나 혼자 가지… 얼싸 좋네…
- 야, 뻐근히 춥쇠다

* 단장(短杖): 짧은 지팡이

** 들르다: 아래에 있는 것을 위로 올리다

길 가는 사람을 때린 탓으로

- 흥, 대동강이 잔뜩 얼었네… 이키
- 어이쿠!

의외에 말썽이 생겨

- 이런, 쌈퉁이. 니선달래떡판* 같은 이. 여벌 대구리 있는 줄 아누만**
- 어허허. 아니오

* 니선달래떡판: '쌈퉁이'와 함께 평안도 고유의 욕인 듯. 다음 회(10회)에 멍텅도 그게 무슨 말이냐고 묻는다

** 여벌 대구리 있는 줄 아누만: 여벌의 머리가 있는 줄 알구만. '목숨이 둘인 줄 아나?'의 뜻

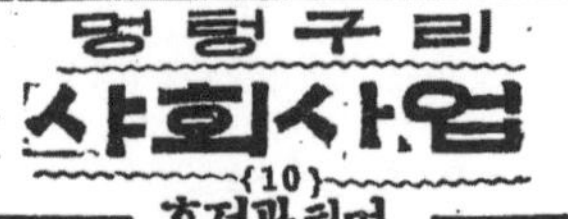

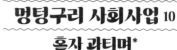

1926.12.23

멍텅구리 사회사업 10

혼자 과티며*

* 과티다: '고함지르다'의 방언

민하게* 구는 아사끼

- 여보, 니선달래떡판이라니, 무슨 말이오?
- 이런 쌍, 퍽은 민하구노나… 어드메서 온 아사낀고?**

* 민하다: 조금 미련스럽다
** 어드메서 온 아사낀고?: 어디에서 온 애새끼냐?

부협의원* 하려는 퇴물**이라고

- 나는 최멍텅구리요!
- 씨! 최멍텅구리? 이거 부협의원하려다 놓친 아사끼로다

* 부협의회(府協議會): 1910년부터 1946년까지 존속한 일제강점기 직선제 기초 의회. 부협의원(부협의회 의원)
** 퇴물(退物): 어떤 직업에서 물러난 사람을 낮잡아 이르는 말

귀쌈*을 박어줄 급한 형세

- 앵, 이 거랭이 궁둥짝 같으니. 귀쌈을 박어줄라
- 이쿠, 이거 잘못 걸렸구나

* 귀쌈: '귀싸대기'의 북한어

혼자 과티면서 줄행랑

- 히히, 삼십육계에 줄행랑이 제일이다
- 헤헹, 저 혼저 과티며 닫누만*

* 닫다: 다리를 빨리 움직여 이동하다. 달리다

1926.12.24

멍텅구리 사회사업 11

서울로

멍텅식으로 바삐 서둘며

- 혜숙*이 혜숙이, 어서 서울로 가. 저기 똘똘이는 내가 안고…!
- 이건 또 웬 수선을 떨어요?

* 혜숙: 옥매의 본명. 신혜숙

급행차로 서울에

- 하필 이렇게 추운 날에 똘똘이 감기 들겠네
- 헹, 날 닮아서 여간해 앓지는 않아

황주* 명물 사과를 사노라고

- 여, 황주 사과가 유명한데 얼지 않았소?
- 원 천만에, 얼 리가 있습니까?
- (황주)

* 황주(黃州): 황해도 황주군 가운데에 있는 읍. 군청 소재지

차 놓치고 헐레벌떡

- 어서 타셔요!
- 이쿠, 차장

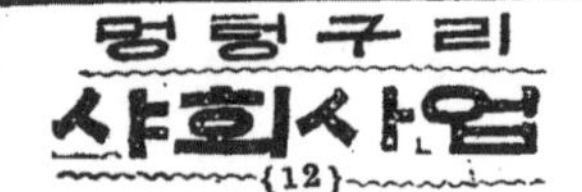

1926.12.25

멍텅구리 사회사업 12

서울로

닫는 차에 뛰어들다가

- 아이고, 가만있소
- 에익, 그까짓 것

역장의 신호로 임시 정거

- 호르르
- 웬일이고
- 응?

차실*에서 맞이하는 옥매

- 아, 이 무슨 짓이에요? 번번이 차는 놓치시고…
- 헹, 그래도 나니까 정거를 했지

* 차실(車室): 기차나 버스 따위에서 사람이 타는 칸. 찻간

북한산 총재에 묵은 창피

- 장하십니다. 북한산 총재를 괄세할* 리가 있습니까?
- 허이!

* 괄세하다: '괄시하다'의 잘못. 다른 사람을 업신여겨서 하찮게 대하다

1926.12.27

멍텅구리 사회사업 12

새살림

• 12월 25일 12회 '서울로' 12월 27일 12회 '새살림' 연재 번호 중복. 편집 오류

시부모 다시 뵙는 옥매의 절

- 오- 그래, 얼마나 고생했느냐?
- 어이구, 이것 봐 숙성*도 하지

* 숙성(夙成)하다: 나이에 비해 지각이나 발육이 빠르다

대답에 궁한 멍텅이

- 뭘 하기에 인저 오느냐?
- 저 거시기, 평. 평양서…

개시로 사회사업 이야기

- 왜 말도 똑똑이 못해? 지금부터는 뭘 하고 지내려느냐?
- 사회사업을 하여야 하겠습…

똘똘이 시대에나 사회사업 하라고

- 사회사업? 이것이나 자라거든 사회사업 시켜라!
- 헹

1927.1.5

멍텅구리 사회사업 14

첫사업

• 1월 1일, 3일, 4일 '새해맞는 멍텅구리: 화국여왕' 3회 연재(뒤의 763~765쪽) 후 12월 27일 12회 '새살림'에 이어 14회 '첫사업'으로 연재 속개

우연히 묻는 옥매의 말에

- 그래서요, 새해도 벌써 여러 날 지났는데 사회사업은 어찌되었어요?
- 헹, 그러잖아도 내 이야기 하렸더니…

기다린 듯이 나오는 대답

- 왜 또 나하고 의논도 안 하고 뭘 시작했어요?
- 아니여, 하들* 조르기에…

* 하들: 아주, 몹시를 뜻하는 부사 '하'에 복수를 뜻하는 접미사 '-들'이 붙은 형태. '아주들'. '몹시들'

첫 사업으로 기생조합 총고문

- 뭐요? 어데 직함 좀 봐요
- (다동 기생조합 총고문 최멍텅)

일없소 무효예요 옥매의 암상*

- 일 없어요. 날마다 기생조합이나 가시려고요? 무효예요!
- 퍼ㅎ!

* 암상: 심술을 내는 마음. 또는 그런 행동. 암상이 나다. 암상을 부리다

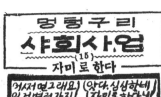

1927.1.6

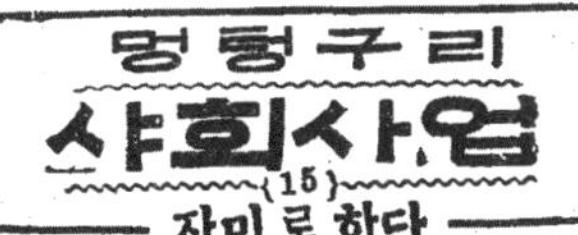

멍텅구리 사회사업 15

재미로 한다

재미보자고 시작한 첫 사업

- 어쩌면 그래요? 일것* 별러가지고 신년 새해에… 기생조합 총고문!
- 아따, 심심하네. 재미로 한다니까

* 일것: 일껏, 모처럼 애써서

세 가지 조건도 우선 잠깐

- 왜 세 가지 조건을 꼭 다 듣는다고 하시더니 금방…
- 뭘 돈도 얼마 안 들고…

돈 아니 들고는 되는 일 없어

- 아! 더군다나 돈까지 들어요?
- 킥, 돈 아니 들고 되는 일 별로 있나?

옥매의 독살* 어름어름**

- 아이그, 개꼬리 3년***이라더니… 참 속상해!
- 히히. 자네 낯을 봐서 했는데

* 독살: 악에 받치어 생긴 모질고 사나운 기운

** 어름어름: 말이나 행동을 똑똑하게 분명히 하지 못하고 우물쭈물하는 모양

*** 개꼬리 3년: 속담 '개 꼬리 3년 묻어도 황모 못 된다'. 개 꼬리를 아무리 오래 간직하여도 귀하고 비싼 족제비 꼬리털이 될 수는 없듯이, 처음부터 잘못된 것이나 또는 바탕이 나쁜 것은 아무리 소중히 다루고 가꾸어도 좋게 될 수 없다는 말

1927.1.8

멍텅구리 사회사업 16

둘째 사업

둘째 사업으로

- 에, 각하가 멍텅구리 씨십니까?
- 왜요? 그렇소, 에헴

청청교 총령을 하게 되어

- 우리가 청청교를 만들었는데, 각하가 총령이 되어주슈
- 히히, 청청교 총령? 그도 해롭지 않은 사업이야

옥매의 반대도 불구하고

- 헤숙이, 청청교 총령을 하라는데 어짤꼬, 응?
- 내 원 또. 몰라요!

쌍줄* 직함에 헤헹

- 헹, 좀 걸맞지 않는걸
- (다동기생조합 총고문 청청교 총령 최멍텅)

* 쌍줄: 두 줄

1927.1.9

멍텅구리 사회사업 17

첫 출사

오전에는 총고문으로

- 헤헴, 히히
- (다동기생조합)

옥창앵도 타령*을 듣고

- 옥창애-ㅇ도 붉었는데…
  에여라노아라. 만학천봉
- 잘들 하는군

* 옥창앵도 타령: 창부타령. 본래 무가(巫歌)의 창부서낭거리에서 불리던 노래가 민요화된 경기도의 대표적 민요

오후에는 총령으로

- 여기가 총본부라군
- 예, 총령 영감이십니까
- (청청교 총본부)

청청홍홍의 주문을 들어

- 청청. 홍홍. 백백청. 에헴
- 킥, 사람이…

1927.1.10

멍텅구리 사회사업 18

합동

청청교 주문을 듣던 멍청

- 청청. 백백. 홍홍청. 일월. 일월 태평춘
- 히히, 여보, 여보

졸연히* 한 안이 생각나서

- 네 총령 각하, 왜 그러십니까?
- 내가 총고문으로 있는 조합하고 한번 합동을 해 볼까?

* 졸연(猝然)히: 갑작스럽게

기생과 청청교도가 합동

- 에에 글쎄요, 뭐, 정성만 도텨* 하면 그것도 해롭잖지요
- 그렇지 그렇지, 합동이다, 합동

* 도티다: 돋게 하다. 도드라지게 하다

중간에 앉아서 좋다 좋다

- 청청. 홍홍. 백백청
- 좋다 좋다
- 그러면 네가 뭘 먹으려느냐…

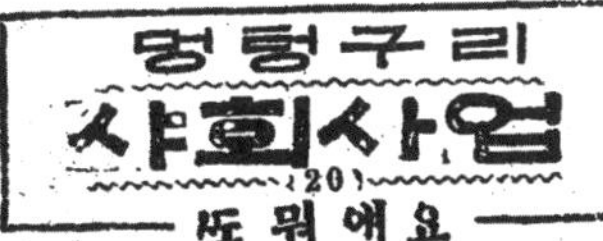

1927.1.12

멍텅구리 사회사업 20

또 뭐에요

- 1월 10일 18회 '합동' 이후 1월 11일 19회 연재 누락

못살게 군다는 옥매의 말

- 오라버니가 누이 못 살 짓만 하고… 무슨 일이야요?
- 호호호, 그만두고 오랜만이니, 술이나 한 잔 내와

도체* 고기 잘 먹는 멍텅

- 아무리 평양이 외가댁이기로, 도체 고기조차 잘 먹나?
- 픽, 잔소리 말고 술잔이나 들어라

* 도체(屠體): 도살한 가축의 가죽, 머리, 발목, 내장 따위를 떼어 낸 나머지 몸뚱이

기생 신문 이야기를 내다가

- 요새 기생 잡지가 둘씩이나 나온다데, 자네는 기생 신문이나 하게
- 히히, 기생 신문?
- ?

두 번째 옥매의 훼방

- 기생 신문은 또 뭐예요?
- 아-하!

일제강점기 신흥종교

朝鮮日報 號外

兇暴의極·慘虐의絕·魔道白白教罪狀

毒手에慘殺된教徒 判明者만 五十八名

推定被殺者男女 百餘名

犯罪史上空前慘記錄

官爵을食餌삼아 愚氓을欺瞞騙財

不平教徒는京城本部로誘引 一家族單位로鏖殺

李敬得

大念鑛으로擬裝한 兇慘秘密屠人場

可和世! 呪文으로無念無想中 北斗使가暗打絞殺

백백교 사건을 보도한 《조선일보》 1937년 4월 13일자 호외

일제강점기에는 어수선한 사회 분위기 속에서 갖가지 신흥종교가 우후죽순처럼 생겨났다. 동학계의 천도교·시천교·상제교, 증산계의 보천교·흠치교·태을교, 단군계의 단군교·대종교·칠성교·관성교 등 총독부가 파악한 것만 해도 70여 개에 달했다. 밀교의 형태로 운영된 것은 그보다 몇 배나 많았다.* 1915년 조선총독부령으로 공포한 '포교규칙'에서 종교는 신도, 불도, 기독교로 제한되었다. 그 외의 종교들은 '유사종교'로 분류돼 종교의 영역 밖으로 밀려났다. 신도, 불도, 기독교는 총독부 학무국 종교과에서 '관리'되었고, '유사종교'는 각 경찰서 보안과에서 '단속'되었다.

근대 이후 새롭게 등장한 신흥종교들은 교리상으로 큰 차이가 없었다. 인본 사상, 민중 사상, 후천개벽 사상, 지상천국 신앙, 구세주 신앙, 신민 사상, 조화 사상, 통일 사상, 해원(解冤) 사상, 전통문화계승 사상 등은 거의 모든 신흥종교에서 공통된 교리였다.** 즉, 어떤 신흥종교도 적어도 교리상으로는 사이비종교나 사교로 치부하기 어려웠다. 동학에 뿌리를 둔 신흥종교 천도교는 1910년 교인수가 100만을 넘었고, 독립운동과 민중계몽운동에 크게 기여했다.

* 윤선자, 《한국근대사와 종교》, 국학자료원, 2002, 54쪽

** 노길명, 〈한국 신흥종교 운동의 사상적 특성〉, 《종교신학연구》, 제2권, 1989

그러나 신흥종교가 범람함에 따라 일부 종교집단에 의해 자행된 부녀자 유린, 재산 갈취, 살인 등 크고 작은 범죄가 줄을 이은 것도 사실이었다. 그 대표적인 사례가 '백도교(白道敎)'와 그 후신인 '백백교'였다. 백도교는 평북 영변 태생 동학도 전정운이 금강산에 들어가 4년 동안 도를 닦아 1900년 천지신령의 도를 체득한 후 세상에 나와 세운 종교였다. 1912년 강원도 금화군 오성산에 본거지를 두고 개창된 백도교는 강원도를 중심으로 교세를 확장해 1915년경에는 교도가 1만 명을 헤아렸다.

1919년 교주 전정운이 죽자 교단의 분열이 일어나 큰아들 전용수가 '인천교(人天敎)', 둘째 아들 전용해가 '백백교', 셋째 아들 전용석이 '도화교(桃花敎)'를 창립했다. 세 종교 모두 "결백한 마음으로 퇴폐한 세상을 교화하여 추악한 현세를 아름답게 한다"는 교리를 내세워 교세를 확장해 나갔지만, 1930년 전정운이 살아 있을 때 오성산에 그의 애첩 4명을 산 채로 파묻어 버린 구악이 폭로돼 백도교 전직 간부들을 대대적으로 검거한 소위 '금화사건'이 발발하자 세 종교 모두 검거망을 피해 지하로 숨어버렸다.

교단의 맥이 끊긴 줄 알았던 백도교 계열 신흥종교는 1937년 백백교 사건으로 다시 수면 위로 떠올랐다. 지하로 숨은 백백교 지도부가 은밀히 교세를 확장하는 과정에서 교도 314명을 살해, 암매장한 사실이 밝혀져 18명의 백백교 간부가 체포된 소위 '백백교 사건'이었다.*** 백백교 사건은 1937년 로이터 선정 '세계 10대 사건'에 포함될 만큼 전 세계를 공포로 몰아넣은 유례를 찾기 어려운 엽기적인 대사건이었다.

*** 전봉관, 《박태원 소설 '우맹'과 신흥종교 백백교》, 한국현대문학회 2006년 동계 학술발표회 자료집

1927.1.14

멍텅구리 사회사업 21

셋째 사업

바람의 책망이 빌미 되어

- 내가 누이도 잘못 두었지만 자네 계집 버르장이*도 잘못 가르쳤네
- 아! 왜? 내 집 범절**이 괜찮어이

* 버르장이: 버르장머리

** 범절: 법도에 맞는 모든 질서나 절차

판관 이야기가 일어나서

- 예기, 이 천생 판관 총재*는 못 면하겠다
- 옳다 옳다, 우리 판관회나 하나 만들세

* 판관 총재: 공처가 모임 대표

옥매의 동의까지 번듯이 얻고

- 아하하, 그건 동의하지요
- 그래, 판관회 규칙을 만듦세

판관회 참가 자격까지 작성

- 판관회 참가 자격
  1. 무슨 일이든지 마누라 허가 없이는 못 하는 놈
  1. 밤 11시 뒤에는 바깥 출입 못 하는 놈
  1. 자볼기* 무서워 기 못 펴는 놈……
- 아하하하
- 어허허
- 요호호호

* 자볼기: 자막대기로 때리는 볼기

1927.1.15

멍텅구리 사회사업 22

셋재 사업

처시하*에 사는 작자들이

- 어젯밤 열두 점 지나 집에 갔더니, 그 벌로 오늘 오정이 넘도록 조반도 못 먹었다
- 마누라가 향수 사오라는 것을 못 샀는데
- 히히
- ?
- ?

* 처시하(妻侍下): 아내에게 눌려 지내는 사람을 놀림조로 이르는 말

이 이야기 저 이야기 다 한 끝에

- 어이, 요새 어멈이 나가서 마누라 밥 하는데 불 때주더라고…
- 히히, 자격은 충분하니 판관회를 조직해!
- 옳소 옳소

판관회가 되자 총재를 추천

- 에, 우리 회에는 총재를 두고 최멍텅 씨로 총재에 추천할세라
- 너는 읽을 자격도 없다
- 좋소
- 좋소

멍텅의 명함에는 직함이 세 개

- (다동기생조합 총고문
  청청교 총령
  판관회 총재 최멍텅)
- 그건 괜찮다

1927.1.17

멍텅구리 사회사업 23

셋재 사업

기생 몰이한 총재의 턱

- 판관회 총재라고? 아이가! 남사시러워라
- 아구, 기생도 빼근히* 불렀누만

* 빼근하다: 힘에 겨울 정도로 몹시 벅차게. 많이

강짜* 부리는 댁의 전화

- 여기 김과장 계십니까? 댁에서 전화 왔습니다
- 엉? 집에서?
- 자볼기다, 자볼기!

* 강짜: '강샘'을 속되게 이르는 말. 부부 사이나 사랑하는 이성 사이에서 상대되는 이성이 다른 이성을 좋아할 경우에 지나치게 시기함

다음에 쫓아온 양머리*

- 여기 문국장 계십니까? 어떤 부인이 찾아왔습니다
- 엉? 나를?
- 이구, 큰 탈 났군!

* 양머리: 서양식으로 단장한 여자의 머리

멱을 잡히고 쩔쩔매는 작자

- 이게 다 뭐예요, 집은 비워놓고?
- 아, 아! 그러잖아도 갈 테여어
- 여보, 총재는 당신이 하슈

1927.1.18

멍텅구리 사회사업 24

다시 없소

멱 잡힌 작자와 다시 만나

- 총재 각하! 밤새 태평하십니까?
- 어이그, 그래 부인한테 용서를 받았소?

이야기 끝에 또 턱을 하라고

- 어! 창피해! 용서라니… 여보 한턱이나 다시 하우
- 아! 오늘 또 턱을 해?

턱 내는 총재라면 머쓱

- 이런 턱 먹는 맛에 총재이지 뭐, 인물이 잘나서 된 줄 아우?
- 허!

추는* 소리에 금방 헤헹

- 그럴 리가 있나. 각하가 아니고는 판관회 총재는 다시 없소!
- 헹

* 추다: 기분을 맞추느라 훌륭하거나 뛰어나다고 말하다. 비행기를 태우다

1927.1.19

멍텅구리 사회사업 25

몸 괴로워

부총재의 한턱

- 오늘은 저 문국장을 판관회 부총재로 추천하고 한턱 먹기야!
- 좋소
- 옳소

흐늘어진* 소상팔경**

- ♩ 연 - 파만경이 아니냐 ♬
- 좋다
- 아하하
- 좋다

* 흐늘어지다: 규범 표기는 '휘늘어지다'. 노래나 음의 흐름이 느려지거나 가라앉다

** 소상팔경(瀟湘八景): 판소리 〈심청가〉 중 주요 대목의 하나. 가야금병창과 단가로도 불림

뛰어든 양머리

- 당신이 판관회 총재라고요? 왜 남의 가슴에 못을 박아줘요? 엉?
- 에에

몸 괴롭다는 판관회 총재

- 당신이나 옥매하고 잘 살지? 왜 남의 집에 불 붙는 데 부채질해요? 엉?
- 어허, 셋째 사업엔 몸 괴로운데

1927.1.20

멍텅구리 사회사업 26

청청홍홍

청청교도한테 끌리어

- 총령 각하! 워쩐 일입니껴? 여러 날 사진*을 안 하시고요
- 에- 가지, 가!

* 사진(仕進)하다: 벼슬아치가 규정된 시간에 근무지로 출근하다

청청교 주문 배우기

- 총령 각하부터 주문을 배워겨라우. '청청홍홍백백청…'
- 에- 청청홍홍… 히히

멍텅식의 우스운 소리

- 청청홍홍, 웬 홍이 그렇게 많은고? 홍매, 홍련이, 산홍이, 은홍인 아니여?
- 쉬익! 천벌받습니다

천벌이란 소리에 가슴이 덜컥

- 엉? 천벌?
- 피흐!

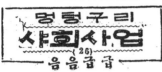

1927.1.21

멍텅구리 사회사업 26

음음급급

- 1월 20일 26회 '청청홍홍' 1월 21일 26회 '옴옴급급' 연재 번호 중복. 편집 오류

청청 주문 배운 다음에

- 뭐, 최 총령이 여기 겝쇼니까?
- 어, 잘 왔네
- ?
- ?

대원수* 된다는 다른 주문

- 이 주문을 외면, 이 뒤에 대원수를 합니다. '북두구신 중천대신**…'
- 엉. 북두갈구리***? 히히

* 대원수: 국가의 전군을 통솔하는 최고 계급인 원수를 더 높여 이르는 말

** 북두구신 중천대신: 증산도 주문 '칠성경'의 한 구절

*** 북두갈고리: 북두(마소의 등에 실은 짐을 배와 얼러서 잡아매는 밧줄) 끝에 달린 갈고리. 험상궂은 손을 비유할 때 쓰는 말

이번에는 사귀* 쫓는

- …사귀 음음급급 여율령 사파하**-
- 킥! 여율령 사파하?

* 사귀(邪鬼): 요사스러운 귀신

** 음음급급 여율령 사파하: 증산도 주문 '운장주'의 한 구절. 음음급급 여율령은 '율령처럼 화급하게 집행하여 주옵소서', 사파하는 '속히 그렇게 되기를 원하옵나이다'라는 뜻. '엄엄급급', '옴옴급급'으로 읽기도 함

음음급급의 야릇한 주문

- 이것은 사귀가 꽁무니가 빠지게 도망하는 주문이에요!
- 허이구 저런… 음음급급… 이히히

1927.1.22

멍텅구리 사회사업 27

여율령사파

먼저 간다던 바람이

- 밤이 깊어 나는 먼저 가오
- 아, 왜?

긴 담 옆에 숨었다가

- 이 작자가 여태 안 오나? 이키! 저기 온다
- 에어둬!

나타나면서 도깨비 장난

- 아-이구 아-이구
- 어흐흐! 사귀음음. 급!급!급!

여율령사파하도 소용 없어

- 아-이구, 아-이구
- 으흐흐, 여율령 사파하… 아이구구

1927.1.23

멍텅구리 사회사업 27

꼭 죽을 뻰

• 1월 22일 27회 '여율령사파' 1월 23일 27회 '꼭 죽을 뻰' 연재 번호 중복. 편집 오류

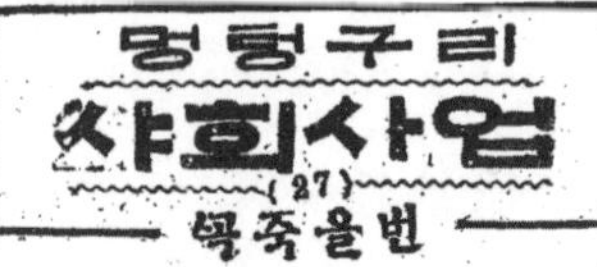

도깨비한테 혼이 난 멍텅

- (청청교 총본부)
- 어흐흐, 문 좀 열어! 아 얼른 좀 열어!
- 네, 누구시라우?

청청교 본부에서 야단

- 아-험, 꼭 죽을 뻔했소. 원, 급급,여율령을 해도 도깨비가 눈 하나 깜짝 아니 해! 아이구구
- 천만에!

바람에게 속은 줄 알고

- 최 총령! 최 총령! 각하가 놀랬지… 아하하!
- 예끼, 요… 간이 콩만 했다

그제야 마음 놓고 테헹

- 거 봅시오. 일 년에 몇천 원 당해도 좋습니다
- 텡헹

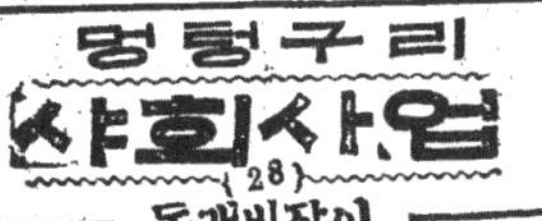

1927.1.24

멍텅구리 사회사업 28

도깨비잡이

늦게 돌아온 멍텅

- 아이그, 날은 추운데 어째 이렇게 늦었세요?
- 저-기 도깨비… 바람이한테 속아서…식식

잠들기 전에 고양이 소리 듣고

- 야-옹, 야-옹.
- 거, 뭐이 그래! 엉?

도깨비가 들어왔다고

- 야-옹
- 이키, 도깨비다!

이불로 덮어눌러 큰 야단

- 옳다, 이놈의 도깨비 음음급급여율령사파하. 이놈, 이놈!
- 엉? 뭐예요?

1927.1.25

멍텅구리 사회사업 29

고양이 귀신

조그만 도깨비를 잡았다고

- 저저, 지금 여기 조그만 도깨비를 하나 잡았어…
- 조그만 도깨비? 요 꼬리는 뭐예요?

처들고 보니 멀쩡한 고양이

- 엉? 이게 뭔가? 고양이 귀신인감?
- 아이그, 추우니까 고양이가 사람 찾아온 걸 그랬구만!

옥매의 잔소리에 판청을 부리다가

- 아이참, 큰일 났네. 고양이 죽이면 죄 많다는데, 어떡해요?
- 헹! '일월일월 태평춘'

핀잔 맞고 퍼흐!

- 다, 듣기 싫어요
- 퍼흐!

1927.1.26

멍텅구리 사회사업 30

멍텅구리교

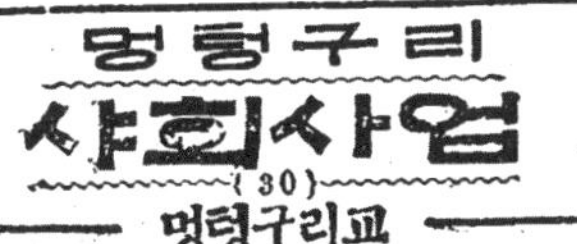

거리의 아이들이

- 얘, 청청, 홍홍, 히히
- 그게 무슨 소리냐?

멍텅구리교가 생겼다고

- 너는 여태 멍텅구리교도 모르니?
- 예라이 멍텅구리교는 또 뭔 말라 비틀어진 게냐?

이야기하는 판에 지나다가

- 얘, 요새 응. 멍텅구리가 청청교 총령 한데여!
- 아! 저기 오는 저 최멍텅구리가?

실컷 놀림감이 되어

- 아이참! 멍텅구리 청청 홍홍
- 어이
- 응응 급급
- 아하 아하

1927.1.28

멍텅구리 사회사업 30

거지 접주

- 1월 26일 30회 '멍텅구리교' 1월 28일 30회 '거지 접주' 연재 번호 중복. 편집 오류

새 사업 할 걱정을 하는 판에

- 이 사람, 그렇게 끓지 말고 다른 사업을 시작하게
- 또, 뭐, 부랑자 대회 하자고?

거지를 만나서 은전 한 푼

- 허기진 사라암 밥 한 수울 주웁쇼. 허기진 사라암 밥 한 수울 주웁쇼*
- 어이, 귀 아파. 어서 가져가

* 허기진 사라암 밥 한수울 주웁쇼: '허기진 사람 밥 한 술 줍쇼' 허기진 느낌을 살리기 위해 모음을 하나씩 더 첨가했다

바람의 말로 본색이 탄로

- 고맙습니다. 거룩하십니다
- 힉
- 호호호, 최 총령 각하가 선심 쓰셨군!

각설이회 총접주로 올라앉아

- 영감 마님, 사회사업 많이 하시는 최멍텅구리십니까? 우리 '각설이회 총접주'로 뫼십니다
- ?
- 아하, '각설이회 총접주'!

1927.1.29

멍텅구리 사회사업 31

거지 현신

떼거지*가 모여들어

- 총접주 영감이다. 각색 거지, 다 한 번씩 외어라
- 헤
- ?

* 떼거지: 떼를 지어 다니는 거지

돈이나 쌀이나 밥이나

- 돈이나. 쌀이나. 밥이나. 돈이나. 쌀이나. 돈이나. 밥이나
- 몇 대 째나 거지 전문을 했노?

서울 각설이 한 차례

- …고드름 장아찔 먹었던가? 어찌나, 저리 싱거워? 품, 품, 각설이
- 히히, 성은 피가라도 관자 맛으로 댕긴다고*

* 성은 피가라도 옥관자 맛에 다닌다:성은 비록 양반이 못 되는 피씨 성을 가졌을지라도 옥관자를 망건에 단 멋에 우쭐대며 다닌다는 뜻으로, 본바탕은 변변치 않은 사람이 겉모양을 뽐내며 거들먹거리는 경우를 비꼬는 말

경상도 각설이 한 차례

- 경상도 영덕이, 동래, 울산 봉덕이… 얽은 것은 손님 덕, 밥 잘 먹기는 시절 덕…품품 각설이
- 영남 각설이는 또 다르이, 오호호

1927.1.30

• 만화 속 대사가 좌우반전되어 표기

몰려드는 거지떼에

- 요새 웬 거지가 이렇게 들어밀려?
- 헹, 우리 총접주 아씨오니까?

머릿살 아픈 옥매

- 총접주 아씨는 또 뭐야?
- 네, 그저 거룩하십니다

자기가 총접주 아씨 된 것을 알고

- 하나 해라
- 네… 안득광하 천만간*. 살기 좋다. 집 주자. 품품 각설이
- 아하하

* 안득광하천만간(安得廣厦千萬間): "어떻게 하면 천만 칸의 넓은 집을 지어". 두보의 시 〈초가집은 가을바람에 부서지고(茅屋爲秋風所破歌)〉의 한 구절

멍텅에게 항의

- 여봐요, 나는 거지 총접주의 계집 노릇 하기는 싫어요!
- 엉? 킬킬

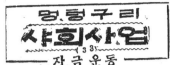

1927.1.31

멍텅구리 사회사업 33

자금 운동

다섯째 사업은 신문을 하기로

- 여보게, 바람이. 무슨 독독한* 사업을 해야겠는데
- 그러기 이번엔 신문 하나를 하기로 하세

* 독독하다: '똑똑하다'의 방언

옥매의 허가를 못 얻어서

- 신문? 큰돈을 쓰려면 마누라 허가를 얻어야 하는데…
- 원, 누이 도장을 속이지도 못해?

위조 도장으로 저금을 찾아서

- 히히, 됐단 말여
- (금 일 만 원)

일금 만 원으로 우선 시작키로

- 요만하면 시작이 되나?
- 우선 넉넉하지

1927.2.1

멍텅구리 사회사업 34

색기일보

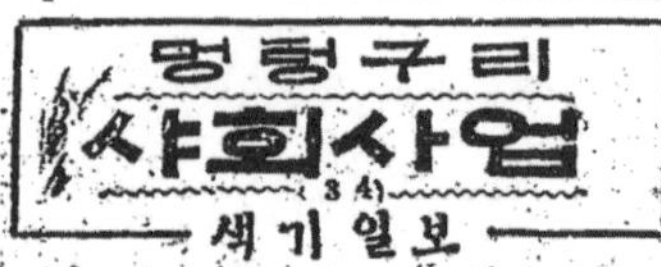

신문이름은 색기일보

- 그래 신문 이름은 뭣이라 할꼬?
- 아따 ‘색기일보’라고 해버려

색기일보 총장의 새 직함

- 히히, ‘색기일보’라니. 그럼 내가 색기일보 사장이 되나?
- 사장은 하필… ‘총장’이라고 하게

명함 보면서 좋아라고

- 에헴, ‘색기일보 총장’? 캐, 캐, 캐
- (색기일보 총장 최멍텅)

어중이떠중이에게 가지가지 직함

- 에… 윤바람은 총무국장, 말라깽이는 편집국장, 고쫄쫄이는 외무부장, 허풍선이는 광고부장
- 네-으

1927.2.2

멍텅구리 사회사업 34

취임 인사

- 2월 1일 34회 '색기일보' 2월 2일 34회 '취임 인사' 연재 번호 중복. 편집 오류

자동차도 바람과 같이 나서서

- 내가 그럼 취임 인사를 하러 댕겨야 하지?
- 암, 자동차에 버티고 가야 하네… 아이 참. 합니다

취임 인사를 다니기로

- 히히, 자네와 나 사이에 뭐 총장이 됐기로… 트고 지내세
- 각하, 천만의 말씀이오

원숭이 흉내로 인사말씀

- 에… 지금부터 여러 가지를 부탁합니다
- ?

추어주는* 소리에 무얼요 헤헤헹

- 네, 색기일보 총장이세요? 장하십니다
- 네 뭘요, 헤헤헹헹

* 추어주다: 실제보다 과장되게 칭찬하다

1927.2.3

멍텅구리 사회사업 35

새해 인사

초하룻날도 늦잠을 자다가

- 고만 일어나요. 정월초하룻날도 늦잠을 자세요?
- 아바지
- 엉? 몇 시여? 신문사에 가야 할 터인데!

세수도 하기 전에 세배꾼이 와서

- 푸두두, 푸- 엉? 어허허
- 총접주 영감, 새해 문안이오

총령 각하로 새해 인사 받고

- 총령 각하, 새해 신년 문안이오
- 엉, 어이구들 참, 에험

여자들의 세배 바람에 더욱 헤헤!

- 총고문 대감, 세배 받으세요
- 엉. 헤, 헤, 헹

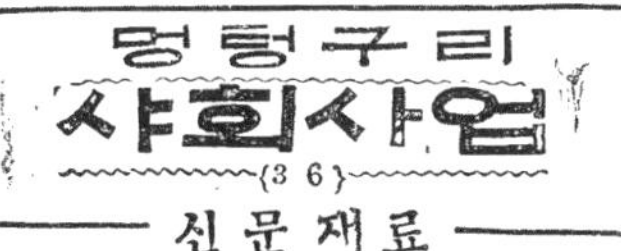

1927.2.9

멍텅구리 사회사업 36

신문 재료

시골 갔다온 멍텅이

- 에헴 총장 각하, 며칠 동안 아주 못 보였으니 웬일인가요?
- 세배꾼이 귀찮아서 절에 가 숨었다 왔지

똥 싸다 자빠진 것도

- 어떤 술 취한 자가 길거리서 똥을 누다가 주저앉아서 두루마기에 온통 똥칠을 했던데 그거 신문에 내지
- 킥, 그게 무슨 신문이 됩니까?

건달놈의 싸움 구경도

- 헹, 그럼 어떤 건달놈이 기생하고 싸움을 하는데 기생의 단속곳*이 다 벗겨지데. 그것 신문에 내지
- 에헤헤, 그까짓 걸 뭘 다 써요

* 단속곳: 조선시대 여성들의 속옷 중 하나. 바지 위에 입고 치마 바로 밑에 입는 옷

신문 재료라고 이야기

- 네, 그저 총장 각하는 버티고만 계시지요?
- 엉, 버티여? 에헴

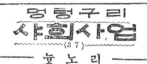

1927.2.10

멍텅구리 사회사업 37

윷놀이

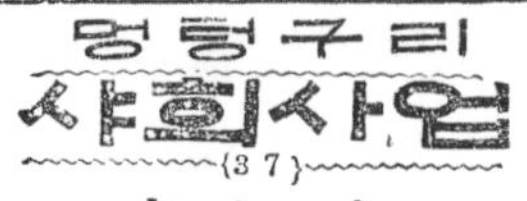

척사대회*에 가서

- 아하하 총고문 대감, 오늘은 색기일보 사원 척사대회예요?
- 엉,엉, 그래

* 척사대회: 윷놀이 대회

총장 각하라고 점잔을 빼다가

- 얘, 오늘은 총고문 대감께서 왜 저리 점잖아지셨니?
- 에익, 고약해. 우리 총장 각하인데

윷 노는 바람에 남의 대가리를 맞히고

- 엉? 나도 놀아? 이키 모야
- 대구리*야
- 아이쿠

* 대구리: '대가리'의 방언

연방 모만 찾는 멍텅이

- 얘, 이렇게 하고 구경하자. 아하하
- 아이그, 또 맞는다
- 이키 모야

1927.2.11

멍텅구리 사회사업 38

이게 웬일

같이 놀던 기생의 입으로

- 여보세요, 옥매 언니. 어젯밤에 색기일보사 윷놀이에 총고문 대감이 옥도하고 막 놀아나던데요
- 하하하, 그러기도 예사이지

색기일보에 돈 댄 이야기

- 그런데 대감은 어쩐 돈이 그렇게 쏟아져요? 이번 색기일보에도 한 손에 만원 내놓으셨대요
- 엉? 만원? 집에서 가져간 사이는 없는데?

의심 난 옥매가 저금통장 조사

- 뭘요, 아무도 안 내고 대감 혼자 내셨다는데요
- 가만있어…

이게 웬일 만원을 찾아내어

- 이게 웬일이야!
- 아하하, 저런 만원을 찾아갔구먼!

1927.2.12

멍텅구리 사회사업 39

동부인* 조건

* 동부인(同夫人): 아내와 함께 동행함

영문도 모르고 들어오던 멍텅

- 에헴 에헴, 아무도 없나?

옥매에게 암상을 받고

- 왜 도장을 위조해서 돈을 찾았어요, 엉? 색기일보 총장은 다 뭐예요, 엉? 글쎄 왜…
- 어! 어!

달아나는 치마 꽁무니를 잡다가

- 나는 당신 믿고 살 수 없어요!
- 어! 어! 여봐, 인저 큰 연회가 있을 적마다 우리가 엉, 동부인하고 다니고…

핀잔 맞고 자빠져

- 아이고, 그까짓 연회에 동부인하고 가는 게 그리 장해요!?
- 어이쿠!

1927.2.15

멍텅구리 사회사업 40

중대사건

며칠 만에 출석한 총장 각하

- 아! 어째 또 며칠 동안 안 나오셨습니까?
- 에,에, 집안에 편찮은 일이…

중대사건 보고를 듣다가

- 그런데 지금 중대 사건이 퉁겨져서*…
- 가! 가! 가만 있서…

* 퉁겨지다: 숨겨졌던 일이나 물건이 뜻하지 아니하게 쑥 나타나다

제쳐놓고 멍텅구리 짓

- 저, 저, 앞에 가는 색시가 뚝땃지*?
- 퍼흐!

* 뚝따다: '예쁘다'의 구어체

책상 치는 바람에 어리둥절

- 아, 중대사건이 있다니까 무슨 말씀이에요!
- 엉? 그럼 어떡해?

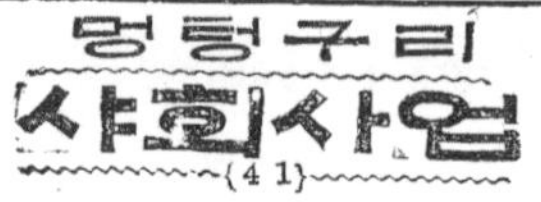

1927.2.16

멍텅구리 사회사업 41

불신임

총장 불신임을 결의하자고

- 우리가 총장 불신임을 결의하세
- 글쎄, 아마 그렇게 하는 게 좋지 않을 게 없을 듯도 싶어이

의논이 일치되어

- 예끼이, 너는 멍텅구리의 덤받이* 자식이냐? 어름어름하고
- 어이, 그럼 아무렇게나 다 좋도록 하면 그만이지

* 덤받이: 여자가 전남편에게서 배거나 낳아서 데리고 들어온 자식을 낮잡아 이르는 말

멍텅이가 이 소리를 듣고

- 여! 여! 멍텅이, 색기일보 총장 해먹기도 다 틀렸네
- 엉?

왜 시켰느냐고 야단

- 아, 왜 네가 날더러 색기일보 총장을 하랬지?
- 그렇지만…

(一) 불신임을결의한 사원에게

(二) 훈시하려가는 멍텅

(三) 요뎜을알수업는 긴이야이

(四) 색기일보가 부업이냐고

1927.2.17

멍텅구리 사회사업 42

훈시

불신임을 결의한 사원에게

- 그래, 불신임안을 결의해? 내가 가서 모아놓고 훈시를 할까?
- 킥, 이히히

훈시하러 가는 멍텅

- 왜, 내가 가서 제군에게 훈시를 해야지. 에헴
- 아! 여봐, 여봐, 각하!

요점을 알 수 없는 긴 이야기

- 에- 저 거시기, 사회사업이라는 것은, 에, 에헴, 어… 제군이 그래서는… 에헴
- 킥
- 킬킬
- 히히

색기일보가 부업이냐고

- 대체 각하의 사회사업은 어떤 것이 본직인가요? 색기일보는 아마 부업으로 하지요?
- 엉? 에, 에

1927.2.18

멍텅구리 사회사업 43

그럼 나는

속상하다고 홀로 있는 멍텅에게

- 에이, 그것 참

불신임 결의를 낭독

- 에, 총장 각하의 불신임을 결의함

그럼 나는 뭘 하냐고 묻다가

- 각하를 사랑하는 생각으로 이 결의를 하고, 또 경의를 표합니다
- 그럼, 나는 뭘 하란 말여?

조롱을 받고 화내어

- 네, 그저 각하는 총고문 대감으로만 노십시오
- 에잉

1927.1.1

새해 맞는 멍텅구리 1

화국여왕

- 1927년 새해를 맞아 1월 1일, 3일, 4일, 3회에 걸쳐 '새해 맞는 멍텅구리: 화국여왕' 연재

똘똘이가 잠자다 쓰러져서

- 똘똘이 잘도 잔다. 아버지는 섣달그믐도 모르나? 어째 안 들어오시니?
- 그르렁 그르렁

기생 떼 찾아와 화국 이야기

- 옥매 언니, 상해에는 화국이란 기생 나라가 있어 대통령이 있다우
- 그런 말은 인제야 들었나? 우리 영감 친구는 상해 있을 때 부통령 애인을 두었다네

옥매로 대통령을 선거한다고

- 우리도 화국을 꾸미고 언니를 대통령으로 선거하려우, 어때?
- 원숭인가? 남의 숭내*만 내고. 난 싫어. 남 안하는 것을 해야지

* 숭내: '흉내'의 방언

1927.1.3

새해 맞는 멍텅구리 2

화국여왕

귓속 이야기

- 나 하라는 대로만 하게
- 응, 응, 언니 말이면 뭐든지 듣지

몰려가는 길에

- 여왕이 되겠다니 딱금나리*가 가만 둘까?
- 뭘 그래? 왕국쯤은 관계 없어

* 딱금나리: '무엇이든 금지하는 나리'를 말하는 듯. 우회적으로 총독부 공권력 비판

대관식과 동궁 전하

- 과인이 여왕이 되었으니 똘똘이로 왕세자를 봉할까? 경들 생각은 어때?
- 화국은 여자나라이온즉 똘똘이 누이동생이 탄생되기 전엔 의논 안 됩니다

1927.1.4

새해 맞는 멍텅구리 3

화국여왕

내각조직 (1)

옥매!옥매 (2)

깨고보니꿈 (3)

내각 조직

- 화란에 여왕이 있고, 화국에 과인이 또 있으니, 우연치 아닌 일이야. 우리나라는 내각에 가정부를 두고, 옥련으로 가정대신을 선정하노라
- 지당하옵십니다
- 지당하옵십니다

옥매! 옥매

- 옥매 옥매
- 우리 전하께 알현을 함부로 해? 감옥소로 가자

깨고 보니 꿈

- 옥매 옥매, 설빔 모자 한 개 사왔네
- 내 어쩐지 꿈에 면류관*을 썼어

* 면류관: 동양의 군주들이 사용한 왕관의 일종

새사람 최명동의 '두사부일체': 〈학창생활〉 편

(1927.2.21~1927.3.11: 총 12회)*

* 마지막 연재 번호는 11회이나 8회차가 중복 표기되어 총 12회 연재됨.

사회사업을 죄다 실패한 뒤 크게 실망하고 앓아누운 멍텅. 봄이 되자 새사람이 되겠다고 결심하고 '이제 학교에 다니겠노라' 선언한다. 무작정 학교를 찾아가지만 입학 가능한 시기가 아니다. 새 학기에 다시 오라는 사무원에게 내일부터 다니겠다며 고집을 부려 결국 입학 허가를 받는다. 멍텅구리 정체가 탄로날까 두려워 '최명동'이라는 가명으로 입학 신청서를 쓴다.

그러나 마음먹기와 달리 나이 들어 학교 다니기란 쉽지가 않다. 늦잠을 자 지각을 하고, 학생모는 머리가 커 맞질 않는다. 영어 시간에도, 산술 시간에도 멍텅구리식 질문을 해대니 같은 반 아이들이 배를 잡고 웃는다. 봄 경치 구경하자고 옥매와 똘똘이를 데리고 나서자 "대낮에 풍기 문란하는 불량학생"이라며 취체까지 당한다.

▶ '못 배운 설움'을 씻으려는 멍텅. 근대 이후 신분제가 폐지되고 형식적으로 모든 사람에게 교육받을 권리가 보장되지만, 오랫동안 한국인에게 학교 문은 높기만 했다. 학교가 부족해 의무교육(보통교육)은 일제강점기에는 실시되지 못하다가 대한민국 건국 이후에나 가능해졌고 중등학교, 전문학교는 물론 보통학교조차 '입학시험'을 치러 학생을 선발했다. 돈이 있어도 머리 나쁘고 공부를 못하면 다닐 수 없고 머리 좋고 공부를 잘하더라도 돈이 없으면 다닐 수 없는, 그야말로 멀고 아득한 '상아탑'이 일제강점기 학교였다. 학생을 상징하는 교복과 학생모가 선망의 대상이 되었던 것은 식민지 조선의 슬픈 현실이었다.

만석꾼 외아들 멍텅이 학교를 다니지 못한 이유는 굳이 설명을 듣지 않고도 넉넉히 알 수 있다. 처자식이 있는 멍텅이 새사람이 되겠다고 학교 문을 두드리고 조카뻘 학생들과 수업을 듣는 모습은 우스꽝스럽지만, 애처롭고 처연하다. 멍텅의 때늦은 학창생활은 오늘날 한국인에게 학교와 학력이란 어떤 의미인지 돌아보게 한다.

1927.2.21

멍텅구리 학창생활 1

새사람

꿍꿍 앓는 멍텅이

- 꿍꿍, 아이구 속 답답해
- 웬일이세요

옥매의 말에도 귀찮다고

- 아, 속시원하게 말이나 좀 하셔요!
- 가만 있어! 말도 하기 싫어

사회사업도 꿈속 놀이

- 사회사업에 너무 고단하시지요?
- 어! 어! 모두 일장춘몽*이지

* 일장춘몽(一場春夢): 한바탕의 봄꿈이라는 뜻으로, 헛된 영화나 덧없는 일을 비유적으로 이르는 말

봄철이 온 김에 새사람 노릇

- 아하, 벌써 봄철이 돌아오느냐? 나도 새사람이 되어 보아야지!
- 새사람이오?

1927.2.22

멍텅구리 학창생활 2

공부하러

인제부터 학교에

- 내가 인저 학교를 다니어 새사람이 되어야지
- 치, 학교 시작은 일찌감치 하십니다

인력거 타고 입학하러

- 어서 저 박동으로 가!
- 박동입쇼?

학교 사무원의 묻는 말에

- 내가 지금부터 학교에를 다니렵니다
- 학교에는 뭘 하시게요?

책상 치며 설명

- 아, 학교에 공부하러 다니지 뭘하러 다녀요?
- 어이쿠! 조용조용히 말하슈

1927.2.23

멍텅구리 학창생활 3

입학 허가

새학기부터 오라는 말에

- 여보, 그럼 이다음 새학기에나 와 보시지요?
- 아! 지금부터 다니겠다닝게요

곧 다니게 해달라고 야단

- 허허! 학교를 다닐 분이 그래서는 안 돼요. 그럼 야학에나 다니지요
- ?
- 밤에는 늦도록 학교에 올 내가 아니에요

거절하는 것을 억지로 졸라

- 허허, 그럼 못하는 게지요
- 히히
- 아아, 선생님, 그저 내일부터 다니게 해줍시오

내일부터 오라는 허락을 얻어

- 그럼, 내일 아침 아홉 점* 반부터 와서 다녀보우
- 네, 내가 인저 새사람이 되려 합니다

* 점(點): 예전에 시각을 세던 단위. 괘종시계의 종 치는 횟수로 세었다

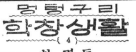

1927.2.24

멍텅구리 학창생활 4

최명동

입학 청원서를 쓰게 되어

- 그런데 여기 입학원서를 써야 하오
- 에에, 쓰지요

이름은 최명동으로

- (2월 23일 최명동)

최멍텅구리가 탄로될 뻔

- 으-으, 당신 최멍텅구리는 아닌가요?
- 아니오, 나는 '최명동'이에요

동양에 유명 짜하다고* 버티어

- 아니, 최멍텅이 같으면 좀 안됐소
- 동양에도 유명 짜하다고 최명동이오. 멍텅구리는 왜?

* 짜하다: 퍼진 소문이 왁자하다

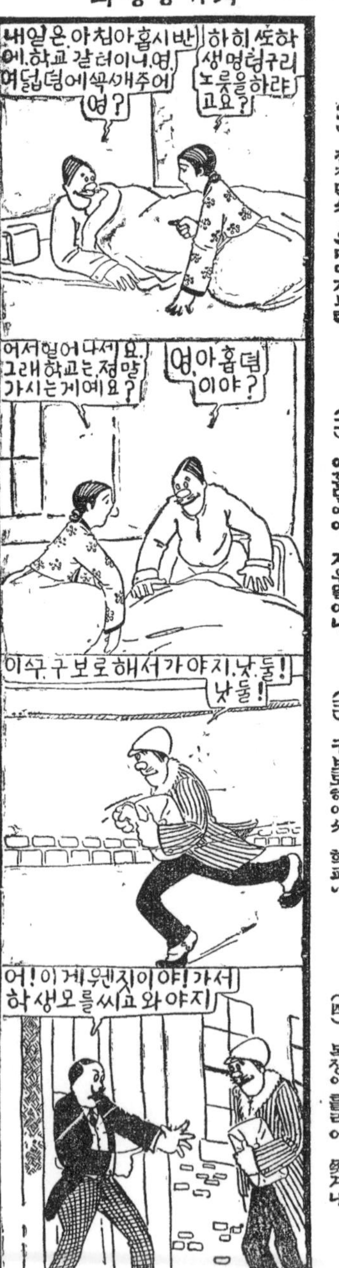

1927.2.26

멍텅구리 학창생활 5

쇠똥벙거지

잠자면서 옥매에게 부탁

- 내일은 아침 9시 반에 학교 갈 터이니, 엉, 여덟 점에 꼭 깨주어, 엉?
- 하히, 또 학생 멍텅구리 노릇을 하려고요?

아홉 점에야 겨우 일어나

- 어서 일어나세요. 그래 학교는 정말 가시는 게예요?
- 엉, 아홉 점이야?

구보*로 하여서 학교에

- 이꾸, 구보로 해서 가야지. 낫 둘! 낫 둘!

* 구보(驅步): 달리어 감. 또는 그런 걸음걸이

복장이 틀려 쫓겨나

- 어! 이게 웬짓이야! 가서 학생모를 쓰고 와야지

1927.2.27

멍텅구리 학창생활 6

안 맞는 모자

필경은 학교 문에도 못 들어서고

- 글쎄, 이럭하고 학교엘 어떻게 와요?
- 내 오늘만 이럭하고 내일부터 학생복을 하고 올게

돌아서서 모자전*에

- 안 돼, 안 돼. 가서 조선옷에 학생모라도 쓰고 와요
- 헹, 참, 속상해

* 모자전(帽子廛): 모자 가게

큰 모자를 고르다 못해

- 여보, 학생모 한 개만 얼른 줘요
- 네, 어린 학생 모자밖에 없습니다

어린애 모자를 꼭 뒤에 부치고

- 아 이런, 모자가 맞질 않네, 헤헹
- 킥, 아따 아무 모자든지

1927.2.28

멍텅구리 학창생활 7

체조 시간

체조 시간이 되어

- 취립*… 기착**… 최명동아, 체조는 더러 해봤나?
- 헹, 더러 해봤지만

* 취립(聚立): 여러 사람이 한데 모여 섬. 집합
** 기착(氣着): 차려. 지금도 북한에서는 차려 대신 '기착'을 쓴다

키가 큰 바람에

- 원, 이렇게 키가 혼자만 커서
- 히히

혼자만 앞으로 가서

- 앞으로 갓! 저저 혼자만
- 하하하

왜 안들* 오느냐고 걱정

- 아, 왜 여태 안들 따라와!
- 아이구, 우리는 이렇게 걸어야겠군!

* 안들: 부정을 뜻하는 부사 '안'에 복수를 뜻하는 접미사 '–들'이 결합된 형태

1927.3.4

멍텅구리 학창생활 8

시 짓는 공부

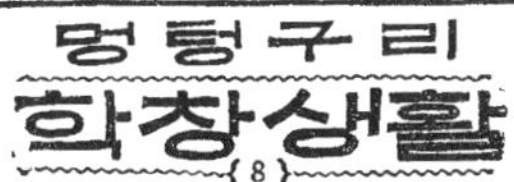

여러 날 결석한 멍텅

- 선생님, 나는 동소문 대학에 입학시험을 볼 터인데
- ?
- 글쎄, 작년에도 많이 입학을 했지…

선생의 묻는 말에

- 헹, 나는 인저 철학박사를 하나 할 작정이야
- 아 참, 최명동이 어째 여러 날 결석을 했어?

온천 가서 시 공부 했다고

- 네? 저 거시기… 온천에 가서 공부를 하다 왔지요
- 에잉, 온천에를 다니고 언제 공부는 하는 게야!

묻던 선생이 기가 막혀

- 아니, 신식으로 시 짓는 공부 좀 하였다닝게요
- 킥킥 히히

1927.3.5

멍텅구리 학창생활 8

지금부터

- 3월 4일 8회 '시 짓는 공부' 3월 5일 8회 '지금부터' 연재 번호 중복. 편집 오류

영어 시간이 되어

- 에… 최명동 군도 이 영어를 다 잘 알았나? 날 따라서 읽어봐. "에이 폴리티칼(A political)…."
- 에이 폴리티칼….

그 뜻을 묻다가

- … 앤드 쏘시알 리-더(and social leader)
- 앤드 쏘시알리-더… 그게 무슨 뜻이에요?

늦게 공부하는 포부 설명으로

- 에, "정치적 또는 사회적 지도자"란 말이여
- 킥, 선생님.. 에에

듣는 사람들의 입이 찢어지게

- 내가 지금부터 인저 그런 지도자가 되려고 늦게 공부를 하지요
- 히히
- 하하

1927.3.6

멍텅구리 학창생활 9

업기 내기

꿋꿋한 멍텅을 보고

- 유도 할 줄 알아요?
- 여보, 저 최명동 씨가 기운 꼴이나 쓰겠소
- 흥

힘 센 이야기가 나서

- 노형들, 내 열 명은 업고 이 강당 열두 번은 돌지
- 어디 우리 업혀들 보자

한꺼번에 다섯 명을 업고

- 응, 이까짓 것, 어여차!
- 으아
- 으아

법석이 하는 판에 선생에게

- 이게 웬일들이야!
- 킥
- 히히

1927.3.10

멍텅구리 학창생활 10

그 돈 가지고

산술* 시간이 되어서

- 에, 최명동 군, 수학이 서틀러서 어디 입학 시험을 치르겠다고…
- 글쎄요, 그러면 에에, 수학 몰라도 하는 공부는 없나요?

* 산술(算術): 일상생활에 실제로 응용할 수 있는, 수와 양의 간단한 성질 및 셈을 다루는 수학적 계산 방법

입학할 이야기 끝에

- 산술도 서투르지, 최명동 군!
- 배운 지가 오래서 잊었지요

17억 5000만 원 문제로

- 에, 어떤 나라의 1년 예산이 17억 5000만 원인데…
- 선생님!

멍텅식으로 진기한 질문

- 저기, 그 돈을 가지고 하루에 초콜릿 20전 어치씩 사 먹기로 하면 몇 해나 사먹을까요?
- 킥
- 아하하하

1927.3.11

멍텅구리 학창생활 11

자동차 타고

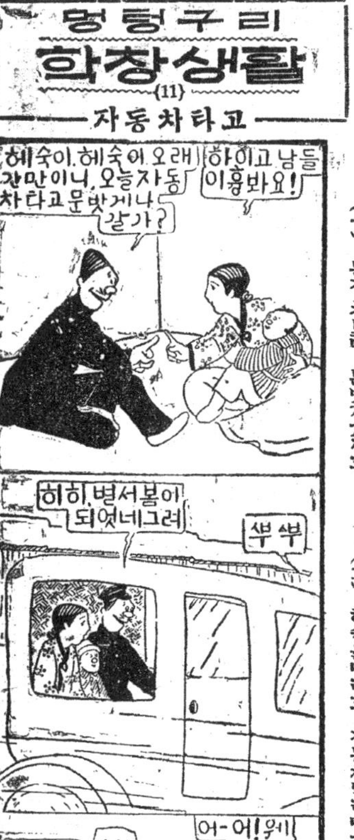

- 〈학창생활〉은 11회를 끝으로 이야기를 마무리짓지 못하고 연재 종료

봄 경치 보러 문 밖에 가자고

- 혜숙이, 혜숙이. 오래간만이니 오늘 자동차 타고 문 밖에 나갈까?
- 하이고 남들이 흉봐요!

혜숙을 데리고 자동차 달리다가

- 히히, 벌써 봄이 되었네그려
- 뿌뿌

순사에게 취체*당하고

- 오! 불량 학생이다. 스탑
- 어-이! 왜 그래!

* 취체(取締): 규칙, 법령, 명령 따위를 지키도록 통제함

동부인* 한 것이 무슨 상관이냐고

- 웬 학생이 대낮에 이런 풍기문란을 해여!
- 이런 멀쩡한 내 마누란데!

* 동부인(同夫人): 아내와 함께 동행함

부랑청년

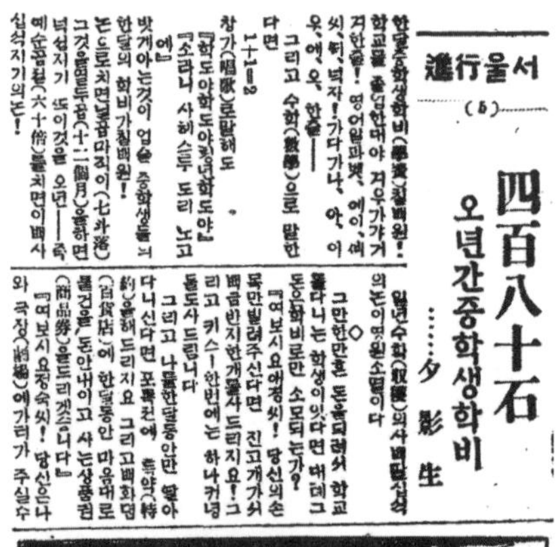

進行울서

(5)

四百八十石

오년간중학생학비

……夕影生

한달수학생학비(學費)칠백원!
학교를 졸업한뒤야 겨우가갸거
겨한숨! 영어알파벳, 에이, 쎄
씨, 뛰, 넉자! 가다가나, 아, 이
우, 에, 오, 한숨——
그리고 수학(數學)으로 말한
다면
1+1=2
창가(唱歌)로말해도
『학도야학도야청년학도야』
『소라니 사헤스투 도리 노고
에』
밧게아는것이 업슨 중학생들의
한달의 학비가칠백원!
돈으로치면넉넉마지이(七斗落)
그것을두곱(十二個月)을하면
넉섬지기 또이것을 오년——즉
예순곱절(六十倍)을치면이백사
십석지기의돈!

일년수확(收穫)의사백팔십석
의돈이영원소멸이다
◇
그만한만흔 돈을드려서 학교
를다니는 학생이잇다면 대데그
돈이학비로만 소모되는가?
『여보시요애경씨! 당신의손
목만빌려주신다면 진고개가서
백금반지한개를사드리지요! 그
리고 키스-한번에는 하나커녕
둘도사드립니다
그리고 나를한달동안만 딸아
다니신다면 포목점에 특약(特
約)을해드리지요 그리고백화뎜
(百貨店)에 한달동안 마음대로
물건을, 돈안내이고 사는상품권
(商品券)을드리겟습니다』
『여보시요정숙씨! 당신은나
와 극장(劇場)에가려가 주실수

부랑청년을 풍자한 안석영의 만문만화. 《조선일보》 1928년 11월 7일자

'부랑청년'은 일제강점기 사회적 기대를 충족시키지 못하고 방황하는 젊은이들을 지칭하는 용어였다. 이 시기에는 많은 젊은이들이 근대적 교육을 받고 서양 문화에 익숙해졌다. 이들은 금테 두른 안경과 맥고모자를 쓰고 화려한 세비로(背広, 위아래 한 벌 정장을 뜻하는 일본어) 양복을 갖춰 입은 모습이었으며, 학생 신분이면서도 술을 마시거나 기생과 어울리고 서양 음악과 댄스를 즐기기도 했다.

당시 지식층은 청년들이 근대 문물을 적극적으로 수용하는 것에서 멈추지 않고 상실된 국권 회복과 사회 개혁을 위해 노력해야 한다고 여겼다. 그러나 청년들은 종종 이러한 기대를 외면하고 활동사진관이나 요릿집과 같은 장소에서 무책임하게 여가 시간을 보낸다며 비판받았다. 1924년 2월 27일자 《매일신보》는 "최근에 학생 신분을 이용해 여학생을 뒤따르거나 침입하는 등 용서치 못할 추악한 일들이 자주 발생한다"며 "이러한 학생들을 지목해 '부랑학생'이라고 명명"하기도 했다. 1925년 5월 15일자 《조선일보》에 게재된 다음 기사는 부랑청년에 대한 당대 기성 사회의 비판적 인식을 단적으로 보여준다.

"근래에 학생들은 너무 조달하는 염려가 없지 않다. 중학생, 전문학생들이 정복과 정모를 입고 쓰고 백주 큰거리에서 여학생 희롱·골통, 담배 피우기, 기생 끼고 다니기 등등. 학교 졸업보다 부랑자 졸업을 먼저 하겠다는 셈인지 실로 통탄할 일이다.

가는 비가 부슬부슬 내리던 13일 밤 11시경이다. 관철동 우미관 뒤 좁은 골목 희미한 전등불 밑으로 웬 청년 하나가 '스프링코트' 속에 젊은 여자를 집어넣어 가지고 바싹 끼고 지나가는데 자세히 들여다보니 그 청년은 모 전문학교 정복을 입었고 외투 속에 든 여자는 기생이었다. 아무나 돈만 주면 '나으리', '영감'이라는 기생에게야 학생, 신사, 젊은이, 늙은이가 어디 따로 있으리요마는 그래도 부모의 피땀 어린 돈으로 공부한다고 하는 것이 기생에게 '나으리', '영감' 소리, 그리고 겉 다르고 속 다른 웃음에 침을 흘리고 있는 것이 얼마나 한심한 일인가"

그러나 이러한 비난은 그들의 상황을 완전히 고려하지 않은 것이었다. 많은 부랑청년들은 비루한 인습에 반항하고 싶은 마음이 없었다기보다, 일제의 억압적인 정책과 사회경제적 불안정 속에서 희망을 잃고 향락적 취미로 도피하는 경우가 많았다. 이처럼 학생 사회의 퇴폐 풍조는 근본적으로 청년들이 꿈과 이상을 좇기 어려웠던 사회 분위기에서 비롯된 것이었지만, 기성 세대는 청년들에게만 모든 책임을 돌리고 '부랑청년'이라는 낙인을 찍은 것이었다.

이럴 거면 왜 또 나왔을까?: 〈또나왔소〉 편
(1927.8.9~1927.8.20: 총 9회)*

* 5개월 만에 연재 재개. 마지막 연재 번호는 11회이나 7~9회 누락, 10회 중복으로 총 9회 연재됨.

오랜만에 돌아온 멍텅을 보고 동네 친구들이 놀리며 반긴다. 멍텅은 봄 동안 동대문 밖 '임간학교(숲속 학교)'에 다녀왔다는 이야기를 한다. 그 사이 많이 큰 똘똘이의 과자를 뺏으려다 결국 아이를 울리고 마는 못난 아비 멍텅. 철 좀 들라며 내외는 어느 때처럼 다투고 싸움이 커져 동네 사람들이 구경하러 몰려온다. 억지로 화해하려 악박골로 소풍을 나가지만, 옥매는 가는 데마다 사람들에게 놀림을 받는 멍텅이 부끄럽기만 하다. 그런 옥매 속도 모르는 멍텅은 약수만 꿀꺽 들이킨다.

▶ 1927년 3월 11일, 〈학창생활〉이 이야기를 완결시키지 못한 채 연재 11회분을 끝으로 흐지부지 끝나고, 다섯 달 남짓 지나 〈또나왔소〉 시리즈가 재개된다. 하지만 일관된 주제 의식도, 몸 개그 이면에 숨어 있는 도저한 풍자와 비판도 도무지 찾을 길이 없다. 오죽했으면 시리즈 제목이 주제라

고는 찾을 길 없는 '또나왔소'였을까.

또 나오긴 또 나왔는데, 더 이상 보여줄 것도, 비판할 것도 없어 약박골에서 약수 한 대접 시원하게 들이켜고 끝난 시리즈. 〈세계일주〉라는 기념비적 대서사 이후 갈피를 못 잡던 《멍텅구리》 시리즈는 이렇게 초라하게 종료되는 듯 보였다. 그러나 지하실 아래로 떨어진다고 추락이 끝난 것은 아니었다. 지하실 아래는 지하 2층, 지하 3층이 도사리고 있었다.

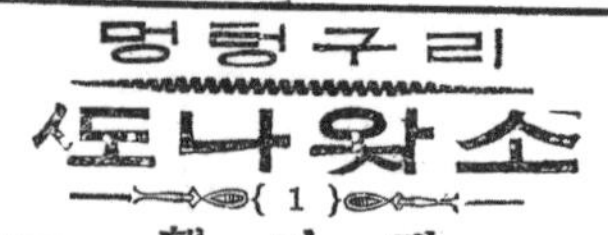

1927.8.9

멍텅구리 또나왔소 1

헹가레

오래간만에 나온 멍텅

- 으악! 내가 멍텅구리다!
- 어허허! 참, 멍텅구리로구나

그동안 지냈다는 이야기

- 너 그래 여태 어디 갔다 왔니?
- 히히, 나 올 봄에 동대문 밖에 나가서 임간학교* 하고 왔네

* 임간학교(林間學校): 숲속 학교. 주로 여름철에 아이들의 건강 회복, 건강 증진을 목적으로 하는 교육을 베풀기 위하여 숲속에 설치한 학교

개시로 놀림감

- 임간학교라니, 숲속에 가서 연애 실습을 하고 왔니?
- 퍼! 아니여어

엿차 헹가래다

- 예라 이 멍텅구리, 오랜만이니 헹가래나… 엿차엿치
- 어허허 아이구메

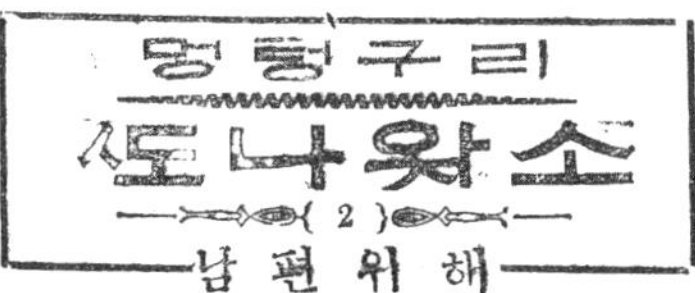

1927.8.10

멍텅구리 또나왔소 2

남편 위해

안으로 피해 온 멍텅

- 오래간만이니 한턱 써라
- 피이! 이담에들 보세!

쫓아 들어온 장난꾼에게

- 으아, 따라서라…. 이끼, 옥매 아씨….!
- 아이구! 웬일들이세요?
- 헤에

턱이냐 명창이냐의 요구에

- 예라, 턱을 하든지, 옥매 아씨가 명창을 내놓든지….
- 아야, 어! 혜숙이, 사람 살려

남편 위해 한 곡조 하는 옥매

- 옛날에 금잔디 동산에 매기*… 하하하
- 어허허 오호호, 실례했습니다

* 옛날에 금산디: 기생 옥매가 남편을 위해 미국 민요 '매기의 추억'을 노래하는 장면이 흥미롭다

1927.8.11

멍텅구리 또나왔소 3

똘똘이 재롱

똘똘이가 넘어져서

- 어머니! 내가 넘어졌어…
- 오, 괜찮다. 저 아저씨께 경례해라

과자를 사주는데

- 안녕…
- 오 참, 똘똘이 착하다. 저, 과자를 사와야지

멍텅이가 보고서

- 히히
- 아저씨… 과자?

혼자 먹느냐고 야단

- 찌놈! 너 혼자 먹느냐? 아비도 안 주고 히히
- 어허 참, 멍텅식이다
- 으아!

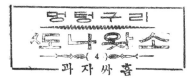

1927.8.13

멍텅구리 또나왔소 4

과자 싸움

똘똘이 과자를 뺏으려고

- 고 입속에 과자가 맛있어 보인다. 똘똘이, 나 좀. 응? 착하지
- 으아, 아저씨
- 하하하하

쫓아가다가

- 앙앙! 엄마
- 과자 먹으면 배 아프다

문에서 나오는 옥매와 부딪혀

- 에그어머니!
- 에크!!

머리가 깨질 뻔

- 아하- 어질하이! 고만
- 이거 어쩐 셈인지 모르겠네 엥!
- 하하하 하하하

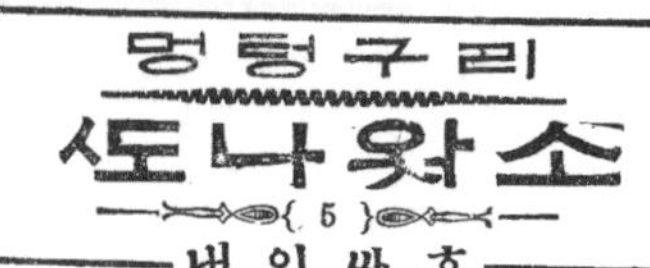

1927.8.14

멍텅구리 또나왔소 5

내외 싸움

옥매가 우는 것을

- 울긴 왜 울어?! 지가 잘못하고
- 아이구, 엉엉엉
- ?

아파서 우는 줄 알고

- 이런 그까짓 것이 그렇게 아프담
- 누가 아파서 울어?!
- 아구, 엄마 왜 울어?

어름어름하다가

- 호호- 이게 웬일이야. 오래간만에 사랑 싸움인가? 응!
- 사랑 사랑, 히히히히
- 아니다, 응? 우리 똘똘이…

톡톡한 핀잔 먹고 피

- 아들의 과자를 좀 달랬기로…
- 당신도 좀 지각이 나요*!! 인제는…

* 지각이 나다: 사물의 이치나 도리를 분별하는 능력이 생기다

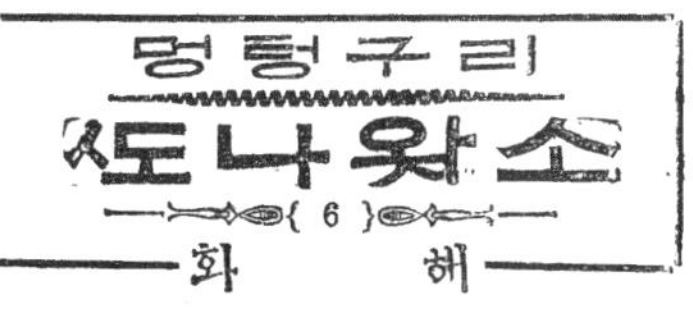

1927.8.16

멍텅구리 또나왔소 6

화해

구경꾼들이 몰려 와

- 이 집이 야단났군!
- 아! 밤낮 이 모양이야?!
- 남편에게 삿대질하고… 어디 봐!
- 무슨 구경이야!

누가 옳으냐고 하다가

- 여러분, 누가 옳은가 내 말 들어 보!!
- 둘 다 팔푼이오
- 싸움은 말려야지
- 아이구, 창피해

말리는 바람에

- 우리 엄마, 옳소!!
- 이거, 이기
- 그러지 말고 화해하고 한턱 내게

화해하려다 또 핀잔

- 히히, 어디 화해할까 물어보고
- 듣기 싫어!!

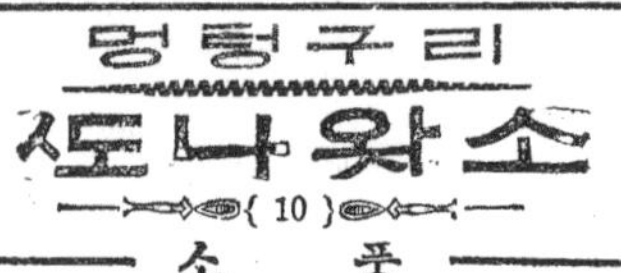

1927.8.17

멍텅구리 또나왔소 10

소풍

- 8월 16일 6회 '화해' 8월 17일 10회 '소풍' 연재 번호 3회 건너뜀. 편집 오류

소풍하자는 바람에

- 어쩌면 삼복*이 다 가도록 소풍하러 나가잔 말이 없어요?
- 히히, 임간학교 하느라고 바빠서 그랬지…

* 삼복(三伏): 초복, 중복, 말복을 통틀어 이르는 말. 또는 여름철의 몹시 더운 기간

준비하러 나가서

- 어딜 갈까, 저- 거시기
- 글쎄, 악박골* 가지. 그러면 무얼 좀 사고

* 악박골: 서울특별시 서대문구 현저동 일대의 옛 이름. 793쪽 '멍텅구리 속 근대사' 참조

길거리에서 실컷 먹다가

- 저 최멍텅이 과자 먹는 꼴 보게, 호호
- 히히, 과자 맛이란 참
- 똘똘아, 암만 해도 창피당하겠다. 집에 가자…

옥매 놓치고 대낭패

- 여- 부인! 옥매 왜 도로 가?! 여- 똘똘아!!

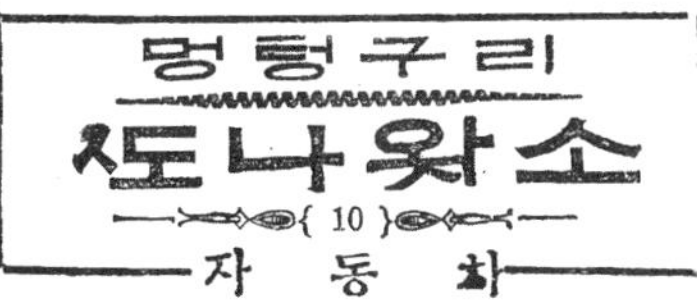

1927.8.18

멍텅구리 또나왔소 10

자동차

- 8월 17일 10회 '소풍' 8월 18일 10회 '자동차' 연재 번호 중복. 편집 오류

물 먹으러 가자고

- 이것 왜 이래요!! 참
- 엄마 싫어
- 그러지 말고 제발 물 먹으러 갑시다, 엥?

자동차를 불러서

- 자동차- 택시-
- 난 싫어요!
- 네-

억지로 태워가지고 달리다가

- 운전수, 악박골로 빨리 달리게
- 네, 알았습니다
- 난 집에 갈 테야

거지에게 욕 먹고도 히히

- 옥매하고 자동차 타긴 참 오래간만이야, 허허
- 그렇구 말구
- 팔자 좋다. 잘 노는군, 제-기

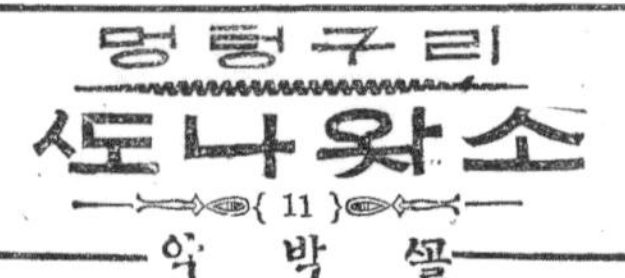

1927.8.20

멍텅구리 또나왔소 11

악박골

- '또나왔소'는 이야기가 완결되지 않은 상태로 11회 '악박골'을 끝으로 연재가 끝남. 이로써 〈멍텅구리〉 연재는 사실상 종결됨. 6년 후인 1933년 〈멍텅구리〉의 연재가 재개되지만, 작가가 교체되고, 화풍(畫風)은 물론 주인공들의 성격조차 달라져 도저히 같은 연재물로 보이지 않음

악박골을 가서

- 멍텅이, 고 꼴에 동부인하고 자동차 탔네
- 예끼, 놈들 에헴!!

아이들이 놀리는 것을

- 에크
- 대체 웬 사람이 이리 많아?!
- 아이, 창피해

물을 뿌려 쫓고

- 사람들부터 쫓구
- 이게 웬 물벼락이냐?!

혼자서 꿀꺽꿀꺽

- 실컷 먹고 물 좀 가져가자
- 얼른 먹고 나 좀 줘요!

악박골 약수터

《동아일보》 1925년 6월 23일자

《매일신보》 1936년 5월 31일자

악박골은 지금의 서울 서대문구 영천동에 위치한 약수터로, '의사보다 낫다'는 신묘한 약수로 유명했다. 영천(靈泉)이라는 지명 역시 악박골 약수터에서 유래된 이름인 것으로 추정된다. 위장병에 특효라는 소문이 돌아 해마다 여름이면 약수를 마시러 온 이들이 동네를 가득 메웠다 한다. 심훈의 《상록수》와 같은 당대 여러 소설에서 서울 사람들의 일상 속에 깊이 자리 잡은 악박골 약수터의 모습을 확인할 수 있다.

이곳은 1936년 택지 개발로 파괴되어 현재는 더 이상 흔적을 찾기 어렵다. 악박골의 물은 서울의 명물이기도 했지만 동시에 인근 주민 1000여 명의 식수였는데, 주택건축 공사가 시작되면서 주민들은 물 기근으로 큰 곤란을 겪게 되었다. 그 때문에 주민 대표 10여 명은 인근 수도관의 물이라도 끌어오게 해달라고 서대문경찰서에 진정을 넣어야 했다.

‘인텔리 멍텅구리’의 대경성 환락가 탐방기: 〈모던생활〉 편

(1933.2.26~1933.3.2: 총 4회)*

* 〈또나왔소〉 이후 6년 만에 연재 재개. 마지막 연재 번호는 5회이나 2회차 연재물이 신문 데이터베이스에서 누락되었고, 5회 이후에도 추가로 연재되었을 것 같으나 데이터베이스에서 유실돼 확인 불가. 확인 가능한 연재물은 총 4회.

오랜만에 멍텅의 전화를 받은 바람은 부친상을 당한 멍텅을 위로하기는커녕 도리어 “수가 났다”며 축하한다. 억지로 졸라 멍텅과 만날 약속을 잡은 바람. 멍텅은 상제(喪制)가 쓰는 ‘방갓’을 쓰고 나타난다. 바람은 멍텅에게 재산 상속을 받았으니 한턱내라고 조르고, 두 사람은 이발소를 찾아 말끔하게 이발을 하고 휘황찬란한 카페를 찾는다. 웨이트리스를 희롱하다가 뺨을 맞은 멍텅은 “손님 뺨치는 년이 어디 있냐”고 웨이트리스를 때리고 꾸짖는다. 창피만 당하고 카페에서 쫓겨난 멍텅과 바람은 2차로 술 마실 곳을 찾아 ‘대경성 환락가’를 헤맨다.

▶ ‘멍텅구리’! 이 얼마나 반갑고 귀에 익은 이름입니까. 더욱이 혁신 후 재생의 길에 약진 중인 《조선일보》 지상에 낯익은 ‘멍텅구리’가 다시 나타나게 된다 하면 독자로서는 누구나 무릎을 치고 “예끼! 좀 보자!” 하는 흥미

를 가지실 줄로 자신합니다. (…) 이제 양춘가절을 앞두고 새로운 출발의 걸음을 내어놓는 《조선일보》 지상에 그 흥미 있는 얼굴이 다시 나타나게 되었으니 이 얼마나 반가운 일입니까. (…) 그동안 '멍텅구리'는 자기의 문맹(文盲)을 완전히 타파하였습니다. 그래서 말하자면 '인텔리' 멍텅구리가 되었으나 천성이 천성이라 멍텅구리 짓은 식자우환격으로 더욱 더 하게 되어 탈선 본위의 그 생활이 앞으로 얼마나 기구망측할는지 미리 알 수 없으며 '윤바람'의 소시민성은 멍텅구리와 아울러 그럴듯한 대조가 될 것입니다. (〈멍텅구리 재출발: 26일부터 연재〉, 《조선일보》 1933년 2월 23일자)

거창한 재출발 예고 기사를 앞세우고 《멍텅구리》는 연재가 중단된 지 근 6년 만에 〈모던생활〉로 부활한다. 창간 이후 줄곧 고질적인 자금난으로 경영 위기를 주기적으로 겪던 조선일보사는 1933년 1월 금광 재벌 방응모에게 인수되면서 도약의 계기를 맞는다. 방응모는 그해 1월 영업국장, 3월 부사장, 7월 조만식에 이어 제9대 사장에 취임하면서 경영권을 완전히 확보한다. 〈모던생활〉은 방응모에게 인수된 이후 새로운 활로를 찾아가던 《조선일보》가 심기일전하는 의미에서 야심 차게 준비한 프로젝트였다. 하지만 "문맹을 타파하고 인텔리로 거듭난 멍텅구리"는 기대와는 달리 실망스럽기 그지없다. 전작 《멍텅구리》와 세계관을 공유했지만, 그림도 다르고 성격도 다르고 무엇보다도 멍텅구리 짓이라고 보여주는 행동이 전혀 우습지 않다. 물질만능주의 세태와 억압적 식민 통치에 대한 풍자와 조롱 또한 찾아볼 길이 없다. 굳이 의미를 찾는다면, 1930년대 대경성 환락가의 속살을 들여다볼 수 있다는 것 정도.

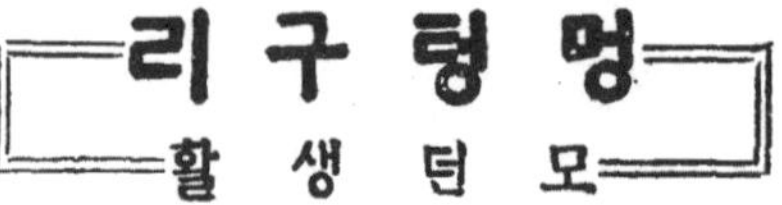

(1)

1933.2.26

멍텅구리 모던생활 1

모던생활

시골서 온 멍텅이가 윤바람에게 전화를 거니

- 이거 최멍텅 군 아닌가? 오기는 벌써 왔다면서… 자네 춘부장*이 북망산 가서 자네가 수가 났다네그려. 좀 만나세

* 춘부장(椿府丈): 남의 아버지를 높여 이르는 말

바람은 먼저 찾지 않는다고 시비

- 예이 이 사람! 언제부터 이렇게 버티긴가. 없는 친군* 먼저 못 찾나. 그러이 감세

* 없는 친구: 가난한 친구

결국 만나서 멍텅이가 방갓*을 써서

- 애비더러 죽어라 죽어라 할 땐 언제구! 이 사람, 방갓 벗게 제발
- 왜 이러나 앗게** 아서***

* 방갓: 예전에 주로 상제가 밖에 나갈 때 쓰던 갓
** 앗다: 빼앗거나 가로채다
*** 아서: 그렇게 하지 말라고 금지할 때 하는 말
앗게 아서: 빼앗지 말게

윤바람이 방갓을 벗겨 가지고 바람 같이 달아났습니다

- 여보게, 이건 너무하네. 이 꼴이 무슨 꼴이야, 엉!? 재리* 같은 놈

* 재리: 매우 인색한 사람을 낮잡아 이르는 말

1933.2.28

멍텅구리 모던생활 3

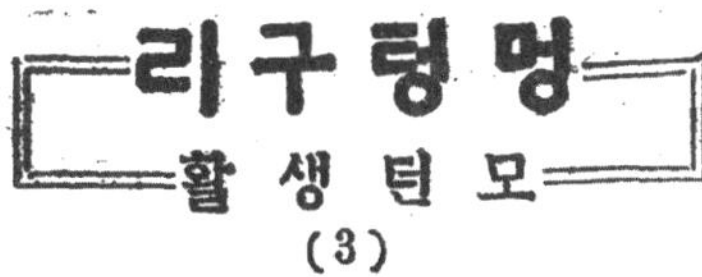

모던생활

• 신문 데이터베이스에서 3월 27일자 파일 누락. 연재 2회차 확인 불가

멍텅이를 재산 상속을 받았으니 한턱 내라고 윤바람이 졸라서

- 이제는 다- 팔아도 자네 땅이 아닌가. 한잔 내게. 카페로 갈까?
- 히히, 빚 갚고 남은 게 있나? 카페? 히히, 가볼까? 이발 좀 하고 가

멍텅이가 색시들 있는 데는

- 여보 그 양반은 이발하실 때면 조시는 분인데 잠꼬대가 심하니 조심하슈
- 네- 알아듣겠습니다
- 졸긴 내가 왜 존다구그려-

이발을 말쑥이 하고 간다고 이발소에서 이발을 하다가 면도를 들고 한눈 판다고 만용을 펼치고

- 이것아 한눈을 팔고 면도를 하니, 사람을 생으로 잡을 테냐?!
- 에크!!

카페-로 가서 들어가기도 전부터 멍텅이가 흥이 났습니다

- 여- 이거 굉장하구먼. 우리가 여기를 지금 들어갈 모양이렷다. 히히히
- 아무렴! 들어가만 부게, 시골뜨기 자네는 미칠걸, 바람 나리

1933.3.1

멍텅구리 모던생활 4

모던생활

웨이트리스가 손님을 끈다고 유곽이라 대기염

- 아이꼬 상! 고 싱거*-
- 이랏샤이마시**-
- 이거 신맛지*** 같아- 엉엉, 좋은 것이, 좋은 것이
- 요새 카페가 그렇다네

* 고 싱거(singer): 고씨 성을 가진 가수
** 이랏샤이마시(いらっしゃいませ): 어서 오세요
*** 신맛지(新町: しんまち): 오사카 중심 지역

멍텅이가 박스에 앉아서는 어롬어름하다가

- 아이, 왜 이리 추근추근 해요?
- 난 동포가 좋아. 고것 곱다
- 아나타비단시와네*
- 멍텅 군이 저러다 탈나지

* 아나타비단시와네: あなたは美男子はね. 당신은 미남자군요

한 여자를 귀엽다고 번쩍 들고 희롱하니

- 에구머니, 이이가 왜 그래. 아이, 엄마
- 히히, 어디 구경을 시켜줄까? 요런 건 귀여워하면 버릇 없어, 요게. 귀신이냐, 사람이냐
- 아라마-이 야다와*!!
- ?

* 아라마-이 야다와: あらまいやだわ, 어머나, 싫어(꼴불견이야)

웨이트리스에게 뺨 맞고 발칙하다고
그 여자를 때리고 꾸짖었습니다

- 악!!!
- 요년! 귀해준다고 손님 뺨치는 년이 어디 있는 게여? 이게 카페 계집이야! 색주가*도 이렇지 않다!

* 색주가(色酒家): 젊은 여자를 두고 술과 함께 몸을 팔게 하는 집. 또는 그곳에서 몸을 파는 여자

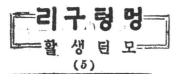

1933.3.2

멍텅구리 모던생활 5

모던생활

- 1933년 3월부터 5월까지 보존 안 된 지면이 많음. 5회차 연재 이후 더 연재됐을 것 같으나 신문 파일 유실에 따라 확인 불가

멍텅 군이 카페-는 점잖은 사람은 못 갈 데라고

- 그저 방갓 행세가 나은 것을 카펜지 무엔지 가서 점잖은 이 창피 봤네
- 딸 같은 걸 데리고 장난을 하니 될 일인가? 흥

윤바람을 오래간만에 만났으니 섭섭해서

- 여- 바람! 그대로 헤어지기는 무엇 허이 선술*을 할까, 앉은 술집을 가?
- 자네는 백만장자가 되고도 눌은밥 타령인가?

* 선술: 술청 앞에서 서서 마시는 술

돈을 두고도 갈 곳 없어 망설이다가

- 이거, 큰 걱정일세. 모처럼 만나서 그대로 밍밍하게 헤어질 수야 있나
- 그야 그렇지! 한번 뚜들기고 노는 게 어때?

기생 인력거를 보고서야 놀러갈 데를 깨달은 듯하였습니다

- 옳지!! 됐네!!
- ?

자극과 유혹의 시대, 경성의 카페 문화

《조선일보》 1929년 10월 26일자. 남촌의 카페와 여급들의 모습

1930년대 경성의 퇴폐문화는 '에로', '그로', '넌센스'라는 세 가지 요소로 대표된다. 에로티시즘(eroticism)의 약어인 '에로'는 성적 자극을 의미하고, '그로'는 기괴하고(grotesque) 비정상적인 것에 대한 매력을 말하며 지나치게 에로틱한 것을 지칭할 때에도 쓰였다. '넌센스'(nonsense)는 무의미하거나 비합리적인 것, 그래서 우스운 것을 뜻했다. 이 시기 널리 읽히던 잡지 《별건곤》은 감각적 쾌락에 심취한 독자들의 취향에 맞추어 에로·그로·넌센스를 충족하는 자극적인 사건들을 선정적으로 보도했다. 이 세 가지 키워드는 당시 많은 문화적 현상들의 배후로서 급변하는 시대의 사회적 욕망과 불안을 반영했다.

이러한 퇴폐적 문화는 일본에서 먼저 유행하다가 조선에 유입되었다. 이 중에서도 '에로'라는 말은 1920년대 후반 등장한 '카페'를 중심으로 인기를 얻고 확산됐다. 경성의 카페는 단순한 커피 판매점이 아니라 여급의 접대가 있는 장소로 변형되었는데, 신여성이 지닌 현대적 에로티시즘을 가까이에서 접할 수 있는 새로운 장소로 각광받았다. 카페는 기생이 나오는 요릿집이나 유곽과는 또 다르게 공개되고 자유로운 분위기 속에서 '합리적'으로 남성들의 성적 욕망을 만족시킬 수 있는 곳이었다. 재즈 카페나 바에서 일하는 여급의 노동은 아예 '에로 서비스'라고 불리기도 했다. 비슷한 시기 카페 여급(웨이트리스)뿐만 아니라 버스 걸, 엘리베이터 걸, 데파트 걸 등 성적 매력을 상품화한 직업군인 다양한

'걸'들도 등장했다.

카페 여급은 유행을 주도하는 '모던 걸'로 인식됐고, 수입도 꽤 높았다. 카페 이용객의 절반은 '학생'이었다. 당시 경찰 당국은 "웨트레스들의 써뷔스가 점점 더 도수를 넘처 노골적으로 풍기를 어지럽히는 외에 깊은 밤에도 안면을 방해하는 일이 많으므로"(《조선일보》, 1933년 5월 24일자) 골머리를 앓아 수시로 풍기단속 명령을 내렸다. 창문이나 문을 열어 내부를 노출시키거나, 여급들이 밖을 내다보지 말고 손님과 희롱하지 말라는 등의 규제를 담은 내용이었다.

민완기자 최멍텅의 '도꾸다네(특종)' 추적기: 〈제1편 기자생활〉 편
(1933.5.29~1933.8.2: 총 41회)*

* 〈모던생활〉 연재 종료 후 약 3개월 만에 연재 재개. 마지막 연재 번호는 43회이지만, 8회 연재 번호 중복, 13회, 38회 연재 번호 누락, 41회 연재물 유실 등으로 총 41회 연재 확인 가능.

실업자가 되어 길에서 자고 있던 멍텅과 바람. 《조선일보》가 속간한다는 소식을 듣고 이전한 신사옥으로 찾아간다. 멍텅과 바람은 신문사에서 다시 활동하라는 부탁을 받고 '무임소 기자'가 된다. 기삿거리를 찾아 길에서 하릴없이 시간만 보내던 멍텅과 바람은 이천에서 살인 사건이 났다는 소식을 듣고 허겁지겁 사건 현장으로 달려간다.

《동양일보》(《한양일보》) 기자 엉터리와의 속도 경쟁에서 엎치락뒤치락 실랑이를 벌이던 멍텅과 바람은 엉터리보다 한발 앞서 사건 현장에 도착해 우연히 피해자의 '잘린 머리'를 발견한다. 멍텅과 바람의 활약 덕분에 《조선일보》는 도꾸다네(특종)로 호외를 발행한다.

승리의 기쁨도 잠시, 멍텅과 바람은 목욕탕에서 한가하게 소일하다가 서대문 화재 소식 특종을 놓치고, 만회를 위해 '자살 명소' 한강철교를 찾아간다. 멍텅은 한강에 빠진 젊은 여성을 구해내지만 그녀가 자살 시도를 한 사정을 들려주지 않는 바람에 단신 기사조차 쓰지 못한다. 한강철교에 혼자 남은 멍텅. 먼저 떠난 똘똘이와 옥매를 생각하며 염세정(厭世情)에 젖어 자살 유혹을 느낀다.

▶ 멍텅이 6년 동안 "문맹을 완전히 타파하고 인테리"로 거듭난 때문인지 대화에 일본어 사용이 늘어난다. 간빠이(건배), 우와기(겉옷), 이노꼬리(잔류), 곤냐구(곤약), 뜨라브(드라이브), 빵꾸(펑크) 같은 일상적 대화부터 도꾸다네(특종), 야끼마시(베껴쓰기), 다찌기리(단신), 다데(기삿거리) 같은 신문기자 사이에 통용되던 '전문 용어'까지 멍텅의 입에서 자연스럽게 일본어가 튀어나온다. 외국어를 섞어 쓰며 거들먹거리는 게 한국 지식인의 어쩔 수 없는 숙명인 것인지….

반칙까지 써가며 경쟁하던 당대 신문기자들의 특종 경쟁, 대책 없이 마셔대던 음주 문화, 한강철교에 "잠시만 기다리세요"라는 자살 방지 깃발까지 걸어 놓은 자살 유행 풍조, 할 일 없으면 업무 시간에 목욕탕을 찾던 직장인 문화까지 1930년대 한국 사회의 단면을 훔쳐볼 수 있다. 하지만 옥매와 똘똘이 없이 전개되는 이야기는 김빠진 탄산수처럼 밍밍하기만 하다. 10여 년에 걸쳐 744회 이상 연재된 장수 시리즈의 대단원으로서는 아쉬움이 남는 시리즈.

1933.5.29

멍텅구리 1

제1편 기자생활

- 쿨쿨

- 쿨쿨 ?

- 이놈아! 왜 여기서 자? 너의 이름이 뭐냐?
- ? 최멍텅구리!
- 유…윤바람이오

- 너의 직업이 뭐야?
- 네, 조선일보 만화면 배운데, 지금은 신문이 안 나와서 실…업
- 아이구

- 조선일보가 나오는데?
- 참말? 조선일보가 속간하오?
- 참말이오?

- 좋다. 좋다. 좋다
- ?
- 좋다. 좋다. 좋다

1933.5.30

멍텅구리 2

제1편 기자생활

- 아이우
- 야, 이젠 됐다. 그럼 속히 사(社)로 가보세
- 그려… 가 보세!

- 참, 그랬네. 그런데 우리를 또 써 줄까…
- 아닌게 아니라 우리 룸펜 생활 오래 했네. 이제는 살았다

- 이 사람 바람, 같이 가세!…
- 속히 오게, 속히

- 어? 조선일보가…
- 이사를 갔네!
- ?
- [이전(移轉)]

1933.5.31

멍텅구리 3

제1편 기자생활

- 조선일보가 어째 이사를 하였을까?
- 대관절 어디로 이사를 하였을까…

- 어디로 이사를 갔든지 밤이 새면 알 터이니 우선 우리 축배나 한잔 하러 가세
- 그러세! 밤이 늦어서 술집이 닫혔을 걸

- 어랍쇼. 이 집 닫혔네
- 또 틀렸군
- (음식점 영업)

- 여보 여보!
- 술 팔아요 술
- (술집)

1933.6.1

멍텅구리 4

제1편 기자생활

멍텅구리
第1篇 記者生活。
四

- (술집)
- 이 자식들아, 밤이 몇 신 줄 알고 남의 집 문을 부수려고 해?
- 어어! 술 팔라고 그랬는데 무슨 잔말이야?
- 아이구

- 이 알부랑자*, 뭐 어쩌고 어째. 요 자식들
- 너 같은 놈들은 버릇을 가르쳐 줘야 한다
- 이것 봐라. 이 술장수년, 건방지군 그래. 어쩐단 말이야?
- 아이구 이 사람, 그만두게

* 알부랑자: 아주 못된 부랑자

- 아따 받아라, 이 자식들. 공연 이 밤 늦게 야단들이야
- 아이쿠
- 아이구 하나님, 사람 살려주…

- 불행 중 다행이네. 어디 많이 상한 데나 없는가?
- 아이구 죽겠다. 그 계집이 그게 참말 계집인가?

1933.6.2

멍텅구리 5

제1편 기자생활

- (음식점 영업)
- 야, 됐다. 이 집 문이 열렸구나
- 여보, 술 있소? 술

- 아닌게 아니라, 막걸리 맛이라도 보는 게 몇 달 만인가
- 간빠이* 하세. 참 오래간만일세

* 간빠이((かんぱい): 건배. 축배

- 모두 얼마요, 22잔?
- 전부 1원 30전이요

- 아이구, 아까 자던 데에 '우와기*'를 잊어버리고 왔네. 이걸 어쩌나
- 아이구, 우리가 이때까지 '우와기'를 안 입고 다녔군. 돈이 '우와기'에 있는데

* 우와기(うわぎ, 上着 · 上衣): 겉옷

1933.6.3

멍텅구리 6

제1편 기자생활

- 돈을 잃어 버리고 왔는데, 내일 틀림없이 갖다 드리지요
- 뭐요, 안 돼요!

- 그럼 하는 수 없네. 자네 '이노꼬리*'하고 있게. 내가 속히 '우와기'를 가지고 올 테니…
- 갔다 오게. 내가 앉았을 테니 속히 오게

* 이노꼬리(いのこり, 居残り): 잔류

- 으응, 어느 놈이 벌써 훔쳐 가지나 않았나. 너무 좋아라 하다가 그랬지

- 쿨쿨
- 쿨쿨

1933.6.4

멍텅구리 7

제1편 기자생활

- 아이고, 없어졌네. 에이, 내가 찾아온 것이 잘못이지. 이게 어느 때 세상이라고 안 훔쳐 갔을 줄 알고, 에이

- 자! 옷 잃어 버린 것도 큰 손(損)이지만… 오늘 밤에 술장사한테 창피를 또 당하게 되었지…

- 아이구, 이게… 남의 것 가지는 선생?
- ?

- 하하, 우리 옷도 이 선생이 실례를 하셨군. 어디 보자…

1933.6.6

멍텅구리 8

제1편 기자생활

- 미안하지만… 내 옷만 조금 찾아가야 되겠네, 슬쩍
- ? 이게 뭐야

- 어, 그 달 좋-다*… (누가) (도적인지)?
- 이놈아, 남의 물건을 도적질 할 터이야?

* 그 달 좋다: 도둑 맞은 자기 외투를 다시 훔치고 딴청 피우는 상황

- 선생님, 가진 물건 가운데 내 옷이 있어서…
- 뭐야!

- 이 자식, 기어코 한 개 받아볼 테냐?
- 아이구 살려주, 목숨만 목…

1933.6.7

멍텅구리 8

제1편 기자생활

• 6월 6일 8회, 6월 7일 8회 연재 번호 중복. 편집 오류

- 이 작이* 아직 내가 누구인지 모르는 모양이지. 한 번 속아 봐라

* 이 작이: 이 작자가. 이 자가

- 톡
- 그게 뭔가?
- 이쿠, 이게 뭐야?

- 이게 뭘까? 돈?
- 요자식
- 하나 둘

- 에잇, 받아라
- 아이쿠

1933.6.8

멍텅구리 9

제1편 기자생활

- 이놈, 녹크 아웃(knock out)이로군. 이렇게 곤냐구*가 되지 말고, 내가 달라고 할 때 고이 주지. 어- 또 이것이 바람이 셔츠

* 곤냐구(こんにゃく, 蒟蒻): 곤약

- 내것 찾았으면 그만이지. 남을 감옥살이까지 시킬 거야 있나. 이리 오게 순사에게 아니 들킬 안전한 장소로 인도하겠네

- 자- 여기면 절대 안전이다. 잠이 깨거든 네 도적질 한 것도 가져 가게. 실례하네, 미안하이, 굿빠이!

- 됐다. 인제는 창피를 면했지. 바람이 녀석, 어떻게 되었나

1933.6.9

멍텅구리 10

제1편 기자생활

- 여보게, 바람이
- 아직 자는가? 옷 찾았다. 돈 주고 가세…
- 쿨- 쿨

- 야- 이거, 얼마 만이오? 신문이 지금 나오는데 이때까지 어디들 있었소?
- 이것 참 오랜만. 그러지 않아도 신문사로 찾아가는데

- 곧 사옥을 신축하는데 그 동안 이 집에 있소
- 하하

- 여보게, 편집국 제군*. 요 문 뒤에서 누가 나오겠나?
- ?

* 제군(諸君): 통솔자나 지도자가 여러 명의 아랫사람을 문어적으로 조금 높여 이르는 이인칭 대명사

1933.6.10

멍텅구리 11

제1편 기자생활

- 오래간만입니다
- 자- 윤 군과 최 군이네, 어때?
- 할로- 최(崔)
- 야- 윤바람, 멍텅

- 그동안 어디 가서 계셨습디까?
  신문에서 한번 다시 활동해 주시오
- 네, 고맙습니다

- 야! 이건 또 팔자에 없는
  신문기자야. 됐다, 우리 한번 해보세
- (사령장. 최멍텅구리
  임(任) 무임소(無任所)*기자
  윤바람이
  임 수반(隨伴)**기자
  조선일보 사장)

* 무임소(無任所): 공통적인 직무상의 책임 이외에 따로 맡은 임무가 없음

** 수반(隨伴): 붙좇아서 따름

- 자, 우리 한잔 먹는 것보다 옷
  준비부터 먼저 하고, 여관도 정하세
- 그래, 아무렇게나 하세

1933.6.11

멍텅구리 12

제1편 기자생활

- 내일부터 기자인가, 하하…
- 이 사람! 아닌 게 아니라 우리 이렇게 이불 밑에 자기가 몇 달 만인가

- 그 그래, 어 어쨌단 말이야. 내가 기자야, 기자야
- 으-으, 맛 좋다. 축축

- 나 말이야. 왜 그래? 왜 기자야, 기자, 기자야
- 아이유 더러워. 이 자식 발가락을 빨았어, 아이유

- 쿨쿨, 기자야, 기자다
- 이 자식은 나살*이나 먹은 자가 웬 잠꼬대에 몸부림이야? 이 자식 발을 매어 놓아야 되겠군

* 나살: 낫살. '나잇살'의 준말

1933.6.13

멍텅구리 14

제1편 기자생활

- 6월 11일 12회 연재 후 6월 13일 14회 연재. 6월 12일에는 13회 게재 안 됨. 내용 상 13회 누락이 아니라 연재 번호 건너뛴 편집 오류로 보임

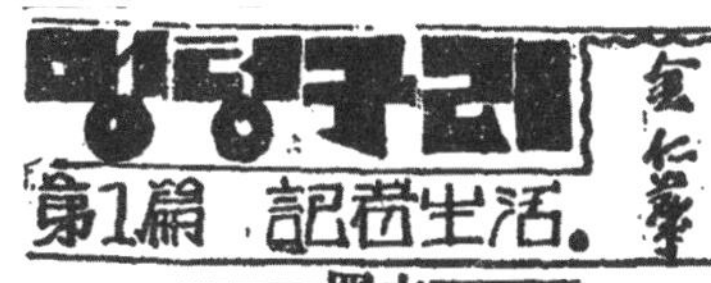

- 기자요, 기자
- 따라랑 따랑
- 쿨쿨

- 쿨쿨
- 따라랑 따라랑
- 아-앙 벌써 8시야. 아이구 자부러워*

* 자부럽다: '졸리다'의 방언

- 쿨쿨
- 이건 아침부터 재수 없이 시끄럽게 야단, 에-이
- 탁
- 쿨쿨

- 쿨쿨

1933.6.14

멍텅구리 15

제1편 기자생활

- 지금부터 출근합니다. 우리들의 본격적 활동은 지금부터!
- 자! 독자 제군! 조금 지리하였을* 것이요마는 이때까지가 우리들의 기자가 된 이야기입니다

* 지리하다: 지루하다

- 여보게, 우리는 무임소 기자니 사(社)에 안 들러도 괜찮지?
- 암, 그렇지만 한 번씩은 가봐야지 ♬♩♪

- 아이쿠, 고놈의 바람, 지독하군. 회오리다…
- 아잉… 어렵쇼, 날아갔다. 일 잘 된 셈이다

- 이 자식아, 백 리를 갈 건가 천 리를 갈 건가
- 초등청* 하시는 첫날 대가리가 떨어지니 재수가 있을 징조는 못 되지

* 초등청(初登廳): 관청에 처음 출근함

멍텅구리 16

제1편 기자생활

- 퍽
- 아이구, 빵구로군. 아서라 재수없다

- 미안합니다…만 소인(小人)… 모자가, 네네
- ?

- 옛소, 미안하오
- 아, 요것 봐라. 이게 무슨 수작이야?

- 요년! 대감 투구를 밟은 것만 해도 용서치 못할 일인데, 그래 발로써 들이미는 년이 어딨어? 배우지 못한 년 같이
- 뭐야?
- 이 사람 멍텅이, 그만두게. 그만 신문사가 늦다. 속히 가, 속히

1933.6.17

멍텅구리 17

제1편 기자생활

- 요게… 뭘까… 카페-걸?
- 야… 요것 봐라. 그거 괜찮은걸. 아주 말쑥해
- 난 가기 싫어. 만날 사내는 찾아다녀

- 봇지야, 너 정말 그러면 맞는다
- 피스켓드* 하나 줘야 가겠소
- ?
- 아닌 게 아니라, 괜찮다
- 여보게, 말 한 번 걸어 보게

* 피스켓드: 비스킷(biscuit)

- 여보세요, 미안하지만 동물을 그리 학대하는 게 아닙니다
- 암, 그렇지
- 뭐요, 참견이 무슨 참견이오?
- ?

- 이 자식아, 남의 아가씨에게 무슨 잔소리!
- 이놈아, 너에게 해로운 소리냐…
- 아유, 사람 살려라-
- 잘한다, 잘한다

1933.6.18

멍텅구리 18

제1편 기자생활

- 이 자식, 싱겁게 히야가시*만 하고 다녀-
- 아유, 바람이- 사람 살려라-

* 히야가시(ひやかし): 놀림. 희롱. 한국에서는 '길 가는 아가씨를 꼬시거나 작업 거는 행위'로 뜻하는 말로 사용됨

- 아이구
- 아이쿠

- 뭐야, 우리 집에 왜 무슨 일로? 아야…
- 아이구 아파야! 최 선생! 지금 급하게 선생에게 가는 길입니다. 점잖지 못하게 길에서 무슨 장난을

- 아이유- 개에게 엉덩이 다 뜯겼네
- 편집국장이 늦게 온다고 야단이오. 이 편지 줍디다. 어디 살인 사건이 났다고, 속히 가라고 합디다
- 뭐 살인?

1933.6.21

멍텅구리 19

제1편 기자생활

- 이건 낫살이나 먹은 사람이 길가에서 이꼴이야? 조금 더 찢어 줄까?
- 응… 이천 ××사(寺)에 살인 사건… 하, 급히 특파로 가라… 오-케-…

- 바람이- 살인 사건이다. 급하다
- 아유-

- 바람이- 이 자식아, 나도 급하다
- 이놈아, 고라- 이놈아-

* 고라(こら): 이놈아, 이 자식아

- 여보게, 자네는 뭐했어? 이천서 살인 사건이 났다. 속히 가보라네
- 뭐? 살인. 야 그럼, 속히 가세

1933.6.22

멍텅구리 20

제1편 기자생활

- 스톱- 스톱. 바쁜데 아무거나 타라
- 스톱, 스톱. 여보, 이천 가겠소

- 야- 이 사람, 오래간만에 나와보니 "뜨라브"* 맛도 아주 상쾌한걸
- 이크, 저게 뭐냐? 하하, 앞에 자동차가 《동양일보》 친구들이로군. 운전수, 앞에 차를 따르시오, 속히. 맞다. 저 녀석, 엉터리 놈이지?

* 뜨라브: 드라이브(drive). 기분 전환을 위하여 자동차를 타고 다니는 일

- 야! 엉터리 군, 오랜만일세. 여보게, 그 빵구* 동정하네
- 아이유! 빵꾸다, 빵꾸

* 빵꾸: 펑크(puncture). 바퀴에 구멍이 나서 터지는 일

- 하, 그 빵꾸 미안하게 됐구만. 여보게, 그러지 말고 낮잠이나 자고 있게. '이천' 기사는 우리가 귀 《동양일보》로 한 벌 진정하겠네*. 실례한다

* 진정(進呈)하다: 물건을 자진해서 드리다

1933.6.24

멍텅구리 21

제1편 기자생활

- 여보게- 엉터리! 나중 오게!
- 인제는 단연 성공이다. 그놈의 자동차 빵꾸가 사람 살렸네

- 네! 염려 마세요… 글쎄
- 속히… 속히… 벌써 이천 다 갔겠어
- 아이구 하늘님, 이번 '호외'는 인제 저놈들에게 졌네, 아이구

- 운전수, 앞에 자동차 못 따르면 돈 안 줄 테야
- 네! 염려 마시오
- 운전수, 전 마력을 내! 잘못하면 큰일 나네….
- 요! 엉터리 군, 나중 오게!

- 쾅 탕

1933.6.27

멍텅구리 22

제1편 기자생활

- 아이유 이 사람, 자네도 살았던가. 그런데 큰일 났다. 뒤에 《동양일보》 자동차가 곧 오는데……
- 그럼 하는 수 있나. 이 자동차로 길을 막고, 우리는 쫓아가세

- 저놈들, 자동차 녹초로구나. 아이유 저 자식들, 자동차로 길 막고 있네
- 이 사람아, 부서진 자동차 이런 데나 이용해 먹지
- 영차 영차, 조금 밀어라
- 이만하면 못 지나가겠지….

- 미안하네, 올려거든 그 자동차 치우고 오게. 그동안 우리는 걸어 가겠네
- 우리 신문에 '기사'가 나거든 야끼마시*나 하게
- 이놈아, 자동차 치워라. 심청** 고약하다
- 아이유, 어디까지 방해야

* 야끼마시: やきまし(焼き増し), 복사. 베껴쓰기

** 심청: 마음보

1933.6.28

멍텅구리 23

제1편 기자생활

- 여보, 길가는 양반, '이천'이 몇 리나 남았소?
- 아이구, 더워라- 되다*-
- 한 50리 되죠-

* 되다: 일이 힘에 벅차다

- 여보, 그 나귀 좀 빌리시유. 돈 줄 테니. 아이구 더워, 웅 웅
- 뭐요, 안 됩니다. 남 장보러 가는 나귀를 빌리려구요?
- 이 사람, 안 되거든 한 대 갈기고, 타고 달아나세

- 에잇- 이 사람, 미안하지만 나귀 조금 빌려야겠네
- 야, 기록적이다. 원 펀치에 넉아웃이로군
- 아이쿠

- 아이유, 구린내머리에* 못살겠다. 이 자식이 웬 방귀는 이렇게 터뜨려?
- 풍풍
- 하나 둘 하나 둘
- 이것들이 대체 뭔가. 아이구 무거워
- 나귀 도적놈, 도적이오!

* 구린내머리에: '구린내 나서'의 뜻('~머리'는 '비하'의 뜻을 더하는 접미사)

멍텅구리
第1篇 記者生活.
—四十二—

1933.6.30

멍텅구리 24

제1편 기자생활

- 이놈아, 가자. 안 가면 죽인다
- 이 자식들이 당나귀 대감의 소식을 못 들으셨군! 가기 싫다면 죽어도 안 간다
- 이 자식아, 좀 가자. 이라*

* 이라: '이랴'의 방언

- 이 자식아, 좀 가자
- 이라! 이놈아, 가자
- 안 간다. 한 번 안 간다면 죽어도 안 간다
- 그놈들 때문에 시간이 얼마나 손해되었나, 에잇….
- 이자들이 걸어갔는데… 벌써 어디까지 갔어? 빠른데

- 어이구, 벌써 저놈들이 오는군
- 아유! 저놈들, 자동차- 벌써 오는군. 이 사람, 하는 수 있나, 앞에 막아서서 걸어가세. 그러면 못 지나갈 것이 아닌가

- 자동차 같이 좀 못 타겠다면 이렇게 천천히 해서 같이 가세
- 설마 자네들이 치어 죽이지야 않겠지. 우리 걷는 속도로 오게 거저
- 비켜라
- 안 비킬 테냐?

1933.7.1

멍텅구리 25

제1편 기자생활

- 6월 30일 24회, 7월 1일 24회 연재 번호 중복. 편집 오류
- 20회, 22회에서 엉터리가 소속된 신문사는 《동양일보》 25회부터 이유 없이 《한양일보》로 바뀜

- 정말 안 비킬 테야?
- 여보게, 그리 급하게 그럴 것 있나? 천천히 가세
- 여보, 이천 ××사가 얼마나 남았습니까?
- 뭐요? ××사는 벌써 지나왔소. 저기 저 산골입니다

- 여보게 바람이, ××사가 벌써 지나왔단다. 슬그머니 못 이긴 체하고 비껴주고 속히 가세. 그래야 '석간'에 맞겠네
- 뭐? 하하 응응
- 이 자식, 참말 안 비키면, 내려가서 보자

- 엉터리 군, 하는 수 없다. 이번 사건은 자네들 《한양일보》에게 졌는가 봐. 기사나 한 벌 기부하게
- 미안하이, 요번에는 너희가 낮잠 차례다. 미끄러져라
- 먼저 가세-

- 놈들, 인제는 참말 마끄러졌다. 속히 가세…
- 저 자식들이 어째서 다시 돌아가?
- 단념을 하신 모양이지!

1933.7.4

멍텅구리 26
제1편 기자생활

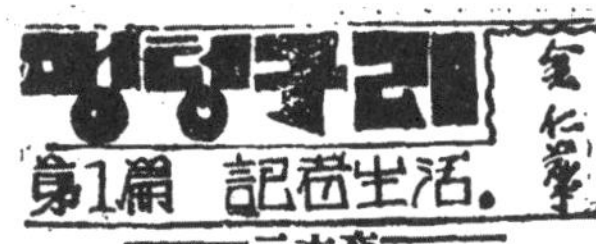

- 범인이 이 종을 치고 달아났다!? 어디 한 번 쳐 보자
- 어이쿠

- 아이- 이 사람 바람이, 이것 참 미안하게 됐는데, 많이 다쳤어!? 참아라. 신문기자란 이따금 이런 변이 있느니
- 아니, 내가 지금 산 셈인가 죽은 셈인가, 좀 봐주게
- 꽝

- 웅~~

- 사람 살려라

1933.7.6

멍텅구리 27

제1편 기자생활

- 인제 이번 사건만은 우리가 확실히 이겼지… 얘- 상쾌하다
- 여보 운전수, ××사가 얼마나 남았소?
- ××사는 벌써 지나온 지가 오래입니다…

- 아이유, 그놈 멍텅구리 자식이 다시 돌아가는 것이 다르더니. 이놈아, '이천' ××사로 가잤는데, 어딜 가?
- …아니 선생님들이, 어데 ××사 가자고 그랬습니까? 그저 이천 가자고 했으니 읍으로 가지요
- 뭐? 아이구, 하나님 맙소사

- 운전수 자식이 어디 가는 것도 똑똑히 모르고 덤벼?
- 인제는 그만두고 속히 ××사로 돌아 가보세, 늦기는 했지만
- 이 자식, 우리 실패로 보면 죽어도 싸다

- 엉터리 이 사람! 운전수를 저 모양을 만들어 놓았으니 어떻게 돌아가?
- 아유- 참! 일일이 망한다

1933.7.7

멍텅구리 28

제1편 기자생활

- 아이구… 이 사람 멍텅구리, 우리가 죽지 않은 것이 천명이지. 아유! 저기서 떨어졌지
- 으- 응, 이게 뭐야, 으…
- 글쎄! 사람의 목숨도 상당하이

- 어이구! 사람의 머리?
- 어익 하하, 신단두 사건*이다. 경관의 말로 피해자 행방이 불명이라더니 하하, 이게 피해자로군

* 신단두 사건: 833쪽 '멍텅구리 속 근대사' 참조

- モシ모시 게-죠 고-가몽 1907방*… 사건은 그로** 100% 신단두 사건. 피해자는 본사 기자가 비로소 발견…. 속보 곧 보내겠습니다
- 호외 호외. 신단두 사건
- 우리 《한양일보》는 어째 소식이 없어

* モシ모시 게-죠 고-가몽 1907방: 전화교환수에게 수동식 전화 연결을 부탁하는 장면

** 그로: 그로테스크(grotesque). 기괴

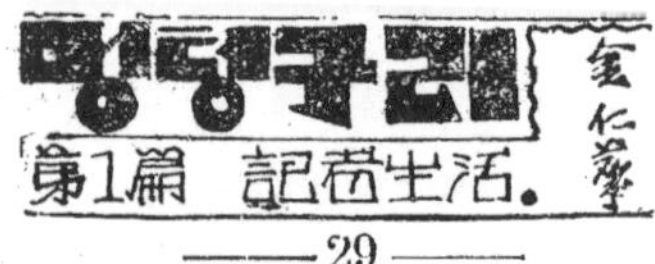

1933.7.8

멍텅구리 29

제1편 기자생활

- 자. 바람이 땀이나 씻으러 가세
- 이놈, 엉터리가 미끄러졌군.
《한양일보》에는 조금 못났어

- 《한양일보》는 어떻게 되었나
- 이만하면 이번 사건만은 완전히 이겼지
- 하하, 요즈음 웬 단두가 그리 많아?

- (여탕)

- (여)
- 이 자식들, 정신 차려!
- 어이쿠
- 아유-

단두 유아 사건

《동아일보》 1933년 5월 17일자. 아이 머리가 발견된 금화장 쓰레기 매립지 현장

"하하, 요즈음 웬 단두가 그리 많아?" 하는 길거리 사람들의 대화(29화)는 〈기자생활〉이 연재되던 시기 실제로 발생해 경성을 넘어 전국을 떠들썩하게 했던 '죽첨정 단두 유아 사건'을 배경으로 한다. 1933년 5월 경성 죽첨정(현재의 서울시 중구 충정로)의 쓰레기 매립지에서 아주 어린 아이의 머리가 몸통에서 분리된 채 발견됐는데, 뇌수를 긁어낸 흔적이 있는 등 심하게 훼손된 상태여서 충격을 주었다. 경성제국대학 의학부에서는 부검을 통해 그 '잘린 머리'가 한 살 내외 여자아이의 것이며, 생전에 베어진 것으로 확인되었다고 발표했다. 이 사건으로 우수한 치안 유지 실적을 자랑하던 조선총독부와 경찰은 비상이 걸렸고, 나병 환자와 길거리의 빈민층까지 조금이라도 의심 가는 사람들을 마구잡이로 잡아들였다.

그러나 총력전이 죄다 수포로 돌아가고 이렇다 할 진전이 없자 경찰은 죽은 아이의 시체에서 머리를 벤 것은 아닌지 의심하기 시작했다. 어린아이의 무덤을 낱낱이 파헤치던 경찰은 결국 머리 없는 시체를 한 구 찾아낸다. 한창우라는 사람의 한 살 된 딸이 잘린 머리의 주인으로 밝혀지면서, 한창우의 집 건넌방에 살던 배구석과 그의 친구 윤명구가 범인으로 체포되었다.

사건의 전말은 이렇다. 엿장수로 일했던 윤명구에게는 간질병을 앓는 아들이 있었는데, 아이의 뇌수가 특효약이라는 소문에 배구석이 무덤을 파헤쳐 뇌수를 구해준 것이었다. 그러나 이로 인해 윤명구 아들의 병은 오히려 악화되었다고 전해진다. 배구석과 윤명구는 분묘 발굴 및 사체훼손죄로 각각 징역 4년과 징역 3년을 선고받았다.

1933.7.11

멍텅구리 30

제1편 기자생활

- 가만 있어
- 아유 이 자식아! 가까워 못 살겠다*. 속히 좀 벗겨라

* 가까워 못 살겠다: 갑갑해 못 살겠다

- 어이쿠, 뜨거워! 난 못 들어가겠네 아유
- 쑥 들어와 봐~

- 이 자식아, 이렇게 좀 쑥 들어와 봐
- 풍

- 여보, 이게 무슨 장난들이오?
- 어푸푸
- 여보

1933.7.12

멍텅구리 32

세1편 기자생활

- 7월 11일 30회 연재 이후 7월 12일 32회로 연재 번호 잘못 표기. 7월 13일 32회로 연재 번호 중복

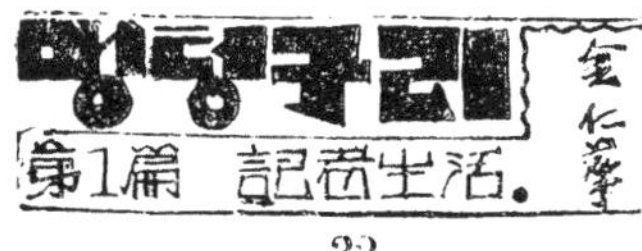

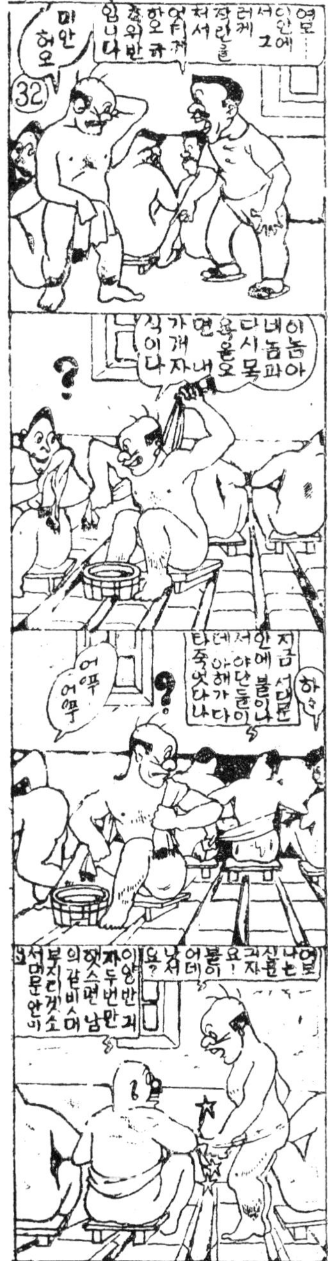

- 여보게, 이 안에서 그렇게 장난을 쳐서 어떻게 하오. 규칙 위반입니다
- 미안하오

- 이놈아, 네 놈과 다시 목욕을 오면 내가 개자식이다
- ?

- 하하
- 지금 서대문 안에 불이 나서 야단들이래. 아해*가 다 타죽었다나
- ?
- 어푸 어푸

* 아해: '아이'의 옛말

- 여보, 나는 신문기자요! 불이 어디 났어요?
- 이 양반, 기자 두 번만 했으면 남의 갈빗대 부러지겠소. 서대문 안이오

1933.7.13

멍텅구리 32

제1편 기자생활

- 불이야, 불이야. 불

- 아무리 급하지만, 한 바지 가랑이에 두 다리 넣는 사람!
- 어이쿠 불이야, 급하다 불이야, 바람이!

- (남탕)

- 돈 주고 가오. 돈 6전이오!
- 뭐야?

1933.7.16

멍텅구리 33

제1편 기자생활

- 여보게- 멍텅구리, 옷 입고 가세

- 스톱 스토-ㅂ

- 이래 가지고 어디로 다녀. 풍기문란이다!
- 뭐야? 남의 사정도 모르고. 급해서 그래 급해서
- 이렇게 옷을 벗은 채 버스를 타려기에 못 타게 하니 야단입니다

- 풍기문란! 그럼 길가에서 마라톤 한다고 달음박질하는 놈들은 왜 가만두느냐 말야?
- 어- 그것 서로 그럴 거 있소
- 뭐야???

1933.7.18

멍텅구리 34

제1편 기자생활

- 야! 아닌 게 아니라 큰불이로군. 저게 어디 누구 집일까?

- 신문도 신문이지만 우선 좀 거들어 주세

- 어! 이게 뭐냐?
- 어이구
- 야! 술!?
- (정종)

- 이왕이면 한 잔씩 먹고 하세. 불도 불이지만 술도 박대를 해 되나?
- 여보게, 멍텅. 시(詩) 하나 부르게
- (정종)

1933.7.19

멍텅구리 35

제1편 기자생활

- 우리 이제부터는 술 먹지 말기로 하세. 어이구 양복 빵꾸*가 아직 그냥 있어
- 이 사람아, 우리가 꼭 술 때문에 망하느니. 지난밤 서대문 화재 기사는 뻥하잖았나

* 빵꾸: 의복이나 양말 따위가 해져서 구멍이 뚫리는 일. 또는 그 구멍.

- 아야- 아이구, 이자야. 좀 찌르지 마라. 아이 따가워
- 방귀나 터뜨리지 마라

- 자- 오늘은 우리 한번 갈라서 돌아다녀 보세. 누구가 '도꾸다네'*를 가져오는가 해보세
- 자- 그럼 경쟁이다

* 도꾸다네(とくだね, 特種): 특종

- (한강교)
- 자살???
- 자살???

1933.7.22

멍텅구리 36

제1편 기자생활

- 아이구- 용왕국 가셨군. 확실히 여자지! 투신 자살! 한강의 자살 시-즌도 왔구나
- (잠시만 기다리세요)*

* ちょつと お待ち: 잠시만 기다리세요. 한강교에 설치된 자살 방지 푯말

- 죽는 것 보고 안 구하는 수 있나, 에잇!

- 이쿠 잡았다. 구했다

- 아유, 10년 공부 아미타불*이다. 사람 구한다는 게 누더기를 안고 나와! 애! 참 멍텅구리로군

* 10년 공부 아미타불: 10년 공부 도로 아미타불. 오랫동안 공들여 해 온 일이 허사가 된 경우를 비유적으로 이르는 말

1933.7.23

멍텅구리 37

제1편 기자생활

- 인제는 힘이 빠져 헤엄도 못하겠다. 까딱하다가 팔자에 없는 정사(情死)*나 할라. 영차 영차

* 정사(情死): 서로 사랑하는 남녀가 그 뜻을 이루지 못하여 함께 자살하는 일

- 아유… 이렇게 고운 여자가 왜 자살은 해… 오늘 기삿거리는 톡톡하지…

- 아직 가슴에 열이 있군. 인공호흡을 좀 시켜야 되어. 아!! 저게 또 뭐야?

- 여보 왜 이곳에서 어름어름해. 하하, 역시 자살병 환자!?
- ?
- (잠시만 기다리세요)

1933.7.26

멍텅구리 39

제1편 기자생활

- 7월 23일 37회 연재 후 7월 26일 39회 게재. 24일, 25일에 38회 게재되지 않았고, 만화 1단 좌상귀에 각각 38, 39라고 씌어 있는 것으로 보아 한 회가 유실된 것이 아니라 연재 번호 편집 오류

- 왜? 뭐 때문에 자살하려는 거요? 아니, 이대로 두고 가면 어떡하겠어?
- 난 자살하러 온 사람이 아니에요

- 미안하지만 본인이 의사를 볼러올 동안 조금 참아. 자네 같은 자살쟁이 여자가 하나 죽어가니
- 여보, 난 자살할 사람이 아니라니
- (잠시만 기다리세요)

- 가만 있어. 내가 갔다올 동안 이 사람. 보호검속(保護檢束)의 처분이다. 사람이 하나 죽어 가니까 하는 수 없다
- 이 자식 미쳤나? 이거 속히 끌러주
- (자살 용의자)

- 아 モシ모시 류-장(용산) ××방 ××병원요*. 여보, 이곳은 한강 철교요. 수사자**가 있으니 속히 와주시유… 조금 늦으면 죽겠소… 뭐? 바빠서 못 와? 사람이 죽어가는데 못 와? 이놈아, 네가 의사냐, 이 자식. 그만두어. 요즘 모두 이 모양인가. 오냐, 이 자식, 너 저녁 '석간'에서 보자
- 오늘엔 기사가 아주 풍년이다. 악덕 의사에겐 철퇴를 내려야지

* 아 モシ모시 류-장(용산) ××방 ××병원요: 전화교환수에게 수동식 전화 연결을 부탁하는 장면

** 수사자(水死者): 물에 빠져 죽은 사람

1933.7.28

멍텅구리 40

제1편 기자생활

- 여보, 선생. 나는 이런 친구입니다. 그런데 지금 한강에 빠져 죽은 사람이 있는데 좀 속히 가봐 주시오
- 돈도 있는 사람인가요?

- 내가 인력거 끌 테니 좀 가자. 이 자식, 사람이 방금 죽어가는데 돈의 유무를 먼저 묻는 놈이 어디 있어? 억지로라도 좀 가자
- 아유, 숨 막혀. 네! 가겠습니다

- 놈 경치게 무겁네
- 여보, 기왕 가거든 좀 속히 갑시다. 여보, 여보. 안 되겠소. 내가 끌겠소. 비키시오
- ?

- 어어… 이 친구, 참말 바보로군. 이렇게 속하거든 먼저 가잖고, 구태여 끌고갈 건 뭐야

1933.8.1

멍텅구리 42

제1편 기자생활

- 7월 28일 40회 연재 이후 현재 자료가 부분적으로만 남아 있는 7월 29일, 30일, 31일자 파일에는 41회 연재분이 보이지 않음. 41회는 게재되었으나 유실된 것으로 보임

- 아이 참, 선생님 덕택으로 이렇게 두 사람이 살아서 만나게 되니 참…
- 신문에 '다찌기리'*감은 꼭 되나… 에잇, 화난다. 인사 그만두슈!

* 다찌기리: 신문의 단신(짧은 소식)을 뜻하는 일본어

- 아니! 이때까지 죽자하고 해놓은 일 내가 고사하고 치워 버릴 작정인가… 여보세요, 나는 신문기자인데요, 자살의 원인과 경위와 두 분의 성명을 좀 이야기하여 주시유
- ?
- ?

- 에잇, 이야기를 듣고 나니 화가 더 나는구나. 일평생 옳은 연애도 한번 못하고 이대로 시들어져!? 똘똘이가 있으면 벌써 열 살이나 되지, 옥매 생각도 간절*하군

* 똘똘이가 있으면 벌써 열 살이나 되지, 옥매 생각도 간절: 똘똘이는 세상을 떠나고 옥매가 자살한 것으로 보이나 남아 있는 연재분에는 언제, 어떻게 해서 그런 일이 벌어졌는지 나오지 않음

- 예라… 나도 염세정*이 난다. 자살은 나같은 놈이 할 팔자다. 사니 뭣 할건가. 바람이 잘 있어라. 옥매야 너를 쫓아 나는 가노라, 아…
- (잠시만 기다리세요)

* 염세정(厭世情): 세상을 괴롭고 귀찮은 것으로 여겨 비관하는 감정

1933.8.2

멍텅구리 43

제1편 기자생활

- 10여 년에 걸쳐, 현재까지 전해지는 것만 744회 연재된 시리즈 치고는 다소 허망한 마무리. 1933년 재연재는 《멍텅구리》 시리즈의 완성도를 도리어 훼손한 듯한 아쉬움이 남음

- 유행에 따라 자살을 해? 사람의 생명이 그렇게 허술한 걸까? 애! 참 세상도… 석간 시간이 늦어졌다. 사(社)로 가보자

- 아이쿠

- 이 자식 바람아, 신문 기사 '다데'*를 찾으러 간다 나간 놈이 어린 아이들을 데리고 이게 무슨 꼴이냐?
- 이 사람아, 아무리 돌아다녀도 없으니 심심해서 하는 수 있나?

* 다데(たて, 縦·竪·経): 건설 현장에서 세로로 세워지는 자재. 여기서는 '기삿거리'의 뜻

- (xx 치과)
- 아이구 죽겠다. 입안이 다 터져서….
- 참 미안하이. 치과로 가보세

낭만 자살

不生不死의
樂壇의 女王尹心德孃
新聞記者가 調査한 眞相
金乙漢
尹金兩氏의 情死確否의 秘密의 열쇠를 쥐고 잇는 尹聖德孃
尹心德氏(右)
金水山氏(左)
○突然한伊太利生存說

'불생불사의 악단 여왕 윤심덕', 《삼천리》 1931년 1월호

한강 철교 위 '잠시만 기다리세요'라고 쓰인 깃발과 "유행에 따라 자살을 해?"(43화) 하는 멍텅의 대사에서 유추할 수 있듯, 일제강점기 한국에서는 청년층 사이에서 스스로 목숨을 끊는 일이 유행처럼 번졌다.

1920~1940년 사이 《조선일보》와 《동아일보》에 보도된 자살 관련 기사만 3만 건이 넘었다. 많은 경우 젊은이들의 자살 현장에는 '염세'나 '허무', '권태'와 같은 단어를 포함한 유서가 남아 있었다.

1920년대의 자살이 주로 생활고나 빚을 이유로 한 생계형이었다면, 1930년대에는 한때 서구를 휩쓴 열병이었던 '낭만 자살'의 비율이 늘어났다. 이러한 비극적 '열풍'의 중심에는 한국 최초의 서양식 성악가이자 〈사의 찬미〉로 유명한 가수 윤심덕과 부유한 극작가 김우진의 동반 자살이 있었다. 두 사람은 이루어질 수 없는 사랑에 괴로워하다 일본에서 귀국하는 배에서 바다에 몸을 던진 것으로 전해졌다. 이 소식은 연일 신문에 대서특필되며 당대 최고의 스캔들로 주목받았다.